IBM SPSS 数据分析实战案例精粹
(第 2 版)

张文彤　钟云飞　王清华　编　著

清华大学出版社
北　京

内容简介

本书以 IBM SPSS Statistics 24 为工具，提供了医疗、金融、保险、汽车、快速消费品、市场研究、互联网等多个行业的数据分析/挖掘案例，基于实战需求，详细讲解了整个案例的完整分析过程，并将模型和软件的介绍融于案例讲解之中，使读者在阅读时能突破方法和工具的限制，真正聚集于对数据分析精髓的领悟。本书还一并提供案例数据的下载，读者可完整重现全部的分析内容。

本书适合从初学者到专家各个级别的数据分析人士阅读，包括需要提升实战能力的数据分析专业人士，在市场营销、金融、财务、人力资源管理中需要应用数据分析的人士，从事咨询、科研等工作的专业人士，同时也可以作为各专业的本科和研究生学习数据分析应用的参考书。

图书在版编目(CIP)数据

IBM SPSS 数据分析实战案例精粹/张文彤，钟云飞，王清华编著. —2 版. —北京：清华大学出版社，2020.5（2025.7重印）

ISBN 978-7-302-54293-3

Ⅰ. ①I… Ⅱ. ①张… ②钟… ③王… Ⅲ. ①统计分析—软件包 Ⅳ. ①C819

中国版本图书馆 CIP 数据核字(2019)第 271704 号

责任编辑： 陈冬梅 刘秀青
封面设计： 李 坤
责任校对： 周剑云
责任印制： 杨 艳
出版发行： 清华大学出版社
网 址： https://www.tup.com.cn, https://www.wqxuetang.com
地 址： 北京清华大学学研大厦 A 座 **邮 编：** 100084
社 总 机： 010-83470000 **邮 购：** 010-62786544
投稿与读者服务： 010-62776969, c-service@tup.tsinghua.edu.cn
质量反馈： 010-62772015, zhiliang@tup.tsinghua.edu.cn
印 装 者： 三河市君旺印务有限公司
经 销： 全国新华书店
开 本： 185mm×260mm **印 张：** 24.25 **字 数：** 590 千字
版 次： 2013 年 1 月第 1 版 2020 年 5 月第 2 版 **印 次：** 2025 年 7 月第 5 次印刷
定 价： 78.00 元

产品编号：073903-01

前　言

所谓艺术，就是指如果只靠系统学习既有的知识体系，但自身不具备相当天赋，或者没有经过长期实战操作以积累经验、激发灵感的话就始终难以登堂入室成为大师的那些学科，音乐、舞蹈、绘画等无不如此。而大英百科全书恰恰就把统计学定义为“一门收集数据、分析数据，并根据数据进行推断的艺术和科学”。显然，作为一门应用学科，统计学非常强调实战能力，一名出色的统计师需要通过经历各种各样的实战分析项目来总结经验和吸取教训以持续成长，光靠操作教科书上的那些标准案例，只能成为工匠，不能成为大师。

近年来，随着计算机技术的飞速发展，统计软件工具出现了日新月异的变化，大大提高了统计工具的可用性。分析工具的高度易用性和实战需求的同步发展，促使各行各业对统计分析和数据挖掘人员的需求呈现爆炸性增长，远远超过了正常培养周期能够提供的数量，而广大统计分析人员希望能够得到一本完全从实战操作的角度出发，而不是单纯以介绍某一种统计软件的角度出发的参考书以迅速帮助自己提升实战能力的愿望，也因之而变得更为迫切。这也是当初笔者考虑编写本书的初衷。

本书定位为实战类书籍，第 1 版自出版以来虽然受到了广大读者的热烈追捧，但也发现了在内容安排上仍然存在着一些不尽如人意的地方。

(1) 第 1 版在同一本书里同时讲解 IBM SPSS Statistics 和 IBM SPSS Modeler 两种软件，方法体系则同时涉及传统的统计分析和数据挖掘两种体系，虽然更大范围地满足了读者需求，但也给很多读者对内容的理解和消化造成了困扰。

(2) 第 1 版在设计上没有太多地考虑简单方法和数据操作介绍，直接切入了综合案例，原意是希望读者学习完笔者的其余教程之后再使用本书来提高，但实际使用中，确实有很多读者将本书作为 SPSS 的第一本书使用，这样无疑增加了学习难度。

有鉴于此，在第 2 版中笔者将数据挖掘拆分出来单独成书，本书将专门讨论数据分析的实战案例。在修订原有案例的同时，基于 IBM SPSS Statistics 24 的最新功能补充了数据整理和描述了一些实践案例，增加了 Python 插件等新功能的使用操作，并增补了信效度检验等一些新的复杂案例，使初学者直接阅读本书的难度降低，而老用户则可以体会到新版软件的最新功能，真正做到兼顾不同的读者层次。对于不同的读者群而言，他们各自能从本书得到以下帮助。

(1) 入门：对于 IBM SPSS Statistics 的新用户而言，本书显然是最佳的学习软件操作和实战技能的教科书，本书采用相应软件的最新版本，就统计分析中的一些典型案例进行了深入浅出的全面介绍，用户只需要按照书中的讲解顺序依次操作，就可以真正习得相应的数据分析实战操作能力。

(2) 提升：对于已经熟悉相应 SPSS 系列产品如何使用的老用户而言，本书就是他们渴望多年的“专家教程”，笔者在案例中真正展示的并非简单的软件操作，而是完整的统计思维和实战分析思路，已有数据分析基础的读者通过对这些案例的学习，必然能更快地跨越从理论到实战的鸿沟，从而使自己对软件工具的掌握和实战操作能力都得到真正的提升。

(3) 领悟：对资深的统计分析人员而言，其对分析工具的应用早已超越了具体某个公司的产品层面，达到“不滞于物，草木竹石皆可为剑”的地步，但本书仍然具有很高的参考价值，因为软件仅仅是实现工具，其背后的统计思维、统计方法、基本原则等都完全相同，但不同的人在面对相同问题时所采用的分析流程、处理方式等又各有千秋，通过对书中案例的学习、参照和比较，分析人员必然能够起到举一反三的效果，从而真正对实战操作达到“悟”的境地。

本书由张文彤、钟云飞、王清华共同编写，其中第 1 章由张文彤和钟云飞共同编写，第 3 章由王清华和张文彤共同编写，其余各章由张文彤编写。

希望本书能够帮助读者更加深入地了解数据分析，从而进一步促进数据分析在国内的普及。也希望广大读者能一如既往地踊跃提出自己使用中的宝贵意见和建议，使本书再版时能够更上一层楼，更完美地满足大家的学习和工作需求。

编　者

目　录

第1部分　SPSS 数据分析基础

第 3 部分　信息浓缩、分类与感知图呈现

第 1 部分

SPSS 数据分析基础

第 1 章 数据分析方法体系简介

1.1 数据分析方法论概述

所有的数据分析工作都需要在一定的方法论指导下才能正确进行。而随着社会的进步，科学技术的发展，统计学的应用已经渗透到了我们工作和生活的各个角落，不同的领域所需要的方法论体系也会有所差异。根据笔者的理解，这些方法论体系大致可被分为如下三种。

- ✧ 严格设计支持下的统计方法论。
- ✧ 半试验研究支持下的统计方法论。
- ✧ 偏智能化、自动化分析的数据挖掘应用方法论。

IBM SPSS 旗下的 Statistics 作为全球最为出色的统计软件之一，在功能上可以有效地支持上述三种方法论体系，并满足绝大多数情况下的统计分析需求。但是在软件架构上，还是更倾向于前两种分析方法论更多一些。由于对方法论的理解要比对分析方法体系的掌握更为重要，因此本章首先将对此进行扼要介绍，读者在遇到实际分析需求时，则需要自行判断在各自所从事的领域中，究竟哪一种方法论更为合适，并有针对性地加以学习和钻研。

1.1.1 严格设计支持下的统计方法论

这种方法论也可称为经典统计方法论，笔者觉得它之所以经典，不仅是因为发展较早，而且是因为研究者在整个研究体系中能掌控一切，几乎可以找到上帝的感觉，具体特征如下。

- ✧ 这些研究都具有非常严密的研究设计方案，且往往严格遵循所谓的七大步骤：试验设计、数据收集、数据获取、数据准备、数据分析、结果报告和模型发布。这七大步骤中以试验设计步骤最为关键，直接影响着整个研究的成败。
- ✧ 在此类研究项目中，试验设计中会充分考虑需要控制的影响因素，并采用各种精巧的设计方案来对非研究因素的作用加以控制，如配伍、完全随机抽样、随机分组等。
- ✧ 数据在设计完毕后开始采集，整个试验过程尽量会在理想的条件下进行，从而在试验/数据获取过程中也会对无关因素的作用加以严格控制。如毒理学实验中可以对小白鼠的种系、周龄、生活环境、进食等做出非常严格的设定。

- ✧ 原始数据往往需要从头加以采集，数据质量完全取决于试验过程是否符合设计要求以及试验设计本身是否合理。当然，这也意味着每个原始数据的成本都非常高昂。
- ✧ 在分析方法上，最终所采用的统计模型应当是基于相应的试验设计所定制的分析模型。由于在试验设计和试验实施过程中已经对非研究因素的影响做了充分的考虑和控制，因此在很多情况下，往往只利用非常简单的统计方法，如 t 检验、卡方检验等就可以得到最终结论。各种复杂高深的统计模型虽然不是没有用武之地，但显然不是至关重要的工具。

此类统计方法论的应用在实验室研究、临床试验等领域中最为常见，而所使用的分析方法以常用的单因素分析方法，或者针对一些复杂设计的一般线性模型(方差分析模型)框架最为常见。

1.1.2 半试验研究支持下的统计方法论

上面这种经典的统计分析方法对整个流程的控制和干预非常严格，但这在许多情况下是无法得到满足的，因此往往退而求其次，形成了所谓的半实验研究支持下的统计分析方法，具体特征如下。

- ✧ 研究设计具有明显的向实际情况妥协的特征，因此所谓的七大步骤可能不被严格遵循，例如在数据本来就存在的情况下，数据收集过程就可能被省略。总体而言，在这七大步骤中，从数据准备开始的后三步重要性比经典统计分析更高。
- ✧ 研究设计可能无法做到理想化，例如抽样/分组的完全随机性，试验组/对照组干预措施的严格控制都可能无法严格满足。举个最典型的例子，药物研究中理想状况应当设立安慰剂对照组，但是如果是治疗恶性肿瘤的药物，又怎么可能忍心让肿瘤病人去吃安慰剂呢？此时往往设定的是标准治疗药物对照组，甚至于在一些极端情形下不设对照组。虽然这样做在统计设计上并不理想，但更符合医疗道德的要求。
- ✧ 整个数据采集过程难以做到理想化，举一个简单的例子，街头拦截(Central Location Test)是市场研究非常常用的样本采集方式，但如果细究起来，拦截地点、拦截时间、拦截的星期，甚至于当天的天气都可能会对样本的代表性以及数据结果产生影响，但这些最终只能凭借访问者的责任心和运气来尽量加以保证，从设计本身是无法进行控制的。
- ✧ 一方面，部分数据可能先于研究设计而存在，整个研究中需要在这些数据的基础上去补充所需的其他部分信息。而另一方面，有可能数据不能完全满足分析需求，但这种缺陷却无法得到弥补。例如利用全国各省的经济和人口数据进行各省的综合发展程度排序，可以考虑使用因子分析来做，但因子分析原则上要求至少有 50 个案例才能保证结果比较稳健，全国却只有 34 个省市自治区(包括香港、澳门、台湾)，难道为了这个统计分析再请有关部门弄十几个新的省出来？就是近两年风头很劲的统计局也没这本事呀！

- 在分析方法上，由于试验设计难以做到完美，因此各种潜在影响因素的作用可能也并不明确，需要在各种可能的影响因素中进行筛选和探索。而相应可能用到的统计方法也颇为繁杂，从简单的统计描述，到复杂的广义线性模型都可能用到，而影响因素的筛选则成为很多分析项目的重点任务之一。事实上，很多复杂的多因素分析模型就是在这类研究的实际分析需求刺激下产生并蓬勃发展的。但无论如何，使用的方法仍然以经典统计分析方法为主。

此类统计方法论的应用范围目前应当是最广的，在社会学、经济学研究中特别常见。

1.1.3　偏智能化、自动化分析的数据挖掘应用方法论

此类分析方法论是随着近年来计算机技术的飞速发展而诞生的，一方面数据库技术使许多行业出现了业务系统，有了自动积累的海量业务数据库，相应地也产生了大批新的分析需求，但其数据量却使传统方法论很难对其加以有效满足。另一方面，人工智能和计算能力的发展也催生了一批全新的分析方法，如 Bootstrap、Bayes 方法与 MCMC、神经网络、遗传算法、树模型与随机森林等，赋予了分析人员全新的能力。在这些因素的相互作用之下，一种新的分析方法论——数据挖掘方法论就应运而生了。

一般认为，数据挖掘是近年来由计算机人工智能、统计学和数据仓库技术交叉发展而来的一种新方法体系，它通过采用各种自动或半自动的分析技术，在海量数据中发现有意义的行为和规则，迅速找到大量资料间的关联与趋势。其最大的特点是自动化、智能化，即充分利用计算机人工智能技术，自动/半自动地分析数据间的复杂联系，探寻一种独特的，通过其他方法可能难以发现的模式，快速发现有价值的信息。整个分析框架是动态、可更新的，并且在分析结果的验证上提供了许多新的思路。

我的一位博士师兄在 20 世纪末向我们介绍数据挖掘方法体系的时候，曾经用一句很精辟的话对其出身进行了总结：一部分是新的，一部分是旧的，一部分是借的。

和前两种较为传统的分析方法论相比，数据挖掘方法论的特点如下所述。

- 完全以商业应用的需求为导向，或许可以认为传统方法论和数据挖掘方法论的最大区别在于：前者需要方法体系/逻辑正确，然后慢工出细活。后者由于所处理的问题的数据量大、时间要求高，只需要结果正确，分析方法的理论正确性并不重要，而算法细节也可以是灰箱甚至黑箱，正所谓无论白猫还是黑猫，只要抓住老鼠，就是好 Hello Kitty。

数据挖掘所需要解决的问题往往具有很强的时间要求，例如消费者在网上购物时，页面上常常会出现“购买此商品的顾客也同时购买”之类的推荐栏目。其中的商品就是利用快速的数据挖掘算法筛选出来的。虽然这类分析的准确率能

高一些自然最好，但是相比之下，网站更愿意选择 2 秒钟就能反馈给浏览者的弱关联算法，而不是采用 10 分钟才能计算出更准确结果的强关联算法，因为买家等不起。

- ✧ 分析的流程出现了很大的变化，不再是线性的七大步骤，而是转换成了周而复始的循环结构，且非常强调前期的商业理解以及后期的模型发布/应用。在几种常见的数据挖掘方法论中，以 CRISP-DM 最具代表性。
- ✧ 由于数据往往来源于业务系统，如超市的 POS 机、银行的 ATM 机和电信公司的业务数据库，因此数据采集过程是全自动进行的，完全先于整个研究项目存在。但这也意味着这些数据根本就不是为数据分析准备的，从而难以做到理想化。如对 POS 机数据进行分析，大家都知道如果掌握了购物者的年龄、性别、家庭收入状况等信息，将可以得到更有价值的分析结果，但即使关联了会员卡数据，这些背景资料也几乎是不可能补全的，更不用说在超市购物时往往是退休的父母拿着子女的会员卡去购物这种很常见的情形了。
- ✧ 由于业务系统的数据为动态增加，因此几乎不可能考虑另行加以人工收集希望补足的数据，只能看菜下饭，否则整个项目将永无止境，失去实际价值。
- ✧ 在分析方法上，由于极端强调商业应用，因此分析方法的选择其实并不重要，往往采取多种方法并行，从中择优的分析思路。如对于一个客户流失预测项目，完全可以同时采用判别分析、Logistic 回归、神经网络、支持向量机(SVM)、Bayes 分析、树模型等多种方法平行分析，然后采用投票或者优选的方式得到最终的预测模型/结果。

在完全以满足商业需求为目标的背景之下，很多被认为是非常经典和基础的统计方法，如参数估计和常规的假设检验等在数据挖掘中反而很难用到。另外，由于上述海量数据库、动态增量、平行分析等特点的存在，意味着数据挖掘非常强调自动化，即使在项目实施期间会有很多人脑的智力投入，但最终项目结束时提交的一定是自动化的业务流，即以硅脑代替人脑，软件代码代替人工操作。

最后，能否满足商业需求，或者说模型是否能够在业务系统中得到真正的发布/应用，是判断整个数据挖掘项目是否成功的唯一标准，这一点和传统方法论有非常鲜明的区别。

1.2 统计软件中的数据存储格式

统计软件是依赖于数字化存储的数据进行工作的，无论使用哪一种分析方法，显然都离不开数据的计算机化/存储这一根本，因此，这里就首先从数据的存储类型开始讲起。

1.2.1　二维数据表

对于比较复杂的分析项目，特别是基于业务系统而发生的分析需求，所需的数据很有可能是以一个结构比较复杂的数据仓库的形式出现。统计软件需要从中提取出所需的数据加以分析。但实际上，我们可以将问题彻底简化，因为对于每一个具体的分析而言，统计软件所面对的必然是一个标准的关系数据库下的二维数据表，每一行代表一个案例，每一列代表一个变量。而统计软件所需要完成的工作，就是去寻找行(案例)或者列(变量)之间的数量联系，从而基于这些统计信息辅助研究人员作出业务决策。

简化到二维表形式的数据集是最基本的统计分析用数据格式，也是包括 Statistics 在内的统计软件的最常见输入格式。对于一个二维表而言，其所有变量的属性定义就构成了其数据结构，也就是该表格的框架部分。而随后所有的案例则可以按照此结构来依次添加数据。

以 IBM SPSS Statistics 为例，其数据窗口实际上由两个视图构成：变量视图用于显示/管理数据表的结构，其中每一行代表一个变量的具体属性设定；而数据视图则用于显示/管理具体的数据，一行代表一个观测个案的取值情况，如图 1.1 所示。

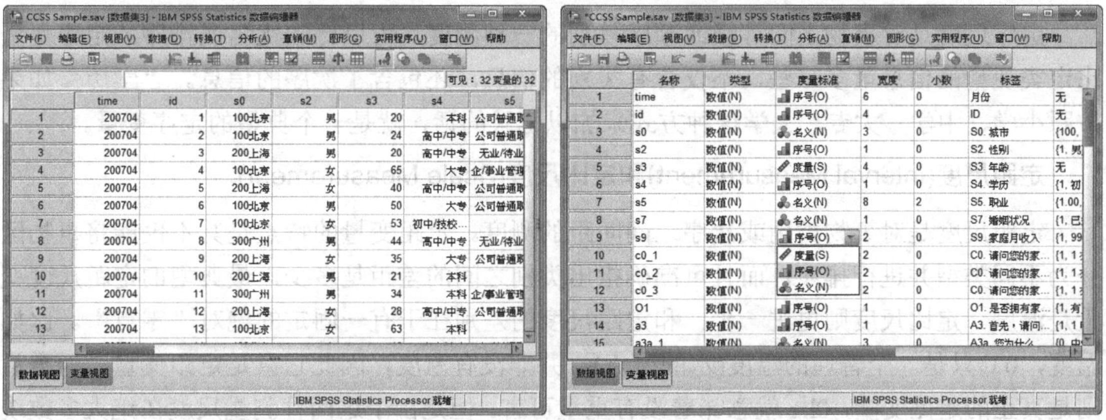

图 1.1　IBM SPSS Statistics 数据窗口的数据视图和变量视图

1.2.2　变量的存储类型

根据统计软件的不同需求，对变量的存储类型可以有多种设定，但基本的形式是两种：数值型和字符型。前者如工资、年龄、成绩等变量都可按照数值型数据来存储，而后者如姓名、住址等就是典型的字符型变量。但是出于分析便利的需要，上述两种基本类型还可以衍生出多种衍生类型来，例如用于存储日期/时间数据的日期型变量，在绝大多数统计软件中实际上就是一种特殊的数值型变量。在 IBM SPSS Statistics 中也不例外，其中存储的是该时间与 1582 年 10 月 14 日零点相差的秒数，如 1582 年 10 月 15 日存储的就是 60×60×24=86400，只要将变量类型变换为数值型就可以看到。

在 IBM SPSS Statistics 中，变量的存储类型是在变量视图的“类型”列处加以设定。在变量视图中选择“类型”单元格时，右侧会出现形如“…”的省略号按钮，单击“…”按钮会弹出“变量类型”对话框，用于选择具体的存储类型以及变量宽度、小数位数等。

1.2.3 变量的测量尺度

如果只使用变量类型，很多时候并不能准确地说明变量的含义和属性，还需要进一步给变量增加测量尺度这一属性。在统计学中，按照对事物描述的精确程度，可将所采用的测量尺度从低级到高级分为四个层次：定类尺度、定序尺度、定距尺度和定比尺度。

定类尺度(Nominal Measurement)

定类尺度是对事物的类别或属性的一种测度，按照事物的某种属性对其进行分类或分组。定类变量的特点是其值仅代表了事物的类别和属性，仅能测度类别差，不能比较各类事物之间的大小，所以各类事物之间没有顺序或等级，如变量“血型”就是一个定类尺度的变量。对于“性别”这种两分类变量，人们一般仍然将其归为定类尺度变量。但是两分类变量较为特殊，即使将其归为其他类型，一般也不会影响后续分析。

定序尺度(Ordinal Measurement)

定序尺度是对事物之间等级或顺序差别的一种测度，可以比较优劣或排序。定序变量比定类变量的信息量多一些，不仅含有类别的信息，还包含了次序的信息。“学历”如果按照小学、中学、大专、大学这种方式来加以记录的话，就是一个典型的定序变量。

定距尺度(Interval Measurement)和定比尺度(Scale Measurement)

定距尺度是对事物类别或次序之间间距的测度。定距变量的特点是其不仅能将事物区分为不同类型并进行排序，而且可准确指出类别之间的差距是多少，最典型的定距尺度变量是温度。定比尺度则更进一步，和定距尺度的差别在于有一固定的绝对“零点”。比如温度，0℃只是一个普通的温度(水的冰点)，并非没有温度，因此它只是定距变量，而重量则是真正的定比变量，0kg 就意味着没有重量可言。但是由于这两种测量尺度在绝大多数统计分析中没有本质上的差别，因此很多时候都没有做严格区分。

IBM SPSS Statistics 中的相应功能

在 IBM SPSS Statistics 中，变量的测量尺度是在变量视图的“度量标准”列处加以设定的。在变量视图中选择“度量标准”单元格时，会弹出下拉列表见图 1.1，从中选择所需的测量尺度即可。不过目前此处的选择只会影响制图、制表过程和一些新的复杂统计模型的对话框设定，对于 t 检验、方差分析等常用统计分析过程的使用仍然没有太大影响。

上述四种尺度在许多统计书籍中会有更为通俗的称呼：无序分类变量、有序分类变量和连续变量(泛指定距和定比尺度)。从实用的角度出发，本书将同时采用这两种命名体系。

1.3 数据的统计描述与参数估计

1.3.1 连续变量的统计描述

当数据量较少，如只有 5 个人的身高，或者 7 个人的性别资料时，研究者可以通过直接观察原始数据来了解几乎所有的信息。但是，实际工作中所接触到的数据量往往要远大于人脑可以直接处理、记忆的容量，此时就必须借助于汇总后的统计指标才能了解数据全貌。统计指标主要可以反映数据以下几个方面的特征：集中趋势、离散趋势、分布特征以及其他趋势。

集中趋势的描述指标

集中趋势用于描述数据的平均水平，这可能是人们希望了解的最基本的汇总信息，在统计学中用于描述集中趋势，或者说数据分布的中心位置的统计量就被称为位置统计量(Location Statistic)。针对不同的数据分布状况，统计学家提供了多种统计量来代表原始数据的中心趋势，如平均值、中位数和众数等。

- 算术均数(Arithmetic Mean)：算术均数是最常用的描述数据分布集中趋势的统计指标，因此也往往将其直接简称为均数。总体均数用希腊字母μ表示，样本均数常用$\overline{X}$表示。对一组数据$X_1,\cdots,X_n$而言，均数的算法为各数据直接相加，再除以例数n。均数是最常用的集中趋势描述指标，但它不适用于对严重偏态分布的变量进行描述，只有单峰和基本对称的分布资料，使用均数作为集中趋势描述的统计量才是合理的。
- 中位数(Median)：中位数是将全体数据按大小顺序排列，在整个数列中处于中间位置的那个值。它把全部数值分成两部分，比它小和比它大的数值个数正好相等。中位数适用于任意分布类型的资料，不过，由于中位数只考虑居中位置，对信息的利用不充分，当样本量较小时数值会不太稳定。因此对于对称分布的资料，分析者会优先考虑使用均数，仅在均数不能使用的情况下才用中位数加以描述。
- 几何均数(Geometric Mean)：几何均数用 G 表示，适用于原始数据分布不对称，但经对数转换后呈对称分布的资料。可以发现，几何均数实际上就是对数转换后的数据 $\lg X$ 的算术均数的反对数。
- 截尾均数(Trimmed Mean)：由于均数较易受极端值的影响，因此可以考虑按照一定比例去掉最两端的数据，然后再计算均数。如果截尾均数和原均数相差不大，则说明数据不存在极端值，或者两侧极端值的影响正好抵消。常用的截尾均数有5%截尾均数，即两端各去掉 5%的数据。
- 其他集中趋势描述指标：除上述最常用的几种指标外，还可以遇到众数、调和均数等，前者指样本数据中出现频次最大的那个数字，后者是观察值 X 倒数之均数的倒数，这些指标的实际应用都比较少见。

离散趋势的描述指标

显然，仅仅反映数据的集中趋势是远远不够的，数据的离散趋势用于反映全体数据的波动范围，描述该趋势的统计量也被称为尺度统计量(Scale Statistic)，常用的尺度统计量有标准差、方差、四分位数间距等。

- ✧ 全距(Range)：全距又称为极差，是一组数据中最大值与最小值之差，是最简单的变异指标，但它显然过于简单了，因此全距一般只用于预备性检查。
- ✧ 方差(Variance)和标准差(Standard Deviation)：总体和样本的标准差分别用σ和 s 来表示，方差即标准差的平方，这两个指标是应用最广泛的离散程度描述指标，由于标准差和方差的计算利用到每一个原始变量值，所以它们反映的信息在离散指标中是最全的，是最理想、最可靠的变异描述指标。但也正是由于标准差和方差的计算用到每一个变量值，所以它们也会受到极端值的影响，当数据中有较明显的极端值时不宜使用。实际上，方差和标准差的适用范围应当是服从正态分布的数据。
- ✧ 百分位数、四分位数与四分位间距：百分位数(Percentile)是一种位置指标，用 Px 表示。一个百分位数 Px 可将一组观察值分为两部分，理论上有 x%的观察值比它小，有(100-x)%的观察值比它大。前面所学习过的中位数实际上就是一个特定的百分位数，即 P50。除中位数外，常用的百分位数还有四分位数，即 P25、P50 和 P75 分位数的总称。这三个分位数正好是能够将全部总体单位按标志值的大小等分为四部分的三个数值，且 P25 和 P75 这两个分位数间包括了中间 50%的观察值，因此四分位间距既排除了两侧极端值的影响，又能够反映较多数据的离散程度，是当方差、标准差不适用时较好的离散程度描述指标。
- ✧ 变异系数(Coefficient of Variation，CV)：当需要比较两组数据离散程度大小的时候，如果两组数据的测量尺度相差太大，或者数据量纲不同，直接使用标准差来进行比较就并不合适，此时就应当消除测量尺度和量纲的影响，而变异系数就可以做到这一点，它是标准差与其平均数的比。CV 显然没有量纲，同时又按照其均数大小进行了标化，这样就可以进行客观比较。显然，CV 的适用范围和标准差是一致的。

分布特征、其他趋势的描述指标

除以上两大基本趋势外，随着对数据特征了解的逐渐深入，研究者常常会提出假设，认为该数据所在的总体应当是服从某种分布的。那么，针对每一种分布类型，都可以由一系列的指标来描述数据偏离分布的程度。如对于正态分布而言，偏度系数、峰度系数就可以用来反映当前数据偏离正态分布的程度。当然，相对而言，这些分布指标使用得较少。

由于所假定的分布不同，所使用的分布特征描述指标也会有所差异，这里我们只简单介绍和正态分布有关的偏度系数和峰度系数的概念。

- ✧ 偏度(Skewness)：偏度是用来描述变量取值分布形态的统计量，指分布不对称的方向和程度。样本的偏度系数记为 $g1$。偏度是与正态分布相比较而言的统计量，$g1>0$ 分布为正偏或右偏，即长尾在右，峰尖偏左；$g1<0$ 分布为负偏或左偏，即长尾在左，峰尖偏右；$g1=0$ 分布为对称。
- ✧ 峰度(Kurtosis)：峰度是用来描述变量取值分布形态陡缓程度的统计量，是指分布图形的尖峭程度或峰凸程度。样本的峰度系数记为 $g2$。峰度也是与正态分布相比较而言的统计量，$g2>0$ 即峰的形状比较尖，比正态分布峰要陡峭；$g2<0$ 即形状比正态分布要平坦；$g2=0$ 则分布为正态峰。
- ✧ 其他趋势的描述指标：统计描述中还可能需要描述一些上文未提到的数据趋势，如数据是呈单峰还是双峰分布，数据是否存在极端值等，常用的有专门针对异常值数据进行描述的极端值(Outlier)列表等。

IBM SPSS Statistics 中的相应功能

Statistics 中的许多模块均可完成统计描述的任务，除各种用于统计推断的过程会附带进行相关的统计描述外，主要涉及统计描述的是以下三大子菜单，如图 1.2 所示。

- ✧ “分析→报告”子菜单：是从属于 Base 模块的几个制表过程，提供了从最基本的变量值标签代码本、对原始数据进行列表，到将原始数据汇总为数据立方体进行数据透视、对数据计算一些常用的描述统计量并制作精细定义的输出表格等多种统计报表功能，可以满足用户的各种苛刻要求。其中比较特殊的是在汇总项中提供几何均数、调和均数等指标的直接输出。
- ✧ “分析→表”子菜单：是 SPSS 专门为生成出版级报表而设计的模块，可以根据用户需求产生复杂的多层/嵌套表格。和上面几个从属于 Base 模块的过程相比，它不仅功能更为强大和灵活，而且还提供了完全交互式的操作界面，使用上更为方便、快捷。
- ✧ “分析→描述统计”子菜单：最常用的几个连续变量统计描述过程都被集中在该子菜单下面，如频率(Frequencies)过程用于产生原始数据的频数表，并能计算各种百分位数。它所提供的统计描述功能非常全面，且对话框布置很有规律，基本上按照数据的集中趋势、离散趋势、百分位数和分布指标四大块将各描述指标进行了归类。描述(Descriptive)过程用于进行一般性的统计描述，相对于频率过程而言，虽然它不能绘制统计图，所能计算的统计量也较少，但使用频率却是最高的。实际上从统计选项可以看出，该过程适用于对服从正态分布的连续变量进行描述。探索(Explore)过程用于对连续性资料分布状况不明时的探索性分析，它可以计算许多描述统计量，除常见的均数、百分位数之外，还可以给出截尾均数、极端值列表等，并绘制出各种统计图，是功能最为强大的一个描述过程。而 P-P 图和 Q-Q 图过程则是用图形方式来直接观察样本数据分布是否服从所假设的理论分布，是更为直观的一种数据分布趋势描述工具。

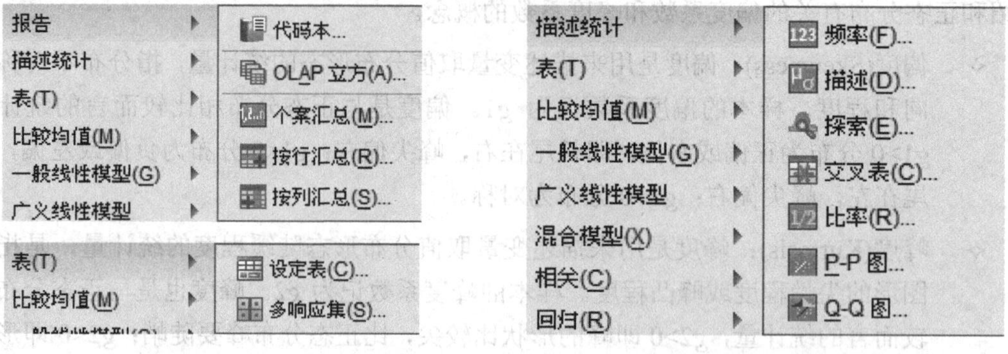

图 1.2 “分析”菜单下的“报告”“表”和“描述统计”子菜单

“描述统计”子菜单下的比率(Ratio)过程用于对两个连续变量计算相对比指标，除中位数、均值、加权均值等常见指标外，还可以计算出一系列专业指标，如离差系数(COD)、以中位数为中心的变异系数、以均值为中心的变异系数、价格相关微分(PRD)、平均绝对偏差(AAD)等。但这些指标过于专业，导致其在实际工作中应用较少。

1.3.2 连续变量的参数估计

通过统计描述，研究者已经可以对样本数据的情况有详细的了解。但研究的真正目的是考察样本所代表的总体情况如何，这样就会涉及总体参数估计的问题。

参数的点估计

参数的点估计就是选定一个适当的样本统计量值作为参数的估计值，如将样本均数作为总体均数的点估计值。常见的点估计方法有如下几种。

- ✧ 矩法：矩法的名称比较专业，实际上含义非常简单，它指的是在许多情况下，样本统计量本身往往就是相应的总体参数的最佳估计值，此时就可以直接取相应的样本统计量作为总体参数的点估计值。例如样本均数、方差、标准差都是相应总体均数、方差、标准差的矩估计量。对于常用的正态分布而言，矩法几乎可以满足全部参数的点估计需求，所以平常教科书上所说的点估计用的实际上就是矩法。
- ✧ 极大似然法：极大似然法是另一种更好的参数估计方法，其优点在于估计量常能满足一致性、有效性等要求，且具有不变性。不变性是指当原始数据进行某种函数变换后，相应估计量的同一函数变换值仍是新样本的极大似然估计量。
- ✧ 稳健(Robust)估计值：矩法和极大似然法虽然能够很好地满足点估计的需要，但也有很明显的缺陷，就是估计值受异常值的影响十分显著，或因数据分布的偏离而使估计值产生较大变化。稳健估计方法就是针对这种情况的解决方案之一，即当观测数据不符合假定模型，与假定模型有偏离时，分析结论仍然保持稳定并正确的统计方法。而稳健估计指的就是该统计量受数据异常值的影响较小，而且对大部分的分布而言都很好(当然，这种万金油特征意味着它不会对每个分布都是最佳的)。

✧ Bootstrap 方法：该方法希望解决的问题和稳健估计类似，也是当观测数据不符合假定模型，与假定模型有偏离时，仍然可以得到正确并基本稳定的分析结论，该方法的原理将会在随后的章节中结合实例加以介绍。

基于标准误(Standardized Error)的参数区间估计

显然，仅仅有参数的点估计是不够的，比如打靶，打了 2 枪，平均 9 环；打了 100 枪，平均也是 9 环，显然人们更相信后者的确是个好的枪手，对前者的水平却可能产生怀疑。这就涉及参数的估计值究竟有多大误差的问题，这方面最为常用的方法为基于标准误的区间估计方法。

虽然原始数据可能服从各种各样的分布，但是根据中心极限定理，当样本量 n 足够大时(如 $n>50$)，其抽样均数都会近似服从正态分布，而此正态分布所对应的标准差就可用来表示抽样误差的大小，此即标准误。结合样本量和标准误就可以确定一个在设定可信度(如 95%或 99%)包含总体参数的区间，该区间称为总体参数的(1−α)%可信区间或置信区间(Confidence Interval，CI)。

下面来看一下可信区间是如何求得的，以最常用的 95%双侧可信区间为例，其计算公式为：

$$\bar{X} - 1.96\sigma / \sqrt{n} < \mu < \bar{X} + 1.96\sigma / \sqrt{n}$$

上述公式看起来很完美，但有一个大问题，就是σ也是未知总体参数，计算中必须使用样本标准差 s 来代替，这样一来，公式就必须加以修正，统计学家发现此时样本均数 $\bar{X}$ 按照前述标化公式变换后服从的是 t 分布而不是 u 分布，相应的可信区间公式修改为：

$$\bar{X} - t_{\alpha,\nu} s / \sqrt{n} < \mu < \bar{X} + t_{\alpha,\nu} s / \sqrt{n}$$

上述公式就是最常用的可信区间计算公式，显然在使用中 t 分布的界值需要根据自由度 ν 来确定，非常麻烦，好在现在用 SPSS 来进行分析，这些烦人的工作软件都会替我们直接完成，使用者只需理解如何阅读结果即可。

必须指出，可信度的概念往往会引起误解，它仅仅是大量重复抽样时的一个渐近概念。认为“95%的可信区间包括真实参数值的概率为 0.95”是一种错误的理解。这里得到的区间是固定的，而总体参数值也是固定的。因此只有两种可能：包含或者不包含，这当中没有任何概率可言。95%的可信度只是说如果我们能够大量重复试验的话，则平均下来所计算的每 100 个可信区间中，会有大约 95 个覆盖真实值。

基于 Bootstrap 方法的区间估计

该方法是完全不同的另一种区间估计求解方法，特别适用于一些分布比较特殊，导致传统的标准误区间估计结果可能不太准确的情况。不仅如此，由于该方法是采用计算统计学的方式来求解，因此对于一些经典统计学很难解决的特殊参数的区间估计问题，例如中位数、四分位数、标准差、变异系数等都可以进行简单而且准确的参数区间估计，因此成为经典统计学的有力补充。

IBM SPSS Statistics 中的相应功能

基于标准误的区间估计一般是在 SPSS 的描述过程中实现，具体表现为对标准误，或者直接对指定可信度的可信区间的计算。前述的几乎所有统计描述用过程都可以计算相应的结果，除计算出均数的标准误之外，其比较独特的功能如下所述。

- ✧ 描述(Descriptive)过程：该过程较为特殊的一个功能是将原变量变换为标准正态分布下的得分，只需要选中主对话框左下角的“将标准化得分另存为变量”复选框即可。
- ✧ 探索(Explore)过程：该过程不仅会计算标准误，还可以直接给出均数 95%可信区间，而对于均数的点估计，还可直接提供稳健估计值，显然更为专业。

对于 Bootstrap 估计，SPSS 将其作为一个单独的软件模块提供，会在相应描述过程的主对话框上增加“自助抽样”按钮，只要在该按钮所对应的子对话框中按要求进行指定次数的 Bootstrap 抽样，就可以对所有的描述统计量进行相应的 Bootstrap 点估计和区间估计。

1.3.3　分类变量的统计描述和参数估计

相对于连续变量而言，分类变量的统计描述指标体系非常简单，主要是对各个类别取值进行各自的频数和比例计算，再进一步计算一些所需的相对数指标。

频数分布

对于分类变量，分析时首先应当了解的是各类别的样本数有多少以及各类别占总样本量的百分比各为多少。这些信息往往会被整理在同一张频数表中加以呈现。对于有序分类变量，除给出各类别的频数和百分比外，研究者往往还对累积频数和累积百分比感兴趣，即低于/高于某类别取值的案例所占的次数和百分比。但需要注意的是，统计软件只能按类别编码从小到大进行频数和百分比的累计，如果编码不符合要求，则研究者只能手工加以统计。

集中趋势

除原始频数外，研究者如果希望哪一个类别的频数最多，还可以使用众数(Mode)来描述它的集中趋势。显然，众数只反映频数最多的类别的情况，而浪费了所有其他信息，因此只有集中趋势显著时，众数才较有价值。而当变量的类别数不多时，原始频数表的观察并不复杂，此时众数的使用价值并不高。

离散趋势

分类变量基本上不需要专门分析其离散趋势，这是因为对于分类数据而言，其数据的离散程度实际上是和集中趋势有关联的，它们受同一个参数的控制，因此不需要分开描述。

相对数指标

除以上比较简单的频数、趋势外，研究者还经常为分类数据计算一些原始频数的相对指标用于统计描述，这些指标被称为相对数，这里简单介绍一下常用的三种相对数。

(1) 比(Ratio)：指的是两个有关指标之比 A/B，用于反映这两个指标在数量/频数上的大小关系。事实上，比也可以被拓展到连续变量的范畴内，如本月销售额/销售人员数。

(2) 构成比(Proportion)：用于描述某个事物内部各构成部分所占的比重，其取值在 0～100%之间。事实上，前面提到的百分比就是一个标准的构成比，而累积百分比则是构成比概念的直接延伸。

(3) 率(Rate)：率是一个具有时间概念，或者说具有速度、强度含义的指标，用于说明某个时期内某个事件发生的频率或强度，其计算公式为：

$$\text{某事件的发生率}=\frac{\text{观察期内发生某事件的对象数}}{\text{该时期开始时的观察对象数}}$$

准确地讲，率应当是一个时间点上的强度测量，但这在实际工作中很难做到，因此一般都按一个时段来进行测量。它的分子往往是一个时期的累计数。

以上相对数在使用时应当注意适用条件，如样本量较大时相对数才会比较稳定，基数不同的相对数不能直接相加求和等。

多个分类变量的联合描述

在工作中，往往需要对两个甚至与多个分类变量的频数分布进行联合观察，此时就涉及多个分类变量的联合描述。如两个分类变量的类别相互交叉，就会构成一张二维交叉表，表格中的每个单元格除给出两变量分别取值为某种类别时的原始频数外，还可能给出行百分比、列百分比和总百分比等，分别用于反映该单元格频数占所在行、列、总样本的构成比情况。

多选题的统计描述

多选题是调查问卷中极为常见的调查题目类型，在 SPSS 中需要用多个变量联合记录其数值情况。最标准的做法是多重二分法，即对应每一个选项都定义一个变量，这些变量各自代表对其中一个选项的选择结果，其数值二分类，其中有一个类别代表该选项被选中。在分析的时候，分析者当然可以对每一个单独的题项/变量来进行统计描述，但这样做是不全面的，因为这些变量实际上回答的是一个大问题，将问题割裂开来可能会得出不正确的分析结果，而且无法计算一些汇总指标。在多选题分析中比较特别的描述指标有以下四个。

- ✧ 应答人数(Count)：即选择各选项的人数，或者说原始频数。
- ✧ 应答人数百分比(Percent of Cases)：即选择该项的人占总人数的比例，应答人数百分比可以反映该选项在人群中的受欢迎程度。
- ✧ 应答人次(Responses)：即选择各选项的人次，对于单个选项，应答人次和应答人数是相同的，但是对整个问题而言，应答人次可能远远大于应答人数，因为如果一个受访者选择了两个选项，则将会被计为 1 个人数，2 个人次。

✧ 应答次数百分比(Percent of Responses)：在做出的所有选择中，选择该项的人次占总人次数的比例。应答次数百分比可以用于比较不同选项的受欢迎程度。

分类变量的参数估计

分类变量的参数估计同样会涉及点估计和区间估计的问题，只是对分类变量而言，由于只能取若干个离散的值，因此参数估计关心的就是各类别在总体中的比例是多少，或者当从中进行一次抽样时，抽得相应类别的概率是多少。在各种分类变量的分布中，二项分布最为常见，因此本书将以其为准加以介绍。

如果一个随机变量 X，它的可能取值是 $0,1,\cdots,n$，且相应的取值概率为：

$$P(X=k)=\binom{n}{k}\pi^k(1-\pi)^{n-k}$$

由于 $\binom{n}{k}\pi^k(1-\pi)^{n-k}$ 是二项式 $[\pi+(1-\pi)]^n$ 展开式中的各项，故称此随机变量 X 服从以 n、π 为参数的二项分布，记为 $X\sim B(n,\pi)$。对于该变量而言，有均数 $\mu_X=n\pi$，方差 $\sigma_X^2=n\pi(1-\pi)$，标准差 $\sigma_X=\sqrt{n\pi(1-\pi)}$。显然，对于样本量 n 确定的情形，均数和标准差间存在着明确的换算关系，他们都只受π的影响，这也是为什么在前面我们不对离散趋势加以描述的理论依据。

在实际问题中，对于一个二项分布的总体而言，其试验次数 n 是可以人为确定、控制的，因此只需要对参数 π 加以估计，就可以明确整个分布的情况。由中心极限定理可知，当 n 较大、π 不接近 0 也不接近 1 时(一般认为这个界限是 $n>40$，且 np 和 nq 均大于 5)，二项分布 $B(n,\pi)$近似正态分布，这样就可以利用正态分布中的相应成果来进行参数估计，相应的 $100(1-\alpha)\%$可信区间为：$P\pm1.96\sqrt{P(1-P)/n}$。

当不满足正态近似的条件时，则可以直接利用二项分布的概率分布规律计算相应的可信区间。

利用 Bootstrap 抽样方法进行参数区间估计的原理和连续变量完全相同，因此这里不再重复介绍。

IBM SPSS Statistics 中的相应功能

Statistics 中的许多模块均可完成分类变量统计描述的任务，前述用于连续变量统计描述的“报告”子菜单、“表”子菜单下的过程均可完成从频数表、交叉表，到各种复杂组合表格的描述工作，但最常用的仍然是描述统计子菜单下的几个过程。

✧ 频率过程：在上一章中已经学习过本过程了，显然，针对单个分类变量输出频数表是其基本功能，从中可以得到“频数”“百分比”和“累积百分比”统计量。除原始频数表外，该过程还可给出描述集中趋势的众数以及直接绘制用于分类变量的条图和饼图等。

✧ 交叉表过程：其强项在于两个/多个分类变量的联合描述，可以产生二维至 n 维列联表，并计算相应的行/列/合计百分比、行/列汇总指标等。

此外，针对多选题的统计描述需求，还专门有下面两处来满足。

✧ 多重响应(Multiple Response)子菜单：该子菜单专门用于对多选题变量集进行设定和统计描述，包括多选题的频数表和交叉表均可制作，可以满足基本的多选题分析需求。

✧ “分析→表”子菜单项：该菜单下的多响应集用于进行多选题变量集的设定，在完成变量集设定工作后，就可以在制表过程中利用其非常强大的制表功能对多选题进行统计描述了。

1.3.4 统计图形体系

统计图在严格意义上应当属于统计描述的一种，但是由于其表现形式和操作方式都比较特殊，因此这里单独加以阐述。

统计图的分类方法有许多种，但和统计学体系最为贴近的分类方法是首先按照其呈现变量的数量将其大致分为单变量图、双变量图、多变量图等，随后再根据相应变量的测量尺度进行更细的区分。虽然读者会发现这种分类方法会将许多图形分成更细的小类，但是这样更有利于大家将来正确地使用。

在 SPSS 系列软件中创建图形时，变量的测量尺度很重要，如果对变量的测量尺度定义有误，则可能无法生成相应的图形。目前 SPSS 将绘图用变量主要分为以下三类：无序、有序和连续变量。但同时又将多选题变量集作为一类特殊的无序变量进行处理。

单变量图：连续变量

单变量图指的是通过图形元素的位置高低、范围大小等对某一个变量的数值/类别分布情况进行呈现，常用于描述、考察变量的分布类型。绘制这类图形时只需一个变量，如图 1.3 所示。

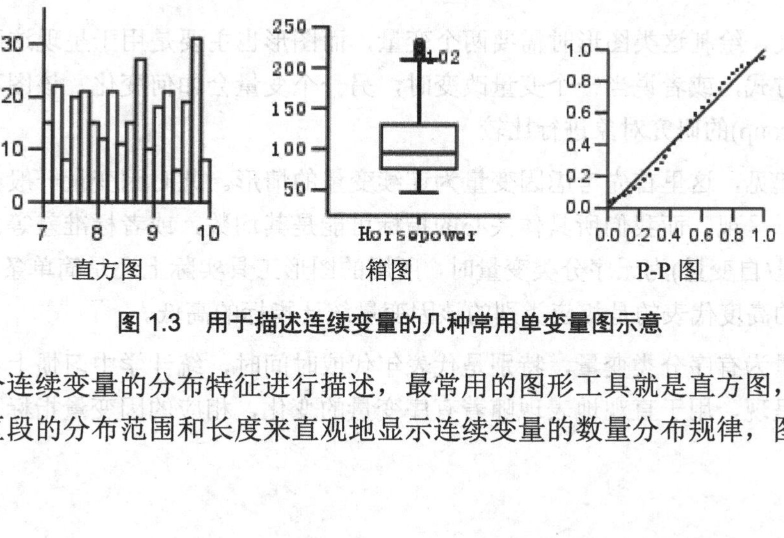

图 1.3　用于描述连续变量的几种常用单变量图示意

对于一个连续变量的分布特征进行描述，最常用的图形工具就是直方图，它通过直条在各个取值区段的分布范围和长度来直观地显示连续变量的数量分布规律，图形中的横轴代表不同的取值区段，而纵轴则表示相应区段的频数。对于样本量较小的情形，直方图会损失一部分信息，此时可以使用茎叶图来进行更精确的描述。

除直方图外，箱图也常用于连续变量的描述，它主要使用百分位数指标，如中位数、四分位数等对该变量的分布规律进行呈现，还可帮助进行对称性、极值判定。

对于更为深入的统计分析，研究者往往还希望考察该连续变量是否服从某种理论分布，例如考察其是否服从正态分布。除进行假设检验外，P-P 图和 Q-Q 图就可以直观地达到这一目的。

单变量图：分类变量

对于分类变量的描述可以被分为两种情况：展示分类变量各类别的频数，或者表示各部分占总体的构成比例。对于前者而言，最常用的工具是简单条图，它使用等宽直条的长度来表示相互独立的各类别的频数高低，换言之，横轴表示不同的类别，而纵轴则和直方图一样，也用于表示频数的多少。

在表示各部分的构成情况时，饼图是最常用的工具，它使用饼块的大小来表示各类别的百分比构成情况。

对于一些特殊的问题，研究者可能希望在一幅图中同时表示该变量各类别的原始频数和百分构成，Pareto 图就可以满足这一要求，它在图形中使用直条代表频数高低，同时又使用折线来表示累计百分比的变化情况，如图 1.4 所示。

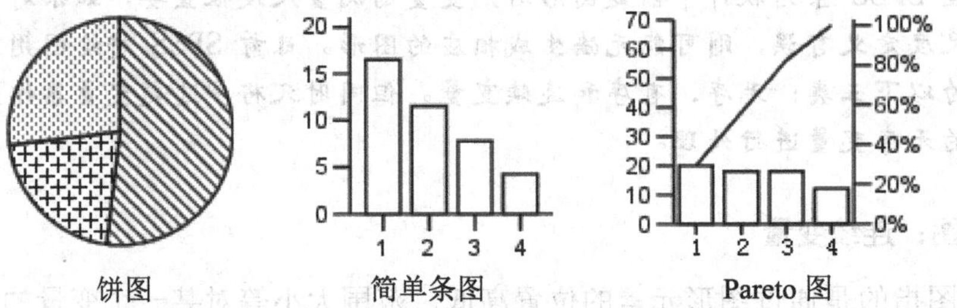

图 1.4　用于描述分类变量的几种常用单变量图示意

双变量图：连续因变量

顾名思义，绘制这类图形时需要两个变量，而图形也主要是用于呈现这两个变量在数量上的联系方式，或者说当一个变量改变时，另一个变量会如何变化。该图形常用于对不同亚群(Subgroup)的研究对象进行比较。

为方便起见，这里首先考虑因变量为连续变量的情形。此时因变量一般会使用纵轴刻度的高度加以呈现，而我们所具体关心的指标可能是其均数，或者标准差等。当另一个主动变化的变量(自变量)为无序分类变量时，所用的图形工具实际上还是简单条图，只是此时每一个直条的高度代表的是相应类别的该因变量统计指标的高低。

当自变量为有序分类变量，特别是代表年代或时间时，统计学中习惯上会用线图来对其关联进行呈现，用于直观地表现随着有序变量的变化，相应的因变量指标是如何上升或下降的。显然，这一问题用条图似乎也可行，但这主要是一个使用习惯的问题。最后，如果自变量也是连续变量，则所用的工具就是大家所熟悉的散点图。它使用散点的疏密程度和变化趋势来对两连续变量间的数量联系进行呈现，如图 1.5 所示。

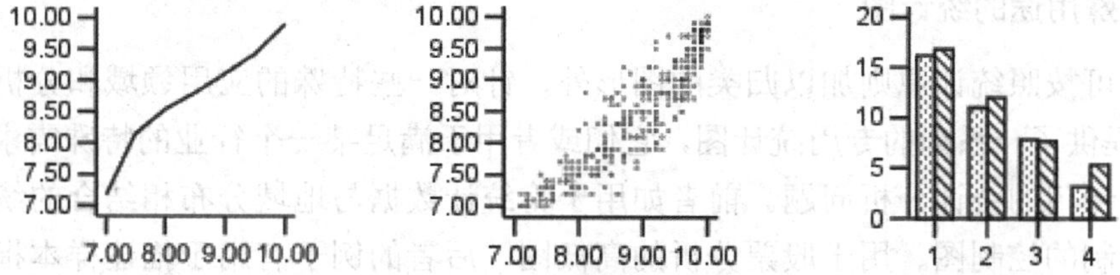

图 1.5　几种常见的多变量图示意

双变量图：分类因变量

当因变量为分类，自变量为连续时，目前尚没有很好的图形工具可资利用，常见的处理方式是将自/因变量交换后使用条图来进行呈现。当自变量也是分类变量时，实际上所使用的图形工具是比较单一的，基本上以条图为主。但是，按照其具体的呈现方式，又可分为复式条图、分段条图和马赛克图三种；复式条图重点呈现两个分类变量各个类别组合情况下的频数情况；分段条图则主要突出一个分类变量各类别的频数，并在此基础上表现两个类别的组合频数情况；马赛克图也是以一个分类变量为主，它呈现的是在一个变量不同类别下，另一个变量各类别的百分比变化情况。

事实上，以上所介绍的仅仅是最为正规和常见的双变量统计图，实际上，在读者朋友们掌握了单变量图的特性后，完全可以将其加以充分利用，在自变量为分类变量时，分类别绘制相应的单变量图进行数值特征的呈现，以达到对数据更为充分和深入的展示。最常见的情况有分组箱图、复式饼图、直方图组等，对此感兴趣的读者可自行加以创造，这里不再详述。

多变量图

当一幅图形中需要呈现出三个甚至三个以上变量的数量关联时，所构成的图形就被称为多变量图。一般而言，由于一个坐标轴只用于呈现一个变量的数值特征，因此最常见的二维平面统计图表示两个变量的特征是比较合适的。如果要表现三个变量的关联，最好的办法是采用三维坐标的立体统计图。但是，由于实际上还是在纸平面或者显示器平面上对三维图进行呈现，立体图在使用上并不方便。因此，当其中有变量为分类变量时，统计学家往往是采用图例这一方式对二维图进行扩充，使二维图能够表现出更多的信息。如在散点图中用点的形状或者颜色区分不同的类别，这样实际上就在一幅带图例的散点图中同时呈现了两个连续变量和一个分类变量的数量关联信息。类似的图形还有多线图等。当然，如果所有变量均为连续变量，则图例并不能解决问题，仍然需要使用高维的散点图才能对其关系加以呈现。为了方便分析对高位散点图的观察，SPSS 中也提供了一系列的功能，如散点图矩阵、立体散点图的动态旋转等。

读者在具体应用多变量图时要注意度的问题，切切将统计图做得太复杂，因为这样会丢弃统计图“直观明了”的优点，那样将得不偿失。

其他特殊用途的统计图

除以上可按照统计原则加以归类的图形外，针对一些特殊的应用领域和分析目的，在SPSS 中还提供了一系列的专用统计图，它们或者用于满足某一个行业的特殊需求，或者用于完成某种专门的统计分析问题。前者如用于将统计数据与地域分布相结合的统计地图、工业质量控制的控制图、用于股票分析的高低图，后者的例子有用于描述样本指标可信区间或分布范围的误差条图、用于诊断性试验效果分析的 ROC 曲线、用于时间序列数据预分析的序列图等。对于这些工具我们将会有选择地在相应的章节加以介绍，如图 1.6 所示。

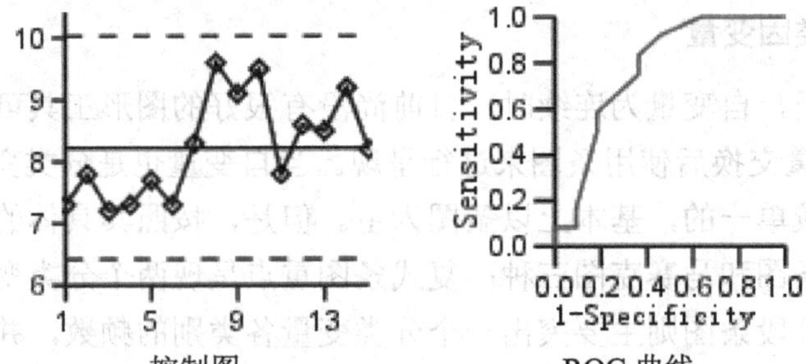

控制图　　ROC 曲线

图 1.6　特殊用途的统计图示例

统计图在 Statistic 中的实现方式

IBM SPSS Statistics 提供了完备的统计图功能，其实现方式大致为以下两种。

✧ “图形”菜单项：是最主要的绘图操作入口，提供了绝大多数统计图形的实现方式。该菜单下的图表构建程序提供了可视化的图形生成器，是一个画布式的全交互对话框，其界面全部采用非常便捷的拖放方式操作，从而大大提高了用户的学习和操作效率。

✧ “分析”菜单项：对于一些和统计方法关联较密切，或者本身就含有一定的统计分析作用的图形，SPSS 将其放置在了“分析”菜单项之下，如涉及统计分布的 P-P 图和 Q-Q 图就被放置在描述统计子菜单项下，ROC 曲线被直接放置在“分析”菜单项最下面，生存曲线图、序列图、自相关图和互相关图等则分别被放置在相应的“生存分析(生存函数)”和“时间序列分析(预测)”菜单项之下。

1.4　常用假设检验方法

在完成了统计描述和参数估计的工作之后，研究者往往会进一步探讨一些基于专业知识和数据特征而提出的假设，并期望验证其是否成立，这就开始涉及假设检验的工作。

1.4.1 假设检验的基本原理

经过上百年的发展，经典统计学中对假设检验的原理、操作流程已经非常明确，相关的概念如下。

小概率事件

在讨论假设检验的基本思想之前，首先需要明确小概率事件这一概念。衡量一个事件发生与否的标准用概率大小来表示，通常概率大的事件容易发生，概率小的事件不容易发生。习惯上将发生概率很小，如$P \leqslant 0.05$的事件称为小概率事件，表示在一次试验或观察中该事件发生的可能性很小，因此如果只进行一次试验的话，可以视为不会发生。

这里需要澄清一个事实："一次试验中小概率事件不应当发生"，这并不表示小概率事件不可能发生，也就是说，这里有一个前提：只进行一次试验，结果应当不会是小概率事件。如果进行多次(可能无穷多)试验，那么小概率事件就肯定会发生，或者说，小概率事件在一次试验中不大可能发生，然而在大量试验中几乎必然发生。瞎猫也有逮住死耗子的时候，但是不能指望瞎猫每次都可以逮住死耗子。

小概率反证法

假设检验的基本思想是统计学的"小概率反证法"原理：对于一个小概率事件而言，其对立面发生的可能性显然要大大高于这一小概率事件，可以认为小概率事件在一次试验中不应当发生。因此可以首先假定需要考察的假设是成立的，然后基于此进行推导，来计算一下在该假设所代表的总体中进行抽样研究，得到当前样本(及更极端样本)的概率是多少。如果结果显示这是一个小概率事件，则意味着如果假设是成立的，则在一次抽样研究中竟然就发生了小概率事件。这显然违反了小概率原理，因此可以按照反证法的思路推翻所给出的假设，认为它们实际上是不成立的，这就是小概率反证法原理。

假设检验的标准步骤

根据大量的实践经验，假设检验的步骤一般可以被归纳为以下步骤。

(1) 建立假设：根据问题的需要提出原假设 H_0 以及其对立面备择假设 H_1。

(2) 确立检验水准：即设立小概率事件的界值，它被称为α水准，一般这一步非常简单，习惯上会使用 0.05 作为该界值。

(3) 进行试验：即得到用于统计分析的样本，以该试验的结果作为假设检验的根据。

(4) 选定检验方法，计算检验统计量：所谓各种假设检验方法，其主要差异之一就是所使用的统计量并不相同，但其应用目的却都是一致的，即通过统计量的概率分布得到 P 值。

(5) 确定 P 值，做出推断结论：这里的 P 值对应的是当原假设 H_0 成立时，进行试验得到现有样本这种情况以及比现有样本情况更极端的情形的累计概率。当 P 值小于等于检验水准α时，意味着小概率事件 *A* 在一次试验中发生了，这与小概率事件实际不可能发生的原理相矛盾，从而推翻原假设 H_0，并顺势接受其对立面 H_1；反之，若 P 值大于α，则找不到任何的理由来推翻原假设，因此最终的结论只能是不能拒绝无效假设，这等于什么也没说！当然，从实用的角度出发，在检验所得到的概率值非常大的时候，研究者往往会将结果引申为接受 H_0，但注意这仅仅是一个引申，和统计学已经无关了。

1.4.2 单变量假设检验方法

假设检验的分类方法有许多种，一般比较常见的分类方式是按照研究设计的种类依次进行分解，但是这种分类方式实际上只适用于具有严格的研究设计的情形，随着越来越多的实际分析需求先于研究设计而出现，这种分类方式的局限性也越来越突出。但为了便于读者理解，也便于将来的正确使用，这里仍然采用类似于统计图形体系中的分类方式，先来看一下单变量假设检验都有哪些常见种类。

所谓单变量假设检验方法，是指在检验中只会涉及一个变量的数值特征，也常被称为单样本检验。其分析目的是考察该变量所抽取的样本其所在总体的某方面特征是否符合我们所给出的假设。根据变量的类型和分析目的不同，相应希望考察的总体假设可能是均数等于某个数值、标准差等于某个数值、分布是否符合某种指定分布，甚至于也可以是某个类别的比例不高于某个指定值，或者大于某个数值的样本比例等于某个指定数值这类很奇怪的设定。在现代统计学的强大支持下，这些问题都可以在 SPSS 软件中得到解决。

对于单变量的假设检验大致可以分为三种情况：针对数据独立性/随机性的检验、针对分布类型的检验以及在假定分布类型之后针对某个分布参数的检验。但是在实际工作中，有时很难将某种具体方法明确划分为其中某一类，因为许多方法的功能可能同时横跨上述两种分类。

针对数据独立性/随机性的检验

在许多时候，研究者关心的不仅仅是分布的位置或者形状，也希望考察样本的随机性如何。因为如果样本不是从总体中随机抽取的，那么所作的任何推断都将变得没有价值。对于此类需求，最简单的方法就是进行游程检验。

游程检验(Runs Test)是对二分变量的随机检验，它可用于判断观察值的顺序是否为随机。对于两分类变量，连续数个相同取值的记录被称为一个游程，比如说下面这个序列：

0 0 1 1 0 1 1 1 0 0 0 1 0 0 1 0 0 0 1 0

它有 6 个 0 的游程，其长度为 1、2、3 的各有 2 个，并有 5 个 1 的游程，其中 3 个长度为 1，1 个长度为 2，1 个长度为 3。上面的序列总共有 11 个游程。根据游程检验的假设，如果序列是真随机序列，那么游程的总数应当不太多也不太少，比较适中。如果游程的总数极少，就意味着样本由于缺乏独立性，内部存在着一定的趋势或结构，这可能是由于观察值间不独立(如传染病的发病)，或者是来自不同总体；若样本中存在大量的游程，则可能有系统的短周期波动影响着观察结果，同样不能认为序列是随机的。通过游程统计分布可以得知其在 H_0 假设成立的情况下所对应的 P 值，从而做出检验结论。在 IBM SPSS Statistics 中，游程检验可以在“非参数检验→单样本”中加以实现。

对于连续变量，如果希望使用游程检验考察其随机性，则需要首先将其转换为分类变量。除游程检验外，在“回归→线性过程”中还有考察残差独立性的 Durbin-Watson 检验，在预测→自相关过程中还可以在绘制序列自相关图/偏相关图的同时进行序列数据间自相关/偏相关情况的检验。由于这些检验方法和相应的复杂方法联系比较紧密，因此这里不再详述。

针对分布类型的检验

该类型检验的最常见情况是检验某个连续变量所在总体的分布是否服从正态分布，因为正态分布是很多后续统计分析方法的前提要求，因此就需要在使用相应分析方法之前对该前提条件加以考察。在 IBM SPSS Statistics 中，这些分布类型检验方法主要是在“非参数检验→单样本”中加以实现。

- 二项分布检验：二项分布检验(Binomial Test)是对二分类变量的拟合优度检验，它可以考察每个类别中观察值的频数与特定二项分布下的预期频数间是否存在统计学差异。二项分布检验实际上采用的是和下面的 K-S 检验相同的原理，只是这里检验的是二分变量，是一个离散分布的检验情况。
- 卡方检验：卡方检验是以 χ^2 分布为基础的一种常用假设检验方法，在分布检验中用于分类变量(特别是多分类变量)的分布状况考察。它的无效假设 H_0 是：观察频数与期望频数没有差别。该检验的基本思想是：首先假设 H_0 成立，基于此前提计算出 χ^2 值，它表示观察值与理论值之间的偏离程度。根据 χ^2 分布及自由度可以确定在 H_0 假设成立的情况下获得当前统计量及更极端情况的概率 P。
- K-S 检验：Kolomogorov-Simirnov 单样本检验是一种主要用于连续变量的分布拟合优度的检验，其方法是将一个变量的累积分布函数与特定分布进行比较，其检验统计量代表的是理论频数分布和实际频数分布间的差异，并据此计算出 P 值以得出检验结论。在 IBM SPSS Statistics 中，K-S 检验既可以在“非参数检验→单样本”中加以实现，也可以在“描述统计→探索过程”的“绘制”子对话框中利用“带检验的正态图”复选框来实现(此处还可同时输出另一种用于分布类型检验的 Shapiro-Wilk 检验)。

假定分布类型之后针对某个分布参数的检验

对于假定服从二项分布的二分类变量以及类别数更多的无序分类变量，前述二项分布检验、卡方检验方法实际上就是相应的对其分布参数进行考察的检验方法，但是对于有序分类变量和连续变量，这里有新的方法可以使用。

- 单样本 Wilcoxon 符号秩和检验：对于有序分类变量，其平均水平可以用中位数来加以表达，因此就会出现考察其中位数是否等于某个假定数值/类别的情形，此类需求可以使用秩和检验来加以满足。事实上，该方法的基本逻辑非常简单，如果数据的确来自假定中位数的那个总体，则样本中应当大致有一半大于该中位数，另一半小于该中位数，且这些数值和中位数的距离应当基本对称(这在检验中用秩次来表示)，如果两侧秩和的分布过于悬殊，则我们就有理由拒绝 H_0。当然具体对应的 P 值需要通过相应秩和的统计分布来加以确定。在 IBM SPSS Statistics 中，该检验可以在“非参数检验→单样本”中加以实现，如图 1.7 所示。

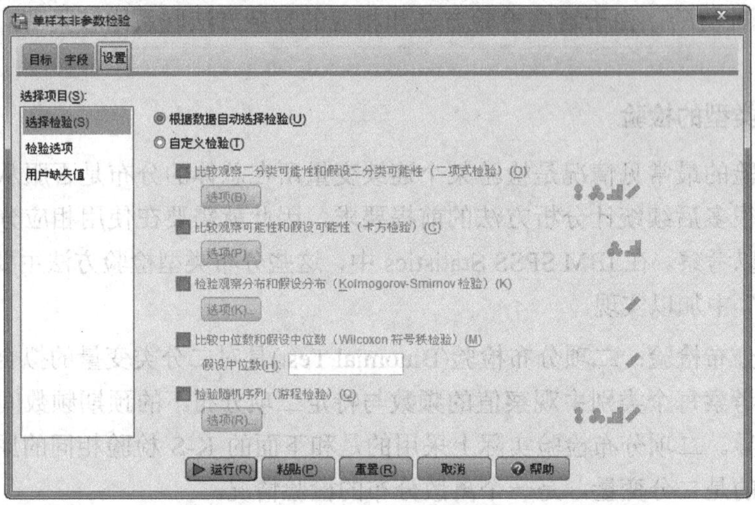

图 1.7　单样本非参数检验过程中可以使用的检验方法

- ✧ 单样本 t 检验：对于连续变量，研究者最为关心的往往是其均数是否等于某个假定数值，此时单样本 t 检验是最常用的方法。该方法通过将样本均数和假定总体均数的差值进行标准化(具体做法是该差值除以相应的标准误)，然后利用 t 分布计算出相应 H_0 总体中抽得当前样本(即更极端情况)的概率大小，从而做出统计推断结论。在 IBM SPSS Statistics 中，该检验可以在“比较均值→单样本 t 检验”中加以实现。
- ✧ Bootstrap 抽样：在一些研究问题中我们可能涉及对一些特殊分布参数的检验，如该样本所对应分布的标准差是否等于某个假定值，或者其变异系数是否等于某个数值。对于此类检验方法，经典统计学的方法体系发展得不是很完善，相应的方法也不常用，但是现在随着计算统计学的发展，研究者完全可以利用 Bootstrap 抽样来轻松解决相应的分析需求。在 IBM SPSS Statistics 中，Bootstrap 抽样可以通过调用相应对话框中的自助抽样子对话框来加以实现。

1.4.3　双变量假设检验方法

在涉及两个变量的检验方法中，大多数情况下这两个变量都可以被分出主次。相应的，在统计模型中它们就会被设定为自变量和因变量。当无法按此进行区分时，使用的就是相关分析方法。

无序分类因变量时的方法

根据自变量的不同类型，研究者所采用的统计方法也应有所差异。

- ✧ 当自变量也为两分类/无序多分类变量时，两个变量相互交叉构成了典型的交叉表，此时以卡方检验最为常用。当然卡方检验本身也存在样本量的要求，具体而言，对于卡方检验中的每一个单元格，其最小期望频数必须均大于1，且至少有4/5的单元格期望频数大于5，此时使用卡方分布计算出的概率值才是准确的。如果数据不符合要求，可以采用校正卡方，或者直接利用确切概率法计算概率。在IBM SPSS Statistics中，这些方法均使用“描述统计→交叉表：统计量”子对话框左上角的“卡方”选项加以实现。
- ✧ 当自变量为有序多分类变量时，几乎没有恰当的常用方法可以充分利用数据信息，比较常见的做法是暂时忽略其有序特征，先按照无序变量的方式进行卡方检验，然后在结果解释时考虑序列信息。当然，另外一种可选的思路是如果数据的专业背景允许，则可将自/因变量交换后采用秩和检验等方法来加以分析。
- ✧ 当自变量为连续变量时，简单的统计方法已经对此无能为力，可以考虑使用两分类或者多分类的Logistic回归模型来加以分析，这些方法在“回归→二元Logistic”和“回归→多项Logistic”中实现。

有序分类因变量时的方法

- ✧ 当自变量为两分类/无序多分类变量时，研究目的往往是考察这些类别组的因变量中位数是否相同，此时应当使用两样本秩和检验(W检验)或者多样本秩和检验(H检验)来进行分析。在IBM SPSS Statistics中，这些方法是在“非参数检验→独立样本”中实现的，如图1.8所示。
- ✧ 当自变量为有序多分类变量时，如果希望利用序列特征，则可以按照两有序变量的相关分析指标体系来加以分析，参见下文讲解。或者也可以利用CMH卡方来完成相应的分析，但是后者在SPSS中没有提供相应的分析结果。
- ✧ 当自变量为连续变量时，简单的统计方法已经对此无能为力，可以考虑使用因变量为有序分类的Logistic回归模型来加以分析，该方法在“回归→有序”中实现。
- ✧ 对于其他特殊检验需求，可以一律考虑使用Bootstrap方法来实现。

连续性因变量时的方法

根据自变量的不同类型，研究者所采用的统计方法也应有所差异。

- ✧ 当自变量为两分类变量时，研究目的往往是考察两组之间的因变量均数是否相同，此时应当使用两样本t检验来进行分析。当然，两样本t检验有正态性、方差齐性等要求，当方差不齐时可以考虑进行校正。在IBM SPSS Statistics中，两样本t检验、方差齐性检验、校正t检验等方法都是在“比较均值→独立样本t检验”中实现。

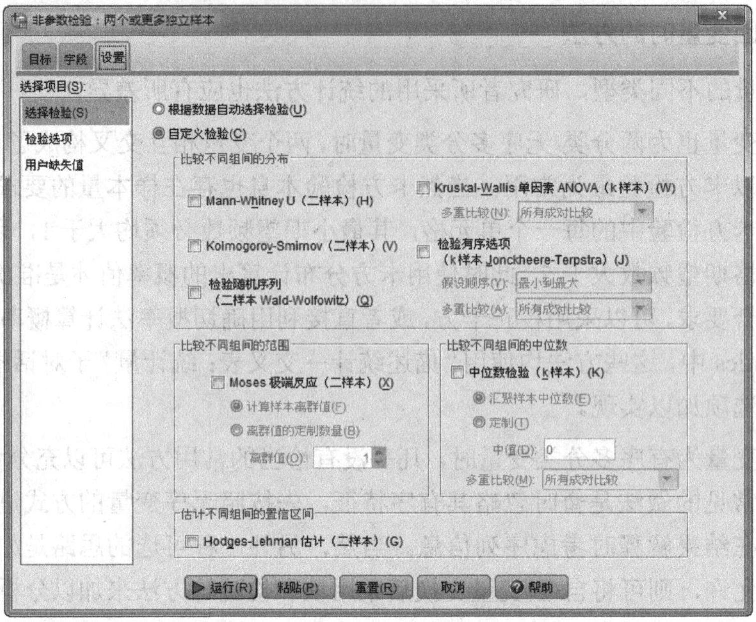

图 1.8　两/多样本非参数检验过程中可以使用的检验方法

- ✧ 当自变量为无序分类变量时，研究目的往往是考察多组之间的因变量均数是否相同，此时应当使用单因素方差分析来进行分析，并且在方差分析结果有统计学意义的时候进行后续的两两比较。方差分析是基于变异分解的思想进行的，通过比较处理因素/分组因素所导致变异是否明显大于随机变异，就可以得知分组因素是否确有作用。单因素方差分析也有正态性、方差齐性等要求，当方差不齐时可以考虑进行校正。在 IBM SPSS Statistics 中，单因素方差分析、方差齐性检验、校正方差分析等方法都是在“比较均值→单因素 ANOVA”中实现。
- ✧ 当自变量为有序多分类变量时，几乎没有恰当的方法可以充分利用数据信息，比较常见的做法是暂时忽略其有序特征，先按照无序变量的方式进行单因素方差分析，然后在结果解释时考虑序列信息。
- ✧ 当自变量为连续变量时，由于相应的统计方法基本框架必须考虑线性关联，因此首先需要确认两变量间的数量关联趋势究竟是线性的还是曲线的，然后利用线性回归方法来考察自变量对因变量的数量影响。在 IBM SPSS Statistics 中，线性回归在“回归→线性”中实现。如果确认是曲线关联，则可以利用“回归”菜单中的曲线估计过程或者非线性回归过程来拟合相应的回归方程。

相关分析的指标体系

尽管在提及相关分析时，我们往往考察的都是两个连续变量的相关关系，但实际上对任何类型的变量，都可以使用相应的指标进行相关关系的考察。而在 IBM SPSS Statistics 中，这些方法主要都是在“描述统计→交叉表：统计量”子对话框中加以实现，如图 1.9 所示。

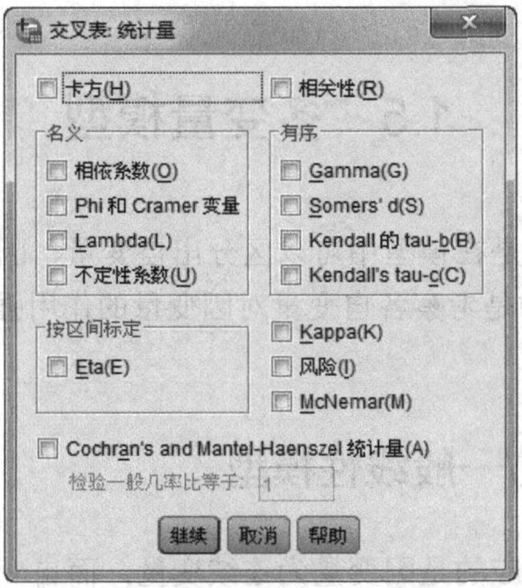

图 1.9　交叉表过程的统计量子对话框中的相关指标体系

- ✧ 名义变量的相关指标：对于名义变量，实际上文中所学习的卡方检验中的χ^2值就可以用于测量两个变量的相关性，而这里介绍的更专业的指标实际上多数也就是从χ^2值进一步衍生而来。最常见的是列联系数(Contingency Coefficient)，其值介于0～1，越大表明两个变量之间相关性越强。此外，还有 Phi 系数、Cramer's V、λ系数、不确定系数(Uncertainty Coefficient)等，均可做进一步的校正。
- ✧ 有序变量的相关指标：对于有序的等级资料的相关性，我们又往往称其为一致性，所谓一致性高，就是指行变量等级高的列变量等级也高，行变量等级低的列变量等级也低。如果行变量等级高而列变量等级低，则被称为不一致。此类相关指标中最常用的是 Gamma 统计量，其取值介于-1～1，当观察值集中于对角线处时，其取值为-1 或 1，表示两者取值绝对一致或绝对不一致；如两变量完全无关，则取值为 0。此外还有 Kendall's τ_a、τ_b、τ_c系数，Somer's D 等一些衍生指标，均为 Gamma 统计量作了进一步的校正。
- ✧ 连续变量的相关指标：此时一般使用积差相关系数，又称 Pearson 相关系数来表示其相关性的大小，其数值介于-1～1，当两变量相关性达到最大，散点呈一条直线时取值为-1 或 1，正负号表明了相关的方向；如两变量完全无关，则取值为 0。但严格地讲该系数只适用于两变量呈线性相关时。此外，作为参数方法，积差相关分析有一定的适用条件，当数据不能满足这些条件时，分析者可以考虑使用 Spearman 等级相关系数来解决这一问题。
- ✧ 其他特殊指标：除以上较为系统的指标外，当希望测量一个名义变量和连续变量间的相关程度时，还可以使用一个叫作 Eta 的指标，实际上，Eta 的平方表示由组间差异所解释的因变量的方差的比例，即 SS 组间/SS 总。此外，针对变量间的关联强度，还有 Kappa、OR、RR 等统计指标可用，因相对较为复杂，这里不再详述。

1.5 多变量模型

这里的多变量模型指的是在模型中可以区分出自变量、因变量，并且模型中包括多个自变量/因变量，建模的目的是考察各自变量对因变量的作用强弱，并最终对因变量取值进行预测的统计模型。

1.5.1 方差分析模型/一般线性模型

典型的方差分析模型对应的是因变量为连续变量，而自变量为分类变量的情形，但通过扩展，该模型框架也可以处理含有连续性自变量(协变量)的情形。由于其模型框架为线性相加结构，因此也被称为一般线性模型。

单因变量的方差分析模型

以只有一个分类自变量的情形为例，每一个个案的因变量测量值 Y_{ij} 可以被表达为如下形式：

$$Y_{ij} = \mu + \alpha_i + \varepsilon_{ij}$$

其中 μ 表示总体的平均水平； α_i 表示影响因素在 i 水平下对因变量的附加效应，并假设所有 α_i 之和应当为 0； ε_{ij} 为一个服从正态分布 $N(0,\sigma^2)$的随机变量，代表随机误差。通过考察上述模型中各个 α_i 是否等于 0，就可以得知不同类别间是否存在差异。

如果考虑两因素的情形，则模型如下：

$$Y_{ijk} = \mu + \alpha_i + \beta_j + \alpha_i\beta_j + \varepsilon_{ijk}$$

其中 α_i 、 β_j 分别表示 A 因素 i 水平和 B 因素 j 水平的附加效应。 $\alpha_i\beta_j$ 则为两者的交互效应。

在 IBM SPSS Statistics 中，单因变量的方差分析模型是在“一般线性模型→单变量”中实现。

多因变量的方差分析模型

上述单因变量方差分析模型的框架可以被很容易地扩展到多因变量的情形中，从其基本原理而言，实际上就是对每个因变量都构建上述的方差分析模型，然后将所有的模型联立求解即可，当然，该模型实际上要求各因变量之间的确存在数量关联，否则直接拆开分析即可，没有必要联立起来求解。另外，由于模型过于复杂，因此在实际工作中该模型的应用并不常见。

SPSS 中有两个过程可以进行多元方差分析，在“一般线性模型→多变量”中可以实现基本的多因变量方差分析模型，而更复杂的模型则可以在编程方式下用 MANOVA 过程来实现。

此外，在多因变量的方差分析模型中有一个特例，即重复测量的方差分析模型，在该模型中，对同一个变量的多次不同时点的观测被作为不同的因变量来加以建模，该方法是在“一般线性模型→重复度量”中实现。

1.5.2　广义线性模型和混合线性模型

这里所涉及的模型基本上都是源于对一般线性模型的直接扩展，但是扩展之后的应用领域则大大广于一般线性模型。

广义线性模型

广义线性模型(Generalized Linear Model)可以被认为是传统一般线性模型的延伸。经典的一般线性模型假定模型残差呈正态分布，且因变量为可取任意实数值的连续变量，这在某些情况下实际上并不合理，而广义线性模型则主要是从两个方面扩展了线性模型。

- ✧ 通过指定因变量的分布，将因变量的分布范围从正态分布扩展到符合二项分布、Poisson 分布、负二项分布等指数分布族。
- ✧ 通过设定不同的连接函数，把因变量取值变换到自变量的线性预测的取值范围(−∞，+∞)中，把指数分布族的变量统一到一个模型的框架中，具有极大的灵活性。

这样，通过选定不同的因变量概率分布、方差函数、连接函数和线性预测函数，就可以得到各种不同的广义线性模型。如传统的线性模型、Logistic 回归模型族、Poisson 回归、Probit 回归等都可以被看作广义线性模型的特例。

在 IBM SPSS Statistics 中，广义线性模型是在“广义线性模型→广义线性模型”中实现。此外，在较新版本的 IBM SPSS Statistics 中，还通过 R 插件的方式提供了 R 中的零膨胀系数模型、比例回归、广义增强回归等方法的实现。

广义估计方程

广义估计方程(Generalized Estimating Equations)是在广义线性模型的基础上发展起来的处理纵向数据的统计模型，所谓纵向数据(Longitudinal Data)，就是按时间顺序对个体进行重复测量得到的资料。如儿童的生长监测资料，出生后每月测量其体重(Y变量)以及影响体重发育的因素(X变量，如性别，喂养，疾病等)，这样每个儿童的多次测量值称为纵向数据的一个簇(Cluster)，包括一组体重和一组 X 变量。多个这样的簇就构成了一个纵向数据集。同一对象的多次观测之间呈相关倾向，这是纵向数据的最大特点。

广义估计方程在用于纵向数据分析时有很多优势，但其中最为重要的一点是其估计值的稳健性，即分析者即使对重复测量间的相关结构指定不正确，其参数估计值和标准误估计值仍然是稳定的。

在 IBM SPSS Statistics 中，广义线性模型是在“广义线性模型→广义估计”方程中实现。

混合线性模型

混合线性模型(Mixed Linear Model)是针对一般线性模型在另一方面的扩展，工作中遇到的许多资料都具有层次结构。如在市场研究的抽样调查中，受访者会来自不同的城市，这就形成了一个层次结构，高层为城市，低层为受访者。显然，同一城市内的受访者在各方面的特征应当更加相似。换言之，所谓层次是指基本的观察单位聚集在更高层次的不同单位中，如同一城市的受访者特征间具有相关性，传统的线性模型没有对这些问题进行考虑，都是假设不同个体间的数据完全独立，这样当数据组内聚集性较强时可能会得出错误结论。

另外，在传统的统计分析方法中，对集中趋势(均数)的分析方法已经发展到了比较完善的地步，但对于离散趋势的分析则还处于正在起步的阶段。即我们可以准确地推断是哪些因素对因变量的均数有影响；却无法分析是哪些因素对因变量的变异程度有影响。这一问题现在越来越受到重视，已成为统计理论的一个重要发展方向。

混合线性模型是 20 世纪 80 年代初针对资料的非独立性问题而发展起来的一类模型，由于该模型的理论起源较多，根据所适用的领域、模型用途和师承关系，它也可以被称为多水平模型(Multilevel Models)，甚至于和广义估计方程也有很大的交叉。这种模型充分考虑到了数据聚集性的问题，可以在数据存在聚集性的时候对影响因素进行正确的估计和假设检验；不仅如此，它还可以对变异的影响因素加以分析，即哪些因素导致了数据间聚集性的出现，哪些又会导致个体间变异的增大。由于该模型成功解决了长期困扰统计学界的数据聚集性问题，近年来已经得到了飞速的发展，也成为 SPSS 等权威统计软件的标准统计分析方法之一。

在 IBM SPSS Statistics 中，一般意义的混合线性模型是在“混合模型→线性”中实现，而更复杂的非线性模型则是在“混合模型→广义”中实现。

1.5.3 回归模型

大部分回归模型可以被纳入一般线性模型或者广义线性模型的框架之中，但是从应用的角度讲，将其单独介绍会更容易理解一些。

线性回归模型

实际上，线性回归模型和前述方差分析模型是完全等价的，只是其对应的是自变量为连续变量的情形，但通过扩展(将分类变量转化为哑变量组)，该模型框架也可以处理含有分类自变量的情形。

所谓线性回归，指的是所有自变量对因变量的影响均呈线性关系，设希望预测因变量 y 的取值，诸影响因素为自变量 x_1、x_2、…、x_m，则自变量和因变量间存在如下关系：

$$\hat{y} = a + b_1x_1 + b_2x_2 + \cdots + b_mx_m$$

上式中表述的为 y 的估计值，如果希望能够用公式精确地表示每一个个体测量值，则假设在相应的自变量取值组合下，相应的个体因变量实测值围绕着平均水平 $\hat{y}$ 上下波动，即 y_i 可表示如下：

$$y_i = \hat{y} + e_i = a + b_1 x_{1i} + b_2 x_{2i} + \cdots + b_m x_{mi} + e_i$$

其中 e_i 为随机误差，被假定为服从均数为 0 的正态分布。即对每一个个体而言，在知道了所有自变量取值时，我们能确定的只是因变量的平均取值，个体的具体取值在其附近的一个范围内。

在 IBM SPSS Statistics 中，线性回归模型是在“回归→线性”中实现。如果用户的分析目的在于尽量精确地预测因变量，而并不在于筛选影响因素，并准确给出模型表达式的话，则可以使用“回归→自动线性建模”来实现回归模型的自动建模。

线性回归的衍生模型

线性回归模型有自身的使用条件，如线性关联、残差正态性等。但是实际数据往往不会很好地服从以上假定，此时就可以使用一些衍生模型来对数据进行更好的拟合。

- 曲线直线化：在线性回归中，各自变量和因变量之间均应呈线性关联趋势。当该原则被违反时就必须采取相应的处理措施，其中最简单和常用的方法就是曲线直线化，其基本原理是将变量进行变换，从而将曲线方程化为直线回归方程进行分析。对于一些常见的曲线关联，也可以直接采用“回归→曲线估计”来实现。
- 加权最小二乘法处理方差不齐：标准的线性回归模型假设在所研究的整个总体中方差是恒定的，即因变量的变异不随自身预测值或者其他自变量值的变化而变动。但是在有的研究问题中，这一假设可能被违反，因变量的变异会明显随着某些指标的改变而改变，此时如果能够找到一些可供预测变异大小的指标，从而能够根据变异的大小对相应数据给予不同的权重，则能够提高模型的精度，获得更好的预测效果。该方法可以在“回归→权重估计”中实现。
- 岭回归方法处理多重共线性：共线性指的是各自变量间存在强相关，并且因此影响到了回归模型的参数估计。除对自变量进行主成分分析来解决共线性之外，岭回归是一种专门用于共线性数据分析的有偏估计回归方法，它实际上是一种改良的最小二乘法，通过放弃最小二乘的无偏性，以损失部分信息、降低精度为代价来寻求效果稍差但回归系数更符合实际的回归方程。故岭回归所得剩余标准差比最小二乘回归者要大。但这样一来，它对病态数据的耐受性就远远强于最小二乘法。在 SPSS 中没有为岭回归分析提供对话框界面，但为之编制了一套完整的宏程序，名为 Ridge Regression.sps，通过调用该宏程序就可以完成相应的分析。
- 最优尺度回归以优化对分类自变量的建模：线性回归模型中要求因变量为数值型，但是，现实问题中大量的数据为分类资料，虽然统计上标准的做法是采用哑变量(Dummy Variable)进行拟合，然后根据分析结果考虑对结果进行化简。但是，哑变量分析的操作比较麻烦，而且对分析者的统计知识要求也较高。而最优尺度变换专门用于解决在统计建模时如何对分类变量进行量化的问题，其基本思路是基于希望拟合的模型框架，为原始分类变量的每一个类别找到最佳的量化评分，随后在相应模型中使用量化评分代替原始变量进行后续分析。该方法可以在“回归→

最佳尺度(CATREG)”中实现。

✧ 强影响点的弱化：当数据中存在强影响点时，最小二乘法因其算法限制，必然会受到这些数据点的影响，导致模型参数估计值出现较大偏差。而在弱化强影响点的各种分析方法中，基于M估计的稳健回归(Robust Regression)是效果较好的一种。其基本思想是采用迭代加权最小二乘法来进行估计，而各样本点相应的权重大小则在估计中根据回归残差的大小加以确定。为减少“异常点”作用，可以对不同的点施加不同的权重，即对残差小的点给予较大的权重，而对残差较大的点给予较小的权重，据此建立加权的最小二乘估计，并反复迭代以改进权重系数，直至权重系数之改变小于一定的允许误差(Tolerance)。稳健回归在 SPSS 中可以利用相应的 R 插件来完成，具体位置为“回归→稳健回归”。此外，分位数回归也可以用于解决强影响点问题，在 SPSS 中同样是利用 R 插件实现，具体位置为“回归→分位数回归”。

除上面介绍的这些回归方法外，SPSS 还通过 R 插件的方式提供了很多复杂回归方法的实现，默认安装方式下可以在菜单中直接调用的有：断点回归、Tobit 回归、LOESS 拟合等。

路径分析与结构方程模型

多重线性回归只是基于一个方程建立模型，反映的是自变量与因变量之间的直接作用，而不能反映因素间的间接关系。但是，变量间的关系往往错综复杂，采用一个简单的多元回归方程有可能无法正确反映这种错综复杂的关系。路径分析是多重线性回归模型的扩展，它的主要特征是根据专业知识，假设出模型中各变量的具体联系方式，这种联系一般会被绘制为一张路径分析图，随后按照相应的因变量数分别拟合各自的多重线性回归方程。也就是说，路径分析模型是由一组线性方程所构成的，它所描述的变量间的相互关系不仅包括直接的，还包括间接的和全部的关联。

与路径分析有一定联系，但功能更为强大的是结构方程模型，结构方程模型是一种建立、估计和检验因果关系的模型。模型中既包含有可观测的显在变量，也可能包含无法直接观测的潜在变量。结构方程模型可以替代多重回归、路径分析、因子分析、协方差分析等方法，清晰分析单项指标对总体的作用和单项指标间的相互关系。简单地说，与传统的回归分析不同，结构方程分析能同时处理多个因变量，比较及评价不同的理论模型，并检验它是否吻合数据。

在 IBM SPSS 系列产品中，路径分析和结构方程模型是通过 AMOS 软件来加以实现的，未来该软件很可能会被直接作为 IBM SPSS Statistics 的一个模块来提供。

非线性回归模型

线性回归模型及其衍生模型可以处理大多数分析需求，但是针对无显式表达式的方程，或者更为特殊的一些拟合方法则无法实现，非线性回归就是针对以上更复杂的问题而提出的一个通用的模型框架，它采用迭代方法对用户设置的各种复杂曲线模型进行拟合，同时将残差的定义从最小二乘法向外大大扩展，为用户提供了极为强大的分析能力。

非线性回归模型一般可以表示为以下形式：

$$y_i = \hat{y} + e_i = f(x,\theta) + e_i$$

其中 $f(x,\theta)$ 为期望函数，该模型的结构和线性回归模型非常相似，所不同的是期望函数 $f(x,\theta)$ 可能为任意形式，在有的情况下甚至可以没有显式表达式。

由于期望函数并非直线，因此非线性回归模型可能无法直接计算出最小二乘估计的参数值，而是一般采用高斯—牛顿法进行参数估计。这一方法是利用对期望函数做泰勒级数展开，以达到线性近似的目的，并反复迭代求解。

在 IBM SPSS Statistics 中，非线性回归模型是在“回归→非线性”中实现。

Logistic 回归模型

Logistic 回归模型的基本架构直接来自多元线性回归模型。在实际工作中，我们经常会遇到因变量为分类变量的情况，如发病与否、死亡与否等，需要研究该分类变量与一组自变量之间的关系。此时，若对分类变量直接拟合回归模型，则实质上拟合的是因变量某个类别的发生概率，参照线性回归模型的架构，很自然地会写出如下所列的回归模型。

$$\hat{P} = \alpha + \beta_1 x_1 + \cdots + \beta_m x_m$$

该模型可以描述当各自变量变化时，因变量的发生概率会怎样变化，可以满足分析的基本需要。但是会出现预测概率值超过 0～1 的有效区间，以及残差不应当服从二项分布等问题，为此 Cox 引入了 logit 变换(logit transformation)，成功地解决了上述问题。所谓 logit 变换，就是 $\mathrm{logit}(P) = \ln(P/(1-P))$，通过变换，logit($P$)的取值范围就被扩展为以 0 为对称点的整个实数区间 $(-\infty, +\infty)$，即在任何自变量取值下，对 P 值的预测均有实际意义。而相应的包含 p 个自变量的 logistic 回归模型如下。

$$\mathrm{logit}(P) = \beta_0 + \beta_1 x_1 + \cdots + \beta_p x_p$$

在 IBM SPSS Statistics 中，因变量为两分类的 Logistic 模型是在“回归→二元 Logistic”中实现。而对于罕发事件，常规的 Logistic 回归可能会出现无法拟合的情况，此时可使用“回归→弗斯 Logistic 回归”，调用相应的弗斯 Logistic 回归方法进行拟合。对于因变量为有序多分类或者无序多分类的情形，Logistic 回归模型也会做进一步的扩展，相应的方法分别在“回归→有序”和“回归→多项 Logistic”中实现。

1.5.4　其他常见模型

基于上述的线性模型框架，根据实际数据的特征，还可能出现下列这些衍生模型，研究者可能会使用它们来解决一些特定的分析需求。

生存分析模型

生存分析是对生存时间进行分析的统计技术的总称。简单地说，此类分析方法所需要考虑的问题中，生存时间的长度和生存的最终结局都是关键的观测指标。之所以采用生存分析这个术语，可能是由于这种统计技术常用于医学研究中患者在接受某种治疗后其存活时间分析的缘故。除了医学生物领域，其他领域生存时间的例子还有：一个工人从下岗后到实现再就业的时间；一台机器从开始使用后到发生第一次故障的时间，等等。生存分析的目的就是区分生存时间的分布，并就各影响因素的作用加以分析。

在生存分析中，最重要的多变量模型是 Cox 模型，其基本形式如下。

$$h(X,t)=h_0(t)\exp(\beta^T X)=h_0(t)\exp(\beta_1 x_1+\cdots+\beta_p x_p)$$

显然如果两侧同时取对数，模型结构就会非常类似于一般线性模型。

在 IBM SPSS Statistics 中，Cox 回归模型是在“生存分析→Cox 回归”中实现，而带有时间依存协变量的 Cox 模型则是在“生存分析→Cox 依时协变量”中实现。而对于存在区间删失、左删失等更复杂的数据类型，则可以调用“生存分析→Cox 回归扩展”以实现更复杂的 Cox 回归模型。

对数线性模型

对数线性模型专用于多个分类变量之间关联性的分析，该方法假设每个单元格的观察频数服从多项(Multinomial)分布。以两分类变量构成的交叉表为例，如果将单元格频数取自然对数，则假定各因素对单元格频数的影响服从下面的公式。

ln(μ_{ab})=ln(常数)+ln(A 的主效应)+ln(B 的主效应)+ln(A 与 B 的交互作用)

记 ln(常数)为 $\mu_{..}$，ln(A 的主效应)为 α_a，ln(B 的主效应)为 β_b，ln(A 与 B 的交互作用)为 $(\alpha\beta)_{ab}$，则上式变为：

$$\ln\mu_{ab}=\mu_{..}+\alpha_a+\beta_b+(\alpha\beta)_{ab}$$

这就是二维列联表的对数线性模型。上述模型被称为饱和模型(Saturated Model)，通过检验各参数是否为 0，并且将其中无统计学意义参数项从饱和模型中去除，就可以得出所需的分析结论。

对数线性模型在架构上其实没有区分自变量和因变量，而是在分析中由研究者决定应当如何解释分析结果。但是由于对数线性模型在使用和结果解释上比较复杂，而 Logistic 模型又得到了广泛的应用(特别是后者同时还可以处理连续性自变量)，因此该方法的使用相对不多见。

在 IBM SPSS Statistics 中，非线性回归模型是在“分析→对数线性模型”子菜单中实现。

时间序列模型

时间序列就是依相等时间间隔，按顺序排列的一系列变量值。大量的社会经济指标都是按年、季、月、周、日等时间单位统计的。随着时间的推移，得到的数据慢慢积累就形成了该统计指标的时间序列。因此，可以认为时间序列是某一个或某几个统计指标长期变动的数量表现。时间序列分析就是用适当的统计方法分析时间序列中蕴含的统计规律性，并且根据这种统计规律性预测时间序列将来的发展。在时间序列分析中，预测是最终的根本目的。

对于时间序列的预测，最简单的思路就是将时间作为自变量，对相应的指标进行回归建模，但序列数据间显然具有相关性，违反了回归模型的基本假定，需要采用某种方式进行处理，将这种序列数据的在自相关纳入模型框架之中，这就是时间序列模型所需要解决的问题。

时间序列模型有很多种类，目前应用较多的是 ARIMA 模型，此外，根据时间序列模型的建构思路，又可被分为时域模型(Time domain)和频域模型(Frequency domain)等，这里我们不再展开。

在 IBM SPSS Statistics 中，时间序列模型主要是调用“时间序列预测→创建传统模型”来实现。而如果研究中希望基于事件发生的先后顺序考察各变量间的因果关系，则可以使用“时间序列预测→创建时间因果模型”加以分析。

1.6　多元统计分析模型

这里的多元统计模型指的是在模型中难以区分出自变量、因变量，这些模型的分析重点是放在探讨各变量/元素的内在关联结构，或者对其进行有效分类上。

1.6.1　信息浓缩

实际工作中，为了全面系统地反映问题，往往收集的变量较多，但这样就会经常出现所收集的变量间存在较强相关关系的情况。这些变量间存在着很大的信息重复，直接用它们分析现实问题，不但模型复杂，还会因为变量间存在的多重共线性而引起极大的误差。

为了能够充分而有效地利用数据，人们希望用较少的新指标代替原来较多的旧变量，同时要求这些新指标尽可能地反映原变量的信息。主成分分析正是解决此问题最有效的多元统计方法，它通过将原来的 p 个指标作线性组合，形成新的综合指标(主成分)。这些主成分之间互不相关，而原始信息量(方差)则在这些主成分中重新分配，且方差递减。在实际应用中，通常只选前面几个最大的主成分就可以代表绝大部分原始信息量，从而既减少了变量的数目又抓住了主要矛盾，有利于问题的分析和处理。

在 IBM SPSS Statistics 中，主成分分析可以在“降维→因子分析”中实现。

1.6.2　变量组之间内在关联结构的探讨

多个变量间关联结构的探讨

因子分析是探讨多个变量之间关联结构最常用的方法，它在某种程度上可以被看成主成分分析的推广和扩展，但是对问题的研究更为深入，是将具有错综复杂关系的变量(或样品)综合为数量较少的几个因子，以再现原始变量与因子之间的相互关系，探讨多个能够直接测量，并且具有一定相关性的实测指标是如何受少数几个内在的独立因子所支配的，同时根据不同因子还可以对变量进行分类，属于多元分析中处理降维的一种统计方法。

因子分析是通过研究多个变量之间相关系数矩阵(或协方差矩阵)的内部依赖关系，找出能综合所有变量的少数几个随机变量，这几个随机变量是不可测量的，通常称为因子。然后根据相关性的大小把变量分组，使同组内的变量之间相关性较高，但不同组的变量之间相关性较低。

和主成分分析中提取出的主成分类似，因子分析所提取的各个因子间互不相关，所有变量都可以表示成公因子的线性组合。但是往往难以直接对各公因子给出一个合理的解释，此时就需要进一步作因子旋转，以求旋转后能得到更加合理的解释。

在求出公因子后，还可以用回归估计等方法求出因子得分的数学模型，将各公因子表示成变量的线性形式，并进一步计算出因子得分，对各案例进行综合评价。

在 IBM SPSS Statistics 中，因子分析可以在“降维→因子分析”中实现。

这里所讨论的因子分析也被称为探索性因子分析，如果希望进行更为精确的验证性因子分析，则需要在 AMOS 软件中拟合结构方程模型来加以实现。

变量组之间关联结构的探讨

在上文曾经提到，研究两个随机变量之间的线性相关关系，可以用简单相关系数。当问题更为复杂时也是有方法可用的，研究一个随机变量与多个随机变量之间的线性相关关系，可用复相关系数(通过回归模型加以计算)。但如果要研究两组变量的相关关系时，这些统计方法就无能为力了。此时应当使用典型相关分析来加以解决。

典型相关分析是研究两组变量之间相关关系的一种多元统计分析方法，其基本思路是采用类似于主成分分析的做法，在每一组变量中都选择若干个有代表性的综合指标(变量的线性组合)，通过研究两组综合指标之间的关系来反映两组变量之间的相关关系。首先在每组变量中找出变量的线性组合，使其具有最大相关性，然后再在每组变量中找出第二对线性组合，使其与第一对线性组合不相关，而第二对本身具有最大相关性，如此继续下去，直到两组变量之间的相关性被提取完毕为止。这些综合变量被称为典型变量或典则变量。第 I 对典型变量间的相关系数则被称为第 I 典型相关系数。一般来说，只需要提取 1～2 对典型变量即可较为充分地概括样本信息。

在 IBM SPSS Statistics 中可以有两种方法来拟合典型相关分析，第一种是采用专门提供的宏程序 Canonical correlation.sps 来拟合，第二种是调用“相关→典型相关性”这一 Python 插件菜单项来实现。

1.6.3　对数据分类

对数据进行分类也是数据分析中常见的方式，当事先不知道具体的类别情况，需要从数据中总结出类别特征时，一般使用聚类分析来解决问题；而如果事先已经有了明确的分类，分析目的是将未知分类的样品进行归类时，则以判别分析最为常用。

聚类分析

人以类聚，物以群分，人们总是试图把万千世界中的事物按照它们的各种属性和特征分成有限的类别，从而方便进行进一步的认识和研究。而聚类分析就是满足上述分析需求的常用方法，通过聚类分析，我们可以把数据分成若干个类别，使类别内部的差异尽可能缩小，类别间的差异尽可能扩大。聚类分析可以同时处理很多个变量情况下的分类问题，此外除了将个案进行归类之外，聚类分析类方法也可以对变量进行归类。

在聚类分析中最重要的问题就是如何描述“差异”，通常的做法是通过距离或者相似性的方式来描述。统计学家发明了各种各样描述距离和相似性的方法，在 SPSS 提供的距离和相似性度量就有 30 余种之多，从最简单的欧几里得空间距离到最复杂的似然函数对数值都有，其中应用比较广泛的是欧几里得距离的平方来度量距离，大多数常用的聚类过程默认都采用这样的距离度量。

传统的聚类方法大致可以分为两大类：一类是层次聚类法(Hierarchical)，另一类是重新定位聚类法(Relocation)，也称非层次聚类法。随着数据挖掘技术的发展，还出现了两步聚类、基于神经网络技术的 SOM 聚类方法(Self- Organization Map，又称 Kohonen 网络)等，但是和在前面介绍过的大多数统计方法不同，聚类分析是一种探索性的统计分析方法，它没有过多的统计理论支持，也没有很多的统计检验对聚类结果的正确性“负责”，仅仅是按照所定义的距离将数据进行归类而已，从应用的角度讲，针对某一个特定问题，我们很难得出一个完全确定、也能够得到理论完全支持的结论，更多的时候是依据聚类结果在问题中的“有用性”来判断模型效果的好坏，这也是聚类分析在使用时最难以掌握的一点，在笔者看来，聚类分析虽然原理非常简单，但却是最难被正确应用的方法之一。

在 IBM SPSS Statistics 中，聚类分析可以在“分析→分类”子菜单中实现，其中分别实现了两步聚类、非层次聚类法中的 K-均值聚类、层次聚类法中的系统聚类、基于密度的聚类方法以及数据挖掘中的最近邻元素分析法。

判别分析

当已知具体的分类方式，而分析目的就是将所有的个案分别归类至具体的每个类别中时，所使用的方法就是判别分析。判别分析的因变量是分类变量，以此把样本划分为不同的组类，而自变量可以是任何尺度的变量。其目的在于建立一种线性组合，方便用最优化的模型来概括分类之间的差异。其用途是可以根据已知样本的分类情况来判断未知待判样本的归属问题。例如，信用风险的判别、市场细分中的客户分类、地质层的判断、模式识别的问题等，是应用相当广泛的多元统计技术。

实际上，从其用途可知，该方法所解决的问题和 Logistic 回归模型有着相当程度的重复，事实也的确如此，而且由于后者目前应用非常广泛，反而成为很多实际应用中较为广泛的一种判别分析方法。

判别分析的模型按照判别的不同准则可以分为典型判别分析、贝叶斯判别分析、非参数判别分析三种不同模型。其实由于判别分析的内容相当丰富，其方法体系几乎可以覆盖多元统计的所有内容，但是其中以典型判别分析更为常用。其基本思想和因子分析中提取公因子非常类似，只不过在因子分析中寻求的是提取信息量的最大化，而典型判别分析中则寻求的是类别间差异的最大化而已。

在 IBM SPSS Statistics 中，判别分析可以在“分类→判别”中实现。

1.6.4 分析各元素间的关联

这里所指的元素可以是个案，也可以是变量，或者是变量的不同取值类别。实际上，前述因子分析、聚类分析等也具有某种程度上的元素关联分析功能，但此处展示的方法则专门用于此类目的。

对应分析

研究分类变量间的联系是统计分析中常见的工作，卡方检验、二分类 Logistic 模型等是常用的方法。但是，当所涉及的分类变量类别较多，或者分类变量个数较多时，这些方法就会显得力不从心。例如，研究全国 56 个民族的职业分布规律，在通过抽样收集到数据后，我们可以很容易地使用卡方检验得出各民族之间职业分布有差异的结论。但是，这样的结论又有什么用呢？我们更希望得知的是每个民族更倾向于从事何种职业，如蒙古族更倾向于从事农牧业、朝鲜族更倾向于教师职业等，这种结论才是真正有用的。要得到这种精确、全面的结果，也就是对分类变量各类别间的联系进行清楚的呈现，就需要在方法学上有相应的突破。人们也一直在寻找针对此类问题的适当统计分析方法，而对应分析就是其中一种解决方法，它采用图形化呈现的方式，将交叉表转换为相应的对应分析图，从而将表格中包含的类别关联信息用各散点空间位置关系的形式表现出来。这样虽然没有涉及假设检验，无法得到确切的统计结论，但是结果更为直观，而且操作简单、对结果的解释也更加容易。

对应分析可根据所分析变量的数目被分为简单对应分析和多重对应分析两种：简单对应分析用于分析两个分类变量间的联系，在 IBM SPSS Statistics 中可以使用“降维→对应分析”来实现，多重对应分析则用于分析多个分类变量之间的类别联系，SPSS 中提供的是基于最优尺度变换的多重对应分析，可以通过“降维→最优尺度过程”来实现。

多维尺度分析

在工作中常常会遇到这样的情况，有 n 个由多个指标反映的个体，但是反映个体的指标个数是多少不清楚，甚至指标本身是什么也是模糊的，更谈不上直接测量或观察它，仅仅所能知道的是这 n 个个体之间的某种距离(相异性)或者是某种相似性。我们希望仅由这种距离或者相似性给出的信息出发，在较低维的欧氏空间把这 n 个个体(作为几何点)的相似程度用图形表达出来，从而可能通过相关的专业知识揭示这 n 个个体之间的真实结构关系。这就是多维尺度分析所要研究的问题。

多维尺度分析(Multidimensional Scaling，MDS)是基于研究现象之间的相似性或距离将研究对象在一个低维(一般为二到三维)的空间形象地表示出来，进行聚类或维度内含分析的一种图示法。它涉及这样的问题：当 m 个指标中各对应项目之间的相似性或距离给定时，求这些项目在低维空间中的表示，并使项目间的接近程度与原先的相似性或距离“大体匹配”。简单地说，就是从客体间的相似性或相异性数据出发，用低维空间中的点结构(configuration of points)来表示研究客体，从而揭示数据的潜在结构。

在 IBM SPSS Statistics 中，MDS 分析可以在“分类→度量”子菜单中实现，多维展开(PREFSCAL)、多维尺度(PROXSCAL)和多维尺度(ALSCAL)这三个菜单项实现的均为 MDS 模型，只是在复杂程度和模型适用范围上有所差异。

信度分析

在各种调查研究中，对调查问卷的结果进行统计分析之前必须先对其信度和效度进行分析。只有信度和效度在研究范围内可以接受时，问卷统计分析结果才是可靠和准确的，所以进行信度和效度的分析是非常重要的。信度最早是由斯皮尔曼(Spearman)于 1904 年将其引入心理测量，指的是测验结果的一致性程度或者可靠性程度。如果用直观的方式来表达，信度指的就是测量结果的稳定性，如果多次重复测量的结果都很接近，则可以认为测量的信度是很高的。

在 IBM SPSS Statistics 中，信度分析可以在“标度→可靠性分析”中实现。此外，在标度子菜单中，还通过 R 插件的方式提供了项响应模型、分级项响应模型、扩展 Rasch 方法等更为复杂的信度分析方法。

1.7　智能统计分析方法/数据挖掘方法

这里列出的方法实际上应当被纳入多变量模型或者多元模型的体系之中，但是由于它们主要在数据挖掘领域中加以应用，并且可能不具有简单的模型表达式存在，因此将其单独归类加以介绍。

1.7.1　树模型

树模型也称决策树或者树结构模型，是数据挖掘领域应用非常广泛的一种模型。其原理并不复杂，基本思想和方差分析中的变异分解极为相近，其基本目的是将总研究样本通过某些特征(自变量取值)分成数个相对同质的子样本。每一个子样本内部因变量的取值高度一致，相应的变异/杂质尽量落在不同子样本间。所有树模型的算法都遵循这一原则，差异只在于对变异/杂质的定义不同，如使用 P 值、方差、熵、Gini 指数、Deviance 等作为测量指标。

根据所预测的因变量类型，树结构模型可以被分为分类树和回归树两大类，而树模型常用的算法有 CHAID 算法、CRT 算法、QUEST 算法和 C5.0 算法等。

- CHAID：是 CHi-squared Automatic Interaction Detector 的缩写，是树模型中发展最早的一种算法，简单地说，就是用卡方检验作为树分类的基本方法。但是从原理可知，CHAID 应当只适用于分类自变量，因此用途受限。SPSS 对 CHAID 做了扩展，提供了穷举 CHAID 方法，分析效果更好，但实际上仍然只能用于分类自变量。
- CRT：即分类数与回归树的缩写，当因变量为分类变量时即为分类数，若因变量为连续变量则为回归树。其基本目的是将总研究人群通过某些特征(自变量取值)分成数个相对同质的亚人群。每一个亚人群内部因变量的取值高度一致，相应的变异/杂质尽量落在不同亚人群间。简单地说，就是按照预测误差最小化的原理，依次按照二分法将总样本划分为多个子样本的过程。
- QUEST：即 Quick, Unbiased, Efficient Statistical Tree 的缩写，是 1997 年 Loh 和 Shih 对 CHAID 算法加以改进，提出的一种新的二叉树算法，该算法将变量选择和分叉点选择分开进行，可以适用于任何类型的自变量，同时还克服了 CHAID 算法的某些缺点，在变量选择上基本无偏。
- C5.0 算法：即 C4.5 算法的进一步升级，主要在执行效率和内存使用方面进行了改进，适用于大数据集上的一种分类算法，C5.0 算法以信息熵的下降速度作为确定最佳分支变量和分割阈值的依据，通常不需要很长的训练次数进行估计，而且在面对数据遗漏和输入字段很多的问题时非常稳健。

在 IBM SPSS Statistics 中，可以在“分类→树”中利用 CHAID 算法、CRT 算法和 QUEST 算法拟合树模型，C5.0 算法则可以通过安装相应的 R 插件加以实现(默认未安装)。而对于树模型的进一步扩展——随机森林方法，也可以在分析菜单下方直接使用 Ranfor 估算菜单项来调用相应的 R 插件加以实现。

1.7.2 神经网络

人工神经网络(Artificial Neural Networks，ANNs)也简称为神经网络，是一种模仿动物神经网络行为特征，进行分布式并行信息处理的数学模型。这种网络依靠系统的复杂程度，通过调整内部大量节点之间相互连接的关系，从而达到处理信息的目的。在理论上，神经网络可以很容易地解决具有上百个参数的问题，为解决高度复杂问题提供了一种相对来说比较有效的简单方法。

在结构上，可以把一个神经网络划分为输入层、输出层和隐含层。输入层的每个节点对应一个个预测变量。输出层的节点对应目标变量，可有多个。在输入层和输出层之间是隐含层(对神经网络使用者来说不可见)，隐含层的层数和每层节点的个数决定了神经网络的复杂度。最初，网络中的所有权重都是随机生成的，并且从网络输出的结果很可能没有意义。但是网络可通过学习训练样本中的信息来变得有价值：向该网络重复应用已知道结果的示例，并将网络给出的结果与已知的结果进行比较。从此比较中得出的信息会传递回网络，并逐渐改变权重。随着训练的进行，该网络对已知结果的复制会变得越来越准确。一旦训练完毕，就可以将网络应用到未知结果的未来案例中。

神经网络在应用中也遇到了很多问题，最大的问题是过度拟合，即网络对训练样本的预测效果很好，但是对验证样本的预测效果则较差。

在 IBM SPSS Statistics 中，可以在“分析→神经网络”中实现相应的方法，其中多层感知器实现的是常用的 BP 网络，而径向基函数实现的则是 RBFN 网络。

1.7.3　支持向量机

Support Vector Machine(SVM)是一项功能强大的分类和回归技术，可最大化模型的预测准确度，而不会像神经网络那样过度拟合训练数据。SVM 特别适用于分析预测变量字段非常多(如数千个)的数据。

支持向量机方法是建立在统计学习理论的 VC 维理论和结构风险最小原理基础上的，根据有限的样本信息在模型的复杂性(即对特定训练样本的学习精度)和学习能力(即无错误地识别任意样本的能力)之间寻求最佳折中，以期获得最好的推广能力。

在 IBM SPSS Statistics 中是通过 R 插件的方式来实现 SVM 方法的，具体的菜单位置为“分类→支持向量机”。

1.7.4　最近邻元素分析

最近邻元素分析(Nearest Neighbor Classification)是根据观测值与其他观测值的类似程度分类观测值的方法。在机器学习中，将其开发为识别数据模式的一种方法，而不需要与任何存储模式或观测值完全匹配。相似个案相互邻近，非相似个案则相互远离。因此，两个观测值之间的距离是其不相似性的测量。

有一个很简单的比喻可以帮助大家理解最近邻分析的原理：如果有一个动物，它的腿像猫，身体像猫，尾巴也像猫，那么它应当被判断为什么动物呢？显然最佳答案是猫。

最近邻元素分析既可以用于判别预测，也可以用于聚类，该方法也可用于计算连续目标的值。在这种情况下，使用最近邻元素的均值或中位数目标值可以获取新个案的预测值。

在 IBM SPSS Statistics 中，最近邻分析可以在“分类→最近邻元素”中实现。

1.7.5　关联规则与序列分析

关联规则

关联规则主要应用于零售业的购物分析，有时候会和购物篮分析(Market Basket Analysis)这一术语混用。购物篮指的是超级市场内供顾客购物时使用的装商品的篮子，当顾客付款时这些购物篮内的商品被营业人员通过收款机一一登记结算并记录。所谓的购物篮分析就是通过这些购物篮所显示的信息来研究顾客的购买行为。也就是说，当一个消费者购买其中一个产品的情况下，有多大的可能性会同时购买另外一个/多个产品。

关联规则方法可以将特定结论(特定产品的购买)与一组条件(若干其他产品的购买)关联起来。例如，下列规则：

啤酒 <= 罐装蔬菜 & 冷冻食品 (173, 17.0%, 0.84)

该公式表述的是：啤酒经常与罐装蔬菜和冷冻食品一起成对出现。该规则可靠率为84%，并适用于17%的数据或分析用数据集中的173条记录。

在 IBM SPSS Statistics 可以通过“报告→Apriori 调用相应的 R 插件”来实现关联规则方法。

序列分析

序列分析可以被看作关联规则中的一类特殊形式，同样以购物行为举例，购物序列分析指的是通过分析买家对商品的先后购买顺序来研究顾客的购买行为，也就是说，当一个消费者在先前已经购买过某种/某些商品的情况下，有多大的可能性会在未来一定时期内购买另外一种/多种产品。显然，购物序列的分析结果可以非常有效地应用在老客户身上，以最大限度地发掘老客户的潜在购买需求。

除购物序列外，序列分析还可以用于网站访问行为的监测和界面优化，通过分析访问者常出现的页面访问顺序，就可以得知网站界面和架构应当进行怎样修改，以改善使用者的感受。

在 IBM SPSS Statistics 中未包括序列分析方法。

第 2 章　顾客售后满意度监测项目

学习前 建议阅读	第 1 章　数据分析方法体系简介，对统计方法体系做一基本了解。
案例导读	本案例需要运用 IBM SPSS Statistics 的一些基本数据管理、统计分析功能。在本案例中，研究者需要定期向客户提交一些固定的报表，内容包括性别、年龄分布、推荐度题目的频数分布和均值等。案例中采用 SPSS 的基本统计描述功能完成了相应工作。
分析方法	频数表、均数、多选题描述。
案例的 分析过程	转换：计算变量、重新编码； 多重响应：定义变量集、频率数据； 描述统计：频率、描述。
学习后 建议阅读	第 3 章　会员购买习惯调查； 第 6 章　酸奶饮料新产品口味测试研究。

本章将用一个简单的实际案例，向读者介绍 IBM SPSS Statistic 在数据分析上的基本操作。本书所使用的 Statistics 版本为 24.0 中文版，其余版本的具体操作和功能可能会略有区别，请使用时加以注意。

2.1　案 例 背 景

2008 年，某跨国连锁零售企业为了提高各分店的服务质量，针对所有门店，在全国范围启动了客户满意度监测项目，定期用 CATI(电脑辅助电话访问系统)随机抽样的方式，对近期有过门店购物行为的会员进行回访，就其购物行为的满意度进行调研，其中部分问卷如下所述。

顾客售后满意度调研问卷(节选)

S2 请问您的年龄是 (单选)

1. 18岁以下(终止访问)　2. 18～39岁　3. 40～60岁　4. 60岁以上(终止访问)

S3 记录顾客的性别 (单选)

1. 男性　2. 女性

Q1 请问您有多大可能会向您的家人或朋友推荐×××商店？ (1～10分)

【10分代表“肯定会推荐”， 0分代表“肯定不会推荐”】

Q9 在过去的3个月中，平均来讲，您到×××商店购物的频次是？ (单选)

1. 每天都来　2. 每周5～6次　3. 每周3～4次

4. 每周1～2次　5. 每月2～3次　6. 每月1次或以下

Q10 请问您通常采用何种交通方式到×××商店购物呢？ (最多限三项)

1. 步行　2. 公交车　3. 自行车　4. 自有摩托车　5. 自己开车

6. 出租车(打的)　7. 商场的免费购物班车　8. 出租摩托车　9. 人力三轮车

10. 电瓶车/电动车　11. 地铁　12. 轻轨　13. 其他方式(请具体说明)

作为定期执行的监测项目，研究者每个周期需要向客户提交一些固定的报表，内容包括：

- 受访者的性别、年龄分布；
- Q1 推荐度题目的频数分布和均值；
- 受访者的购物频次分布和均值；
- 受访者购物使用的交通工具。

在实际项目中，研究者还需要提交不同地区门店的数据比较，以及和上一周期相比的数据比较报表，但是在本案例中，我们只对其中某个城市的 490 例数据进行分析，具体数据见文件“顾客满意度.sav”。

2.2　数据文件的读入与变量整理

2.2.1　了解 SPSS 的基本操作界面

启动 IBM SPSS Statistics

无论下一步是什么，分析者要做的第一件事情显然是首先进入 IBM SPSS Statistics 系统，以 Windows 系统为例，在“开始”菜单中找到 IBM SPSS Statistics 组，选择其中的启动项 IBM SPSS Statistics 24，就会启动 IBM SPSS Statistics，之后就会打开 SPSS 的数据编辑窗口。

对于第一次使用 SPSS 的用户，系统会弹出欢迎对话框，用户可在其中选择所需的操作。如果不希望该对话框再出现，则选择左上角的“新数据集”，然后选中左下角的“以后不再显示此对话框”并关闭即可。

打开数据文件

由于本项目的数据文件已经就绪，因此读者只需要在 SPSS 中将其打开，并仔细观察其结构即可了解到 SPSS 数据文件的许多信息。选择“文件→打开→数据”命令，在对话框中选择相应的“顾客满意度.sav”所在文件路径和文件名，最后确认打开即可。该数据就会被读入 SPSS 的数据编辑窗口中。

如图 2.1 所示，可以发现，SPSS 的数据窗口是一个典型的 Windows 软件界面，第一次使用 SPSS 也会觉得很亲切，从中可以看到菜单栏、工具栏，在 SPSS 的工具栏下方的是数据栏，数据栏下方则是数据编辑窗口的主界面。但是如果进一步观察，则我们可以发现许多其独有的信息。

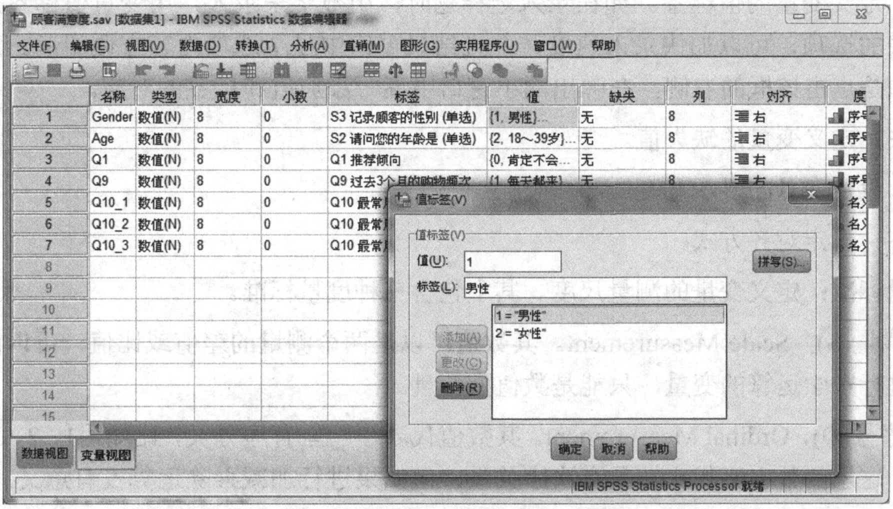

图 2.1　“顾客满意度.sav”在数据窗口中的变量视图

- ✧ 注意在数据窗口的左上角，在数据文件名称“顾客满意度.sav”的后面还紧跟着“[数据集 1]”，该名称是 SPSS 用于内部标识该数据文件的工作名称，由于 SPSS 目前可以同时打开多个数据文件，为避免混乱，SPSS 就会给每个文件分配一个工作名称，这在编程时非常有用。
- ✧ 在界面的左下角，可以看到“数据视图”和“变量视图”标签，一般默认显示的是数据视图，该界面由若干行和列组成，一行代表一个观测个体(SPSS 中称为 Case)，一列代表一个属性(SPSS 中称为 Variable)；变量视图则专门显示有关变量的信息：变量名称、类型、格式等。

✧ 下面来进一步观察变量视图，大家可以从中看到基本的变量名称，也可以发现在上一章中所提及的存储类型、测量尺度等变量属性。这里要特别提一下的是变量名标签和变量值标签，图中的标签属性用于定义变量名标签，对变量名的含义进行进一步解释说明；而值属性则用于定义变量值标签(见图)，变量值标签是对变量取值含义的解释说明信息。如对于性别数据，假设用 1 表示男，用 2 表示女，就可以在录入数据时直接录入 1、2，但是在分析结果中仍然按照标签文本内容来显示变量名和变量值的内容，这样不但可使分类变量的数据录入变得更加方便，也增强了分析结果的可读性。

数据视图内容释疑

名称：设定变量名。

类型：点击该框的右侧，能够设定变量的类型。

宽度：设定变量的运算宽度。

小数：设置小数位数。

标签：定义变量的标签，在结果窗口中会显示变量标签方便阅读。

值：定义变量的值标签。如在录入选择题时，用数字来录入，用变量值标签来定义数字所代表的选项，可以加快录入速度，并且结果窗口中显示选项内容方便阅读。定义值标签的方法是点击该框的右侧，在弹出的小窗口中逐一添加值和标签的对应。

缺失：定义变量的缺失值。

列：设定变量的显示宽度。

对齐：设定对齐方式。

度量标准：定义变量的测量尺度。其中包含三种度量标准。

1. 度量(S)，Scale Measurement。其数值可以是两个测量的差值或比值，可以简单理解为能够进行数学运算的变量，只能是数值型变量。

2. 序号(O)，Ordinal Measurement。其数值代表了一些有序分类，比如用1、2、3代表好、中、坏，这里的数字互相比较具有次序关系，但如果进行加减乘除运算没有意义。

3. 名义(N)，Nominal Measurement。其数值代表某种分类或者属性，并且数值之间没有次序关系。

角色：设定分析建模时的变量关系。

2.2.2 进行数据准备

对年龄进行数值重编码

在分析结果中需要提交受访者的年龄段频次分布和年龄均值，而计算均值就需要将原始数据转换为相应的组中值。这一操作可以在 SPSS 中通过“计算变量”过程来实现，选择菜单“转换→计算变量”，即可弹出如图 2.2 所示的对话框。

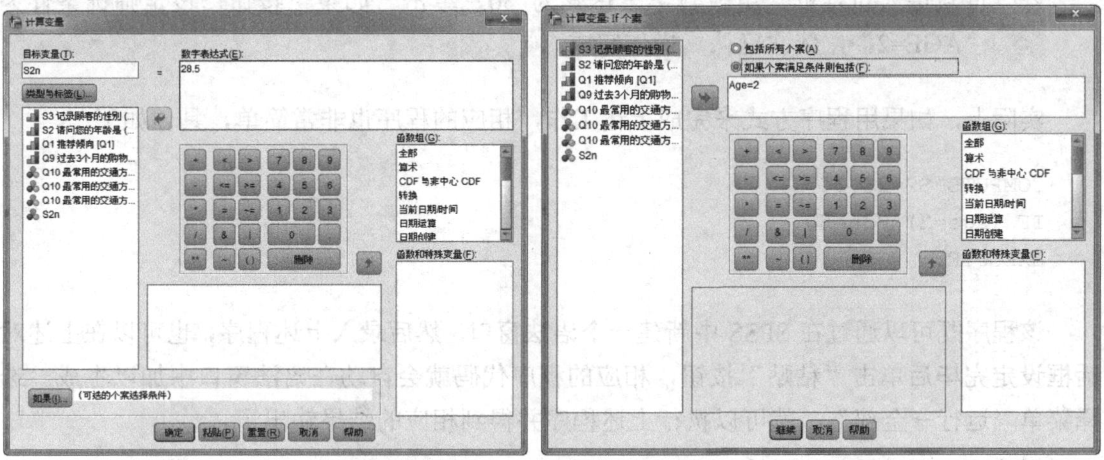

图 2.2 “计算变量”对话框

作为首次接触的 SPSS 对话框，这里有必要做一点详细解释。

- ✧ 标准按钮：位于图中的对话框下部，几乎在所有的 SPSS 对话框中均可见到，由“确定”“粘贴”“重置”“取消”“帮助”五个按钮组成，几乎所有的对话框都会出现。其中“粘贴”指的是将当前的对话框设定转换为 SPSS 程序。
- ✧ 目标变量：用于输入需要赋值的变量名，在输入变量名后，下方的“类型与标签”按钮就会变黑，喜欢精确设定的朋友可以在这里对变量进行详细的定义，但大多数情况下都是不需要更改的。
- ✧ 数字表达式：其实翻译成数值表达式更为妥当，用于给目标变量赋值。
- ✧ 候选变量列表、软键盘、函数列表：位于整个对话框的中部区域，候选变量列表给出了表达式中可用的变量，可以用鼠标和右侧的变量移动按钮将选中变量移入右侧的“数字表达式”框中。软键盘可以用鼠标按键输入数字和符号。函数列表则列出了所有可用的 SPSS 函数。实际上它们都是辅助工具，熟悉操作的用户可以直接在“数字表达式”框中输入所需的内容而无须使用这些工具。
- ✧ “如果”按钮：用于对个案筛选条件进行设定，单击后弹出子对话框如图 2.2 右图所示，默认情况下包括所有个案，如果需要进行个案筛选，则更改为“如果个案满足条件则包括”，然后在下方的表达式框中输入相应筛选条件即可。完成之后单击“继续”按钮，即“如果”按钮右侧就会显示出相应的筛选条件表达式。

本例实际上属于变量重编码的情形，但这里我们首先利用数值计算过程的条件筛选方式来实现。也就是说，如果希望对全部个案生成一个新变量，但不同人群采用不同的算术表达式，可以通过设定不同筛选条件多次调用“计算变量”过程即可实现。

1. 进入对话框，设定目标变量名为 S2n，数字表达式为 28.5，确认后即建立该新变量，取值为 1；
2. 重新进入对话框，更改数字表达式为 50，单击“如果”按钮，设定筛选条件为“AGE=2”，依次确认。操作完成。

实际上，如果用程序方式来完成上述工作，相应的程序也非常简单，具体如下：

```
COMPUTE S2=28.5.
IF (Age=2) S2n=50.
EXECUTE.
```

该程序既可以通过在 SPSS 中新建一个语法窗口，然后录入上述程序，也可以在上述对话框设定完毕后单击“粘贴”按钮，相应的程序代码就会自动在语法窗口中加以生成。选择菜单“运行→全部”，就可以执行上述程序并得到相应的结果输出了。

对购物频次进行数值重编码

在分析结果中需要提交受访者的购物频次分布和均值，但是由于购物频次是分段选项，因此在计算均值之前必须转换，将各选项转换为相应的组中值。此类数据转换功能是在转换菜单下实现，选择菜单“转换→重新编码为其他变量”，对话框如图 2.3 所示。首先将 Q9 选入“数字变量→输出变量”框，此时“输出变量”框变黑，在“名称”框输入新变量名 Q9n 并单击“更改”按钮，可见原来的“Q9->?”变成了“Q9->Q9n”，即新老变量名之间已经建立了对应关系。

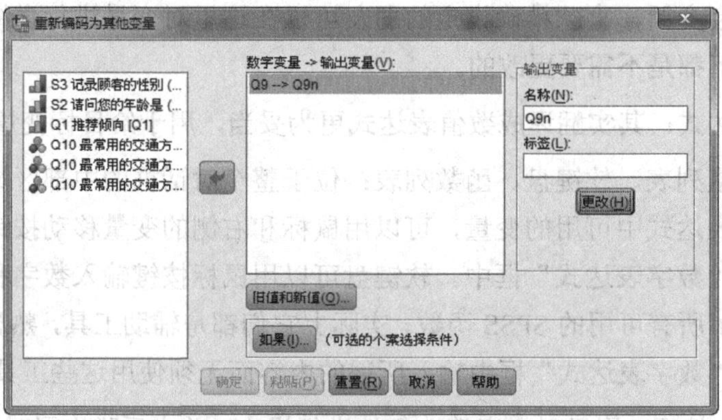

图 2.3 “重新编码为其他变量”对话框

现在单击“旧值和新值”按钮，系统弹出变量值定义对话框，如图 2.4 所示。对话框左侧为原有变量的取值情形，右侧为新变量的赋值设定。两边设定完毕后单击“添加”按钮，相应的对应规则就会被加入规则列表中去。注意这里的组中值数据设定指的是平均一周去的次数。设定完毕后单击“确定”按钮，就会在数据表中新增变量列 Q9n，而其数值就是转化后的购物频次。

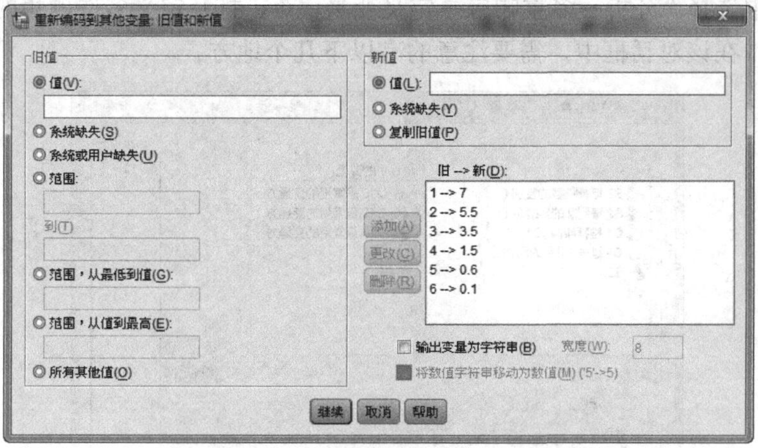

图 2.4　变量值定义对话框

实际上，如果用程序方式来完成上述工作，相应的程序也非常简单，具体如下：

```
RECODE Q9 (1=7) (2=5.5) (3=3.5) (4=1.5) (5=0.6) (6=0.1) INTO Q9n.
EXECUTE.
```

多选题变量集的设定

本案例中的 Q10 为多选题，且采用了比较特殊的记录方式：因为最多限选三项，就用了三个多分类变量列来记录同一道题目，这种记录方式被称为多重分类法，也是多选题的标准数据格式。之所以称它为多重分类法，是因为每个变量都是多分类的，每个变量可代表被访者的一次选择。

多选题/多重应答的标准定义方式有两种：二分法和分类法。

- 二分法：把多选题拆分成多个变量进行录入，每个变量代表一个选项，每个选项具有两个可能值(是/否、存在/不存在、选中/未选中)，于是拆出的每个变量相当于一个单选题来录入。显然，拆出的每个变量在赋值时应该保持一致。
- 类别法：用多个变量来记录被调查者的答案，且这些变量的值标签一致，均包含所有选项。然后根据被调查者的答卷情况，一一选出答案。当选项较多，而被调查者的答案均小于总选项数(如最多只选三项)时，用类别法能够用少量的变量来记录该多选题；另外，当多选题的答案存在顺序时，如第一选择、第二选择……时，用类别法能记录该次序。

在进行多选题录入时，只需要将相应的变量设定好即可进行操作，但是录入完毕后 SPSS 只会默认它们是若干个分散的变量，并不明白它们代表的是一道多选题，只有将其设定为多选题变量集(也称多重响应集)，SPSS 才能对其正确识别，从而将多选题的全部变量当作一整道题目来进行分析。这里就以多重响应子菜单中的相应过程为例来看一下是如何定义多选题集的。

在 SPSS 中选择“分析→多重响应→定义变量集”，打开定义多选题集的对话框，界面如图 2.5 所示。在该对话框中，需要注意的有以下几个地方。

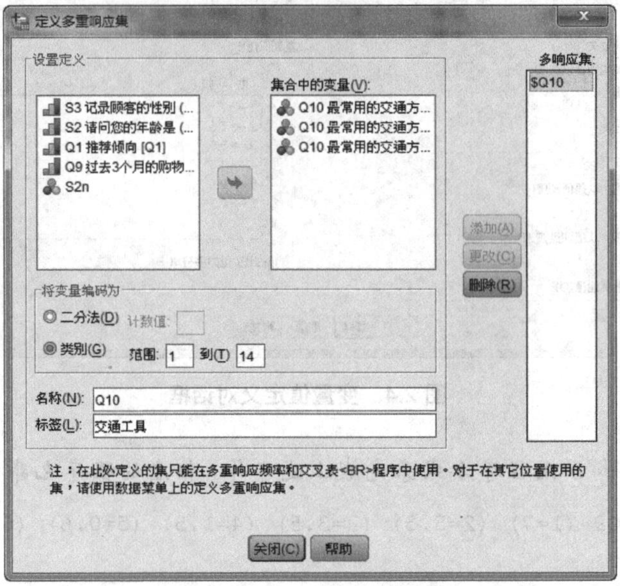

图 2.5　定义多选题变量集

- ✧ 集合中的变量(Variables in Sets)：选入需要加入同一个多选题变量集的变量列表，对于多重二分类法录入的多选题，这些变量必须为二分类，并按照相同的方式来编码(如都用 1 代表选中)。对于多重多分类法录入的多选题，这些变量必须为多分类，并共用一套值和值标签。
- ✧ 将变量编码为(Variables Are Coded As)：选择变量的编码方式。在多重二分法方式中，需要在右侧的计数值框中指定是指用哪个数值表示选中。在多重分类法方式中则此时需要设定取值范围，在该范围内的记录值将纳入分析，注意在 Tables 模块中是不需要设定取值范围的。
- ✧ 名称(Name)：输入多选题变量集的名称，在此定义的变量集名为 Q10，下方的“标签”框可以为相应的多选题变量集定义一个名称标签。

所有设定均完成后单击右侧的“添加”按钮，相应的多选题变量集设定就会被加入最右侧的“多响应集”列表了。

2.3　问卷数据分析

2.3.1　生成频数表

频数表输出是分类变量统计分析的基本内容，如上一章所述，这在 SPSS 中需要使用频率过程来实现。选择菜单“分析→描述统计→频率”，就会调出频数过程的对话框界面，如图 2.6 所示，该对话框上面的内容非常容易理解，扼要介绍主要部分的功能如下。

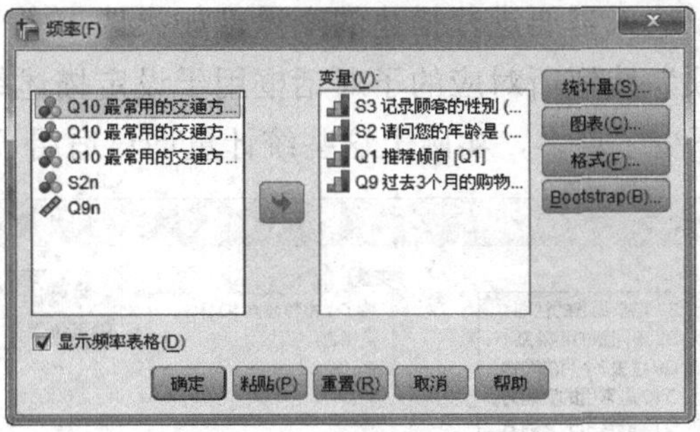

图 2.6　“频率”对话框

- ✧ 主对话框：变量框用于选入需要进行描述的变量，如果选入多个，系统会对其依次进行分析。左下角的“显示频率表格”复选框用于输出频数表，默认选中。
- ✧ 统计量：相应的子对话框定义需要计算的描述统计量，包括集中趋势、离散趋势、分布特征和百分位数四组。
- ✧ 图表：相应的子对话框用于设定所做的统计图，可以绘制分类数据描述用的条图和饼图，也可绘制连续变量描述用的直方图。
- ✧ 格式：用于定义输出频数表的格式，不过一般不用更改，使用默认设置即可。
- ✧ Bootstrap：相应的子对话可使用 Bootstrap 这种计算统计学方法进行任意总体参数的估计。

根据题目要求，本例操作如下。

1. 将性别、年龄、Q1、Q9 四个变量选入“变量”框；
2. 确定。

最终的结果也非常简单，就是每个变量给出相应的频数列表，这里给出性别的如表 2.1 所示，不再详细解释。

表 2.1　S3 记录顾客的性别 (单选)

		频　率	百 分 比	有效百分比	累积百分比
有效	男性	198	40.4	40.4	40.4
	女性	292	59.6	59.6	100.0
	合计	490	100.0	100.0	

2.3.2　计算均值

这里还需要使用 Q1，以及变换后的 S2n 和 Q9n 计算其均值，该工作可以通过频数过程的统计量子对话框来完成，但更常见的情形是利用均数过程来分析。

选择菜单“分析→描述统计→描述”，就会调出描述过程的对话框界面，如图 2.7 所示，界面上的“变量”框用于选入需要进行描述的变量，如果选入多个，系统会在同一张表格内输出描述结果。“选项”按钮所对应的子对话框用于设定描述统计量，但其功能要比频率过程中的相应子对话框少了许多，实际上这些统计量均只适用于正态分布资料。

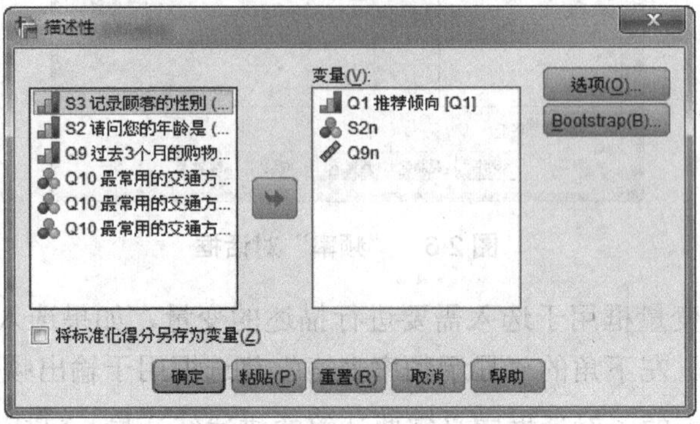

图 2.7　描述过程的主对话框

该过程的操作非常简单，只需要将希望描述的变量选入即可，最终本例的分析结果如表 2.2 所示。

表 2.2　描述统计量

	N	极小值	极大值	均　值	标准差
Q1 推荐倾向	490	0	10	7.79	2.097
S2n	490	28.50	50.00	43.2867	9.97348
Q9n	490	.10	7.00	1.7831	1.56398
有效的 N (列表状态)	490				

2.3.3　对多选题进行描述

在前面的数据准备过程中我们已经将多选题 Q10 设定完毕，但是在后续分析中，如果希望进行正确的分析，就必须使用专门针对多选题的分析过程来完成。选择“分析→多重响应→频率”，可以看到相应的对话框如图 2.8 所示。

该对话框内容非常简单，没有多余的选项，只有下方的“缺失值”框组用于选择对缺失值的处理方式，两个复选框实际上分别对应了多重二分法和多重分类法两种多选题编码方式，请读者注意正确选择，不能交叉使用。

本例的操作非常简单，将变量集 Q10 选入即可，相应的结果输出如表 2.3 所示。

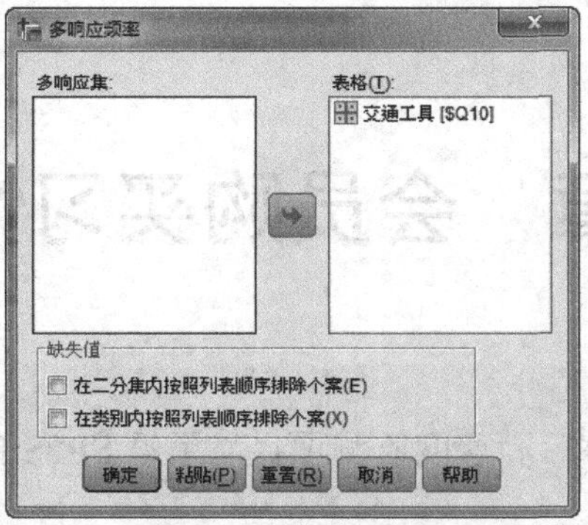

图 2.8　多选题变量集频率过程的主对话框

表 2.3　$Q10 频率

		响　应		个案百分比
		个 案 数	百 分 比	
交通工具 [a]	步行	470	43.7%	95.9%
	公交车	197	18.3%	40.2%
	自行车	32	3.0%	6.5%
	自有摩托车	37	3.4%	7.6%
	自己开车	195	18.1%	39.8%
	出租车(打的)	35	3.3%	7.1%
	商场的免费购物班车	16	1.5%	3.3%
	出租摩托车	1	.1%	.2%
	电瓶车/电动车	52	4.8%	10.6%
	地铁	3	.3%	.6%
	其他	37	3.4%	7.6%
总计		1075	100.0%	219.4%

a. 组

2.4　项目总结和讨论

在本案例中，我们通过一个真实的案例，演示了如何在 IBM SPSS Statistics 中打开既有的数据文件，并根据数据分析的需求进行变量变换，设定多选题变量集，并得到所需要的分析结果。通过本案例的学习，读者将可以清楚地了解一个统计分析项目的主要流程，并初步掌握 SPSS 中的一些基本功能。

但是，在实际工作中，并非每一个项目都会像本案例一样已经拥有现成的数据文件，分析师很可能需要从头建立数据文件并录入数据。此外，分析中所使用的数据整理和分析功能也可能更加复杂，比如多个数据文件的合并、复杂的制表要求等，这些更加复杂的操作我们将在下一章中加以演示。

第 3 章　会员购买习惯调查

学习前建议阅读	第 2 章　顾客售后满意度监测项目，了解 SPSS 的基本操作方法。
案例导读	本案例用于帮助读者进一步学习 IBM SPSS Statistics 中的数据管理和文件管理操作。为进一步搭建购物网站，客户采用问卷调查的方式在会员客户中进行了一次购买习惯调查。为此分析师首先在 SPSS 中按照需求建立了所需的数据库结构；并在数据录入完毕后进行了数据质量校验，去除了人工录入错误、去除不合理的答卷；数据清理干净后按照总体情况进行了数据加权；最后按照研究目的进行了数据分析。
分析方法	频数表、均数、多选题描述。
案例的分析过程	数据：标识重复个案、汇总、合并文件(添加变量)、选择个案、加权个案； 转换：计算变量； 表：设定表、多响应集； 描述统计：频率。
学习后建议阅读	第 4 章　基于背景资料的病例对照匹配； 第 5 章　北京地区雾霾变化趋势分析。

3.1　案 例 背 景

3.1.1　项目背景

国内零售业是一个竞争非常激烈的行业，激励着企业一直进行快速的变革和转型。早期该行业是大型国营百货的天下，在商品品类有限、消费者购买力较低的背景下，基本能够满足顾客的购物需求。之后商品品类逐渐增加，商品品种越来越丰富，为了方便消费者选购商品，开始出现分门别类的专营店，如电器商城、服装市场、经营快速消费品的超市、数码城等。这些专营店提供专业的服务，并且通过直观的感受和对比，给顾客带来了方便快捷的购物体验。随着生活节奏的加快及互联网技术的发展，顾客开始尝试网络购物，这也促使各零售企业开始发展电子商务。

本案例就是在这种背景下产生的，客户是一家数码产品专营店，在本市开了多家实体店专营各类数码产品。这家数码商店考虑到其消费主体更多是年轻人，倾向于网络购物，于是也打算建立一个购物网站。在搭建网站之前，需要对网站的建立进行详细规划，包括网购的产品种类、配送方式、支付方式等诸多方面，为了让网站更贴近于顾客的喜好，计划在会员客户中进行一次购买习惯的调查。以下是调查问卷(节选)。

顾客购买习惯调查问卷(节选)

问卷编号：**********

顾客基本信息

1. 请问您的性别？

A. 男　B. 女

2. 请问您的年龄？

A. 10岁以下　B. 10～14岁　C. 15～19岁　D. 20～24岁　E. 25～29岁　F. 30～34岁

G. 35～39岁　H. 40～44岁　I. 45～49岁　J. 50～54岁　K. 55～59岁　L. 60岁以上

3. 请问您的教育程度？

A. 高中、中专及以下　B. 大学专科　C. 大学本科　D. 硕士及以上

顾客购买习惯调查

4. 请问您目前已经拥有的数码产品有哪些？(多选)

A. 笔记本电脑　B. 台式电脑　C. 数码相机　D. 数码摄像机　E. 手机

F. MP3/MP4　G. 电子书　H. 其他

5. 请问您未来打算优先购买的数码产品有哪些？(多选，最多选三项)

A. 笔记本电脑　B. 台式电脑　C. 数码相机　D. 数码摄像机　E. 手机

F. MP3/MP4　G. 电子书　H. 其他

6. 您是否有过网络购物的经历？

A. 是　B. 否(如果选择“否”，则调查结束)

7. 您平均每月网络购物的消费数额大致是？

A. 100元以下　B. 100～199元　C. 200～349元　D. 350～499元　E. 500～749元

F. 750～999元　G. 1000～1199元　H. 1200～1499元　I. 1500～1999元

J. 2000～2999元　K. 3000～4999元　L. 5000元及以上　M. 不清楚～难以回答

8. 您在网上购物时采用什么样的支付方式？(多选)

A. 网上银行　B. 第三方支付　C. 信用卡支付　D. 货到付款　E. 其他

我们在所有的登记会员中随机抽取了一部分作为调查对象，调查问卷随着商店寄送的广告宣传册发放，经过一个半月后，回收到了若干答卷。

3.1.2 分析思路

问卷调查的思路相对比较清晰，本研究计划按以下步骤进行。

- ✧ 首先，对回收的纸质问卷进行数据录入。在数据录入时，需要尽量准确；
- ✧ 其次，对录入的数据进行质量校验。需去除人工录入错误、去除不合理的答卷；
- ✧ 最后，分析回收的问卷，考察其是否能够有效代表所有会员的想法。并根据调查的问题进行逐项分析，提供出合理的网站规划建议。

下面我们就按此思路进行分析。

3.2 问 卷 录 入

在回收所有纸质问卷后，我们需要把问卷数据进行录入。使用 SPSS 录入数据时，需要先进行变量的定义，然后录入数值。

定义变量时，需注意在问卷中，A 部分的三个问题及 B 部分的 3、4 题均为单选题；B 部分的 1、2、5 为多选题；问卷的 ID 是每张问卷的一个特有编号，可以看作一个开放题。

3.2.1 开放题的定义

我们以开放题的方式来定义问卷 ID。

1. 点击变量视图第一行；
2. 名称：输入 ID；
3. 类型：在类型框右侧点击一下，在跳出的窗口中选择“字符串”，并定义字符宽度为 10。

3.2.2　单选题的定义

接下来定义第二个变量，也就是 A 部分的第一题。

1. 点击变量视图第二行；
2. 名称：输入 gender；
3. 类型：数值；
4. 小数：0；
5. 标签：性别；
6. 值：在该单元格右侧点击一下，在跳出的窗口中定义值及其对应的含义，1 代表“男”、2 代表“女”。

定义完值标签后回到“数据视图”。在这里，可以用数字 1、2 来录入性别，或者在图标栏中，选中“显示值标签”的图标，此时我们可以通过下拉框选择的方法来录入，如图 3.1 所示。

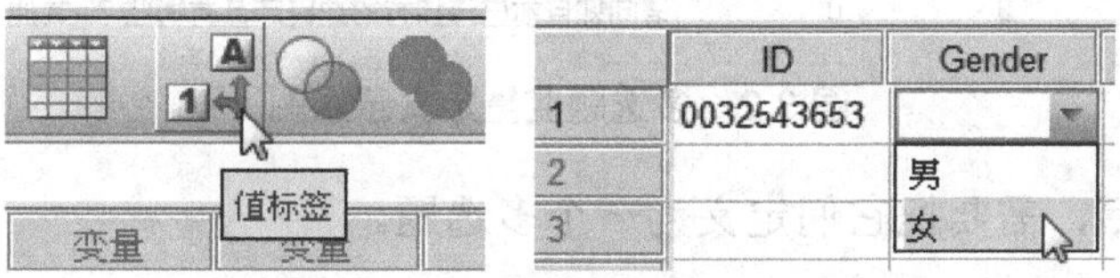

图 3.1　值和值标签切换示意图

这里要注意的是，当选择男或女时，实际在数据文件中保存的是数字 1 或 2。类似的方法可以定义其他单选题。

3.2.3　多选题的定义

对于多选题，每个被调查者可能会选择多项，我们无法用单一变量来录入，需要用多个变量组合的方式进行定义，如图 3.2 所示。

在上一章中，我们使用的是多重响应子菜单下的功能来定义多选题变量集，这里使用表子菜单中的类似功能，两者的操作和功能极为类似，区别在于下列各点。

- ✧ “多重响应”子菜单下的功能属于 Base 模块，不需要另行购买，但相应的设定不能保存在数据文件中，且无法在制表模块中加以使用。
- ✧ “表”子菜单中的功能属于 Table 模块，相应的设定可以保存在数据文件中重复使用，且该设定可以在 Tables 模块的所有制表过程中加以使用。

首先定义 B1 题，由于用户可以选任意项，我们用二分法来定义该题。

1. 点击变量视图；
2. 名称：输入 B1_1；

3. 类型：数值；
4. 小数：0；
5. 标签："请问您目前已经拥有的数码产品有哪些？-笔记本电脑"；
6. 值：在该单元格右侧的省略号上点击一下，在跳出的窗口中定义值及其对应的含义，1 代表"有"、0 代表"无"；
7. 依次添加新变量。名称：输入 B1_2、B1_3、…、B1_8；
8. 类型均为数值，小数均为 0；
9. 标签分别代表其他选项：台式电脑、数码相机等；
10. 值标签跟 B1_1 相同。

B1_1	数值(N)	8	0	请问您目前已经拥有的数码产品有哪些？-笔记本电脑	{0, 无}.
B1_2	数值(N)	8	0	请问您目前已经拥有的数码产品有哪些？-台式电脑	{0, 无}.
B1_3	数值(N)	8	0	请问您目前已经拥有的数码产品有哪些？-数码相机	{0, 无}.
B1_4	数值(N)	8	0	请问您目前已经拥有的数码产品有哪些？-数码摄像机	{0, 无}.
B1_5	数值(N)	8	0	请问您目前已经拥有的数码产品有哪些？-手机	{0, 无}.
B1_6	数值(N)	8	0	请问您目前已经拥有的数码产品有哪些？-MP3/MP4	{0, 无}.
B1_7	数值(N)	8	0	请问您目前已经拥有的数码产品有哪些？-电子书	{0, 无}.
B1_8	数值(N)	8	0	请问您目前已经拥有的数码产品有哪些？-其他	{0, 无}.

图 3.2 多选题变量定义示意图

定义好各变量后，需要把它们定义为一个多选题。

1. 分析→表→多响应集；
2. 集合中的变量：选入 B1_1～B1_8；
3. 变量编码：二分法、计数值 1；
4. 集名称：B1；
5. 集标签："请问您目前已经拥有的数码产品有哪些"；
6. 添加；
7. 确定。

然后定义 B2 题，这里同样可以采用上述二分法来定义，用 8 个变量组合的方式对该题录入。由于该题最多只能选三项，如果采用多重分类法，可以仅用 3 个变量来实现答题录入。

1. 点击变量视图；
2. 名称：输入 B2_1；
3. 类型：数值；
4. 小数：0；
5. 标签："请问您未来打算优先购买的数码产品有哪些？(最多三项)"；
6. 值标签：定义 1 代表"笔记本电脑"、2 代表"台式电脑"……；
7. 添加新变量，名称：B2_2、B2_3；
8. 其他属性均跟 B2_1 一致；
9. 分析→表→多响应集；
10. 集合中的变量：选入 B2_1～B2_3；

11. 变量编码：类别；
12. 集名称：B2；
13. 集标签："请问您未来打算优先购买的数码产品有哪些？(最多三项)"；
14. 添加；
15. 确定。

所有问题定义完后，就可以回到数据视图，开始对问卷进行逐一录入。录入后的数据见文件问卷录入数据.sav。

3.3　问卷质量校验

问卷数据录入完成后，首先需要对问卷的数据质量进行校验。一般来说，录入过程难免有手误或者操作失败带来的异常值，这些异常信息会影响后期的问卷分析，在分析前需要识别出这些问题数据，并进行相应处理。

在这里，我们主要演示如何对录入中的重复记录、录入的异常值及逻辑错误等几方面进行质量校验。

3.3.1　去除重复记录

研究中数据部门对收集回来的问卷进行分工录入，在录入过程中，调查问卷可能由于收集分发环节的失误，造成有些问卷被重复录入。这里可以采用 SPSS Statistics 中的"标识重复的个案"来识别重复的问卷数据，如图 3.3 所示。

1. 数据→标识重复个案；
2. 定义匹配个案的依据：选入 ID；
3. 要创建的变量，名称：查找重复记录；
4. 确定。

标识重复的个案过程的基本功能是根据一定依据，去寻找是否存在重复的个案，这里扼要介绍各部分的功能。

- ✧ 主对话框：定义匹配个案的依据框用于选入需要进行重复记录的识别，如果选入多个，系统会对把多变量取值作为一组标准来识别。在匹配组内的排序标准框中定义排序顺序，便于在查找出的多条重复记录中指定主个案和重复个案。
- ✧ 要创建的变量：查找重复记录后，会通过新变量来显示主个案和重复个案，在这里可以定义该变量的赋值标准。在名称框中，可以自定义该变量的名称。
- ✧ 将匹配个案移至文件顶端：选中后会把具有重复现象的个案移到数据的顶部，方便查看。

- ✧ **显示已创建变量的显示频率：选中后会在输出窗口中对重复记录的查找情况进行频率描述。**

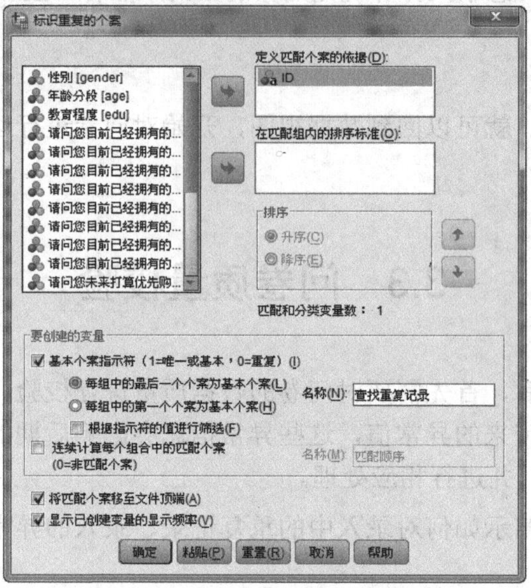

图 3.3 “标识重复的个案”对话框

收集的每份问卷都有唯一标识号“ID”，故可用此变量来进行重复数据的查找，如果出现重复的“ID”就认为出现了重复录入。在图中的定义窗口下方，表示会创建一个新的变量“查找重复记录”，通过这个变量的取值我们可以判断是否出现了重复，如图 3.4 所示。

ID	查找重复记录
0019010926	0
0019010926	1
0101264331	0
0101264331	1
0010018239	1
0010417158	1
0010822924	1
0013747185	1
0013941171	1

ID	查找重复记录
0019010926	重复个案
0019010926	主个案
0101264331	重复个案
0101264331	主个案
0010018239	主个案
0010417158	主个案
0010822924	主个案
0013747185	主个案
0013941171	主个案

图 3.4 标识重复个案结果

从图 3.4 中可以看到“查找重复记录”这个变量的取值是 0 和 1，如果切换成值标签显示方式，可以看到 1 表示“主个案”，0 表示“重复个案”。重复记录可以做删除处理，仅保留“查找重复记录=1”的记录，操作可以采用“数据”菜单中“选择个案”来实现，如图 3.5 所示。

1. 数据→选择个案；
2. 选中“如果条件满足”复选框；
3. 单击“如果”按钮，并且输入条件“查找重复记录=1”；

4.　继续；
5.　选中“删除未选定个案”；
6.　确定。

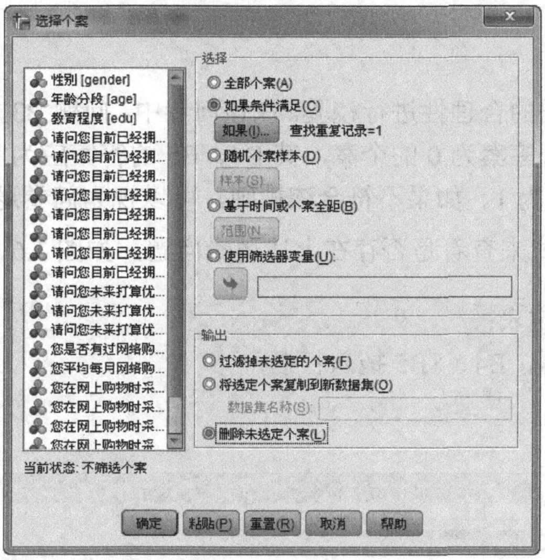

图 3.5　“选择个案”对话框

3.3.2　发现异常值

问卷中的每个问题都有相应的取值范围，在录入过程中，可能由于输入错误产生异常值，这些值所对应的后期分析没有实际意义，甚至会带来一些歧义，我们可以通过检查数据的分布来发现异常值并对其进行处理。

以 Gender 变量为例，在数据中的取值应该为 1 和 2。利用“频率”菜单，我们对该变量的取值进行观测。操作方法和结果如表 3.1 所示。

1.　分析→描述统计→频率；
2.　变量框：选入 gender；
3.　确定。

表 3.1　性别

		频　率	百 分 比	有效百分比	累积百分比
有效	男	17197	69.0	69.0	69.0
	女	7739	31.0	31.0	100.0
	3	1	.0	.0	100.0
	7	1	.0	.0	100.0
	合计	24938	100.0	100.0	

我们发现表中出现了取值 3 和 7，这两个值是无意义的，应该根据该记录的问卷 ID 去查找原始调查问卷，并进行更正。如果无法查到原始问卷，可以将这两个值定义为缺失，不参与后期的分析。这里为了方便，本案例中考虑把异常值做删除处理。

3.3.3 逻辑校验

接下来，对问卷数据的合理性进行校验。在该问卷中，问题 B3 的选项中，如果选“否”，则调查结束，故对于 B3 答案为 0 的个案，其 B4、B5 的答案应为空；反之对于 B4、B5 作答的个案，B3 应该取值为 1。如果不符合该规则，可以视为问卷逻辑错误。

这里采用制表的方式来查看是否存在上述逻辑问题，如图 3.6、表 3.2 所示。

1. 分析→表→设定表；
2. 将 B3 拖入列框，B4、$B5 拖入行框；
3. 确定。

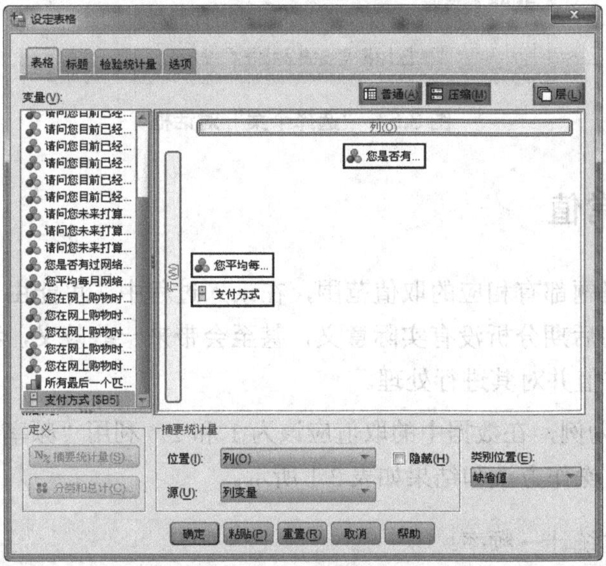

图 3.6 “设定表格”对话框

表 3.2 问卷数据合理性的结果表格

		您是否有过网络购物的经历	
		否	是
		计 数	计 数
您平均每月网络购物的消费数额大致是	100 元以下	0	1431
	100～199 元	0	2597
	200～349 元	1	2565
	350～499 元	0	2288

续表

		您是否有过网络购物的经历	
		否	是
		计 数	计 数
您平均每月网络购物的消费数额大致是	500～749 元	1	1945
	750～999 元	0	992
	1000～1199 元	0	1091
	1200～1499 元	0	352
	1500～1999 元	0	421
	2000～2999 元	0	453
	3000～4999 元	0	187
	5000 元及以上	0	131
	不清楚～难以回答	0	1464
支付方式	您在网上购物时采用什么样的支付方式？-网上银行	0	10188
	您在网上购物时采用什么样的支付方式？-第三方支付	2	11497
	您在网上购物时采用什么样的支付方式？-信用卡支付	0	4035
	您在网上购物时采用什么样的支付方式？-货到付款	1	5273
	您在网上购物时采用什么样的支付方式？-其他	0	259

从表 3.2 可见，在从未有过网络购物经历的用户中，有 2 人参与了网络购物的消费金额的调查，有 3 人次选择了网上购物的支付方式。这几点逻辑错误需要在原始调查问卷中进行核实，我们这里为了方便，采用删除的办法来消除这些逻辑错误。

1. 数据→选择个案；
2. 选中“如果条件满足”复选框；
3. 单击“如果”按钮，并且输入条件“~(B3 = 0 & (~MISSING(B4) | ~MISSING(B5_1) | ~ MISSING(B5_2) | ~ MISSING(B5_3) | ~ MISSING(B5_4) | ~ MISSING(B5_5)))”；
4. 继续；
5. 选中“删除未选定个案”；
6. 确定。

再次做出上表，就可以发现逻辑错误已经被删除。

逻辑错误一般来自法规、常识、行业经验的欠缺等，需要根据实际情况来确定校验规则。我们这里只是在问卷中截取了很少的问题来示例，所做的校验较少。这里举出实际项目中的逻辑错误供参考。

- ✧ 个人收入大于家庭收入；
- ✧ 未成年人选择了已婚、有小孩；
- ✧ 20 岁以下选择本科、硕士及以上；
- ✧ ……

做完质量校验的工作后，将数据集另存为：问卷录入数据(整理后).sav。

3.4 问卷数据分析

3.4.1 问卷加权

进行完问卷数据的质量校验后，就可以根据需要做出各种有针对性的分析。但在问卷校验过程中，我们发现回收的问卷在人口特征上的分布跟预期并不匹配。如在会员数据中，男女比例是 6∶4，而调查问卷中比例为 7∶3，为了使调查结果能够更贴近于真实情况，首先需要对问卷进行加权，让问卷的分布结构跟实际分布保持一致。

对所有会员数据统计后，我们发现会员中男女比例为 6∶4，并且男性女性会员的教育水平在分档 1、2、3、4 的占比均为 2∶2∶4∶2。考虑到这两个因素可能对分析结果有较大的影响，我们需要赋予问卷数据一定权重，使加权后的性别和教育水平能够符合该比例。

用数据汇总的方式计算权重

对于计算所需的个案权重，最容易理解的思路就是首先对问卷数据进行相应变量的汇总，计算出样本中的实际分布，然后计算出相应的各种变量排列组合下所需的权重数值，并将相应的数值合并入原数据集。按此思路，首先对数据进行汇总，如图 3.7 所示。

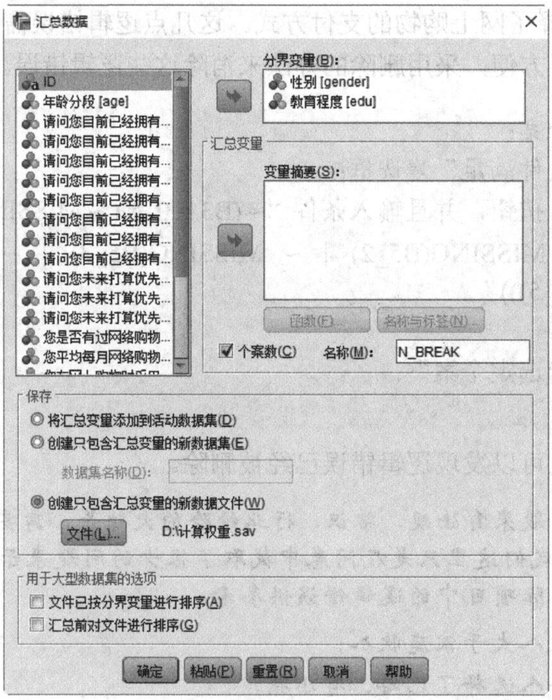

图 3.7 “汇总数据”对话框

1. 数据→汇总；
2. 分界变量框选入：gender、edu；
3. 选中“个案数”复选框；
4. 保存单选框组，选中“创建只包含汇总变量的新数据文件”；
5. 文件定义框：保存为“计算权重.sav”；
6. 确定。

SPSS 会计算出问卷数据中性别、教育程度的汇总结果，并保存成所指定的数据文件，打开该文件后可看到每个类别具有的问卷数量。进而，我们可以计算出各类别的占比，方法是先求出总样本数，然后相除。

1. 数据→汇总；
2. 汇总变量框：选入 N_BREAK；
3. 函数框，选中总和；
4. 继续(保存单选框组保持默认的将汇总变量添加到数据集的设定)；
5. 确定；
6. 转换→计算变量；
7. 目标变量：输入“类别占比”；
8. 数字表达式：定义占别占比的计算公式 N_BREAK / N_BREAK_sum；
9. 确定。

之后可以手工添加总体占比，然后计算各类别所需赋予的权重，权重由总体占比和类别占比相除得到，如图 3.8 所示。

gender	edu	N_BREAK	N_BREAK_sum	类别占比	总体占比	权重
1	1	3161	24931	.13	.12	.95
1	2	4916	24931	.20	.12	.61
1	3	7768	24931	.31	.24	.77
1	4	1347	24931	.05	.12	2.22
2	1	1048	24931	.04	.08	1.90
2	2	2320	24931	.09	.08	.86
2	3	3695	24931	.15	.16	1.08
2	4	676	24931	.03	.08	2.95

图 3.8　计算权重结果

1. 转换→计算变量；
2. 目标变量：输入“权重”；
3. 数字表达式：“总体占比 / 类别占比”；
4. 确定。

计算出的权重如图 3.8 所示，接下来把该权重表合并到问卷数据中。在 24 版的 SPSS 中，如果是类似本例这样将一个关键字索引无重复的数据集合并入另外一个数据集的话，则可以直接合并，无须先对数据进行排序。回到问卷录入数据(整理后).sav 这个数据文件，如图 3.9 所示。

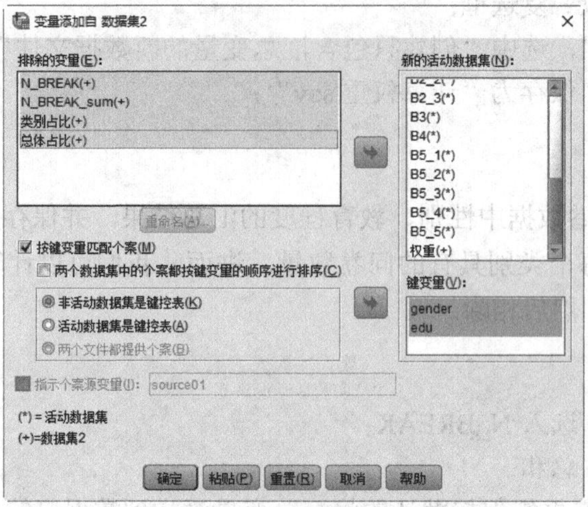

图 3.9　合并过程对话框

1. 数据→合并文件→添加变量；
2. 选择“计算权重”文件；
3. 继续；
4. “按键变量匹配个案”复选框：选中；
5. “非活动数据集是键控表”单选框：选中；
6. “键变量”框：选入 gender、edu；
7. 已排除的变量：N_BREAK、N_BREAK_sum、类别占比、总体占比；
8. 确定。

合并后，在问卷数据中会添加所计算的权重变量，随后就可以在分析中依据此权重对数据进行加权。

1. 数据→加权个案；
2. 加权个案：选中；
3. 频率变量：选择“权重”；
4. 确定。

此时，在数据表的右下方会显示“加权范围”，表明数据已经被加权，基于此数据所做的分析能够代表实际会员结构的调查意愿。

对于比较熟悉 SPSS 相应功能和操作的读者而言，这里的问卷权重计算和加权操作完全可以有更为便捷的方式，但为了照顾初学者的理解能力，我们仍然是按照比较标准的步骤在进行讲解，有兴趣的读者可以自行思考如何操作可以更为简洁地得到同样的结果。

直接用倾斜权重对话框计算权重

前面用汇总方式计算权重的操作虽然思路非常简单，但操作比较复杂，涉及数据汇总、变量计算、数据合并等多种操作，对 SPSS 相关操作不熟悉的读者很可能会感到比较吃力。实际上，SPSS 很早就为此类权重计算提供了一套自动计算程序，可以根据指定变量的总体比例分配自动得出最佳的案例权重。但由于该程序需要用户自行去官网下载，因此国内用户知道该程序的并不多。好在现在 SPSS 利用 Python 插件功能为之编制了相应的调用对话框，可以在菜单上直接加以调用，如图 3.10 所示。

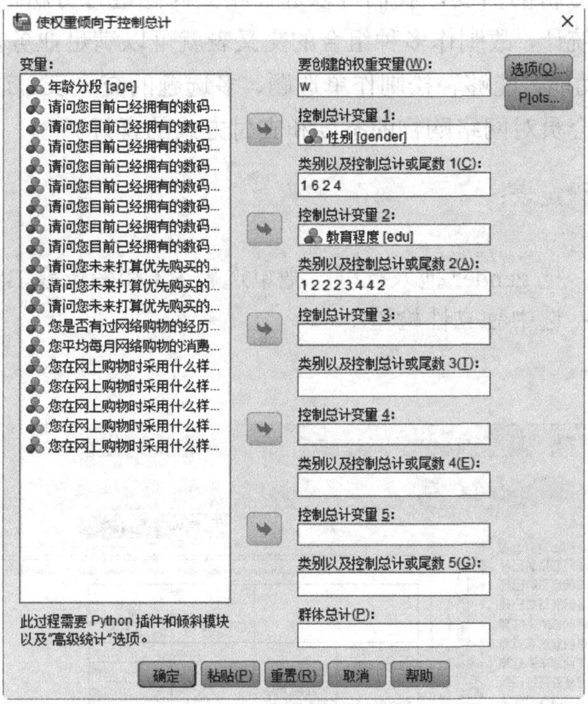

图 3.10　倾斜权重过程对话框

1. 数据→倾斜权重；
2. “要创建的权重变量”框：输入新变量名“W”；
3. “控制总计变量 1”框：输入“性别”；
4. “类别以及控制总计或尾数 1”框：输入“1 6 2 4”；
5. “控制总计变量 2”框：输入“教育程度”；
6. “类别以及控制总计或尾数 2”框：输入“1 2 2 2 3 4 4 2”；
7. 确定。

对话框中的“要创建的权重变量”框用于指定希望生成的新权重变量名，这里设定为 W，以便读者将两种方式生成的权重进行比较。在对话框中最多可以指定 5 个权重控制变量。在“类别以及控制总计或尾数 1”框中输入的“1 6 2 4”指的是控制变量 1(此处即为性别)的各个类别取值所对应的总体比例，本例中意味着性别取值 1∶2 在总体中的占比应当为 6∶4。实际上，这里输入为“1 0.6 2 0.4”，或者“1 60 2 40”也是可以的，结果完全相同。

按照图 3.10 的设定，单击“确定”按钮之后，系统就会自动计算出每条个案的权重值，并写入变量 W 列中。感兴趣的读者可以将两种方法计算出的权重列进行比较，会发现两个权重变量的数值完全相同。

3.4.2 业务分析

之后，基于业务分析的需要，我们可以选择相关问题进行分析。在本案例中，我们比较关注答卷中的频数统计，故制作多种组合的交叉表就可以满足业务需要，如图 3.11 所示。采用 SPSS 中的制表功能，能够轻松制作单选题、多选题的交叉表。这里举一个例子，我们希望看到不同性别的会员对网络购物的态度和支付方式的喜好。

1. 分析→表→设定表；
2. 确定；
3. 表格定义框：把 gender 拖入行框，把单选题 B3 和多选题 B5 拖入列框；
4. 检验统计量：选中独立性检验；
5. 确定。

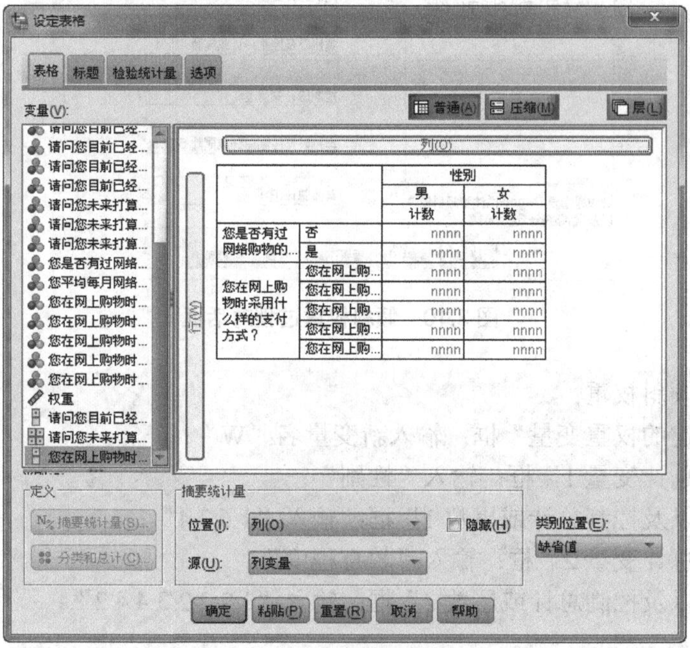

图 3.11 “设定表格”对话框

在输出窗口可以看到以下两张表，一张频数分布表，一张独立性检验表，如表 3.3、表 3.4 所示。

表 3.3　频数分布表

		性别	
		男	女
		计数	计数
您是否有过网络购物的经历	否	6073	2661
	是	8885	7312
您在网上购物时采用什么样的支付方式	您在网上购物时采用什么样的支付方式？-网上银行	5745	4558
	您在网上购物时采用什么样的支付方式？-第三方支付	6298	5361
	您在网上购物时采用什么样的支付方式？-信用卡支付	2296	1946
	您在网上购物时采用什么样的支付方式？-货到付款	2985	2641
	您在网上购物时采用什么样的支付方式？-其他	143	134

从表 3.3 所示可以清楚地看出在网上购物时，受访者还是比较喜欢采用网上银行和第三方支付方式的。

表 3.4　Pearson 卡方检验

		性别
您是否有过网络购物的经历	卡方	509.289
	自由度	1
	显著性	.000*,b
您在网上购物时采用什么样的支付方式	卡方	34.829
	自由度	5
	显著性	.000*,b
结果基于每个最深处的子表中的非空行和列		

*. 卡方统计量在 .05 级别处有意义。

b. 该子表中的某些单元格计数不是整数。它们在卡方检验的计算之前已四舍五入为最接近的整数。

通过独立性检验，对表 3.4 中的行和列的独立性进行了检验，结果显示在 0.05 的 alpha 水准下，可以认为性别与网络购物经历、性别与支付方式不独立，即不同性别的会员在网络购物经历、网上购物的支付方式上均存在差异。

此外，对每个调查问题都会做出相应的表格，对相关问题会做出交叉表，来提供具体的信息，帮助规划购物网站。比如网店中适合放哪些商品，适合放哪种价位的商品，应该提供哪些服务等，这里不再赘述。

3.5　项目总结和讨论

在本案例中，我们对问卷进行了合理录入，之后通过多种检验去除了无效的答卷，进而根据会员结构对有效问卷进行了加权，使我们整理的问卷数据能够反映所有会员的实际想法，之后可以通过各调查问题来了解顾客对上网购买数码产品的想法。

在实际的问卷调查项目中，问卷设计、问卷发放及问卷后期的分析等都是非常关键的环节，跟业务背景、调查的目的密切相关，并且包含社会学、心理学、统计抽样等各学科知识。我们这里的讲解中，仅侧重在问卷录入、质量校验和问卷加权这几个跟数据操作最相关的方面，对其他方面感兴趣的读者可以参阅其他相关书籍。

第4章　基于背景资料的病例对照匹配

学习前建议阅读	第3章　顾客售后满意度监测项目，了解数据管理方面的一些操作。
案例导读	本案例需要运用 IBM SPSS Statistics 中稍微复杂一些的数据管理功能，并且会运用 Python 插件等高级功能。为提升研究效率，充分利用罕发病例中的数据信息，研究者基于性别、年龄、吸烟状况、饮酒状况等信息对病例和对照进行了 1∶1 匹配。
分析方法	频数表、均数、交叉表、分组均值描述。
案例的分析过程	数据：选择个案、汇总、合并文件(添加变量)、拆分为文件(Python 插件)、倾向得分匹配(Python 插件)、个案控制匹配(Python 插件)； 转换：计算变量、可视分箱； 表：设定表、多响应集； 描述统计：频率、描述、交叉表； 比较平均值：平均值。
学习后建议阅读	第5章　北京地区雾霾变化趋势分析。

4.1　案 例 背 景

对疾病危险因素的研究已经进行了很多年，高危因素，如吸烟、饮酒、毒物接触等的作用机理、危害程度等的研究都已经比较深入，目前大量的研究项目开始进一步发掘疾病的各种弱危险因素。但是，弱危险因素由于其作用相对微弱，在普通的研究设计框架下很难凸显出来，往往会被淹没在强危险因素的作用之下，或者因为其余无关混杂因素的存在，而无法在模型中表现出作用，致使弱危险因素研究很难得到理想的分析结果。

为了能够凸显出弱危险因素的作用，研究者往往考虑在设计框架中对已知的强危险因素和混杂因素进行病例—对照的匹配，从而用配对设计的方法保证病例组和对照组之间的均衡，提高研究效率。但是这要求研究者事先必须明确需要加以匹配的因素究竟有哪些，然后据此进行研究设计，这一步一旦出现失误，则后期将无法采取任何措施加以弥补。因此对于罕发疾病，还可以考虑按照普通的成组设计方法采集数据，然后再从已搜集到的数据中根据所筛选出的条件完成相应的病例—对照匹配。

某项目对某一地区的人群进行了大样本的横断面调查，其目的是研究胃癌与人群生活习惯、饮食习惯之间的关系，共获取了 3 万余个有效样本，但是其中的胃癌死亡病例只有 175 例，为了提高研究效率，现希望基于已获取的数据信息，对这些胃癌病例进行 1∶1 或者 1∶2 配对，数据见文件“病例对照匹配.sav”，其中包括进行匹配所必需的以下背景变量。

- ✧ 性别、年龄；
- ✧ 是否饮酒、饮酒年数；
- ✧ 吸烟与否、初次吸烟年龄(岁)、烟龄(年)；
- ✧ 吸纸烟与否、当前吸纸烟量(支)；
- ✧ 吸叶烟与否、当前吸叶烟量(两)；
- ✧ 是否患有消化道疾病。

4.2 数 据 清 理

“病例对照匹配.sav”是从原始数据集中提取，还未进行过数据清理，对于较复杂的数据核查/清理需求，可以使用 SPSS 中的数据验证模块来加以实现。在该模块中，用户通过自行定义数据验证规则，并运行这些规则对数据进行检查，以确定个案取值是否有效。在验证规则验证完毕后，用户还可以将其保存在数据文件中，这样制定一次规则后就可以反复使用。但是，本案例中所涉及需要清理或核查的变量并不多，因此还应考虑使用传统的数据整理方法来进行检查和清理。

希望进一步了解数据验证模块用法的读者可以参考笔者所著的《SPSS 统计分析基础教程》(第三版)第 5 章，其中对该模块的用法有详细介绍。

4.2.1 数据错误的发现

根据病例对照匹配的变量含义，这里首先总结出可能需要加以核查的错误。

- ✧ 性别、是否饮酒、吸烟与否等二分类变量出现缺失值、非法取值；
- ✧ 年龄等数值变量取值缺失、超出合理范围或许可范围；
- ✧ 是否饮酒和饮酒年数不匹配，非饮酒者年数缺失或者为 0，饮酒者年数为 0；
- ✧ 吸纸烟与否、吸叶烟与否的取值和吸烟量不匹配；
- ✧ 初次吸烟年龄大于当前年龄，或者初次吸烟年龄+烟龄大于当前年龄。

一般而言，在问卷中较为核心的变量其准确性要高于次要变量，在同等条件下，两分类变量的准确性要高于相关的连续变量，因此数据核查时可以根据这一思路来设计相应的核查和更正程序，下面就依次对上述这些可能出现的错误加以核查确认。

变量缺失值、非法取值的确认

在 SPSS 中，可以使用频数过程给出变量的频数表，以确认是否存在缺失值以及数值的取值范围。但在实际操作时并不需要去操作相应的菜单对话框，而是在确认相应变量的测量尺度已被正确设定后，直接在数据视图或者变量视图的相应变量名称处单击右键，并选择右键菜单最下方的“描述统计”，就会自动生成所需的统计描述表格。以变量 S2(性别)为例，相应生成的频数表如表 4.1 所示。可见性别取值情况正常，并未出现缺失值或者异常值。

表 4.1　性别

		频　率	百 分 比	有效百分比	累计百分比
有效	0	14646	48.0	48.0	48.0
	1	15850	52.0	52.0	100.0
	总计	30496	100.0	100.0	

对于 S3(年龄)这样的连续变量，给出的则是如表 4.2 所示的汇总表格，可见年龄也不存在缺失值，且取值范围为 21～90 岁，符合研究设计的要求。

表 4.2　统计

年龄

个案数	**有效**	30496
	缺失	0
平均值		51.07
中位数		50.00
标准差		11.830
范围		69
最小值		21
最大值		90

对初次吸烟年龄、烟龄的汇总表格这里略去输出，可见这两个变量都有 1073 个缺失值，需要在后面考虑如何处理。

下面来看吸烟与否、吸纸烟与否、吸叶烟与否这三个变量的交叉取值情况是否正常，这里分别给出吸烟与否的频数表，以及该变量与另外两个变量的交叉表用于核查，如表 4.3 所示。

1. 分析→描述统计→频率；
2. “变量”框：输入吸烟与否 S7；
3. 单击“确定”按钮；

4. 分析→描述统计→交叉表；
5. “行”框：输入吸烟与否 S7；
6. “列”框：输入吸纸烟与否 S8、吸叶烟与否 S9；
7. 单击“确定”按钮。

表 4.3 吸烟与否

		频 率	百 分 比	有效百分比	累计百分比
有效	0	9778	32.1	32.1	32.1
	1	20718	67.9	67.9	100.0
	总计	30496	100.0	100.0	

从表 4.3 中可以确认，吸烟与否不存在缺失值，取值正常。

表 4.4 中总样本量不到 3 万例，该交叉表会自动剔除交叉变量中存在缺失值的案例，由于已知吸烟与否不存在缺失值，因此可以确认吸纸烟与否存在缺失值，而且从吸烟与否的行合计可知，不吸烟的人群中，吸纸烟与否也是存在缺失值的，需要进行填充或替换。

表 4.4 吸烟与否 * 吸纸烟与否 交叉表

计数

		吸纸烟与否		总 计
		0	1	
吸烟与否	0	8708	0	8708
	1	14444	5749	20193
总计		23152	5749	28901

同理，从表 4.5 中也可以看出，吸叶烟与否也存在缺失值，需要进行填充或替换。

表 4.5 吸烟与否 * 吸叶烟与否 交叉表

计数

		吸叶烟与否		总 计
		0	1	
吸烟与否	0	8704	0	8704
	1	5422	14548	19970
总计		14126	14548	28674

变量取值不匹配的确认

是否饮酒和饮酒年数不匹配的案例有好几种方式可以查找，如用选择个案过程筛选出不匹配的案例，这里演示一下如何使用数据描述过程来实现相应的需求。

1. 分析→比较平均值→平均值；
2. “应变量列表”框：输入饮酒年数 S5；
3. “层”框：输入是否饮酒 S4；
4. 单击“选项”按钮；
5. “单元格统计”框：在原有选择的基础上进一步输入“最小值”“最大值”；
6. 单击“继续”按钮；
7. 单击“确认”按钮。

从表 4.6 中可以看到具体的缺失值情况，可见 3 万余个案例的饮酒年数和是否饮酒这两个变量均无缺失。

表 4.6　个案处理摘要

	个案					
	包括		排除		总计	
	个案数	百分比	个案数	百分比	个案数	百分比
饮酒年数 * 是否饮酒	30496	100.0%	0	0.0%	30496	100.0%

表 4.7 给出了是否饮酒两个组的饮酒年数描述结果，可见不饮酒的人群中仍然存在饮酒年数大于 0 的情形，相对应地，饮酒人群中也存在饮酒年数为 0 的情形，根据研究设定，这两种情形的饮酒年数都需要做相应的修改。

表 4.7　报告

饮酒年数

是否饮酒	平均值	个案数	标准差	最小值	最大值
0	.02	13048	.779	0	40
1	25.33	17448	12.949	0	77
总计	14.50	30496	15.903	0	77

吸纸烟、叶烟相应的数值的核查方式与饮酒年数类似，请读者自行操作，这里不再列出。最终也发现相应的吸叶烟量、吸纸烟量需要做相应的修改。而前述初次吸烟年龄、烟龄的缺失值均出现在不吸烟人群中，因此是正常情况，不需要做进一步的处理。

年龄之间逻辑错误的确认

对年龄之间逻辑错误的核查可以按照相应逻辑计算出新变量，然后对相应变量取值进行描述的方法来进行，当有错误的案例可能较少时，另一种短平快的方法则是直接筛选出不符合要求的案例，操作如下。

1. 数据→选择个案；
2. 选择我“如果条件满足”单选按钮；
3. 单击“如果”按钮，在条件框中输入 s3<s24+s25 or s3<s25，单击“继续”按钮；

4. 单击“将选定个案复制到新数据集”按钮，在“数据集名称”框中输入 temp；
5. 单击“确定”按钮。

按照上述方式，所有存在逻辑错误的案例就会被单独筛选为一个工作名称为 temp 的数据文件，本例中可见该文件为空数据集，因此所有数据都是符合年龄逻辑的。

4.2.2 数据错误的更正

上述分析结果给出了数据取值需要进行更正之处，当数据间存在取值矛盾时，必须基于专业知识来判断应当以哪个/哪些变量的取值为准对其与变量取值进行修改，综合相应变量的专业含义和研究重要性，最终认为应当以是否吸烟、是否饮酒这些两分类变量为准，然后依次对存在矛盾/缺失值的其余变量进行替换，具体需要更正的内容如下。

- ✧ 非吸烟人群，初次吸烟年龄、烟龄均替换为缺失值。
- ✧ 非吸烟人群，吸纸烟与否、吸叶烟与否均填充为 0。
- ✧ 不吸纸烟/叶烟的人群，对应的吸烟量均替换为 0。
- ✧ 如果吸烟人群对应的吸烟量等于 0，且吸纸烟与否/吸叶烟与否为 1，则可将对应的吸烟量替换为相应的分组中位数。
- ✧ 如果吸烟人群对应的吸烟量大于 0，则吸纸烟与否、吸叶烟与否均填充为 1。
- ✧ 如果吸烟人群对应的吸烟量等于 0，则对应的吸纸烟与否/吸叶烟与否的缺失值填充为 0。
- ✧ 吸纸烟与否/吸叶烟与否仍然缺失的，一律替换为 0，虽然这样会出现吸烟人群中两者都为 0 的情形，但目前没有更好的填充办法。
- ✧ 不饮酒人群，饮酒年数均替换为 0。
- ✧ 饮酒人群，饮酒年数为 0/缺失的，替换为对应的分组中位数。

实际上读者可以发现上述逻辑中有些内容是可以得到进一步简化的，但是为了容易理解，这里仍然使用了比较复杂的表述方式。

由于上述替换操作中需要使用几个变量的分组中位数，因此首先使用描述过程计算出相应的中位数。这仍然可以使用平均值过程加以计算，只是在统计量中需要选入“中位数”，最终计算出饮酒年数、当前吸纸烟量和当前吸叶烟量的中位数分别为 24、2、23。随后按照上述逻辑进行替换，这些操作可以用对话框方式来完成，但显然非常麻烦，这里给出相应的程序来批量完成。

```
DO IF S7=0.
  COMPUTE S24=$SYSMIS.
  COMPUTE S25=$SYSMIS.
  COMPUTE S8=0.
  COMPUTE S9=0.
```

```
END IF.
EXECUTE.

IF S8=0 S11=0.
IF S9=0 S17=0.
EXECUTE.

DO IF S7=1.
  IF S8=1 AND S11=0 S11=2.
  IF S9=1 AND S17=0 S17=23.
  IF S11>0 S8=1.
  IF S17>0 S9=1.
  IF S11=0 S8=0.
  IF S17=0 S9=0.
END IF.
EXECUTE.

IF MISSING(S8) S8=0.
IF MISSING(S9) S9=0.
EXECUTE.

IF S4=0 S5=0.
IF S4=1 AND (S5=0 OR MISSING(S5)) S5=24.
EXECUTE.
```

上述程序中使用了 do if 语句，结合前述操作逻辑，程序不难理解。在上述程序运行完毕之后，所有已发现的数值错误都已经清理完毕，可以进入下一步操作了。

4.3 数据理解

在上文数据清理的过程中实际上已经完成了一部分数据理解的工作，但为了更准确地进行案例间的匹配，还需要对诸如饮酒年数等连续变量的分布状况做进一步的了解，并在必要时进行数值转换。

首先根据分析目的，可以大致确认从下列指标匹配的角度来进行病例与对照的配比工作。

- ✧ 性别相同，年龄相近。
- ✧ 饮酒状况相同，饮酒年数相近。
- ✧ 烟龄相近，初次吸烟年龄相近。
- ✧ 吸纸烟，吸叶烟状况相同，吸烟量相近。

实际上，在进行配比时，用于配比的背景变量应当在病例组和对照组之间存在差异，但是由于本例的样本量太大，而有效的病例样本占比又太少，导致组与组之间假设检验的结果基本上没有参考价值，因此这里主要是基于上述变量的专业含义来加以选择，而不再考虑进行相应的检验筛选。

对于年龄、饮酒年数等连续变量，严格按照数值完成配比显然最精确，但当有多个配比条件需要满足时，这样很可能造成许多病例无法找到完全符合配比条件的对照，因此在合理的范围内允许这些连续变量有所偏差是更常见的做法，例如允许年龄上下波动若干岁，或者直接对这些连续变量进行分段离散化，然后按照分组相同的原则进行合并。而完成这些操作就需要首先了解相应变量的数值分布情况。这可以使用直方图、箱图等工具来完成，但由于随后需要进行变量取值的分段，因此利用可视化分箱功能一次完成描述、分段操作显然更为合适。

1. 转换→可视分箱；
2. “要分箱的变量”框：输入年龄 S3、饮酒年数 S5、当前吸纸烟量 S11、当前吸叶烟量 S17、初次吸烟年龄 S24、烟龄 S25；
3. 单击“继续”按钮。

单击“继续”按钮后，系统会弹出“可视分箱”主对话框，如图 4.1 所示，首先显示的是年龄的直方图，从中可见年龄主要分布在 32～90 岁区间，但有一个 21 岁的极端值。从专业的角度，年龄相差 5 岁应该是可以接受的，因此可以按照 5 岁对年龄进行分段。

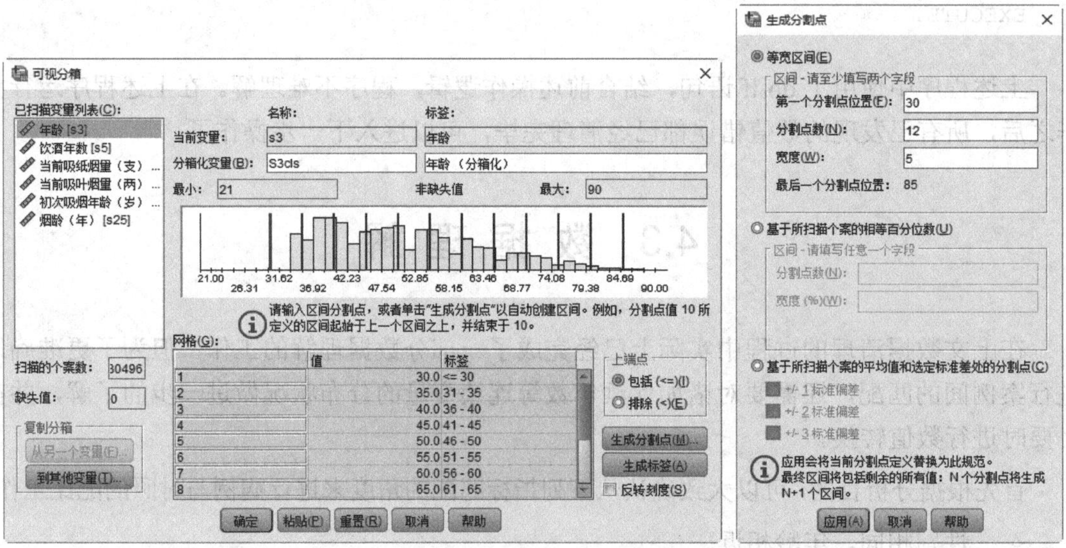

图 4.1 “可视分箱”主对话框和“生成分割点”子对话框

1. 单击“生成分割点”按钮；
2. “等宽区间”框组：“第一个分割点位置”框输入 30，“宽度”框输入 5，在“分割点数”框中单击鼠标，系统会自动输入 12；

3. 单击“应用”按钮；
4. “分箱化变量”框：输入新变量名 S3cls；
5. 单击“生成标签”按钮。

按照上述操作，在单击“确定”按钮之后，系统就会生成新变量 S3cls，共有 13 个取值，标签则被自动设定为相应的数值区段。但本例中还有其余几个变量需要分箱，因此在对话框最左侧选择第二个变量 S5，对话框右侧会自动切换为 S5 的直方图及描述指标，可见 S5 有相当比例取值为 0，其余数值的分布则相当离散。结合专业知识，可以认为此种分布方式按照百分比进行等分分组比较合适。

1. 单击“生成分割点”按钮；
2. 单击“基于所扫描个案的相等百分位数”单选按钮，在下方的“宽度”框中输入 10，系统会自动在上方的“分割点数”框中填入 12；
3. 单击“应用”按钮；
4. “分箱化变量”框：输入新变量名 S5cls；
5. 单击“生成标签”按钮。

由于有大量的数值为 0，系统会提示最终只能生成 7 个组段。可以注意到饮酒量在 40 以上的全部被合并为了一个组段。

实际上，由于饮酒量的取值只有少数几个，本例中不做合并也可以，这里仍然进行合并的目的主要是将样本频数很少的 3 和 40 合并入相应的组段，以增加随后匹配成功的可能性。

下面来看吸纸烟量 S11 的分布情况，该变量的分布比饮酒年数更极端，如果采用百分比分段方式，最终只会生成 2～3 个组段，因此可以仍然按照组段宽度为 5 进行分段。但第一个分割点必须设为 0，这样就可以保证所有为 0 的数值被分入单独一组，如图 4.2 所示。

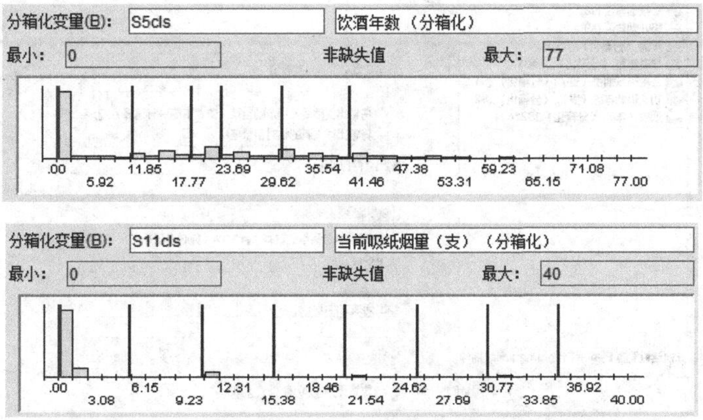

图 4.2　饮酒年数、当前吸纸烟量的分段结果

1. 单击“生成分割点”按钮；
2. “等宽区间”框组：“第一个分割点位置”框输入 0，“宽度”框输入 5，在“分

割点数”框中单击鼠标，系统会自动填入 8；

3. 单击“应用”按钮；
4. “分箱化变量”框：输入新变量名 S11cls；
5. 单击“生成标签”按钮。

其余几个变量的分段过程就不在此一一列出，仅给出结果如下。

✧ 吸叶烟量：原始取值种类较少，不需要分段合并。

✧ 初次吸烟年龄：按照 10%一组的方式进行分段。

✧ 烟龄：按照组段宽 10 年进行分段，起始分割点设为 0。

这里在选择各连续变量的分段方式时，实际上综合考虑了专业意义和数据分布特征，基本原则是保证每个组段内的频数不能太少，这样可以保证病例匹配的时候各种组合都能找到相应的匹配对象。

4.4 利用文件合并功能进行案例匹配

在 SPSS 中有很多种方式可以完成本案例的匹配需求，比如说利用数据重构功能也可以直接达成相应的效果。但这里来看一下最简单易懂的文件合并方式，首先需要将病例和对照拆分为两个不同的工作文件，这可以通过重复使用两次选择个案过程来实现，也可以使用名为“拆分为文件”的 Python 插件来一次完成相应的工作，具体如图 4.3 所示。

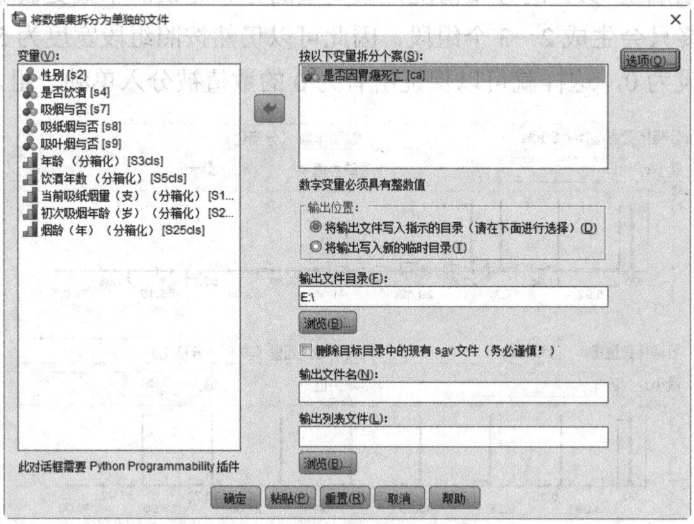

图 4.3 “拆分为文件”主对话框

1. 数据→拆分为文件；
2. “按以下变量拆分个案”框：输入变量 ca；

3.　“输出文件目录”框：输入“E:\”；
4.　单击“确定”按钮。

按照上述操作，系统就会在 e 盘盘根自动生成两个文件，其名称分别为变量 ca 的取值 0 和 1，文件中的个案则分别对应了这两种 ca 的取值。

下面进一步完成匹配组的简化，合并匹配条件相同的个案，以在匹配时每个匹配组只会出现一个病例案例，满足文件匹配的要求，这可以使用重复个案查找向导来实现，也可以使用汇总功能来实现，这里使用后者，首先打开 1.sav，然后进行相应的操作。

1.　数据→汇总；
2.　“分界变量”框：输入 S2、S3cls、S4、S5cls、S7、S8、S9、S11cls、S17、S24cls、S25cls；
3.　“汇总变量”框：输入 id，在“函数”子对话框中将汇总函数改为“特定值：第一个”；
4.　选中“个案数”复选框；
5.　“保存”框组：选择“创建只包含汇总变量的新数据集”，在“数据集名称”框中输入“匹配组”；
6.　确定。

切换到新生成的工作文件“匹配组”，可见文件中共有 158 个匹配条件组，下面进行文件的横向合并操作。

1.　数据→合并文件→添加变量；
2.　选择“计算权重”文件；
3.　选中“外部 SPSS Statistics 数据文件”单选框，在下方输入“e:\0.sav”，单击“继续”按钮；
4.　选中“按键变量匹配个案”复选框；
5.　选中“活动数据集是键控表”单选框；
6.　“键变量”框：输入 S2、S3cls、S4、S5cls、S7、S8、S9、S11cls、S17、S24cls、S25cls；
7.　确定。

按照上述操作，就可以获得按照以 id_first 为索引的所有匹配组可以匹配的对照案例的列表，使用者可以进一步根据该列表进行整理，就可以得到详细的原始病例和对照的匹配结果了。

4.5　利用 Python 插件直接进行匹配

按照上面的文件合并匹配方式，虽然可以得到最终的结果，但是显然操作比较麻烦，有大量的数据整理工作需要进一步完成。目前随着类似需求的逐渐增多，各统计软件都提供了基于设定的条件进行病例和对照自动匹配的功能，在 SPSS 中相应的功能是通过 Python 插件完成的，本节就来介绍一下如何利用相应的 Python 插件自动完成相应的匹配工作。

4.5.1　倾向得分匹配

倾向得分匹配(PSM)是近些年来比较流行的病例对照二次匹配方法，其原理是将病例/对照指示变量作为因变量，匹配用变量全部用作自变量来拟合 Logistic 回归模型，并根据该模型为每个案例计算出倾向得分(该得分本质上是发病概率的估计值)，然后根据这一倾向得分，从对照组中为每个病例选择匹配项，如图 4.4 所示。

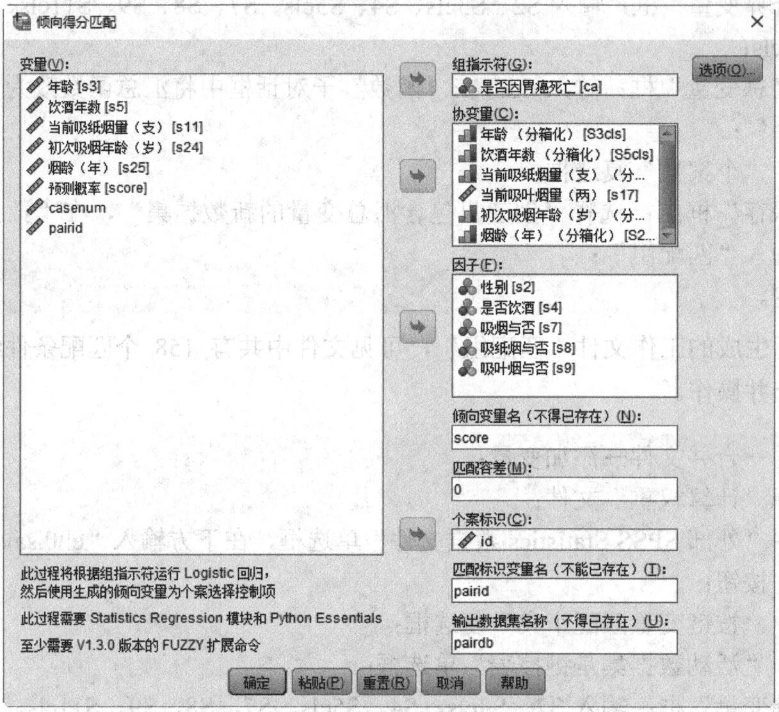

图 4.4　“倾向得分匹配”主对话框

倾向得分匹配在 SPSS 中可以用相应的 Python 插件来实现，虽然该插件的使用非常简单，但是不允许匹配用变量存在缺失值，否则相应的案例无法完成匹配操作。

1. 数据→倾向得分匹配；
2. “组指示符”框：输入 ca；
3. “协变量”框：输入 S3cls、S5cls、S11cls、S17、S24cls、S25cls；
4. “因子”框：输入 S2、S4、S7、S8、S9；
5. “倾向变量名”框：输入 score；
6. “匹配容差”框：输入 0；
7. “个案标识”框：输入 id；
8. “匹配标识变量名”框：输入 pairid；

9.　“输出数据集名称”框：输入 pairdb；
10.　“选项”子对话框，“合格个案数变量”框：输入 casenum；
11.　单击“确定”按钮。

本案例的操作较多，对其中所涉及的一些功能框解释如下。

✧　“协变量”框和“因子”框：分别对应了用于匹配的连续变量和分类变量。如果是模糊匹配，则针对连续变量和分类变量的容差算法不同，这里对变量的选择不能有误。

✧　“倾向变量名”框：输入用于记录匹配得分的新变量名称，存储该变量可以用于协助判断合适的匹配容差阈值。

✧　“匹配容差”框：当匹配条件过严时，有可能找不到完全符合条件的对照案例，此时可以放松条件，允许匹配变量取值和病例存在一定的差异，这一差异大小可以用 score 得分之间的绝对值之差来代表，此即匹配容差。如果输入 0 表示仅进行完全匹配，否则只要倾向得分之差的绝对值小于或等于此值，就表明控制项符合个案匹配条件。

✧　“匹配标识变量名”框：用于输入匹配成功对应的 ID 号的新变量名称。

✧　“输出数据集名称”框：默认条件下匹配结果相应的变量会直接加入原始数据集，在本框中则可以要求将匹配成功的病例和对照个案输入一个新的数据集。

✧　“合格个案数变量”框：制定型变量名称用于记录和相应病例能够成功匹配的对照个案总数，该数值可用于判断是否有足够的信息量生成 1∶2 甚至更高比例的匹配结果。

按照上述操作方式，原始数据集中会生成 score、casenum 和 pairid 三个新变量，其中 pairid 记录的就是和该病例匹配成功的对照 id 号。同时，所有的病例以及匹配成功的对照共 326 条个案也会生成一个新的工作文件 pairdb 供用户使用。

除给出合并后数据集的结果外，结果窗口中也会给出相应的输出，首先是 logistic 回归的结果，该模型主要用于计算匹配用得分，此处略去解释。随后给出的是表 4.8 所示的结果汇总，可见 175 个病例个案中共有 133 个得到了完全匹配，包括键缺失等原因在内共有 42 条个案未能匹配成功，其中有 26 条个案是键有效，但无法找到匹配个案，如表 4.8 所示。对于键缺失的情形，可以考虑对相应的匹配用变量填充缺失值，或者将缺失值统一替换为特殊数值，然后重新考虑进行匹配；而对于键有效但无法找到匹配个案的情况，则可以考虑进行模糊匹配。还可以通过适当放大匹配容差来实现，首先对变量 score 进行描述，然后挑选一个较为合适的数值作为匹配容差值。本案例中，将容差放大至 0.01 就可以成功匹配全部案例，相应的操作请读者自行尝试，这里不再介绍。

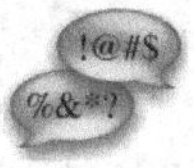

实际上，由于前述连续变量分段化等操作都具有一定的主观性，因此实际操作中一般都会容许一定程度的偏差，以尽量充分地找到匹配案例。

表 4.8 个案控制匹配统计

匹配类型	计 数
完全匹配	133
模糊匹配	0
不匹配(包括缺失键)	42
不匹配(键有效)	26
抽样	不具有替换功能
日志文件	none
最大限度地提高匹配性能	yes

在有的研究中，为了进一步提高对病例的信息利用率，除考虑进行 1∶1 配对外，还可能考虑进一步达成 1∶2 甚至于更高比例的匹配。如果希望考察本案例是否有足够的信息完成此类高比例匹配操作，则可以对变量 casenum 进行描述。这里为了准确显示所有病例的结果，使用了交叉表过程。

1. 分析→描述统计→交叉表；
2. “行”框：输入 ca；
3. “列”框：输入 casenum；
4. 单击“确定”按钮。

表 4.9 就是相应的结构，由于所有对照的 casenum 均为缺失值，因此表格中会自动略去相应行的输出。可见除去无法匹配的 42 条个案记录，匹配成功的 133 条记录中有 116 条都只有一个可匹配对照，因此就本例而言，1∶1 匹配应当已经是极限了，再考虑更高比例的匹配比较困难。

表 4.9 是否因胃癌死亡 * casenum 交叉表

计数

		casenum							总计
		.00	1.00	2.00	3.00	4.00	5.00	6.00	
是否因胃癌死亡	1	42	116	10	3	2	1	1	175
总计		42	116	10	3	2	1	1	175

如果希望完成 1∶2 或更高比例的匹配，在 SPSS 中没有直接提供相应的功能，一个可选的操作是将匹配成功的对照从数据集中删除，然后再次运行 1∶1 匹配。

4.5.2 个案控制匹配

前面用倾向得分匹配完成了相应的操作，该过程是将所有的匹配变量利用 Logisitc 回归模型计算出一个总分，然后依据该分值完成匹配工作。但有的时候，分析这可能希望对整个匹配的过程做更精细的控制，如只允许某些匹配变量存在取值匹配误差，而另外一些变量必须严格相等，此时就可以使用个案控制匹配这个 Python 插件来完成相应的工作，如图 4.5 所示。

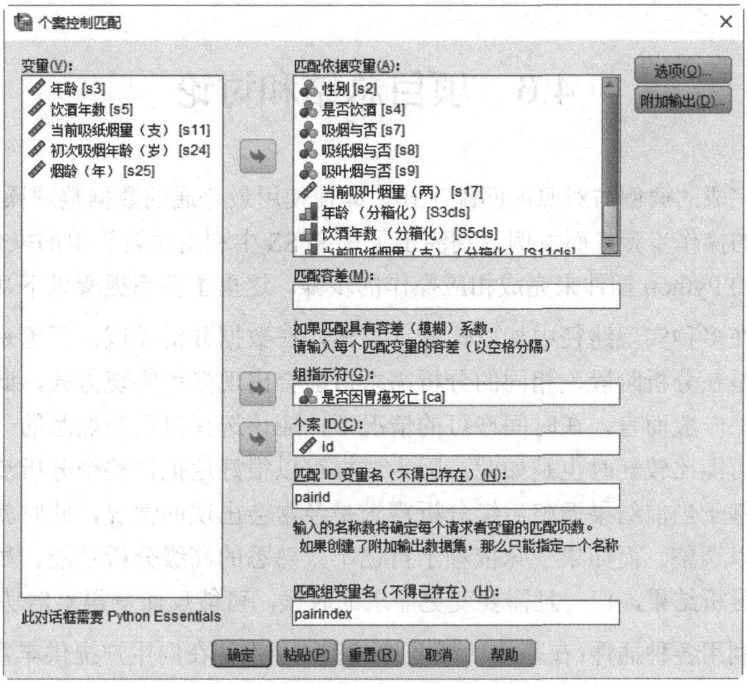

图 4.5　“个案控制匹配”主对话框

1. 数据→个案控制匹配；
2. “匹配依据变量”框：输入 S2、S4、S7、S8、S9、S3cls、S5cls、S11cls、S17、S24cls、S25cls；
3. “组指示符”框：输入 ca；
4. “个案 ID”框：输入 id；
5. “匹配 ID 变量名”框：输入 pairid；
6. “选项”子对话框，“合格个案数变量”框：输入 casenum；
7. “附加输出”子对话框，“创建新的匹配项数据集”框：输入 pairdb2；
8. “匹配组变量名”框：输入 pairindex；
9. 单击“确定”按钮。

这里进行的仍然是严格匹配，其中的很多选项框类似于前面的倾向得分匹配，不再重复解释，仅就比较特殊的两个选项解释如下。

- 匹配容差：用于为每个匹配变量输入容差值，留空时进行的就是精确匹配。如果要进行模糊匹配，则依次针对每个变量输入容差值，并以空格进行分隔，最终输入值的数目必须与匹配变量数相同，否则会报错。另外字符串变量的容差值必须设定为零(因为无法计算两个数之间的容差大小)。

✧ 匹配组变量名：该指定的新变量用于存放一个代码，该代码只是合格对照个案的集合。数值本身不具有意义，但值相同的两个个案将具有同一组合格对照个案。

相应的程序输出和倾向得分匹配非常类似，因此这里不再重复介绍。

4.6 项目总结和讨论

本例需要完成的病例与对照的匹配工作，即使使用最普通的数据整理操作也可以完成，但是涉及较多的操作步骤，而本例分别演示了在 SPSS 中利用比较简单的操作方式来完成，以及利用专门的 Python 插件来完成相应操作的步骤。这里主要想提醒以下几点。

✧ 如何在多种实现路径中加以选择：显然，在数据分析领域，无论是在数据整理阶段还是在分析阶段，相同的分析需求可能会出现多种实现方式，此时如何加以选择呢？一般而言，在时间许可的情况下，应该选择自己最熟悉的一种，即使这种方式可能比较耗时也是如此。因为这样可以很好地把控整个分析流程，而统计分析中基于当前结果调整后续分析需求是经常会出现的情况，此时就可以非常灵活地加以调整。而如果一味依赖于自己不太熟悉的高级分析功能，虽然可以轻松地得到分析结果，但一旦需要变更需求的时候，可能反而变得事倍功半。

✧ 充分利用各种插件：在基本功能之外，SPSS 一直都在向用户提供丰富的各种 Python 插件，每个插件都针对一种相对小众的操作需求，以便在不影响菜单简洁性的同时，能够满足用户的一些特殊需求。国内用户往往因为不熟悉该软件而未能用到这些插件。最近几个版本中，SPSS 开始将一些比较重要的插件直接放入菜单，本例中用到的几个就是如此。实际上在官方的 SPSS 社区中提供了非常丰富的 Python 插件和 R 插件，用户应当充分利用这些资源，相应插件的查找和安装方法请参考本书附录的说明，这里不再详述。

第 5 章　北京地区雾霾变化趋势分析

学习前建议阅读	第 3 章　会员购买习惯调查，了解数据管理方面的一些操作。
案例导读	本案例用于展示如何根据分析需求，利用数据整理功能和统计图形来完成相应的分析任务。 基于第三方的监测历史数据，对北京地区自 2008 年以来 PM2.5 数值的变动趋势进行了分析。首先对历史数据进行了合并，在充分进行数据理解之后，进行了所需的数据整理操作，然后利用统计图进行了数据变动规律的分析，得到结论之后，又进一步利用季节分解方法给出了更清晰的结论。
分析方法	直方图、条图、季节分解。
案例的分析过程	文件：导入数据； 数据：汇总、合并文件(添加个案)、选择个案、定义日期和时间、加权个案； 转换：计算变量、替换缺失值； 图形：图表构建器； 时间序列预测：季节性分解、序列图。
学习后建议阅读	第 6 章　酸奶饮料新产品口味测试研究。

5.1 案 例 背 景

5.1.1　项目背景

雾霾，或者说空气污染，对于国人而言其实并不是什么新鲜事物，早在 20 世纪七八十年代，兰州市的大气污染就已经严重到了据说美国卫星在兰州上空只能拍到一团烟雾，却拍不到城市图像的程度。这件事不知真伪，但事实是那时兰州的冬天很少能看到太阳，大街上转一圈衣服上都会落一层灰。而同期的媒体上也可以看到正在日本通过各种立法措施，开始多渠道整治严重的大气污染的新闻，让人有一种至少兰州在某些方面已经赶上了发达国家的感觉。而在 20 世纪 90 年代末，中原地区秋冬季的雾霾天已经是家常便饭。到了 21

世纪初，则是河北及周边地区后来居上，开始加速向“仙境化”方向发展。显然，大气污染问题其实在国内这几十年是一直存在的，但为什么近十年来似乎忽然变得异常严重了呢？笔者认为，除了大气污染程度自身在出现变化之外，还需要考虑以下几点可能的影响。

- ✧ 居民生活水平的提高，环保意识的增强会导致对大气污染容忍度的持续降低。
- ✧ 以前雾霾问题还可以说是区域性的，但近十几年来，雾霾天开始在北京、上海等地区出现，那么就成为“全国性”的问题了，各方面自然会更加重视。
- ✧ 媒体渠道的广泛宣传也可能会加速居民对相应问题的重视程度。如 2015 年的纪录片《苍穹之下》，就引领着很多人一夜之间忽然发现了大气污染这个非常严重的环保问题，虽然实际上这个问题已经存在了好几十年了。

无论怎样，既然存在问题，就要想办法去解决它，但是十几年下来，媒体给人的感觉似乎是在 2008 年因为奥运会享受到了最后的蓝天白云之后，北京地区的空气质量就一天比一天差，特别是自 2015 年起，舆论对环保部门的不满也日甚一日，感觉似乎是空气污染在加速恶化。那么，究竟有没有什么比较客观的标准来判断一下这些年来北京地区的大气质量是如何变化的呢？

5.1.2 分析思路

数据来源

如果希望进行大气污染数据的分析比较，就必须解决数据源的问题，国内权威的数据源应当是环境保护部网站，在这里会实时发布各地的空气质量监测数据，并提供各个城市的月报。但是，本次分析中使用的是历史数据，而月报能提供的历史数据显然过于粗糙，且需要自行抓取和整理，获取相当不方便。

除官方提供的数据外，美国驻华大使馆也提供了对若干大城市的 PM2.5 监测结果，其中当然也包括北京地区，且提供下载的历史数据从 2008 年 4 月持续至今。坦白地讲，从采样检测点的设定合理性等多方面来看，美领馆的监测数据其代表性实际上并不比环保局下属的各地环保监测站客观，但是相比之下美领馆的数据有以下两个好处。

- ✧ 有完整的分时历史数据可供下载，从而为深入分析提供了相当坚实的数据基础。
- ✧ 总是有人会认为第三方的数据会比官方数据更加客观和真实，从而基于该数据得到的分析结果也更为可信。

当然，美领馆的数据除了采样代表性有问题外，还有一点就是只提供了 PM2.5 的数据，而没有提供实际上对健康危害更大的 PM10、SO_2、NO_2 的浓度数据，导致分析只能集中在 PM2.5 上。不过笔者本来就没有打算做一个全面的数据分析，既然媒体们都在揪着 PM2.5 的指标说事，那拿它作为分析基础也不错。因此，本案例将考虑使用美领馆发布的北京地区 PM2.5 数据进行分析，并比较一下自 2008 年以来究竟北京地区的空气质量是如何变化的。

分析侧重点

本案例数据分析的基本思路应当是观察逐年 PM2.5 数据的变化趋势，但考虑到具体的案例背景，在分析过程中以下几点是必须注意的。

- ✧ 均数不一定是合适的比较指标：根据常识，PM2.5 的数据分布很可能是正偏态分布，因此算术平均数可能作为考察其平均水平的指标并不合适，可以考虑换用中位数，或者变量变换。
- ✧ 和平均指标相比，更需要关注 PM2.5 极端值的变化趋势：显然，居民感受到的，或者说媒体所传播的当天严重污染、PM2.5 爆表等，往往指的是最大值，而不是全天平均值。
- ✧ 需要更多考察秋冬季的变化趋势，而不是全年的变化趋势：相对而言，春夏季的雾霾情况较轻，居民的容忍度也相对较高，而对秋冬季的雾霾天气则更为敏感。
- ✧ 需要结合国家制定的空气质量等级标准进行分析：空气污染质量等级是结合了医学方面的专业知识对污染物浓度进行的分级判断，因此对后续分析有重要的指导作用(从而可以将数据和已有的专业知识相结合)。

在后续的分析步骤中，我们就将结合分析结果，基于上述要点逐步展开相应的分析工作。

5.2　数 据 准 备

5.2.1　读入 csv 格式的数据文件

美领馆为北京地区的空气监测历史数据提供了下载页面，其网址为：http://www.stateair.net/web/historical/1/1.html，其中以年度为单位提供了自 2008 年以来所有历史数据的 CSV 格式数据下载，每年一个文件，如 2008 年的数据文件打开后如图 5.1 所示。

```
A fact sheet with definitions and metadata for this dataset can be
The U.S. Department of State Data Use Statement at http://www.stat

Site,Parameter,Date (LST),Year,Month,Day,Hour,Value,Unit,Duration,
Beijing,PM2.5,2008-04-08 15:00,2008,4,8,15,207,µg/m³,1 Hr,Valid
Beijing,PM2.5,2008-04-08 16:00,2008,4,8,16,180,µg/m³,1 Hr,Valid
Beijing,PM2.5,2008-04-08 17:00,2008,4,8,17,152,µg/m³,1 Hr,Valid
Beijing,PM2.5,2008-04-08 18:00,2008,4,8,18,162,µg/m³,1 Hr,Valid
Beijing,PM2.5,2008-04-08 19:00,2008,4,8,19,171,µg/m³,1 Hr,Valid
Beijing,PM2.5,2008-04-08 20:00,2008,4,8,20,219,µg/m³,1 Hr,Valid
```

图 5.1　监测数据的 CSV 数据格式示意

SPSS 提供了文本数据导入向导，可以直接打开 csv 格式的数据文件，但是本例的数据有些特殊，首先，所有 csv 文件的前三行都是无关的注释，需要在读入数据时过滤掉；其次，

Date 列为“年—月—日 时—分—秒”格式，此类数据如果不正确指定格式，可能会被读入为字符串，虽然可以随后在 SPSS 中利用函数转换回来，但显然不如一步到位的好。幸好这些功能只要在文本导入向导中加以正确设定，就可以真正做到一步到位。

1. 文件→导入数据→CSV 数据；
2. “文件名”框：输入“Beijing_2008_HourlyPM2.5_created20140325.csv”，单击“打开”按钮；
3. 单击“高级选项(文本向导)”按钮；
4. 第 1/6 步对话框：直接单击“下一步”按钮；
5. 第 2/6 步对话框：“文件开头是否包括变量名”框组：“包含变量名称的行号”框：输入 4，然后单击“下一步”按钮；
6. 第 3/6 步对话框：“第一个数据个案从那个行号开始”框：输入 5，然后单击“下一步”按钮；
7. 第 4/6 步对话框：“变量之间存在哪些定界符”框组，去掉“空格”复选框，只保留“逗号”复选框的选择，然后单击“下一步”按钮；
8. 第 5/6 步对话框：选中 DateLST 列，将数据格式改为“日期/时间”，将右侧的格式改为“yyyy-mm-dd hh:mm:ss”，然后单击“下一步”按钮；
9. 第 6/6 步对话框：直接单击“完成”按钮。

整个操作并不复杂，但需要在第 2/6、第 3/6 两步的对话框中正确指定变量行和数据行的起始位置，然后在第 5/6 步的对话框中正确设定日期型变量的格式，这样数据就可以被正确地读入为 SPSS 格式的数据文件了，如图 5.2 所示。

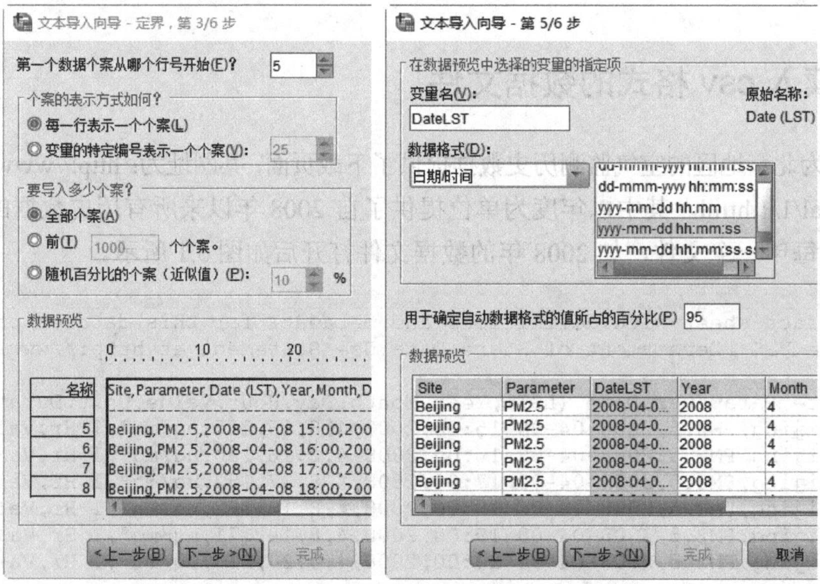

图 5.2 文本导入向导的第 3、5 步界面

但是，上述操作只是正确地读入了 2008 年的 csv 格式数据，而这样相同格式的 csv 数据文件一共有 9 个，重复 9 遍上述对话框的操作显然并不是一个明智的选择。这里可以使用如下两种更快捷的操作方式。

- ✧ 在第 6/6 步对话框中，确认选择“保存此文件格式以供将来使用”，将相应的文件格式保存为 tpf 预定义格式文件，然后就可以在第 1/6 步对话框中，直接使用这一预定义格式文件来读入其他的数据了。但是对所有数据仔细考察后会发现，2015 年、2016 年两年的数据其 DateLST 变量列格式与之前的数据并不相同，因此在本例中此路不通。
- ✧ 在第 6/6 步对话框中，确认选择“要粘贴此语法吗”，将相应的读入操作粘贴为程序。这样就可以将相应的程序复制 9 次，稍加修改就可以读入全部的数据了。但是这样操作还需要解决两个问题，首先如前所述，最后两年的 DateLST 列格式有变化，需要做不同设定以使该列信息能被正确读入为日期时间格式。但事实上，该变量列记录的日期/时间信息完全被包括在随后的 Year、Month、Day、Hour 列中，因此可以简化操作，将其直接读入为默认的字符串格式即可。其次，由于先后会读入 9 个工作文件，因此对它们进行正确的工作文件名称命名是很重要的。这里给出示例的程序框架如下。

```
GET DATA  /TYPE=TXT
  /FILE=“文件所在路径\Beijing_2008_HourlyPM2.5_created20140325.csv”
  (此处为 GET DATA 语句的其他选项，一律省略)
EXECUTE.
DATASET NAME PM2008 WINDOW=FRONT.
GET DATA  /TYPE=TXT
  /FILE="文件所在路径\Beijing_2009_HourlyPM25_created20140709.csv"
  (此处为 GET DATA 语句的其他选项，一律省略)
EXECUTE.
DATASET NAME PM2009 WINDOW=FRONT.
```

在程序中，首先用 get data 命令读入相应的数据文件，随后将该工作文件的工作名称依次命名为 PM2008～PM2016。完整的程序运行完毕后，9 个数据文件将会被同时读入内存以 SPSS 工作文件的形式存在。

5.2.2 合并数据文件

下一步是将打开的这些数据文件合并为一个完整的文件供分析使用，但是由于 DateLST 前后格式可能不一致，且 Unit 的格式设定在不同文件中也有差异(字符串长度不同)，因此合并时可以直接将这两个不重要的变量列剔除。首先将 PM2008 前置为当前数据文件，然后利用对话框生成合并程序框架。

1. 数据→合并文件→添加个案；
2. 在“打开数据集”框中，选择工作文件名称为“PM2009”的文件，单击“继续”按钮；

3. 在“新的活动数据集中的变量”框中，剔除两个数据及分别携带的 DateLST 和 Unit 共四个变量；
4. 单击“粘贴”按钮。

生成的程序如下所示。

```
ADD FILES /FILE=*
  /RENAME (DateLST Unit=d0 d1)
  /FILE='pm2016'
  /RENAME (DateLST Unit=d2 d3)
  /DROP=d0 d1 d2 d3.
EXECUTE.
```

之所以要改用程序方式而不是对话框方式的原因在于对话框方式只能进行两个数据集的合并，而程序方式可以一次完成全部 9 个数据集的合并。同时在合并完毕后可以直接用命令关闭不再需要的工作文件，最终修改完毕的程序如下。

```
DATASET ACTIVATE PM2008.
ADD FILES /FILE=*  /RENAME (DATELST UNIT=K0 D0)
  /FILE='PM2009'  /RENAME (DATELST UNIT=K1 D1)
  /FILE='PM2010'  /RENAME (DATELST UNIT=K2 D2)
  /FILE='PM2011'  /RENAME (DATELST UNIT=K3 D3)
  /FILE='PM2012'  /RENAME (DATELST UNIT=K4 D4)
  /FILE='PM2013'  /RENAME (DATELST UNIT=K5 D5)
  /FILE='PM2014'  /RENAME (DATELST UNIT=K6 D6)
  /FILE='PM2015'  /RENAME (DATELST UNIT=K7 D7)
  /FILE='PM2016'  /RENAME (DATELST UNIT=K8 D8)
  /DROP=K0 K1 K2 K3 K4 K5 K6 K7 K8 D0 D1 D2 D3 D4 D5 D6 D7 D8.
EXECUTE.
DATASET CLOSE PM2009.
DATASET CLOSE PM2010.
DATASET CLOSE PM2011.
DATASET CLOSE PM2012.
DATASET CLOSE PM2013.
DATASET CLOSE PM2014.
DATASET CLOSE PM2015.
DATASET CLOSE PM2016.
DATASET NAME MAIN.
```

上述程序运行完毕后，所有数据将被合并入一个文件，并且该文件的工作名称被修改为 main，其余临时工作文件则均被关闭。

如果系统配置不高，则上述数据读入、合并程序在运行时可能会出现长期假死的现象，此时只需要分段分别执行程序即可得到相应的结果。

5.2.3　筛选所需数据

在数据中存在一些缺失值，其特征为 QCName 取值为 Missing，或者 Value 为-999，因此首先需要做的工作就是将这些无效记录替换为真正的缺失值，这可以很简单地直接将-999 指定为变量 Value 列的自定义缺失值即可。切换至变量视图，在 Value 行对应的缺失单元格处单击右侧的省略号，然后在弹出的“缺失值”对话框中将-999 设定为离散缺失值即可，具体操作如图 5.3 所示。

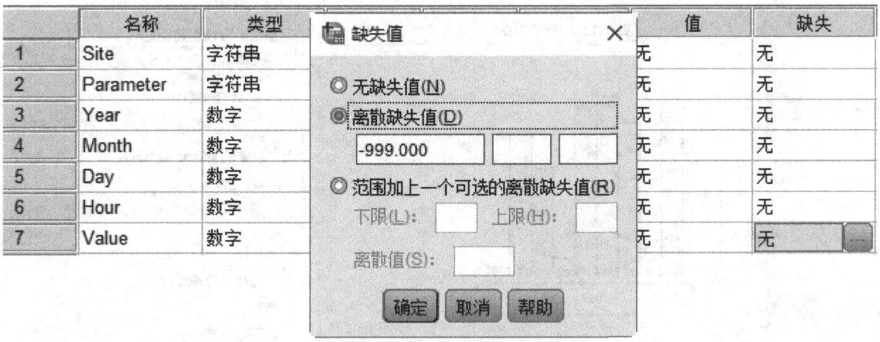

图 5.3　设定用户自定义缺失值

原始数据中提供了全天 24 小时的逐时数据，但是如前所述，居民评价一天的雾霾严重程度实际上并不是看均值，而是当前的最高值，如当天下午 PM2.5 达到 300，那么即便其余 20 个小时都在 50 以下(使得当天总均数也在 50 以下)，也会被认为这一天是严重污染。因此在分析中，只需要取每天的最大值作为数据代表进行分析即可。操作如下。

1. 数据→汇总；
2. “分界变量”框：输入 year、month、day；
3. “汇总变量”框：输入 Value；
4. 在 Value 行保持选中的情况下，单击“函数”按钮，选中中部的“最大值”单选按钮，单击“继续”按钮；
5. “保存”框组：选择“创建只包含汇总变量的新数据集”，在“数据集名称”框中输入 anafile；
6. 确定。

这样就得到了用于正式分析的工作文件 anafile。后续的数据分析可以用统计表或者统计图的方式呈现，这里我们采用后者，但为此就需要在变量视图中，将 year 和 month 的测量尺度修改为正确的“有序”尺度，否则绘图结果将会出错。

5.3 数 据 理 解

5.3.1 数据分布状况

首先来考察一下 PM2.5 数据的分布情况，这可以直接绘制直方图，如图 5.4 所示。

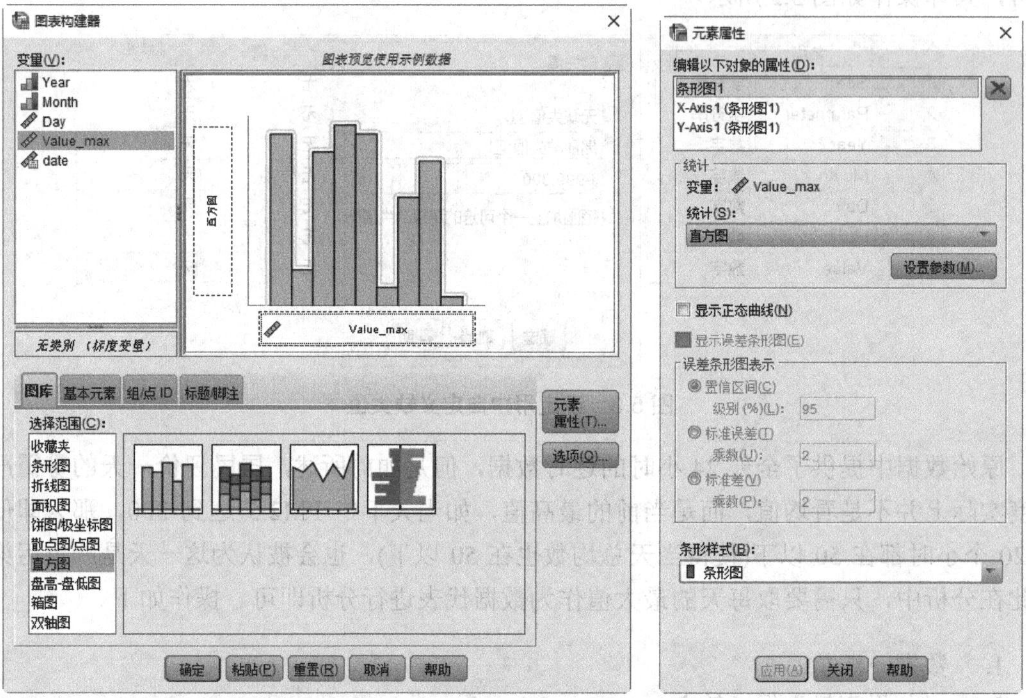

图 5.4 绘制直方图的对话框界面

1. 图形→图表构建程序；
2. 库选项卡：选择直方图组，将简单直方图拖放至画布；
3. 将 Value_max 拖放至 X 轴框；
4. 确定。

结果如图 5.5 所示，其中明确显示出 PM2.5 数值分布呈正偏态，因此不适宜用均数对其平均水平加以描述，对此可以考虑进行变量变换，使变换后的数据接近正态分布。也可以直接使用中位数等更稳健的指标来进行描述。从数据分析的角度讲，对数变换等方式肯定能够更充分地保留有效信息，但变换后的数据结果相对不容易理解，因此这里我们可以采用原始数据中位数的方式来进行数据平均水平的描述。

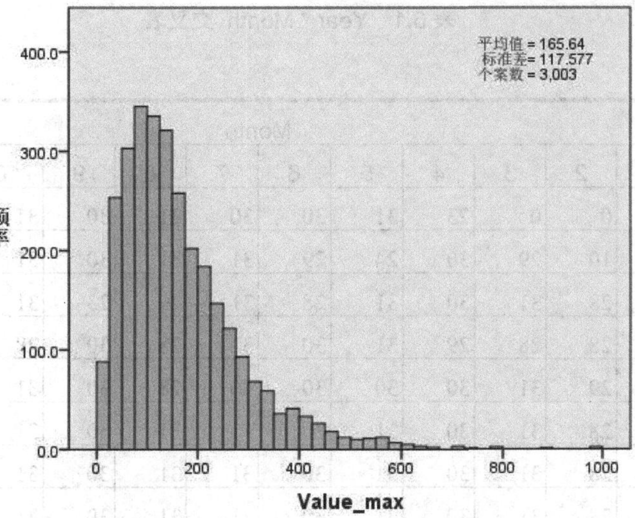

图 5.5　Value_max 的直方图

5.3.2　缺失值分布状况

在分析中，还需要确认一下数据中是否仍然存在缺失值以及缺失值的分布情况，以免因缺失值导致对后续分析结果给出错误的解读。基于本例的数据特征，可以直接考察缺失值具体分布在哪些年的哪些月份。在已经将-999 指定为自定义缺失值之后，可以先筛选出有效案例，然后用交叉表的方式进行有效样本量分布的描述。

1. 数据→选择个案；
2. 选中“如果条件满足”复选框；
3. 单击“如果”按钮，并且输入条件 missing(Value_max)=0；
4. 继续；
5. 确定；
6. 分析→描述统计→交叉表；
7. “行变量”框：输入 year；
8. “列变量”框：输入 month；
9. 确定。

函数 missing(Value_max)的意思是检查变量 Value_max 是否为缺失值，这样就可以筛选出所有的非缺失案例，随后使用交叉表过程考察这些有效案例的具体月份分布状况。美领馆下载的原始数据时间范围是从 2008.4.8—2016.11.30，从表 5.1 可见数据缺失值主要是在 2008 年和 2009 年比较严重，2008 年的 11、12 月和 2009 年的 1、2 两个月几乎完全缺失，这意味着 2008 年冬天实际只有十几天的测量数据可资分析，其余各年份的数据缺失则处于零散分布状况，最近三年则完全不存在数据缺失，因此在数据分析中，对 2008—2009 年这个冬季的分析结果解读要非常小心，其余年份则影响不大。

表 5.1　Year * Month 交叉表

计数

		Month												总计
		1	2	3	4	5	6	7	8	9	10	11	12	
Year	2008	0	0	0	23	31	30	30	31	30	31	6	0	212
	2009	0	10	29	30	24	29	31	31	30	31	28	28	301
	2010	29	28	31	30	31	28	31	29	23	31	29	31	351
	2011	30	28	28	29	31	30	31	28	30	28	30	31	354
	2012	29	29	31	30	30	30	30	28	30	31	30	27	355
	2013	31	28	31	30	31	30	31	31	30	31	30	31	365
	2014	31	28	31	30	31	30	31	31	30	31	30	31	365
	2015	31	28	31	30	31	30	31	31	30	31	30	31	365
	2016	31	29	31	30	31	30	31	31	30	31	30	0	335
总计		212	208	243	262	271	267	277	271	263	276	243	210	3003

下面回到选择个案对话框，将状态修改为“选择所有个案”，以便进行后续的统计分析。

5.3.3　考察逐月数据趋势

下面来看一下全年范围内雾霾主要是在哪些月份比较严重，操作如下。

1. 图形→图表构建程序；
2. 库选项卡：选择条图组，将简单条形图拖放至画布；
3. 将 month 拖放至 X 轴框；
4. 将 Value_max 拖放至 Y 轴框；
5. 元素属性对话框：将统计量框改为中位数，选中显示误差条图复选框，应用；
6. 确定。

实际上，由于数据分布呈偏态，这里计算的95%置信区间上下限也并无太大意义，这里绘制出来的目的主要是可以考察一下不同月份的PM2.5波动幅度大小。

图 5.6 显示雾霾主要是在上年的 11、12 月和下年的 1、2 月四个月情况比较严重。这提示我们后续应当以这四个月为主来进行分析，但是这种数据分布特征带来了一个问题，当逐年考察的时候，同一个秋冬季的这四个月份会分布在相邻的两年中，使计算出的当年数据平均水平实际上是相邻两年秋冬季的平均。因此如果希望数据结果有更好的代表性，就需要考虑对月份做“平移”，最佳的操作方式应当是使用农历日期，但本例中可以简化处理，直接将第二年的 1、2 两个月计入为上一年的冬季即可，这一操作可以简单地用下列程

序实现。

```
IF MONTH <=2 YEAR = YEAR - 1.
IF MONTH <=2 MONTH = MONTH + 12.
EXECUTE.
```

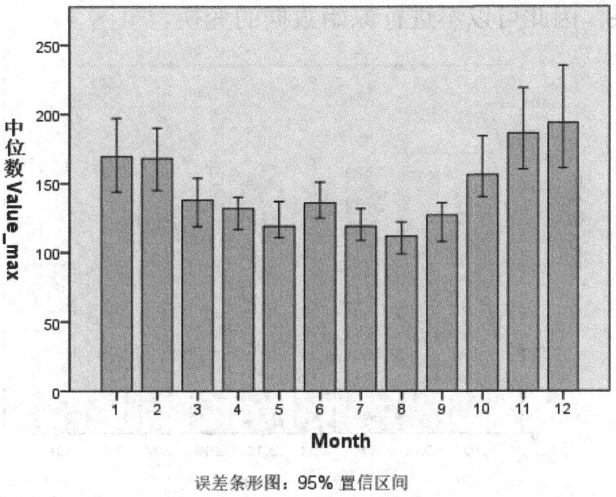

图 5.6 Value_max 的逐月变化趋势

程序中第二句对 month 做变换的主要目的是阅读结果时能够意识到这代表的是第二年的头两个月，以免对数据结果的解读出现偏差。

5.4 雾霾变化基本趋势的分析

5.4.1 整体平均水平的比较

首先利用中位数来直观地考察一下 PM2.5 平均水平的逐年变化情况，相应的条图操作和前面基本类似，因此不再具体给出操作步骤(结果见图 5.7)，可见在 2009—2014 年北京地区 PM2.5 的平均水平相差不大(注意在 2008 年整个冬天几乎没有数据可资利用，平均水平是虚低的)，然后在 2015 年有明显的下降。2016 年因为冬天只有 11 月的数据，因此也有可能是数据虚低。但无论如何，近年来北京地区雾霾问题越来越严重的说法，显然从平均水平上是得不到印证的。

从平均水平的角度进行考察只是利用了数据中蕴含的信息，并没有把专业知识应用于分析策略。雾霾浓度带给人的感受或者说影响并不是随数值上升而线性增加的，而是存在若干个跃升阈值，这些专业知识实际上都被整合入了国家制定的空气质量等级标准之中(详情见表 5.2)，可见中美两国的标准均认定 PM2.5 日均浓度在 150μg/m^3 以上非常不利于健康，而 55μg/m³ 以下则基本对健康没有影响。因此进一步客观比较可以计算出每日浓度均值，然后按照 55 和 150 这两个界值来划断进行描述。不过这是写论文需要完成的任务，本案例的分析目的还需要照顾大众媒体感受的倾向，因此前文直接取当日最大值作为分析基础。进一步考虑到图 5.4 所反映出的数据分布特征，这里可以考虑按照小于 100 和大于 200 两种界值来进行分析，考察无污染日和严重污染日所占比例的变化趋势。在条图中可以直接计算出相应的结果，因此可以不进行原始数据的变换。

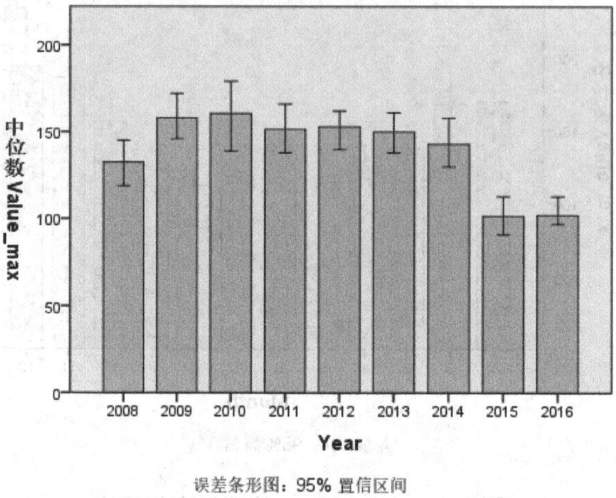

图 5.7　Value_max 中位数的逐年变化趋势

表 5.2　PM2.5 浓度与空气质量等级的对应关系

PM2.5 日均浓度值(μg/m³)	中国空气质量等级	大致对应的美国空气质量等级
0～35	一级(优)	好～中等(12～35)
35～75	二级(良)	对敏感人群不健康～不健康(55～150)
75～115	三级(轻度污染)	不健康
115～150	四级(中度污染)	不健康
150～250	五级(重度污染)	非常不健康
250～500	六级(严重污染)	有毒害

1. 图形→图表构建程序；
2. 库选项卡：选择条图组，将简单条形图拖放至画布；
3. 将 month 拖放至 X 轴框；
4. 将 Value_max 拖放至 Y 轴框；
5. 元素属性对话框：将统计量框改为“小于(?)的百分比”，单击下方的“设置参数”按钮，在其中输入“100”，单击“继续”按钮，单击“应用”按钮；
6. 确定；
7. 图形→图表构建程序；
8. 元素属性对话框：将统计量框改为“大于(?)的百分比”，单击下方的“设置参数”

按钮，在其中输入 200，单击“继续”按钮，单击“应用”按钮；
9.　确定。

可见如果去掉 2008 年的直条不考察的话，无污染日期占比在 2009—2014 年是稳中有升，而到了 2015 年则大幅上升；相应地，高污染日期占比，在 2009—2014 年是稳中有降，在 2015 年则大幅下降，同样反映出空气污染的程序并未加重，相反可能还有所降低。图形分析结果如图 5.8 所示。

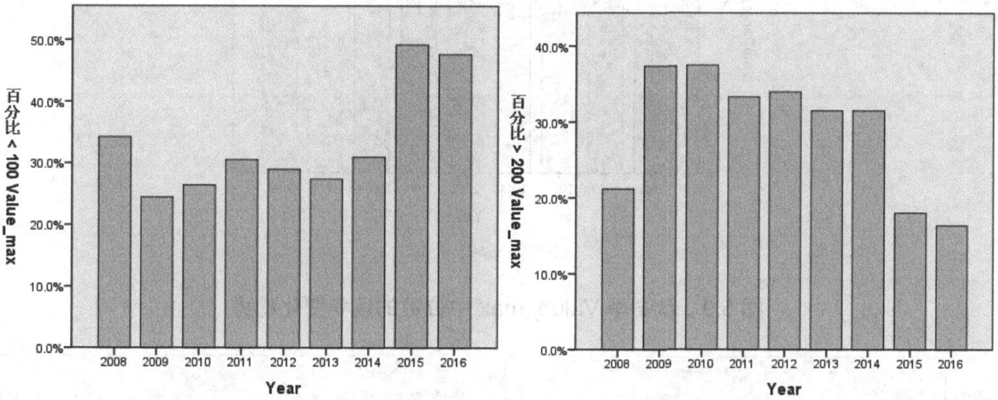

图 5.8　无污染日期和高污染日期占比的逐年变化趋势

5.4.2　重点考察秋冬季的数据

上面的分析结果和大众印象显然并不一致，套用一句网络流行语，这结果显然不科学嘛，那么不科学在哪里呢？前述分析中已经发现，秋冬季的雾霾问题要更严重一些，或者说大众也会更关心秋冬季的雾霾严重程度。因此后续分析可以将镜头拉近，重点来考察 11、12、1、2 这四个月的数据状况。

!@#$ %&*?

可能有的读者会质问：为什么不直接采用秋冬季的数据进行分析，而仍然要先看一下全年的平均水平呢？原因在于只看秋冬季数据并不客观，因为我们不是只有秋冬季那四个月才生活在地球上，另外八个月都在火星上玩。作为一年 365 天都待在地球上的正常人类，显然用全年的数据来进行污染程度的评估才更客观一些。

首先需要在数据中将相应四个月的数据筛选出来，这仍然使用选择个案过程来完成。

1.　数据→选择个案；
2.　选中“如果条件满足”复选框；
3.　单击“如果”按钮，并且输入条件“month>=10”；
4.　继续；
5.　确定。

注意在前面已经对 month 的取值进行过变换，所以在筛选条件中限定为“month>=10”即可。后续的分析操作和前面相同，因此不再列出绘图步骤，直接给出结果，可见结论和前面相同，仍然是不支持空气污染程度在持续恶化的印象。如图 5.9 和图 5.10 所示。

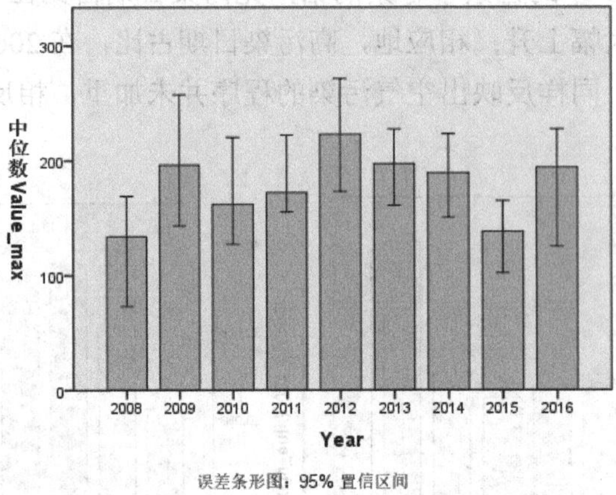

图 5.9　秋冬季 Value_max 中位数的逐年变化趋势

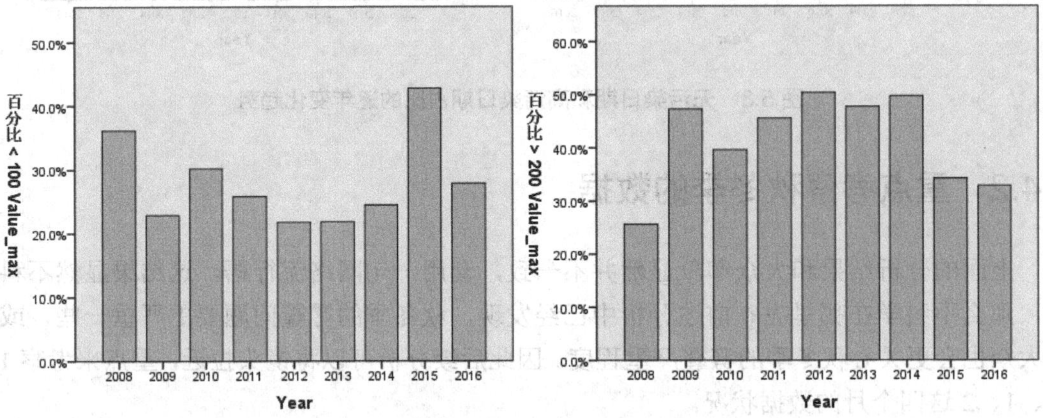

图 5.10　秋冬季无污染日期和高污染日期占比的逐年变化趋势

5.4.3　进一步分析爆表天数变化趋势

显然，一路分析下来，并没有结果能够支持民众对雾霾问题越来越严重的一般印象，基于这样的结果，直接归纳为媒体撒谎欺骗大众，或者归结为美领馆也已经被“五毛党”占领，在提供假数据都不是严谨求实的态度，我们需要进一步考虑的是，既然数据没有显示雾霾问题在持续恶化，那么这种媒体印象又有无可能是其他因素所导致的呢？显然，2015 年的《苍穹之下》所导致的媒体狂潮很可能起到了推波助澜的作用，但除此之外呢？考虑到传播学中的那句“狗咬人不是新闻，人咬狗才是新闻”，普通的雾霾现象很难引起大众的兴趣，只有那种极致的严重污染，才会马上铺天盖地地占领媒体平台，那么要达到怎样的极致程度呢？稍加思考，大家就会想到一个很抓眼球的词汇：爆表。没错，当 PM2.5 数值大于 500 时，新闻媒体就会以数值爆表为标题大肆传播，这里就可以重点来看一下每年秋冬季的爆表天数是如何变化的。

1. 图形→图表构建程序；
2. 库选项卡：选择条图组，将简单条形图拖放至画布；
3. 将 month 拖放至 X 轴框；
4. 将 Value_max 拖放至 Y 轴框；
5. 元素属性对话框：将统计量框改为“大于(?)的数目”，单击下方的“设置参数”按钮，在其中输入“500”，单击“继续”按钮，单击“应用”按钮；
6. 确定。

2015 年北京地区 PM2.5 的最大值爆表天数达到了 9 天，和 2010、2013 年两年持平，要多于之前的 2013、2014 年。因此，很有可能是因为更多的爆表天数，导致居民更频繁地接收到了空气污染非常严重的新闻信息，从而最终造成了空气污染问题在持续恶化的印象。结果如图 5.11 所示。

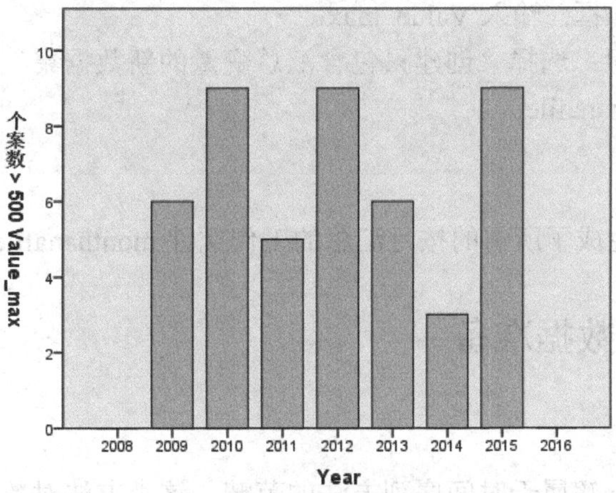

图 5.11　PM2.5 爆表天数的变化趋势

这里只进行了数据的描述，而没有做进一步的假设检验，这是因为从数据本身并没有发现明显的变化趋势，这样即使进行逐年的比较也仅仅是走过场而已，并不会得到更多的信息，因此在本分析中就直接省去了。当然如果是严肃的科学研究，进一步完成相应的假设检验工作还是很有必要的。

5.5 进一步展现历史波动趋势

5.5.1 逐月平均数据的提取

前面以中位数、污染天数占比、极端值天数的频数等方式进行了分析，得出了大气污染情况并未加重的结论，但由于是采用每年取一个统计指标进行比较的方式，信息的全面程度显得单薄了一些。如果能用连续变化的曲线方式来呈现污染状况的演进趋势，显然要比几个简单的汇总指标生动很多。但是，由于累积的数据有三千多天，直接进行逐日数据的观察实际上反而得不到任何有效信息，这里可以尝试对数据按周或者按月进行汇总。而在前面的数据理解中已经发现 PM2.5 的数值按一年四季有着明显的波动规律，因此比较合适的分析思路就是将原始指标按月进行汇总，然后在波动趋势中将季节趋势剥离出来，以便更准确地反映剩余的数据变动趋势。

首先进行逐月数据的汇总，这里仍然可以以最大值作为当天 PM2.5 水平的代表，但是每月的污染程度则按照均数来取值，这里不使用每月最大值的原因是最大值太容易出现波动，对当月情况的代表性较差。当然读者如果有兴趣，也可以尝试使用最大值、中位数等指标来进行后续分析。

1. 数据→汇总；
2. “分界变量”框：输入 year、month；
3. “汇总变量”框：输入 Value_max；
4. “保存”框组：选择“创建只包含汇总变量的新数据集”，在“数据集名称”框中输入 monthanafile；
5. 确定。

这样就在内存中生成了所需的按月汇总的工作文件 monthanafile。

5.5.2 建模前的数据准备

填充缺失值

这里运用的季节分解属于时间序列方法的范畴，这类方法对数据有一定的要求，数据需要按照时间顺序无间断排列，同时不能出现缺失值。目前得到的工作文件 monthanafile 在这方面尚存在一定问题，首先，2008 年 12 月因为没有数据，所以缺少了相应的数据行；其次，2009 年 1 月虽然有对应的数据行，但数据为缺失值。因此需要进行相应的数据集修改和缺失值填充。

首先在数据窗口中选中 2009 年 1 月所对应的第 9 行，在最左侧的行标签处单击右键，选择“插入个案”，即插入相应的新行，可以将该行的 year 和 month 分别录入为 2008 和 12，现在就出现了 9、10 两行缺失值，下面可以使用缺失值填充来进行数值的完善。“替换缺失值”过程专门用于对含缺失值的序列进行填充，除默认的序列均数填充之外，还可以使用相邻若干点的均数、相邻若干点的中位数、线性内插等方法加以填充。

1. 转换→替换缺失值；
2. “新变量”框：输入 Value_max_mean；
3. “方法”下拉列表：选择“临近点的平均值”；

4. “名称”框：将新变量名称改为 Value2；
5. 确定。

操作完毕后，就可以在数据集中看到有一列新变量 Value2 生成，原先缺失的两个数据点均填充入了 140.54，该数值实际上就是前后各头两个未缺失数据 171.71、128.17、117.40 和 144.90 的平均值。相应的对话框如图 5.12 所示。

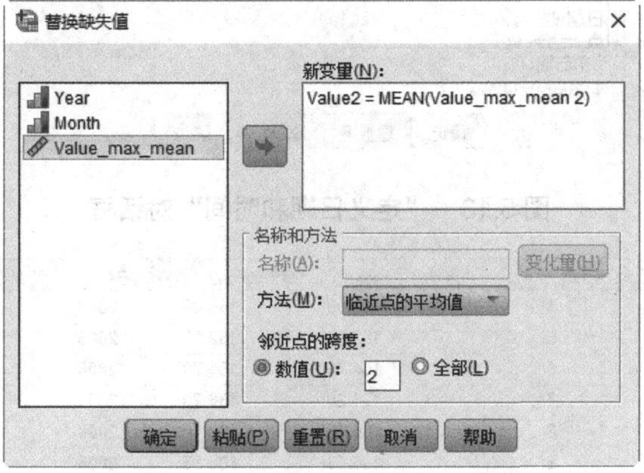

图 5.12　“替换缺失值”对话框

实际上，对本例而言，这里使用的临近点均值填充方式是效果很差的填充方法，后续分析中就可以看到它会严重低估这两个月的数据，好在 2008 年的数据趋势并不是本案例关心的重点，因此没有使用更复杂的填充方法。

定义时间变量

显然，本数据存在 12 条数据为周期的循环规律，但这一信息 SPSS 是无法自动获知的，也就是说，即使在数据中直接输入时间数值，SPSS 也无法将其自动识别为时间序列建模中可用的时间变量，特别是无法识别时间变量中所携带的月、周、日等周期变化信息。因此分析之前需要用专用的过程来定义时间变量，当需要定义的时间变量较为复杂时，可以打开转换菜单中的日期和时间向导，按照对话框中的提示选择所需的功能进行操作。但本例情况比较简单，因此直接使用“定义日期和时间”过程即可，具体操作如下：

1. “数据”→“定义日期和时间”。
2. 在“个案是”列表中选中“年份、月份”，在右侧输入年为 2008，月为 4 月。
3. 单击“确定”按钮。

操作完毕后，数据库中将加入两个新产生的时间变量 YEAR_、MONTH_，分别代表年月，另有一个变量 DATE_，为字符串格式的时间标签。相应的对话框界面如图 5.13 所示。

上述数据准备过程结束后，数据集如图 5.14 所示。

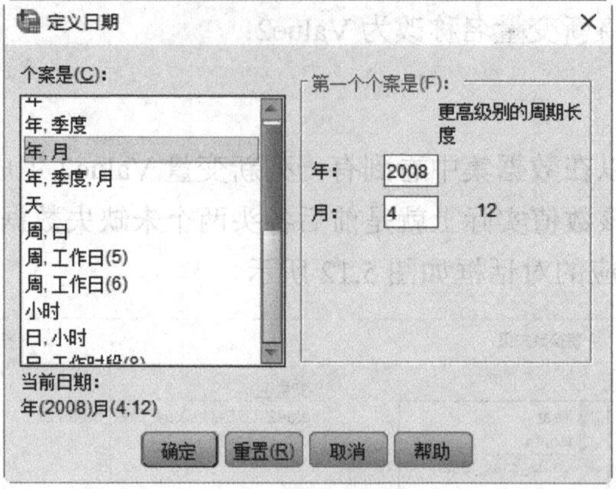

图 5.13 “定义日期和时间”对话框

	Year	Month	Value_max_mean	Value2	YEAR_	MONTH_	DATE_
1	2008	4	185.09	185.09	2008	4	APR 2008
2	2008	5	182.55	182.55	2008	5	MAY 2008
3	2008	6	154.70	154.70	2008	6	JUN 2008
4	2008	7	136.20	136.20	2008	7	JUL 2008
5	2008	8	100.16	100.16	2008	8	AUG 2008
6	2008	9	106.53	106.53	2008	9	SEP 2008
7	2008	10	171.71	171.71	2008	10	OCT 2008
8	2008	11	128.17	128.17	2008	11	NOV 2008
9	2008	12	.	140.54	2008	12	DEC 2008
10	2008	13		140.54	2009	1	JAN 2009
11	2008	14	117.40	117.40	2009	2	FEB 2009
12	2009	3	144.90	144.90	2009	3	MAR 2009
13	2009	4	142.50	142.50	2009	4	APR 2009
14	2009	5	140.54	140.54	2009	5	MAY 2009
15	2009	6	175.38	175.38	2009	6	JUN 2009

图 5.14 数据准备完毕后的序列

5.5.3 用季节分解提取长期趋势

季节分解简介

季节分解方法用于分析有季节变化的时间序列，其基本思想是将季节变化从原时间序列的变异中去除，并生成由剩余的线性趋势、循环变化、误差这 3 部分构成的序列来满足进一步的分析要求。在季节分解中共有两大类分解方式：加法模型和乘法模型。

(1) 加法模型：加法模型假设原序列的信息可被分解为 3 个相加成分，即：

序列总变异=线性趋势与循环变化+季节变化+误差

(2) 乘法模型：乘法模型同样假设原序列信息可被分解为 3 部分，但之间为相乘关系：

序列总变异=线性趋势与循环变化×季节变化×误差

使用加法还是乘法模型取决于序列自身的变动规律。如果随着时间的增加，序列的季节波动变得越来越大，则应当使用乘法模型；反之，如果在整个时间范围内季节波动的幅度维持基本恒定，则加法模型也许更合适。此外，如果在序列中季节波动的幅度和误差的幅度均随着时间的推移而增大，则首先应将数据进行对数变换，然后再拟合加法模型可能是最佳的选择。

在时间序列的建模分析中，季节分解有着重要的作用。研究者可以首先采用季节分解去除明显的季节波动，然后将去除季节波动后的序列用于建立回归模型。这样可以大大提高模型预测的精度。如果不这样做，则季节波动会在回归模型中被归入误差项，显然将大大降低模型的预测效果。

进行季节分解

下面开始对相应数据进行季节分解，由于在前面的分析中没有发现数据波动有增大趋势，因此使用加法模型更加合适，具体如图 5.15 所示。

1. 分析→时间序列预测→季节性分解；
2. 变量框：输入 Value2；
3. “模型类型”框：选择“加性”单选框；
4. 确定。

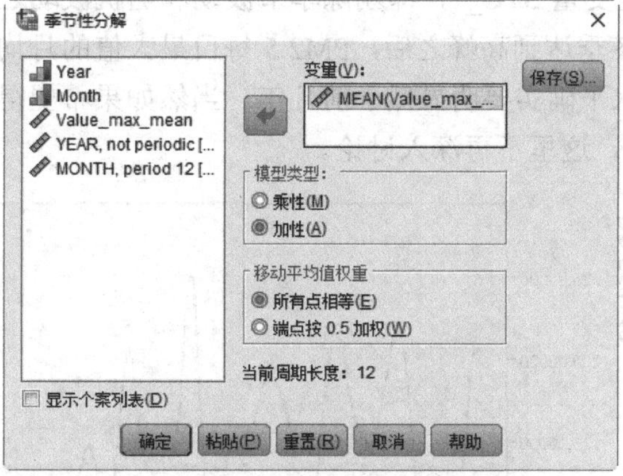

图 5.15　“季节性分解”对话框

操作完毕后，在数据集中会新增加四个变量，分别保存了季节调整后的序列(SAS_1)、序列中的季节因素(SAF_1)、序列中的长期趋势(STC_1)和分解出的残差(噪声)序列(ERR_1)，而其中的 STC_1，就是我们希望得到的剔除季节波动和随机波动之后的长期变化趋势。

展示长期趋势

虽然已经得到了长期趋势数据，但直接观察原始数据的变化趋势显然不够直观，这里可以使用专门的序列图来进行考察，如图 5.16 所示。

1. 分析→时间序列预测→序列图；
2. “变量”框：输入 SAS_1、SAF_1、STC_1；
3. 时间轴标签：输入 month；

4. 选中“每个变量对应一个图表”复选框；
5. 确定。

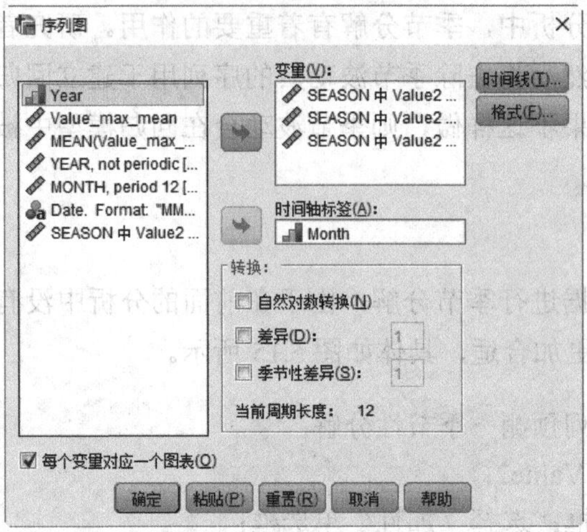

图 5.16 “序列图”对话框

如图 5.17 所示就是变量 STC_1，即剔除季节波动和随机波动之后的长期变化趋势图，可见大致从 2012 年秋冬季达到高峰之后，PM2.5 每日最大值的月均值就呈现出震荡下跌趋势，2015—2016 年的水平确实要明显低于前几年。当然如果希望得到更加严谨的结论，还需要进一步做趋势检验，这里不再深入讨论。

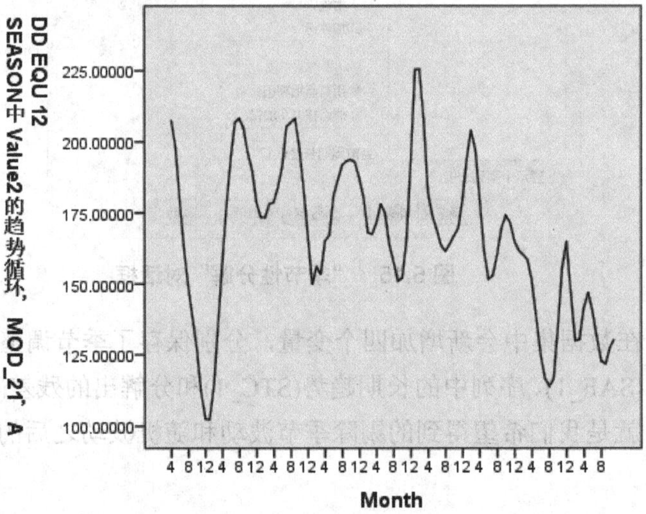

图 5.17 分解出的数据主趋势序列图

图 5.18 给出的是分解出的季节波动趋势，可见每年 6～8 月是 PM2.5 平均水平最低的季节，而 12～1 月前后则是全年的高峰。

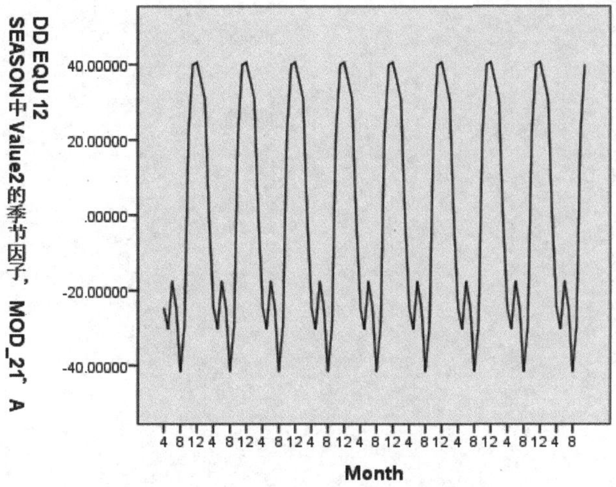

图 5.18　分解出的数据季节趋势序列

5.6　项目总结和讨论

很多人都知道独立思考的重要性，但讽刺的是，天天把独立思考挂在嘴上讲的人，反而往往是最缺乏这种能力的人。自媒体时代的到来，使官方渠道发布的信息不再唯一，也不再权威，而自媒体渠道及其背后的各方炒作推手基于利益考量，也往往会有针对性地放大某方面的信息，致使受众能够接收到的信息有可能明显失真，其目的则既可能是简单的想尽量激发受众的情绪，使其传播效果达到最大化(从而自身利益也最大化)，也可能复杂地超出了普通受众的想象。在这种情况下，基于客观数据，真正进行独立思考和判断就显得更为可贵。

从上面的分析结果可见，北京地区的大气污染问题，如果以 PM2.5 的浓度变化为标准来看的话，在近年来至少没有恶化，实际上还很可能在最近两年有明显好转的迹象。当然我们并不需要因此就假装中国的污染问题并不存在，事实上这个问题至少在今后 10 年左右仍将困扰各位，要知道日本从 20 世纪 60 年代出现严重的大气污染问题，到本世纪初该问题基本解决，整整用掉了 40 年的时间，我们不能指望两三年就彻底解决该问题。但无论怎样，光靠情绪的煽动，漫无目的地发泄无助于问题的解决，站在客观、公正的立场上来探讨其严重程度和解决办法才有实际意义，而数据分析就将在独立思考中扮演其应有的重要角色。就如同那句著名的西方谚语所说：我们相信上帝，其他人请用数据说话(In God we trust, everyone else must bring data)。

回到数据分析本身，本案例的分析中并没有用到什么高深的统计方法，只是对原始数据基于理解进行了整理与合并，而分析中甚至于几乎只使用了条图这一种工具，就得出了主要的分析结论。实际上，多数日常的统计分析工作都很难会遇到复杂统计模型的用武之地，而统计思维的活学活用，其重要性是远高于熟练掌握各种复杂统计方法的。

第2部分

影响因素发现与数值预测

第6章　酸奶饮料新产品口味测试研究

学习前建议阅读	第 1 章　数据分析方法体系简介，对统计方法体系做一基本了解； 第 2 章　顾客售后满意度监测项目，了解 SPSS 的基本操作方法； 第 5 章　北京地区雾霾变化趋势分析，了解统计描述的一些操作方法。
案例导读	本案例需要对十组酸奶样品的口味评分进行比较，从中选择出最受消费者欢迎的新品。 在对案例数据进行了详细的统计描述之后，分析师采用多因素方差分析模型得到了口味测试均数的比较结果，从中选择出了最优样品组，并利用该模型对城市间的差异、城市与品牌间的交互作用等问题进行了探讨。
分析方法	交叉表、多因素方差分析模型。
案例的分析过程	数据：拆分文件； 描述统计：交叉表； 比较均值：均值； 统计图：误差线条图； 一般线性模型：单变量。
学习后建议阅读	第 7 章　偏态分布的激素水平影响因素分析，以深入学习方差分析模型。

6.1 案例背景

6.1.1　研究项目概况

为了争夺奶制品市场，某企业研制了两种新口味的酸奶饮料，试图扩大自身的市场份额。为了验证该新产品是否比市场上的现有产品受消费者欢迎，特委托某市场研究公司在全国范围内选取了 4 个城市，在每个城市内采用街访的方式对消费者进行调查，随机品尝 10 种样品中的一种，并给出口味的评价(9 分制)，具体研究概况如下。

- ✧　访谈城市：上海、北京、广州、成都。

✧ 样品品牌：世×、伊×、子×、卡×、三×、中×、海×、香×、试制品 1、试制品 2。

分析目的。

✧ 在这 10 种样品中更受消费者欢迎的是哪几种？

✧ 消费者的口味倾向在这四个城市间有无差异？

预期目标。

✧ 这两种试制品的口味评分应当不低于另外 8 种已面市的产品。

✧ 如果能够从中筛选出最优的一种，则最为理想。

由于本研究中所涉及的一些其他研究目的的限制，在研究中无法采用每位受访者品尝多种样品的配对/配伍设计，而只能采用每位受访者能品尝一种样品进行评分的方式。根据上述分析目的，研究员最终按照城市×品牌的方式进行样本分配，并进行了性别、年龄的配额控制，每种品牌在每个城市中大约收集 30～60 例样本，总样本量为 1751 例，数据见文件 city&brand.sav。

6.1.2 分析思路/商业理解

在有针对性的研究设计框架之下，本项目的数据分析任务实际上是很明确的。

✧ 首先，本研究中所关心的结局变量为口味评分，取值为 1～9，由于范围较宽，因此可以直接按照连续性变量加以分析(最好列出频数表确认实际取值范围)。

✧ 由于该评分是从每一位受访者询问而来，因此研究中的基本观察单位就是受访者，而除评分外，还记录了他们所品尝的品牌，8 个竞争品牌和 2 种试制品，构成了多组比较的结构。分析目的就是希望考察这十组受访者的平均口味评分有无差异。

✧ 如果按照均数比较的方式考虑，则基本上应当考虑方差分析，因为这里是 10 组均数的比较，两两比较需要进行 45 次，因此不宜采用两两 t 检验，否则得到的结论可能不准确(因放大一类错误而得到假阳性的比较结果)。

✧ 除主要影响因素之外，本例中还必须考虑城市因素的影响，因此在进行品牌之间均数的比较之时，还应当剔除城市的影响：如果城市和品牌之间不存在交互作用，则直接在模型中控制城市的影响即可；反之，如果两者之间存在交互作用，则可能需要分城市进行品牌的比较。

下面就按此思路进行分析。

6.2 数 据 理 解

6.2.1 研究设计框架复查

首先应当了解分析所用的数据是否和试验设计框架一致，这可以用交叉表过程来完成，如图 6.1 所示。

1. 分析→描述统计→交叉表；
2. 将城市选入行变量，样品品牌选入列变量；
3. 确定。

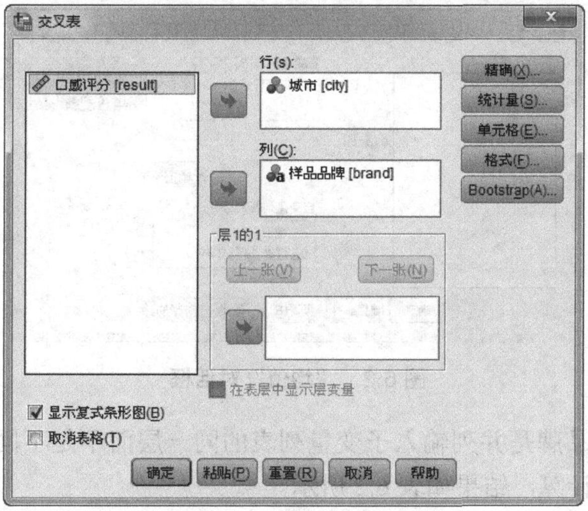

图 6.1 “交叉表”对话框

从表 6.1 中可以清楚地看到，每个城市×品牌单元格内都有 30～60 例样本，不存在空单元格，因此整个研究设计是平衡的，符合普通的方差分析模型的要求。

表 6.1 城市×样品品牌 交叉制表

计数

		样品品牌										合计
		世×	伊×	子×	卡×	三×	中×	试制品 1	海×	香×	试制品 2	
城市	上海	40	40	37	45	37	51	48	48	43	46	435
	北京	44	41	42	44	36	47	42	46	53	52	447
	广州	33	43	46	51	57	36	48	38	36	37	425
	成都	45	38	44	38	43	48	44	44	55	45	444
合计		162	162	169	178	173	182	182	176	187	180	1751

6.2.2 均值的列表描述

下面可以对各因素不同水平的口味测试评分均值进行考察，由于是分组描述，因此有两种实现方式，第一种是首先按照各因素的不同水平进行样本拆分，然后对拆分后的样本进行描述；第二种则是直接采用均值过程完成此任务，此处采用后一种方式来进行分析(见图 6.2)。

1. 分析→比较均值→均值；
2. 将口感评分输入因变量列表；
3. 将城市、样品品牌输入子变量列表；
4. 确定。

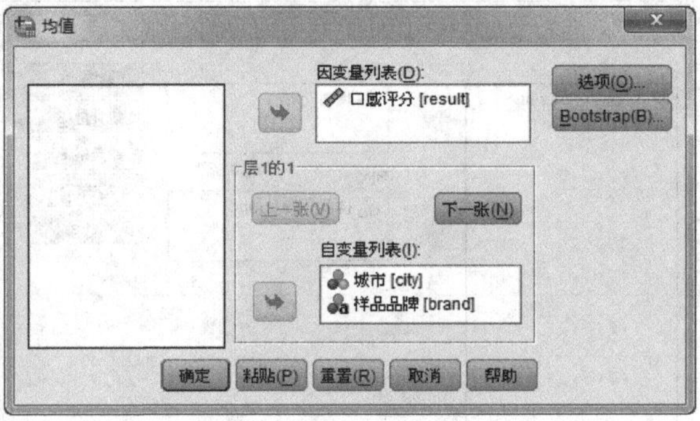

图 6.2 “均值”对话框

由于城市、样品品牌是并列输入子变量列表的同一层而不是不同层，因此均值将分别按照城市和品牌进行计算，结果如表 6.2 所示。

表 6.2 口感评分×城市

口感评分

城 市	平 均 值	个 案 数	标 准 差
上海	6.22	435	1.902
北京	6.17	447	2.242
广州	5.92	425	1.947
成都	6.31	444	1.907
总计	6.16	1751	2.009

平均而言，上海、成都对所有样品的口感评分偏高，而广州则评分偏低。这种差异有可能反映的是不同城市人群对酸奶这种饮品的接受程度，在本研究中不是核心问题。此外，从表中可以发现北京的评分标准差要略高于其余三个城市，从行业理解的角度讲，作为全国的首都，北京本身就是南北人群会聚之地，口味差异高于其余城市也是可以理解的。

表 6.3 显示出用于对比的竞争品牌表现有好有坏，消费者对子×、海×、香×的评价较高，均超过 6 分，试制品的表现也不错，其中试制品 1 的均值为 6.75 分，在十组里面最高，但是否具有统计学差异则不是现在的均值描述所能够回答的了。

表 6.3　口感评分×样品品牌

口感评分

样品品牌	平 均 值	个 案 数	标 准 差
世×	5.85	162	1.725
伊×	5.60	162	2.050
子×	6.69	169	2.024
卡×	5.68	178	1.993
三×	5.90	173	1.890
中×	5.74	182	2.013
试制品 1	6.75	182	1.890
海×	6.41	176	1.989
香×	6.39	187	2.156
试制品 2	6.49	180	1.925
总计	6.16	1751	2.009

6.2.3　均值的图形描述

对于各组的均数，我们一般可以使用箱图、条图等图形工具来考察。通常情况下箱图是首选工具，但由于口味评分为 9 分制，取值类别太少，采用箱图的呈现效果不佳，因此这里改用带误差线的条图来呈现(见图 6.3)。

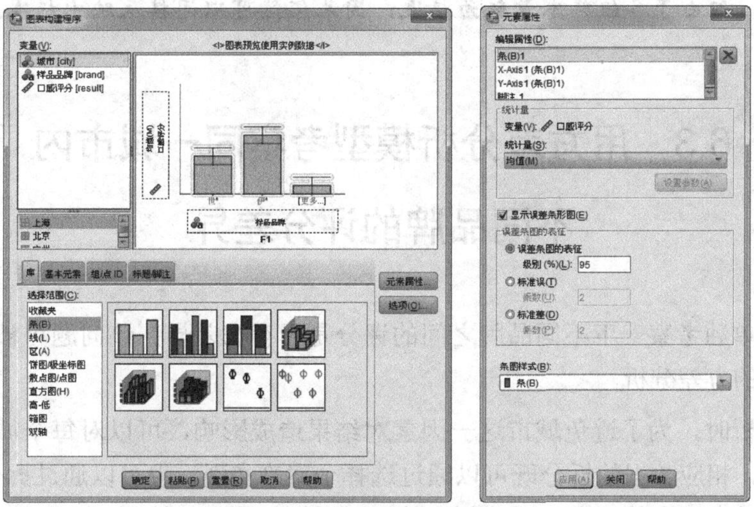

图 6.3　绘制条图的对话框界面

1. 图形→图表构建程序；
2. 库选项卡：选择条图组，将简单条形图拖放至画布；
3. 将样品品牌拖放至 X 轴框；
4. 将口感评分拖放至 Y 轴框；
5. 元素属性对话框：选中显示误差条图复选框，应用；
6. 确定。

图 6.4 所反映出的信息和均数数据表接近，但是更为直观，可见子×和试制品 1 的口味评分位列前茅，且各组的离散程度相差不大。

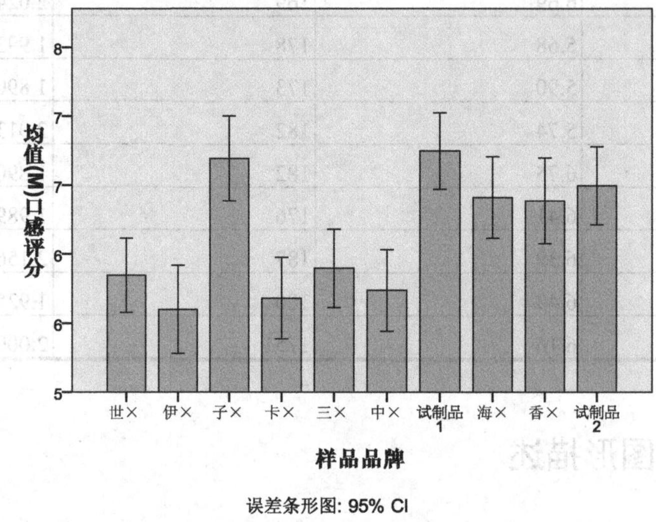

图 6.4　绘制出的误差线条图

注意此处条图的误差线绘制的是均数可信区间的大小，代表的是标准误的情况，但由于各组样本量较为接近，因此仍然可以间接反映出标准差的大小。

6.3　用方差分析模型考察同一城市内不同品牌的评分差异

这里首先单独考察一下不同品牌之间的评分是否存在差异，该问题可被归纳为一般线性模型框架下的方差分析。

在进行分析时，为了避免城市这一因素对结果造成影响，可以对每个城市的样本数据分别进行分析，相应数据的拆分既可以通过选择个案来实现，也可以通过拆分文件来实现，这里我们采用效率更高的后者。“分割文件”对话框如图 6.5 所示，操作如下：

1. 数据→拆分文件；
2. 选择按组组织输出；
3. 将城市输入“分组方式”框；
4. 确定。

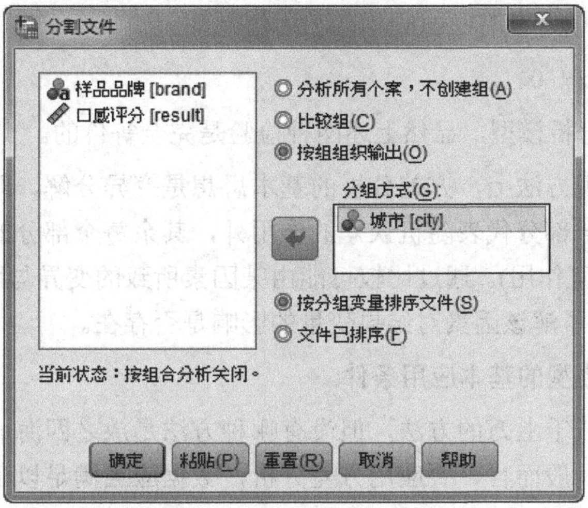

图 6.5　“分割文件”对话框

6.3.1　单因素方差分析模型简介

单因素方差分析模型的结构

以本数据的背景为例，每一位受访者的口味测试评分Y_{ij}可以被表达为以下形式：

$$Y_{ij} = \mu_i + \varepsilon_{ij}$$

其中Y_{ij}代表第i个品牌组中第j位受访者的评分。显然，在此表达式中，μ_i表示某一个品牌组的平均评分，i的取值范围在1～10，分别代表十种品牌之一；而ε_{ij}表示第i组的第j位受访者的随机误差，反映的是因各种原因导致的该受访者实际评分和该组平均评分之间的差异。

为了统计推断的需要，以上模型往往被改写成更为标准的以下形式：

$$Y_{ij} = \mu + \alpha_i + \varepsilon_{ij}$$

其中μ表示总体的平均水平；α_i表示影响因素在i水平下对因变量的附加效应，并假设所有α_i之和应当为0；ε_{ij}为一个服从正态分布$N(0,\sigma^2)$的随机变量，代表随机误差。一般情况下，我们做假设检验实际上就是检验各个α_i是否均为0，如都为0，即各组总体均数都相等，则当此假设成立时，X_{ij}就会成为服从正态分布$N(\mu,\sigma^2)$的一个变量。

方差分析模型的检验

方差分析模型中的检验可以被分为总模型的检验和各因素的检验。首先对于总模型，所检验的假设如下。

H0：模型中所有被涉及的因素实际影响均为0，即除常数项外，对于任何参数α_i、β_j、…均等于0。

H1：模型参数中至少有一个参数不等于0。

而对于每一个因素所进行的检验，相应的假设如下。

H0：对任意的i取值，都有$\alpha_i=0$。

H1：至少有一个$\alpha_i\neq 0$。

对于单因素方差分析模型，显然上述两种检验是完全等价的。

在具体的检验实现方法上，方差分析的基本思想是变异分解，即将样本的总变异分解为若干个部分，除有一部分代表随机误差的作用外，其余每个部分的变异分别代表了某个影响因素的作用(或交互作用)。通过比较可能由某因素所致的变异与随机误差的大小，借助F分布做出推断，即可了解该因素对结果变量的影响是否存在。

单因素方差分析模型的基本应用条件

统计学中也许有成千上万的方法，但没有哪种方法是放之四海而皆准的，自然这里的方差分析也不例外。一般而言，要应用方差分析，数据应当满足以下几个条件，或者说以下的假设应当成立。

1. 观察对象是来自所研究因素的各个水平之下的独立随机抽样(Independence)；
2. 每个水平下的因变量应当服从正态分布(Normality)；
3. 各水平下的总体具有相同的方差(Homoscedascity)。

一般上述三点会被简单地概括为独立性、正态性和方差齐性，而在具体考察适用条件时，应当都是以模型残差来进行考察。

6.3.2 对品牌的作用进行总体检验

在 SPSS 中，实现单因素方差分析的方法有很多，最常用的是比较均值子菜单中的单因素 ANOVA 过程，但本案例中样品品牌变量为字符串变量，无法在单因素 ANOVA 对话框中使用，因此为了和模型架构的介绍内容相对照，我们使用的是功能更为强大的一般线性模型→单因素过程，和后面多因素方差分析中的分析过程相一致，以方便大家的学习。

此处过程的名称“单变量”其实际含义是“只有一个因变量的方差分析模型”。

“单变量”对话框如图 6.6 所示，具体操作如下。

1. 分析→一般线性模型→单变量；
2. 因变量：输入口感评分；

3. 固定因子：输入样品品牌；
4. 确定。

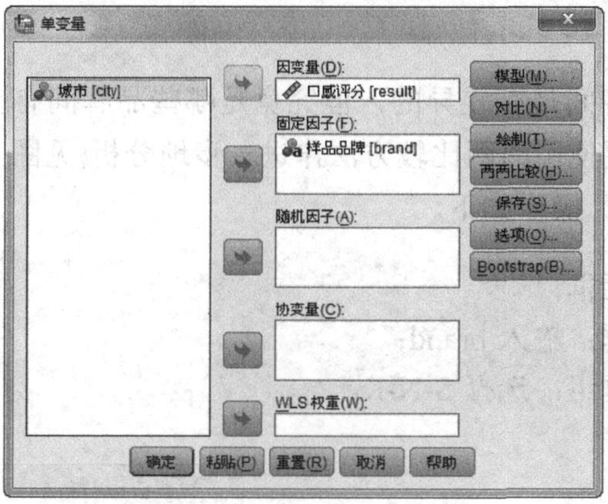

图 6.6　“单变量”对话框

输出结果中会按照四个不同的城市分别给出单因素方差分析的结果，这里我们只给出北京的分析结果(见表 6.4)。该表格就是结果中最重要的方差分析表，可见在本例中共进行了三个检验，依次解释如下。

- ✧ 第一行的修正模型是对所用方差分析模型的检验，其原假设为模型中所有的影响因素均无作用，即品牌间均无差异。该检验的 P 值远小于 0.05，因此所用的模型有统计学意义，以上所提到的影响因素中至少有一个是有差异的，由于模型中只有品牌这一个影响因素，因此等价于品牌有影响。
- ✧ 第二行是对模型中常数项是否等于 0 进行的检验，显然它在本研究中没有实际意义，忽略即可。
- ✧ 第三行专门针对品牌的作用进行了检验，其原假设为所有α_i均等于 0。由于本例中只有品牌这一个影响因素，因此这里的分析结果应当完全等同于前面对总模型的检验，可见品牌有统计学意义，即不同品牌的平均口味测试得分是不同的。

表 6.4　主体间效应的检验[a]

因变量：口感评分

源	III 类平方和	自由度	均方	F	显著性
修正模型	180.942[b]	9	20.105	4.263	.000
截距	16740.456	1	16740.456	3549.861	.000
brand	180.942	9	20.105	4.263	.000
误差	2060.807	437	4.716		
总计	19234.000	447			
修正后总计	2241.749	446			

a. 城市 = 北京

b. R 方 = .081(调整后 R 方 = .062)

6.3.3 组间两两比较

具体操作

上面的结果表明品牌间是有差异的，但究竟是哪些品牌间有差异？为了进一步回答此问题，在方差分析后需要使用两两比较方法作进一步地分析(见图 6.7)。这里采用比较常见的 SNK 法进行两两比较，操作如下。

1. 两两比较子对话框；
2. 两两比较检验框：输入 brand；
3. 假定方差齐性框组：选择 S-N-K。

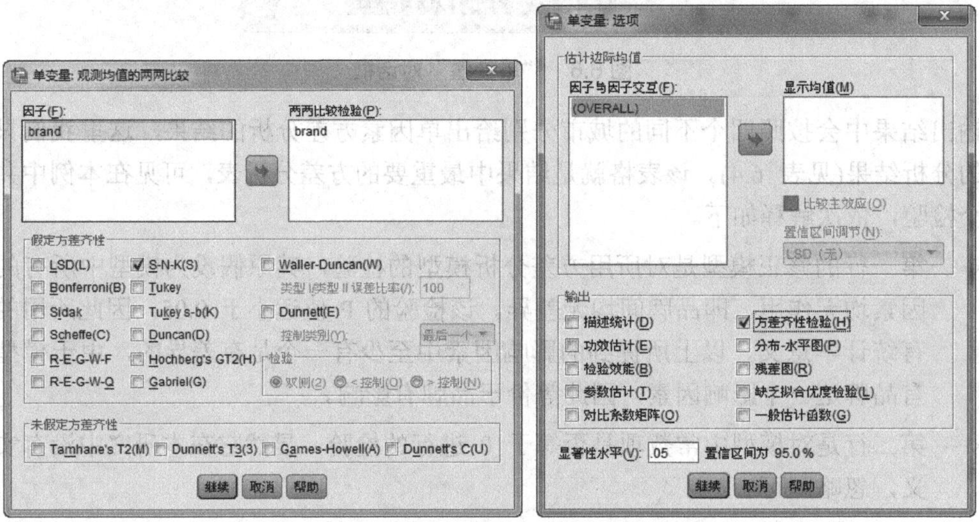

图 6.7 两两比较子对话框和选项子对话框

仍以北京的样本为例，相应的分析结果如表 6.5 所示。

表 6.5 口感评分 [d]

Student-Newman-Keuls[a,b,c]

样品品牌	个 案 数	子 集	
		1	2
伊×	41	5.32	
卡×	44	5.39	
中×	47	5.60	
世×	44	5.84	
海×	46	6.00	
三×	36	6.14	

续表

样品品牌	个 案 数	子 集	
		1	2
试制品 2	52	6.44	6.44
试制品 1	42	6.62	6.62
香×	53	6.72	6.72
子×	42		7.50
显著性		.064	.102

将显示齐性子集中各个组的平均值。

基于实测平均值。

误差项是均方(误差) = 4.716。

a. 使用调和均值样本大小 = 44.178。

b. 组大小不相等。使用了组大小的调和平均值。无法保证 1 类误差级别。

c. Alpha = .05。

d. 城市 = 北京。

表 6.5 是用 S-N-K 法进行两两比较的结果，该方法的输出比较特别，简单地说，首先它会将各组在表格的纵向上按照均数大小排序，然后在表格的横向上被分成了若干个亚组(Subset)，不同亚组间的 P 值小于 0.05，而同一亚组内的各组均数则两两无差别，比较的 P 值均大于 0.05。从表中可见，十种品牌被分在了两个不同的亚组中，第一亚组包括了除子×外的其余全部 9 个品牌，在该列的最下方可见本亚组的检验 P 值为 0.064，显然处于界值附近；第二亚组则由两个试制品，加上香×和子×组成，组内检验 P 值为 0.102。如果两个品牌被分在了完全不同的亚组中，则它们的均数有统计学差异，如伊×和子×，或者卡×和子×均是如此。

在本次两两比较中，品牌组之间的区别效果显然不是太好，这是两两比较中非常常见的问题。这里由于仍然属于预分析范畴，因此我们暂时不对此进行深入探讨，现阶段分析师的任务是注意记录分析中所发现的一些数据信息，为最终建模做准备，而不是急于求成下的分析结论。

常见两两比较方法的特点与选用

常见两两比较方法的特点

在本例的分析中我们使用的两两比较方法是最常用的S-N-K法，实际上在SPSS中提供的两两比较方法有20余种。为方便使用，这里将较重要的几种方法解释如下：

1. LSD：实际上就是两两t检验的改进，在变异和自由度的计算上利用了整个样本信息，而不仅仅是所比较两组的信息。因此它敏感度最高，在比较时仍然存在放大α水准(一类错误)的问题，但换言之就是总的二类错误非常小，要是LSD法都没检验出差别，那恐怕是真的没差别。

2. Bonferroni：由LSD法修正而来，通过调整每个检验的α水准来控制总的α水准，最终保证总的α水准为0.05，该方法的敏感度介于LSD法和Scheffe法之间。

3. TUKEY：即Tukey's honestly significant difference法(Tukey's HSD)，同样采用Student-Range统计量进行所有组间均值的两两比较。但与S-N-K法不同的是，它控制的是所有比较中最大的一类错误概率值不超过α水准。

4. Scheffe：当各组人数不相等，或者想进行复杂的比较时，用此法较为稳妥。它检验的是各个均数的线性组合，而不是只检验某一对均数间的差异，并控制整体α水准等于0.05。但正因如此，它相对比较保守，有时候方差分析F值有显著性，用该法两两比较却找不出差异来。

5. S-N-K：即Student Newman Keuls法，是运用最广泛的一种两两比较方法。它采用Student Range分布进行所有各组均值间的配对比较。该方法保证在H0真正成立时总的α水准等于实际设定值，即控制了1类错误。

如何选择两两比较方法

如何在如此之多的两两比较方法中选出合适的一种是个令人头痛的问题，在这方面从来都是莫衷一是。由于S-N-K法的结果阅读非常方便，以前国内外都以S-N-K法最为常用，但根据近年来的研究，当两两比较的次数极多时，该方法的假阳性非常高！因此比较次数较多时(例如本例中对10组作两两比较，则比较次数会有45次之多)，对S-N-K法得到的有统计学意义的结论要谨慎一些。

根据对相关研究的检索结果，除了参照所研究领域的惯例外，一般可以参照如下标准：如果存在明确的对照组，要进行的是验证性研究，即计划好的某两个或几个组间(和对照组)的比较，宜用Bonferroni(LSD)法；若需要进行的是多个均数间的两两比较(探索性研究)，且各组人数相等，适宜用Tukey法；其他情况宜用Scheffe法。

6.3.4 对模型适用条件的考察：方差齐性检验

在前面我们提到过，方差分析模型也有独立性、正态性、方差齐性这些要求。对于独立性，一般从研究设计或者数据背景就可以进行大致评估；正态性可以在选项中绘制残差图进行考察，不过对于单因素方差分析模型而言，残差分析的实际价值不大；真正比较重要的是方差齐性的要求，在单变量 GLM 过程的选项中可以在分析中进行方差齐性检验，从而用检验结果来考察模型是否满足方差齐性的要求。

1. “选项”子对话框；
2. 选择方差齐性检验。

上文输出的是北京数据的方差齐性检验分析结果，此处的无效假设为：各组方差齐。可见 P 值为 0.520，大于 0.05，因此尚不能拒绝该无效假设，即可以认可方差齐。

实际上，方差分析模型对适用条件的轻微违反有一定的耐受性：对正态性而言，只要是不严重的偏态，那么在样本量较大的时候结果都很稳定；对方差齐性问题，只要所有组中的最大、最小方差之比小于 3，那么检验结果也是非常稳定的，如表 6.6 所示。

表 6.6　误差方差等同性的 Levene 检验 [a,b]

因变量：口感评分

F	自由度 1	自由度 2	显著性
.906	9	437	.520

检验“各个组中的因变量误差方差相等”这一原假设。

a. 城市 = 北京。

b. 设计 : 截距 + brand。

6.4　用两因素方差分析模型进行分析

上面分四个城市分别考察了品牌的影响，可以发现在每个城市中品牌之间的差异并不完全一致，那么究竟整体而言品牌之间有无差异呢？对同一个项目而言，将所有信息整合起来得到一个综合的结果是非常必要的，虽然最简单的做法是忽略城市区别，将样本直接综合起来进行单因素方差分析，但这样做显然过于粗糙，下面我们将进一步考虑同时使用城市和品牌的两因素方差分析模型。

6.4.1　两因素方差分析模型简介

多因素方差分析模型的结构

上文已经介绍了单因素方差分析模型的基本结构，在多因素方差分析模型中，其原理没有任何变化，只是模型中涉及的因素更多而已。以两因素方差分析模型为例，公式如下。

$$Y_{ijk} = \mu + \alpha_i + \beta_j + \varepsilon_{ijk}$$

其中α_i、β_j分别表示A因素i水平和B因素j水平的附加效应，ε_{ijk}仍为随机误差变量。

更为复杂的是如考虑交互作用的情形，模型如下。

$$Y_{ijk} = \mu + \alpha_i + \beta_j + \alpha_i\beta_j + \varepsilon_{ijk}$$

其中α_i、β_j分别表示A因素i水平和B因素j水平的附加效应。$\alpha_i\beta_j$则为两者的交互效应。

方差分析模型的检验

方差分析模型中的检验可以被分为总模型的检验和各因素的检验。首先对于总模型，所检验的假设如下。

H0：模型中所有被涉及的因素实际影响均为0，即除常数项外，对于任何参数α_i、β_j、…均等于0。

H1：模型参数中至少有一个参数不等于0。

而对于每一个因素所进行的检验，相应的假设如下。

H0：对任意的i取值，都有α_i=0。

H1：至少有一个$\alpha_i \neq 0$。

在具体的检验实现方法上，方差分析的基本思想是变异分解，即将样本的总变异分解为若干个部分，除有一部分代表随机误差的作用外，其余每个部分的变异分别代表了某个影响因素的作用(或交互作用)，通过比较可能由某因素所致的变异与随机误差的大小，借助F分布做出推断，即可了解该因素对结果变量的影响是否存在。可能有的读者对这一部分计算不太理解其含义，但问题不大，大家只要记住方差分析的原理是变异分解，而相应的模型表达式完全能够和变异的具体分解相对应即可，其余的运算只是为了求得P值做出统计结论而已。

方差分析模型中的常用术语

在了解了方差分析模型的基本结构后，现在来学习一下方差分析中的常用术语。

1. 因素(Factor)与水平(Level)：因素也被称为因子，就是指可能对因变量有影响的分类变量，而分类变量的不同取值等级(类别)就被称为水平。显然，一个进入分析的因素会有不止一个水平，如性别有男、女两个水平，而分析目的就是考察或比较各个水平对因变量的影响是否相同。在方差分析中，因素的取值范围不能无限，只能有若干个水平，但需要注意的是有时候水平是人为划分出来的，如身高被分为高、中、低三个水平。

2. 单元(Cell)：也被称为水平组合，或者单元格，指各因素各个水平的组合，例如在研究性别(二水平)、血型(四水平)对成年人身高的影响时，最多可以有2×4=8个单元。注意在一些特殊的试验设计中，可能有的单元在样本中并不会出现，如拉丁方设计。

3. 元素(Element)：指用于测量因变量值的最小单位，比如在本案例中，元素就是每一位受访者。而在配伍设计等重复测量问题中，元素可能是受试者每一次具体的测量。根据具体的实验设计，一个单元格内可以有多个元素，也可以只有一个，甚至没有元素。

4. 均衡(Balance)：如果在一个实验设计中任一因素各水平在所有单元格中出现的次数相同，且每个单元格内的元素数均相同，则该试验是均衡的，否则，就被称为不均衡。不均衡的实验设计在分析时较为复杂，需要对方差分析模型作特别设置才能得到正确的分析结果。

5. 协变量(Covariates)：指对因变量可能有影响，需要在分析时对其作用加以控制的连续性变量。实际上，可以简单地把因素和协变量分别理解为分类自变量和连续性自变量。当模型中存在协变量时，一般是通过构建它与因变量的回归关系来控制其影响。

6. 交互作用(Interaction)：如果一个因素的效应大小在另一个因素不同水平下明显不同，则称为两因素间存在交互作用。当存在交互作用时，单纯研究某个因素的作用是没有意义的，必须区分另一个因素的不同水平研究该因素的作用大小。

如果所有单元格内都至多只有一个元素，则交互作用无法进行分析，只能不予考虑，最典型的例子就是配伍设计的方差分析。

6.4.2　拟合包括交互项的饱和模型

下面使用单因素过程来建立本案例的两因素方差分析模型，操作如下。

1. 数据→拆分文件；
2. 选择分析所有个案，不创建组；
3. 确定；
4. 分析→一般线性模型→单变量；
5. 因变量：输入口感评分；
6. 固定因子：输入样品品牌和城市；
7. 确定。

表 6.7 就是结果中最为重要的方差分析表，可见在其中进行了多个检验，依次解释如下。

- ✧ 第一行的修正模型是对所用方差分析模型的检验，其原假设为模型中所有的影响因素均无作用，即城市间、品牌间均无差异，两者的交互作用也均不存在。该检验的 P 值远小于 0.05，因此所用的模型有统计学意义，以上所提到的影响因素中至少有一个是有差异的，具体是哪些有差异则需要阅读后面的分析结果。
- ✧ 第二行是对模型中常数项是否等于 0 进行的检验，显然它在本次分析中没有实际意义，忽略即可。
- ✧ 第三、四行分别是对城市间、品牌间差异进行的检验，可见两者均有统计学意义。
- ✧ 第五行是对城市和品牌的交互作用进行了检验，可见 P 值为 0.263，无统计学意义。

表 6.7　主体间效应的检验

因变量：口感评分

源	III 类平方和	自 由 度	均　方	F	显 著 性
修正模型	457.309[a]	39	11.726	3.037	.000
截距	65059.647	1	65059.647	16848.025	.000
brand	296.340	9	32.927	8.527	.000
city	32.495	3	10.832	2.805	.038
brand * city	120.667	27	4.469	1.157	.263
误差	6607.128	1711	3.862		
总计	73419.000	1751			
修正后总计	7064.436	1750			

a. R 方 =.065(调整后 R 方 =.043)

6.4.3　拟合只包含主效应的模型

由于在本次分析中发现两个因素的交互作用无统计学意义，为了使模型更为简洁，需要在模型中将其去除，具体操作在模型子对话框中实现(见图 6.8)，操作如下。

1. 进入“模型”子对话框；
2. 指定模型：选择设定单选按钮；
3. 构建项类型下拉列表：改为主效应；
4. 右侧模型列表：输入 city、brand。

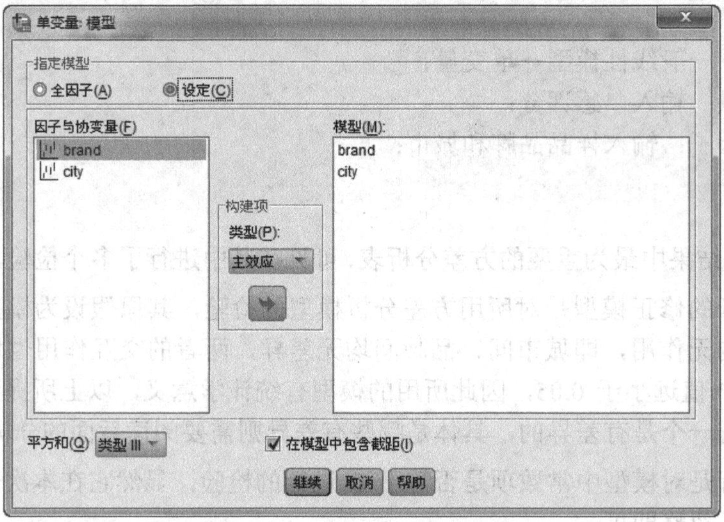

图 6.8 单因素过程的模型子对话框

新的分析结果如表 6.8 所示。

表 6.8 主体间效应的检验

因变量：口感评分

源	III 类平方和	自 由 度	均 方	F	显 著 性
修正模型	336.642[a]	12	28.053	7.247	.000
截距	65985.313	1	65985.313	17046.073	.000
brand	300.948	9	33.439	8.638	.000
city	32.674	3	10.891	2.814	.038
误差	6727.794	1738	3.871		
总计	73419.000	1751			
修正后总计	7064.436	1750			

a. R 方 =.048(调整后 R 方 =.041)。

表 6.8 的阅读方式和前面相同，可见对模型、城市、品牌的检验结论和前相同，即不同城市对同一种样品的平均评分不同，并且在同一个城市中，受访者对不同品牌样品组的平均评分也不相同(读者可借此深入体会多因素分析中所谓“控制了其他因素作用”的含义)。

6.4.4 组间两两比较

现在通过分析，我们已经得知城市间、品牌间的评分是有差异的，为了回答究竟是哪些城市、品牌间有所不同，下面是用 S-N-K 法进行两两比较，操作如下。

1. 进入“两两比较”子对话框；
2. 两两比较检验框：输入 city、brand；
3. 假定方差齐性框组：选择 S-N-K。

相应的分析结果如表 6.9 所示。

表 6.9 口感评分

Student-Newman-Keuls[a,b,c]

城 市	个 案 数	子 集	
		1	2
广州	425	5.92	
北京	447	6.17	6.17
上海	435	6.22	6.22
成都	444		6.31
显著性		.059	.540

将显示齐性子集中各个组的平均值。

基于实测平均值。

误差项是均方(误差) = 3.871。

a. 使用调和均值样本大小 = 437.580。

b. 组大小不相等。使用了组大小的调和平均值。无法保证 1 类误差级别。

c. Alpha = 0.05。

表 6.9 显示四个城市被分为两个亚组，但是北京、上海同时横跨了两组，按照严格的统计解释，结论应当为：广州和成都的平均评分有差异，其余两两无差异。虽然这是多组两两比较中常出现的结果，但是在应用上会带来混乱，为此我们需要在统计结论的基础上结合实际问题再前进一步。考察两个亚组内部检验的 P 值，第一亚组内部检验 P 值为 0.059，非常接近 0.05；第二亚组的 P 值则为 0.54。再观察四个城市的评分均数，很显然，京、沪的均数更加接近蓉，因此从应用的角度出发，最终的结论是：广州的评分应当低于另外三个城市，而另外三者两两无差别。

表 6.10 显示十种品牌可以被分为两个亚组，第一亚组由伊×、卡×、中×、世×、三×这 5 种品牌组成，组内检验的 P 值为 0.62，远大于界值 0.05，第二亚组由香×、海×、子×两种试制品组成，组间检验的 P 值同样远大于 0.05。

表 6.10 口感评分

Student-Newman-Keuls[a,b,c]

样品品牌	个案数	子集	
		1	2
伊×	162	5.60	
卡×	178	5.68	
中×	182	5.74	
世×	162	5.85	
三×	173	5.90	
香×	187		6.39
海×	176		6.41
试制品 2	180		6.49
子×	169		6.69
试制品 1	182		6.75
显著性		.620	.421

将显示齐性子集中各个组的平均值。

基于实测平均值。

误差项是均方(误差) = 3.871。

a. 使用调和均值样本大小 = 174.718。

b. 组大小不相等。使用了组大小的调和平均值。无法保证 1 类误差级别。

c. Alpha = 0.05。

为便于理解结果，这里的两两比较仍然采用的是比较常见的 S-N-K 法，从设计框架的角度出发，采用 Tukey 法或者 Scheffe 法更为稳妥一些，读者可自行操作一下，可以看到虽然具体比较结果有所差异，但最终结论是完全一致的，即两种试制品在评分上的确较大多数其他品牌样品更高。

6.4.5 尝试将城市指定为随机因素进行分析

至此，对本例的分析似乎已告一段落，但是必须指出：在本例中，我们将品牌和城市均设定为固定因素，对于品牌而言，研究者只是希望比较在 10 种样品中哪个更受欢迎，没有任何问题。但是对城市而言，如果研究者只是希望分析在这 4 个城市间的口味评分有无差异，则以上分析结果是正确的；但是，如果实际目的是通过这 4 个城市来推断全国所有同类城市的口味评分有无差异，则这里涉及将结果外推到未出现在样本中的其他城市的问题，它就应当是一个随机因素。换言之，这里的分析结果只能说在这 4 个城市间是有效的，可能并不能代表全国其他城市。

固定因素(Fixed Factor)与随机因素(Random Factor)

两者都是因素的不同种类，固定因素指的是该因素在样本中所有可能的水平都出现了。换言之，该因素的所有可能水平仅此几种，针对该因素而言，从样本的分析结果中就可以得知所有水平的状况，无须进行外推。如要研究三种促销手段的效果有无差别，所有样本只会是三种促销方式之一，不存在第四种促销手段的问题，则此时该因素就被认为是固定因素。

和固定因素相对应的是随机因素，它指的是该因素所有可能的取值在样本中没有全部出现，或不可能全部出现。换言之，目前在样本中的这些水平是从总体中随机抽样而来，如果我们重复本研究，则可能得到的因素水平会和现在完全不同！这时，研究者显然希望得到的是一个能够“泛化”，即对所有可能出现的水平均适用的结果。如研究广告类型和投放的城市对产品销量是否有影响，在设计中随机抽取了20个城市进行研究，显然，研究者希望分析结果能够外推到全国的所有大中型城市，此时就涉及将结果外推到抽样未包括的城市中的问题，在这种情况下，城市就应当是一个随机因素。又如研究什么温度下催化剂的效果最好，因经费有限，样本中只取了30℃、40℃、50℃三个水平，但是我们希望研究的是整个有效温度范围内哪个温度的效果最好，即在分析结果中能同时外推35℃、45℃这些水平的情况，此时温度也应当是随机因素。

一般来说，固定因素和随机因素在分析时应分别指定，如果将随机因素按固定因素来分析，则可能得出错误的分析结果。但是，在许多时候，判断一个因素究竟是固定因素还是随机因素并不是件容易的事情。在这里需要提醒各位读者的是：区别这两者的并非是该因素本身的特性，而是我们的分析目的，假如将其看成固定因素，则结论就不应当外推到未出现的其他水平中去；否则，就应当考虑按照随机因素来分析。

具体分析操作

下面可以将城市指定为随机因素进行分析，操作如下。

1. 分析→一般线性模型→单变量；
2. 因变量：输入口感评分；
3. 固定因子：输入样品品牌；
4. 随机因子：输入城市；
5. 进入“模型”子对话框；
6. 指定模型：选择“设定”单选按钮；
7. 构建项类型下拉列表：改为“主效应”；
8. 右侧模型列表：输入 city、brand；
9. 确定。

表 6.11　主体间效应的检验

因变量：口感评分

源		III 类平方和	自由度	均方	F	显著性
截距	假设	65985.313	1	65985.313	6050.326	.000
	误差	32.670	2.996	10.906[a]		
brand	假设	300.948	9	33.439	8.638	.000
	误差	6727.794	1738	3.871[b]		
city	假设	32.674	3	10.891	2.814	.038
	误差	6727.794	1738	3.871[b]		

a. 1.002 MS(city) - .002 MS(错误)。

b. MS(错误)。

在本例中，最终的分析结果和前面的纯粹固定因素模型相一致。但并非所有的设计都会出现此类情形，因此研究者还是应当根据具体的研究设计，以及希望获得的结论覆盖范围来进行选择。一个简单的判断方法是考虑检验结论希望能够外推的范围：固定因素模型其结论只能代表样本中所涉及的因素水平，而随机因素模型其结论理论上可以外推至样本数据中未出现的那些因素水平。如果本例中分析重点就是放在四个抽样城市，则将城市作为固定因素分析是合理的，同时结论实际上也只是在相应的四个城市中才有效。否则，就应当将城市作为随机因素进行分析，如果将城市错误地指定为固定因素，则分析结果实际上结论并不能外推到其他城市，有的时候可能得到错误的结论。

6.5　分析结论与讨论

6.5.1　分析结论

综上分析，本研究的基本结论如下。

- ✧ 在 10 种样品中，大致可被分为两个评价层次，口味评分较高的是香×、海×、子×、两种试制品这五类，它们之间无差异。两种试制品的人群测试效果应当是令人满意的，可以考虑投入生产，推向市场。
- ✧ 在研究所涉及的四个城市中，受访者对相同样品的评分有所差异，广州的平均评分要低于北京、上海、成都三地。
- ✧ 本次研究中未发现品牌和城市间存在交互作用，即品牌口味评分间的差异在不同城市间是完全相同的，尚未发现特殊的地域偏好。

6.5.2 Benchmark：用还是不用

在新品上市研究或者满意度研究中，方差分析是常用的统计模型。一般而言，当新产品被研制出来后，客户总是希望其能够超越目前市场上的大部分同类产品(无论这种同类产品是本公司还是竞争对手的产品)。因此，为了保证分析结果能够真正地贴近实际销售市场，在研究设计中都会考虑将市场上现有的主流产品也加入，将其作为比较基准(Benchmark)，这个被加入的产品可以是希望替换的本公司产品，也可以是希望打败的主要竞争对手的产品。这样一来，新品效果测试中常见的研究组合可能有以下类型。

- ✧ 所有待研究的新品+希望替换的现有产品
- ✧ 所有待研究的新品+竞争对手的主打产品
- ✧ 所有待研究的新品+希望替换的现有产品+竞争对手的主打产品

根据统计学理论，配对/配伍研究设计的效率要远远高于普通的设计，因此最佳的设计方案是让每一位受访者对所有的样品均给出评价。但是，如果测试样品较多时，这实际上是不现实的，因为过于冗长的反复测试只能得到高度失真的劣质数据。此时可能需要采用更精巧的不完全设计，如每位受访者只试用其中的两种或者三种样品，在研究设计正确时，使用方差分析模型仍然可以将全部的数据连接起来，最终给出正确的检验结论。

在经费充足的情况下，为了保证和 Benchmark 样品比较结果的精确性，还可以对以上设计方法作进一步的完善，如要求每位受访者都评价 Benchmark 和一种新样品，这样所有新样品和 Benchmark 都有直接比较的结果，要更为精确一些。虽然从统计方法的角度讲，这样做并不合算，但是由于客户较易接受这种简单明了的设计，且确实能达到提高和 Benchmark 比较精度的目的，因此当经费充足时，也可以考虑此种方式。

现在再来看本案例的设计，首先，由于本研究中所涉及的一些其他研究目的的限制，在研究中无法采用每位受访者品尝多种样品的配对/配伍设计方式，而是只能采用每位受访者只能品尝一种样品进行评分的方式。其次，实际上在本研究设计中并未明确加入基准样品，也就是该企业希望用新品替换的老产品并未在设计中出现，这样做的原因在于该企业认为目前正在研制的新产品其各项指标都有改进，研究者有充分的信心认为任何一种新配方的效果都至少不会低于现有产品，因此不需要进行这种比较。虽然不使用 Benchmark 是不太常见的做法，但在本研究中应当是可行的。也就是说，在统计分析/统计设计中，对相应的统计原则要加以灵活运用，切不可照本宣科，脱离实际。

第7章　偏态分布的激素水平影响因素分析

学习前建议阅读	第 2 章　顾客售后满意度监测项目，了解 SPSS 的基本操作方法； 第 6 章　酸奶饮料新产品口味测试研究，了解方差分析模型的基本操作。
案例导读	在某个消化内科的科研项目中，研究者希望考察在控制了其他因素的作用之后，激素水平是否的确在对照组和实验组之间存在差异，以根据分析结果继续进行下一步的研究。 在统计描述中，研究者发现作为因变量的激素水平呈正偏态分布，因此在数据理解阶段用 Bootstrap 抽样方法和秩和检验方法进行了变量间关联情况的探索，随后分别采用变量变换、秩和变换分析、Cox 回归三种方法进行了数据处理，得到了所需的分析结果。
分析方法	Bootstrap 抽样、秩和检验、秩变换方法、Cox 回归。
案例的分析过程	转换：计算变量、个案排秩； 表：设定表； 统计图：直方图、散点图； 比较均值：均值； 描述统计：描述、P-P 图； 非参数检验：独立样本； 生存函数：Cox 回归。
学习后建议阅读	第 10 章　中国消费者信心指数影响因素分析，了解方差分析模型的衍生模型及应用。

7.1　案 例 背 景

7.1.1　研究项目概况

在某个消化内科的科研项目中，研究者认为某种激素水平可能会对胃癌的发生产生一定的诱发作用，因此设计了此项研究，将患者按照临床病理诊断结果分为对照组和试验组(出现病变组)两组，并且采集了如下指标(本案例为便于讲解，省略了一些背景指标)。

- ✧ 性别：男、女。

- ✧ 年龄：除记录实际年龄外，还根据临床研究的习惯，按照<45 岁、45～59 岁、60 岁及以上分为青年、中年、老年三组。

上述指标在两组间有大致的配额控制，但并未完全均衡。

此外，对于试验组，还进行了以下实验室检查。

- ✧ 萎缩程度：分为轻、中、重度三级。
- ✧ 胃黏膜细胞肠化生程度：分为无、轻度、中度、重度四级。

研究者希望回答的研究问题如下。

- ✧ 总目标：在控制了其他因素的作用之后，激素水平是否的确在两组间存在差异。

为达成这一总目标，又可进一步衍生出如下分目标。

- ✧ 分目标 1：激素水平和年龄、性别等有无关联。
- ✧ 分目标 2：在试验组中，激素水平和黏膜萎缩程度、肠化生程度等是否有关。

原始数据见文件“激素水平.sav”。

7.1.2　分析思路/商业理解

本例实际上并不复杂，是一个比较典型的要求控制其余影响因素下的两组数据比较。因此从基本思路上应当属于一般线性模型的范畴，绝大多数情况下，此类问题的分析流程如下。

- ✧ 在数据理解的基础上，先进行单个因素对因变量的影响大小分析，对可能需要控制的其他影响因素进行预筛，并提前发现可能和因变量存在曲线关联的连续性自变量，以便后续分析中做出相应的数据准备和建模变换。
- ✧ 根据单因素分析的结果，尝试构建多因素模型，从而在控制其余影响因素的同时，得到分组变量是否对因变量有影响的结论。
- ✧ 继续深入分析，依次明确各个分目标。

本例原本也应当按此思路进行分析，但在数据理解中，我们会发现因变量的分布完全不符合模型要求，因此如何将数据变换为符合模型要求，或者如何找到能够使用该数据的统计模型，就成了本研究所必须解决的问题，让我们随后来依次展开对该案例的讨论。

7.2　数 据 理 解

7.2.1　单变量描述

分类变量的频数分布

数据理解中首先应当完成的工作是对每个变量的分布情况进行描述，常用的方法是描述过程和频率过程。但本例由于样本量很少，因此我们可以用制表过程来简化输出，如图 7.1 所示。

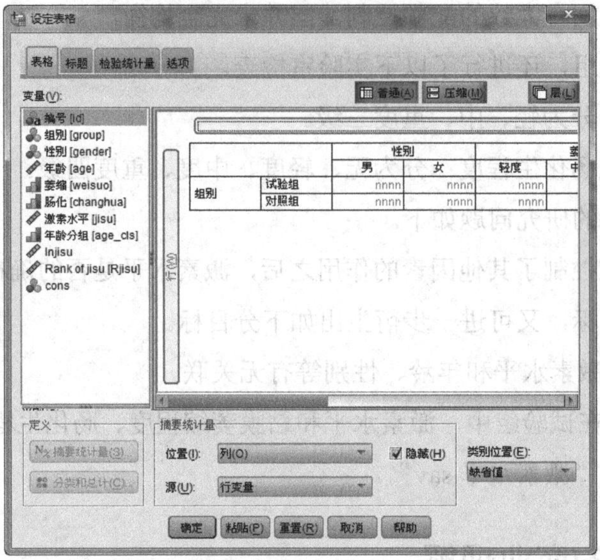

图 7.1 “设定表格”对话框

1. 分析→表→设定表；
2. 将变量 Group 拖入行框，同时选中性别、萎缩、肠化、年龄分组，将其拖入列框；
3. 摘要统计量框组，选中隐藏复选框；
4. 确定。

从表 7.1 中可以看出，性别和年龄分组的分布在两组间大致平衡，但仍然存在一定的波动；萎缩和肠化则只在试验组中有数据分布，因此在进行试验组/对照组之间的比较时，上述两个指标是无用武之地的。

表 7.1 频数表

		性别		萎缩			肠化				年龄分组		
		男	女	轻度	中度	重度	无	轻度	中度	重度	青年组	中年组	老年组
组别	试验组	25	12	14	16	7	10	12	13	2	15	12	10
	对照组	20	11	0	0	0	0	0	0	0	10	11	10

连续变量分布的描述

下面用描述过程来进行连续变量的初步描述，如图 7.2 所示。

1. 分析→描述统计→描述；
2. 输入年龄和激素水平；
3. 确定。

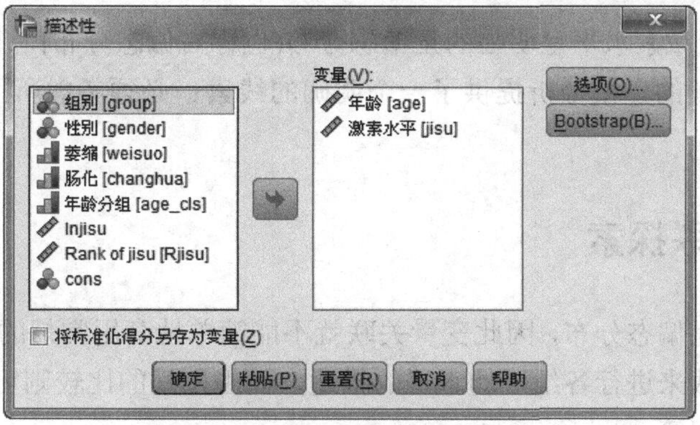

图 7.2　“描述性”对话框

在表 7.2 中我们会注意到一个问题：激素水平的标准差远大于均值，极大值也远大于均值。由于激素水平不可能小于 0，因此这意味着该变量很可能是偏态分布的，对此可以进一步绘制直方图(见图 7.3)加以确认。

表 7.2　描述统计量

	个 案 数	极 小 值	极 大 值	平 均 值	标 准 差
年龄	68	17	80	50.10	12.641
激素水平	68	.05	10.10	.5565	1.29723
有效个案数(成列)	68				

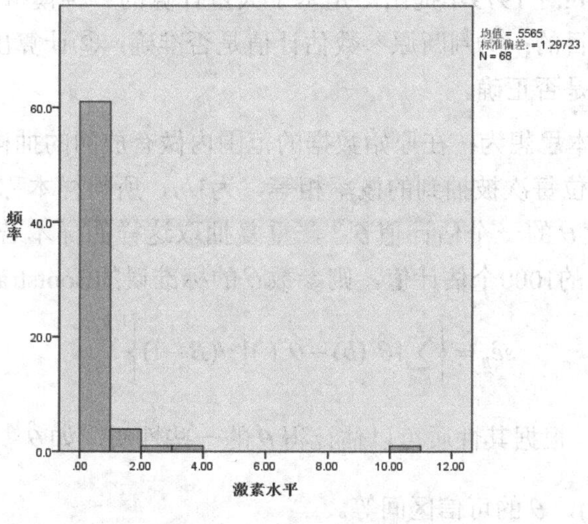

图 7.3　激素水平的直方图

1. 图形→图表构建程序；
2. 将简单直方图图标拖入画布；
3. 将激素水平拖入 X 轴框；
4. 确定。

从图 7.3 可见，激素水平呈明显的正偏态分布(也称右偏态分布)，且可能在右侧存在大极端值。这就给后续的建模分析提供了一个明确的线索：必须考虑所用的假设检验方法对数据的分布要求。

7.2.2 变量关联探索

由于激素水平呈偏态分布，因此变量关联就不能简单地套用常规的 t 检验等方法，下面我们考虑引入中位数来进行各组平均水平的描述，而组别间的比较则可以采用 Bootstrap 抽样或者秩和检验来回答。

采用 Bootstrap 抽样来进行分析

常用的经典统计学的各种分析方法无一例外地需要先对变量的分布进行假定，然后才能够进行相应的计算，这无疑限制了其在分布异常的数据中的应用；另外，经典统计学对均数的参数估计，特别是区间估计发展得比较完善，但对于其他一些分布参数，例如中位数、四分位数、标准差、变异系数等的区间估计就颇为计穷，这无疑是方法体系上的一大缺憾。

至20世纪80年代以来，随着计算机技术的飞速发展，借助于计算机日益强大的计算能力，计算统计学这一新的统计学分支得到了飞速发展，而Bootstrap方法就是发展较早且较为实用的一种计算统计学方法，可以很好地解决上面经典统计学所无法解决的难题。

基本原理

Bootstrap方法由Efron于1979年提出，是基于大量计算的一种模拟抽样统计推断方法，它的使用主要出于两种目的：①判断原参数估计值是否准确；②计算出更准确的可信区间，判断得出的统计学结论是否正确。

Bootstrap方法的基本思想为：在原始数据的范围内做有放回的抽样，样本含量仍为n，原始数据中每个观察单位每次被抽到的概率相等，为$1/n$，所得样本称为Bootstrap样本。于是可得到任何一个参数θ的一个估计值$\theta^{(b)}$，重复抽取这样的样本若干次，记为B。例如B=1000，就得到该参数的1000个估计值，则参数θ的标准误的Bootstrap估计为：

$$s\hat{e}_B = \left\{ \sum_{b=1}^{B} [\hat{\theta}^*(b) - \hat{\theta}^*(.)]^2 / (B-1) \right\}^{1/2}$$

其中$\hat{\theta}^*(.) = \sum_{b=1}^{B} \hat{\theta}^*(b) / B$，根据其性质可以估计得$\theta$的一些性质，如$\hat{\theta}^{(b)}$的分布是否为正态，$\theta^{(b)}$的均数及标准差(误)，$\theta$的可信区间等。

参数法和非参数法

Bootstrap方法有参数法和非参数法两种，前者需要假定$\hat{\theta}^{(b)}$的分布状况，而后者则无任何限制。以可信区间的估计方法为例，其基本原理为当$\hat{\theta}^{(b)}$的分布近似正态时，可以其均数$\hat{\theta}^{(-)}$做点估计，用正态原理估计Bootstrap可信区间；而当$\hat{\theta}^{(b)}$的频数分布为偏态时，以其中位数做点估计，用上、下2.5%分位数估计95%可信区间。

和经典统计学中的情况类似，一般情况下参数法的效率高于非参数法。但是，正是因为参数法需要实现假定分布类型，导致当数据违反假定时分析结果可能不准确。另外，如果数据存在明确的层次结构，则采用分层抽样而不是完全随机抽样也可以有效地提高分析效率。SPSS默认为非参数Bootstrap方法，并采用完全随机抽样，但也可以根据需求改为分层抽样方法。

抽样次数的确定

在使用Bootstrap方法时需要确定的一个基本参数是计算中的抽样次数B应取多大。显然，B取值越大，则计算结果越准确，但需要花费的计算时间也越长。从经验值上讲，一般取50～200即可保证参数估计值的相对误差不大于5%，但如果采用百分位数法来计算可信区间，则显然样本量太低，最好能放大到1000例上下。高于1000例多数情况下带来的精度改善非常有限，且过于耗时。因此在多数情况下抽样次数定为1000次最为常见。

“自助抽样”对话框如图 7.4 所示。

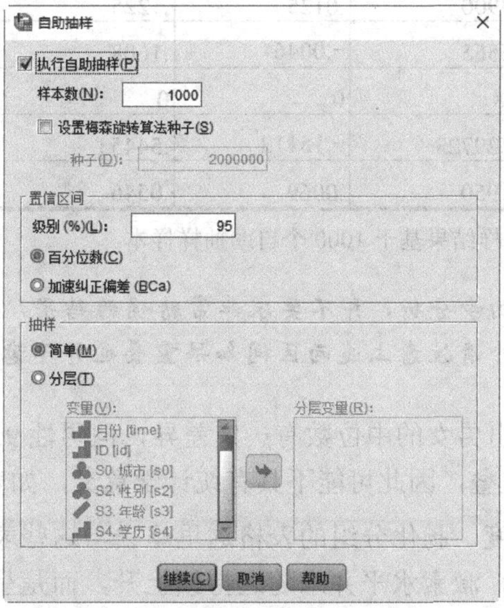

图 7.4　“自助抽样”对话框

这里我们首先可以采用 Bootstrap 抽样来进行分析，操作如下。

1. 分析→比较均值→均值；
2. 将激素水平输入因变量列表；
3. 将组别、性别、年龄分组输入自变量列表；
4. “选项”子对话框中，将中位数加入单元格统计量；
5. 自助抽样子对话框中，选择执行自助抽样；
6. 确定。

表 7.3 显示试验组和对照组的激素水平中位数存在一定差异，而且试验组的中位数

95%CI 为 0.06～0.16，对照组为 0.22～0.67，两者并不重叠，说明确实存在统计学差异。

表 7.3 激素水平×组别

激素水平

组 别		统 计	自助抽样 [a]			
			偏 差	标准误差	95% 置信区间	
					下 限	上 限
试验组	平均值	.2859	.0016	.0695	.1665	.4375
	个案数	37	0	4	29	45
	标准差	.42893	-.01933	.11057	.20006	.61301
	中值	.1000	-.0025	.0278	.0600	.1600
对照组	平均值	.8794	-.0135	.3268	.4040	1.6887
	个案数	31	0	4	23	39
	标准差	1.82742	-.26895	.82926	.33686	3.13421
	中值	.3900	.0125	.1225	.2200	.6744
总计	平均值	.5565	-.0046	.1608	.3129	.9339
	个案数	68	0	0	68	68
	标准差	1.29723	-.15112	.54453	.37200	2.11156
	中值	.1950	.0069	.0546	.1300	.3550

a. 除非另行说明，否则自助抽样结果基于 1000 个自助抽样样本。

注意此处仅为初步分析，并不要求非常精确的结果，此种大致判断的结论是可以接受的，另外请注意上述两区间如果重叠也并不意味着一定无统计学意义。

性别的描述表格也指出男女的中位数有一定差异，但男性 95% CI 为 0.09～0.27，和女性 95% CI 的 0.15～0.57 重叠，因此可能不具有统计学意义，如表 7.4 所示。

年龄分组以及萎缩程度、肠化分组的表格这里略去，这些表格均显示出随着年龄、萎缩程度、肠化程度的升高，激素水平并未随之持续上升，而是呈现出波动趋势，且可信区间有明显的重叠，因此可能差异无统计学意义。

表 7.4 激素水平×性别

激素水平

性 别		统 计	自助抽样 [a]			
			偏 差	标准误差	95% 置信区间	
					下 限	上 限
男	平均值	.6089	-.0076	.2365	.2681	1.1737
	个案数	45	0	4	38	52
	标准差	1.56123	-.20960	.69894	.33020	2.65154
	中值	.1400	.0188	.0576	.0900	.2700

续表

性　别		统　计	自助抽样[a]			
			偏　差	标准误差	95% 置信区间	
					下　限	上　限
女	平均值	.4539	.0023	.0996	.2848	.6648
	个案数	23	0	4	16	30
	标准差	.48311	−.02804	.12625	.23547	.68197
	中值	.2800	.0307	.1168	.1550	.5700
总计	平均值	.5565	−.0046	.1608	.3129	.9339
	个案数	68	0	0	68	68
	标准差	1.29723	−.15112	.54453	.37200	2.11156
	中值	.1950	.0069	.0546	.1300	.3550

a. 除非另行说明，否则自助抽样结果基于 1000 个自助抽样样本。

采用秩和检验进行分析

上面是通过分别计算各组的可信区间来大致估计有无统计学差异，如果希望得到更为精确的结果，则可以使用秩和检验，目前 SPSS 可以同时提供新老两套秩和检验的操作界面，如图 7.5 所示。

1. 分析→非参数检验→独立样本；
2. 字段选项卡：组别输入组变量框，激素水平输入检验字段框；
3. 运行。

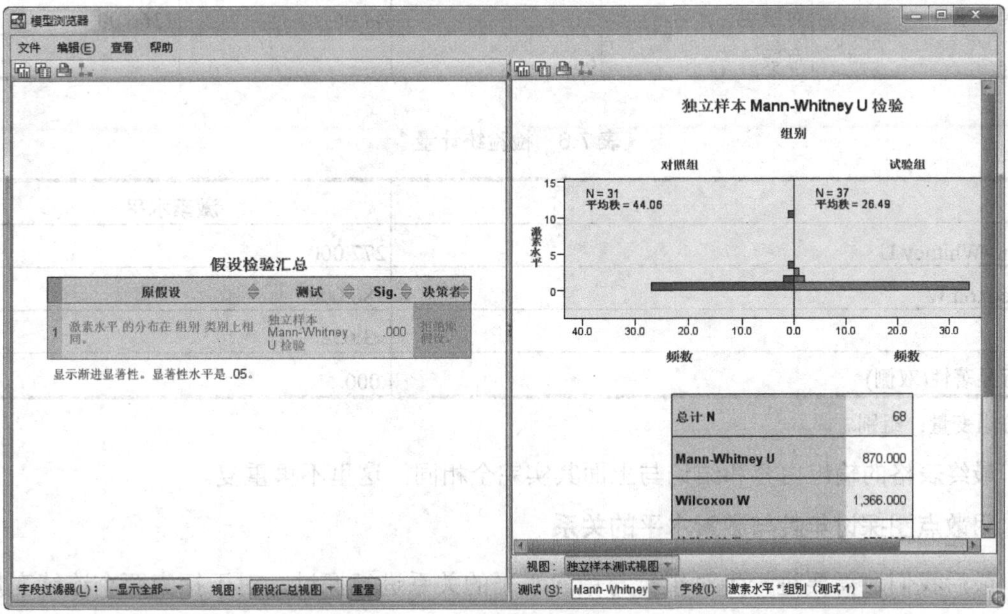

图 7.5　秩和检验的分析结果

最终结果会以模型的形式呈现，双击进入后会提供详细的秩次分布等信息，如图 7.6 所示，可见激素水平的分布在两组间的确是有差异的。秩和检验统计量结果见表 7.5 和表 7.6。

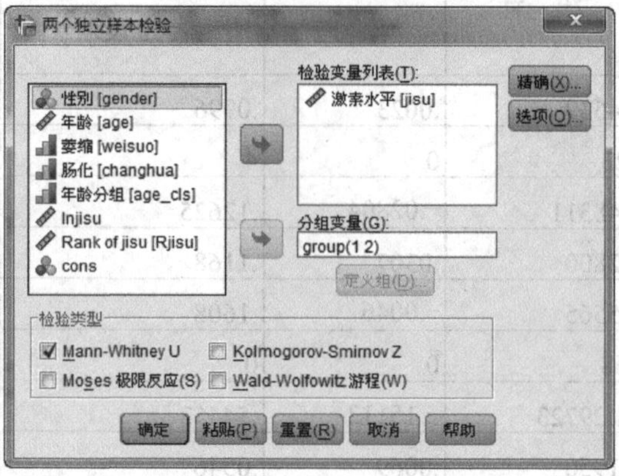

图 7.6 “两个独立样本检验”对话框

1. 分析→非参数检验→旧对话框→2 个独立样本；
2. 组别输入分组变量框，组编号分别定义为 1、2；
3. 激素水平输入检验变量列表框；
4. 确定。

表 7.5 秩

	组 别	个 案 数	秩 均 值	秩 和
激素水平	试验组	37	26.49	980.00
	对照组	31	44.06	1366.00
	总数	68		

表 7.6 检验统计量[a]

	激素水平
Mann-Whitney U	277.000
Wilcoxon W	980.000
Z	-3.658
渐近显著性(双侧)	.000

a. 分组变量：组别。

最终表格的输出内容和结论与上面其实完全相同，这里不再重复。

用散点图探讨年龄与激素水平的关系

最后我们还需要进一步对年龄与激素水平的关系进行探讨，对于探索两个连续变量的联系，绘制散点图显然是第一选择，如图 7.7 所示。

1. 图形→图表构建程序；
2. 将分组散点图图标拖入画布；
3. 将年龄拖入 X 轴框，激素水平拖入 Y 轴框，组别拖入设置颜色框；
4. 确定。

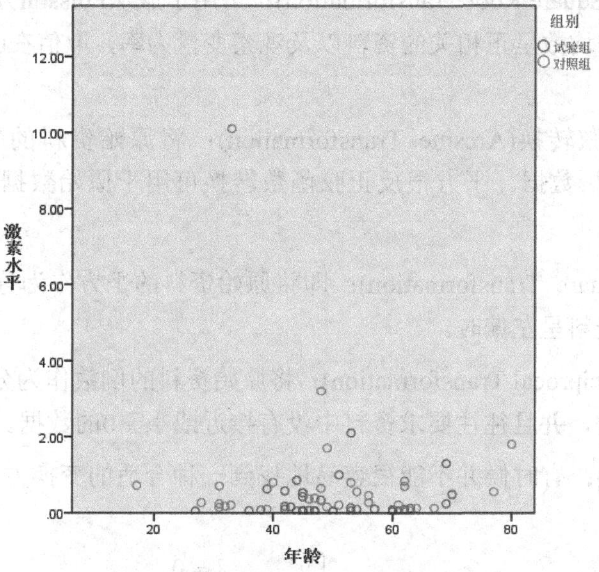

图 7.7　年龄和激素水平的散点图

从图 7.7 可以看出，年龄和激素水平之间并未发现有明显的数据关联，且年龄在两组间也没有明显的差异。同时该散点图也清晰地显示出了激素水平的一个极大值，该数据显然会对常规模型造成很大的影响。

7.3　对因变量变量变换后建模分析

由于因变量呈明显的正偏态分布，因此我们不再坚持直接建模后进行残差分析来评估模型适用性的分析思路，而是考虑更换方法。

7.3.1　常见的变量变换方法

有时候原始资料并不能满足方差分析的要求，这时候除了求助于非参数检验方法外，也可以考虑变量变换(Transformation)，通过对原始数据的数学变换，使其满足或者近似满足方差分析的要求。一般认为，通过变量变换若达到方差齐性要求的资料，其正态性问题也会有所改善。常用的变量变换有以下几种：

1. 对数转换(Logarithmic Transformation)：将原始数据的自然对数值作为分析数据，其最常用形式为Y=Lgx，也可选用Y=Lg(X+K)或Y=Lg(K−X)，当原始数据有0时，可用Lg(X+K)进行数据转换，其中K为一小值。对数转换可用于：服从对数正态分布的资料；部分正偏态资料、等比资料，特别是各组的S与$\overline{X}$的比值相差不大(各组CV相近)的资料。

2. 平方根转换(Square Root Transformation)：可用于服从Poisson分布的资料、轻度偏态资料、样本的方差与均数呈正相关的资料以及观察变量为率，取值在0～20%或80%～100%的资料。

3. 平方根反正弦转换(Arcsine Transformation)：将原始资料的平方根反正弦变换值$y=\sin^{-1}\sqrt{X}$作为分析数据。平方根反正弦函数转换可用于原始数据为率，且取值广泛的资料。

4. 平方变换(Square Transformation)：即将原始资料的平方作为分析数据。常用于方差与均数呈反比时或资料呈左偏时。

5. 倒数变换(Reciprocal Transformation)：将原始资料的倒数作为分析数据。用于方差与均数的平方成正比时，并且往往要求资料中没有接近或小于0的数据。

6. Box-Cox变换：有时候并不能很容易地找到一种合适的变换方式，Box和Cox于1964年提出一类变换：

$$f(y)=\begin{cases} y^{\lambda} & \lambda \neq 0 \\ \ln(y) & \lambda = 0 \end{cases}$$

研究者需要根据原始资料来尝试不同的λ的值。实际上λ分别为−1，0，0.5，2时，Box-Cox变换分别等同于倒数变换、对数变换、平方根变换和平方变换。

此外，当观察指标为率，且取值在30%～70%时，一般不考虑变量变换。

Box-Cox 变换看上去很美，但请大家慎用，因为有学者做过研究，发现如果不顾一切地进行变量变换，那么绝大多数异常分布的数据都可以在被变换后比较接近正态，但代价是严重扭曲数据原本内涵的信息。比如说本来应当是 A 组均数大于 B 组，但是在“合适”的变换方式之下，变换后数据的比较结果可以是两组无差异，甚至于可以是 A 组均数小于 B 组！因此笔者不推荐使用过于复杂的变量变换方法。

7.3.2 本案例的具体操作

对于正偏态分布的资料，比较常用的方法是进行对数变换，此时有可能使数据不再明显偏离正态。为此我们可以先使用 P-P 图考察一下，如图 7.8 所示。

1. 分析→描述统计→P-P 图；
2. 激素水平输入变量框；

3. 转换方式，选择自然对数转换；
4. 确定。

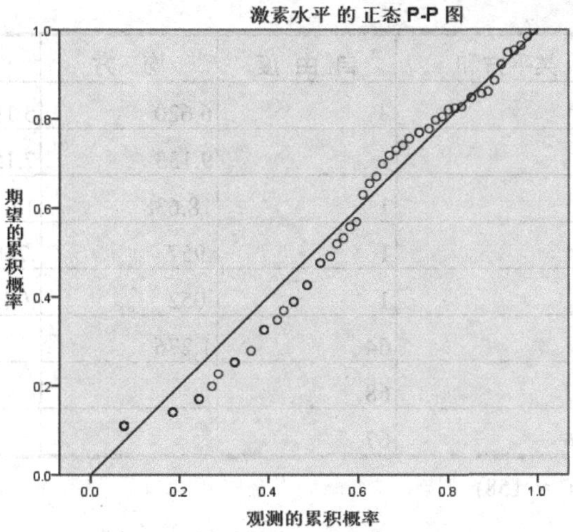

图 7.8 P-P 图对话框以及激素水平的 P-P 图

从图 7.8 中可以看出，在经过自然对数变换后，激素水平的分布已经较为接近正态，虽然仍然有一些差异，但已经可以考虑进行建模分析了。

下面生成对数变换后的新变量。

```
COMPUTE LNJISU=LN(JISU).
EXEC.
```

随后考虑进行模型的初步拟合，因自变量中有分类变量，这里使用一般线性模型来分析。

1. 分析→一般线性模型→单变量；
2. 将 lnjisu 输入因变量框；
3. 将组别、性别输入固定因子框，年龄输入协变量框；
4. “模型”子对话框，将组别、性别、年龄的主效应输入模型框；
5. “选项”子对话框，选择残差图和缺乏拟合优度检验；
6. 确定。

表 7.7 中为总模型的检验结果，可见总模型 P 值为 0.003，说明整个模型对 lnjisu 的预测是有统计学意义的；分项考察结果，则组别的 P 值小于 0.001，具有统计学意义，但性别和年龄的 P 值均远大于 0.05，因此没有继续深入分析的必要。

读者也可以采用年龄分组代替年龄来进行建模，结论和现在相同，仍然是年龄无统计学意义，此处不再赘述。

表 7.8 中给出的是模型的失拟检验结果，给出的是与饱和模型(即包括所有主效应和各阶交互效应的模型)相比，当前模型的预测效果是否存在差异，结果 P 值为 0.713，远大于

0.05，因此当前模型中不需要再考虑增加任何交互项了。

表 7.7　主体间效应的检验

因变量：lnjisu

源	III 类平方和	自由度	均　方	F	显著性
修正模型	19.861[a]	3	6.620	5.190	.003
截距	9.133	1	9.133	7.159	.009
group	18.638	1	18.638	14.610	.000
gender	.957	1	.957	.750	.390
age	.052	1	.052	.041	.840
误差	81.645	64	1.276		
总计	251.397	68			
修正后总计	101.506	67			

a. R 方 = .196(调整后 R 方 = .158)。

表 7.8　失拟检验

因变量：lnjisu

源	平方和	自由度	均　方	F	显著性
失拟	60.780	50	1.216	.816	.713
纯误差	20.865	14	1.490		

图 7.9 给出的是模型的残差分布情况，可见随着预测值的上升，Lnjisu 的残差分布虽然不是特别理想，但没有明显的离群点出现。如果不放心的话，我们可以进一步将预测值和标化残差存为新变量来绘图。结果显示标化残差绝对值没有超过 3，因此残差分布是可以接受的。

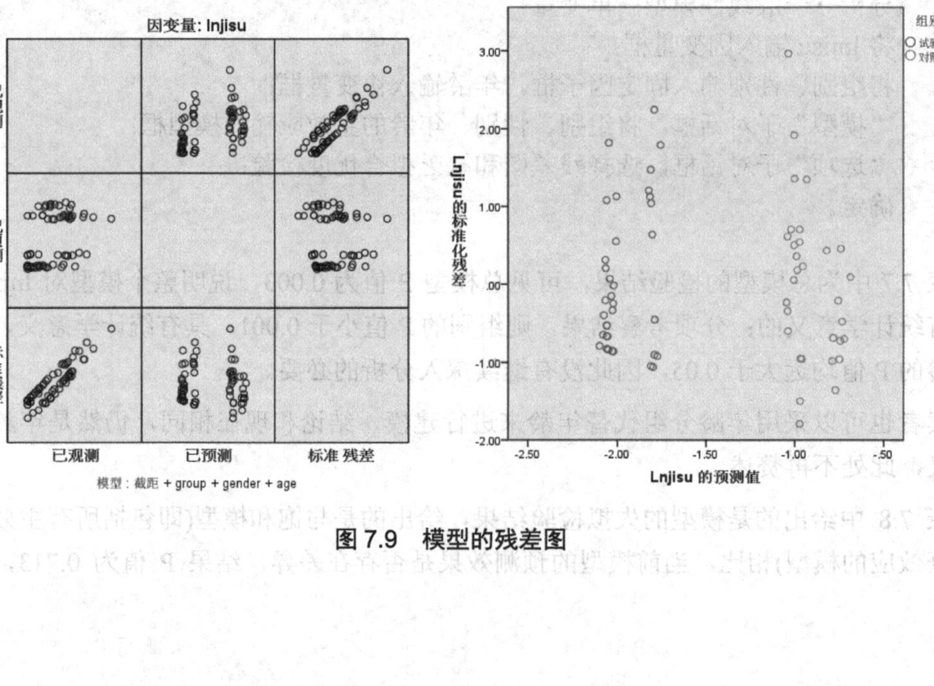

图 7.9　模型的残差图

7.4　秩变换分析

上面采用对数变换的方法解决了因变量偏态分布的问题，但在实际工作中，分析师往往会遇到变量变换也无法解决问题的情形，此时就需要寻求更为通用的解决方法，而非参数统计分析方法，特别是其中的秩变换分析方法就是一个很好的工具。

所谓秩变换分析方法，就是先求出原变量的秩次，然后使用求出的秩次代替原变量进行参数分析，当样本含量较大时，该方法的分析结果和相应的非参数方法基本一致，但该方法可以充分利用已知的参数方法，如多组样本的两两比较、多元回归等，从而大大扩展了非参数分析方法的范围。

下面我们就考虑使用秩变换分析来对本案例进行分析，首先要进行因变量的秩变换，具体如图 7.10 所示。

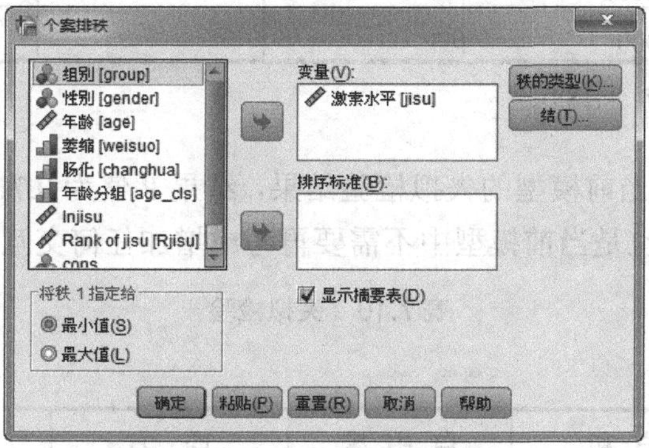

图 7.10　“个案排秩”对话框

1. 转换→个案排秩；
2. 将激素水平输入变量框；
3. 确定。

注意此处的秩变换是基于 H_0 假设的前提来进行的，因此不应当考虑分组。操作结束后数据集中会生成新变量 Rjisu，其大小就是激素水平的未分组秩次。

下面就可以使用 Rjisu 作为因变量来建模分析了。

1. 分析→一般线性模型→单变量；
2. 将 Rjisu 输入因变量框；
3. 将组别、性别输入固定因子框，年龄输入协变量框；
4. “模型”子对话框，将组别、性别、年龄的主效应输入模型框；
5. “选项”子对话框，选择残差图和缺乏拟合优度检验；
6. 确定。

表 7.9 中为总模型的检验结果，可见总模型 P 值为 0.001，说明整个模型对 Rjisu 的预测是有统计学意义的；分项考察结果，则组别的 P 值小于 0.001，具有统计学意义，但性别和年龄的 P 值均远大于 0.05，因此没有继续深入分析的必要。

表 7.9 主体间效应的检验

因变量：Rank of jisu

源	III 类平方和	自由度	均方	F	显著性
修正模型	5717.586[a]	3	1905.862	5.986	.001
截距	4498.921	1	4498.921	14.131	.000
group	5124.417	1	5124.417	16.096	.000
gender	493.082	1	493.082	1.549	.218
age	31.055	1	31.055	.098	.756
误差	20375.414	64	318.366		
总计	107030.000	68			
修正后总计	26093.000	67			

a. R 方 =.219(调整后 R 方 =.183)。

表 7.10 中给出的是当前模型的失拟检验结果，结果 P 值为 0.713，远大于 0.05，因此结论和上一个模型相同，也是当前模型中不需要再考虑增加任何交互项。

表 7.10 失拟检验

因变量：Rank of jisu

源	平方和	自由度	均方	F	显著性
失拟	14102.644	50	282.053	.630	.884
纯误差	6272.771	14	448.055		

残差图这里不再输出，这是因为此处使用的是秩次进行分析，已经属于非参数方法的范畴，此时模型的残差分布情况如何并不重要。

7.5 利用 Cox 模型进行分析

秩变换分析方法可以通过利用秩次的方式来绕开数据非正态分布的问题，但多少会损失一点信息。那么有没有从原理上对数据信息利用更为充分的方法呢？答案是肯定的，除了非参数方法之外，我们还可以利用生存分析中的 Cox 回归模型来完成此分析任务。

7.5.1　Cox 回归模型的基本原理

生存分析中的几个基本概念

事件(Event)：指由研究者所规定的生存时间的终点。在生存分析中，事件是一个非常重要的概念，它的定义应尽可能地清楚明了。例如，在医学研究中，事件可以指死亡、疾病的复发；在工业上，事件可以指机器发生故障。

生存时间(Survival Time)：生存时间是指从某一起点开始到所关心事件发生的时间。由于生存时间是生存分析的对象，所以对其理解至关重要。首先，生存时间中的“生存”是一个广义的概念，它不仅仅是指医学研究中所关心事件为“病人死亡”时的“存活”，也可以是指工业上所关心事件为“机器发生故障”时的“正常运转”，社会学研究中所关心事件为“再上岗”时的“待业”。关于工业中产品质量的研究中，生存时间可能根本不是通用意义上的时间，如拿轿车的故障来说，仅将轿车买来后到发生故障的正常使用时间作为生存时间是欠妥当的，更为妥当的是将轿车的行驶公里数作为生存时间。所以，根据研究目的，生存时间可以是多样化的。本案例中实际上也对“生存时间”的概念进行了活用，详后。

删失(Censoring)：也被称为失访，删失是指由于所关心事件的发生未被观测到或无法被观测到以至生存时间无法被准确记录下来的情况。

生存函数(Survival Distribution Function)与风险函数(Hazard Function)：生存函数和风险函数是用来描述生存时间的分布的两个主要工具。用一个非负随机变量t来表示生存时间，生存函数的定义为随机变量T越过时点t的概率。当t=0时，生存函数的取值为1，随着时间的推移(t逐渐增大)，生存函数的取值逐渐减小。因此，生存函数是时间t的单调递减函数。生存函数的数学表达式为：

$$S(t)=\Pr(T>t)$$

其中，$S(t)$表示生存函数，T为随机抽取的研究对象的生存时间。

与生存函数紧密相关的还有风险函数，记为$h(t)$，定义为$f(t)/S(t)$，表示随机变量T已至时点t的条件下，在接下来的一瞬间所关心事件发生的概率。

Cox模型的基本结构

Cox回归模型是由英国伦敦大学的Cox于1972年提出的，它是一种半参数模型，与基于参数模型的方法不同，该方法可以在不对生存时间的具体分布进行假设的情况下评价因子的效果，大大降低了生存分析的烦琐性，促进了对生存分析的研究。因此，Cox回归模型的提出被誉为生存分析研究历史的里程碑。

Cox回归模型的基本思想是在风险函数与研究因子之间建立类似于广义线性模型的关联，这样就可以直接考察研究因子对风险函数的影响效果。Cox回归模型的基本形式如下：

$$h(X,t)=h_0(t)\exp(\beta^T X)=h_0(t)\exp(\beta_1 x_1+\cdots+\beta_p x_p)$$

上式中，$h(X,t)$ 是具有因子向量 X 的风险函数，可以理解为某个癌症患者其预后因子的取值为 X 时，在时点 t 突然死亡的风险。显然，如果 X 为0向量，(19.1)式即是 $h_0(t)$，可以理解为基准人的风险函数。$\beta=[\beta_1\beta_2\cdots\beta_p]^T$ 是需要进行估计的因子向量 X 的系数向量。在其他因子固定的情况下，因子 $x_i(i=1,2,\cdots,p)$ 的取值增加一个单位，则 $h(X,t)$ 变为原来的 e^{β_i} 倍，这就是通常所说的相对风险比，它反映了因子 x_i 对风险函数的效果。如果 β_i 为正，则 x_i 具有增加风险的效果，即 x_i 的值越大，风险也越大；相反，如果 β_i 为负，则 x_i 具有降低风险的效果，即 x_i 的值越大，风险反而越小。

Cox回归模型的比例风险性

由模型表达式，我们有：

$$h(X,t)/h_0(t)=\exp(\beta^T X)=\exp(\beta_1 x_1+\beta_2 x_2+\cdots+\beta_p x_p)$$

另外，如果考察患者A相对于患者B的死亡风险，将患者A的因子向量记为 X_A，患者B的因子向量记为 X_B，则在时点 t，患者A相对于患者B的死亡风险为：

$$\frac{h(X_A,t)}{h(X_B,t)}=\frac{h_0(t)\exp(\beta' X_A)}{h_0(t)\exp(\beta' X_B)}=\frac{\exp(\beta' X_A)}{\exp(\beta' X_B)}$$

上述两个性质表明风险之比不随时间的变化而变化，这称为Cox回归模型的比例风险性。正是因为这个性质，Cox回归模型也被称为比例风险模型(Proportional Hazard Model)。事实上，Cox回归模型只有在满足这个性质的前提下进行拟合才是有效的。

7.5.2 本案例的具体操作

在本案例中，既然激素水平不服从正态分布，那么我们只需要活用“生存时间”的概念，将激素水平设定为模型中的“生存时间”即可。当然，由于每个个体都有明确的激素水平测量值，因此所有个人的生存结局都应当是出现了失效事件，这只需要用一个恒等于 1 的变量来指代一下即可。

首先生成所需的“结局变量”。

```
COMPUTE CONS=1.
EXEC.
```

然后按照分析要求进行 Cox 模型的设定，如图 7.11 所示。

1. 分析→生存函数→Cox 回归；
2. 将激素水平输入时间变量框；
3. 将 cons 输入状态变量框，定义失效事件数值为 1；
4. 将组别、性别、年龄输入协变量框；

5.　“分类”子对话框，将 group、gender 输入；

6.　确定。

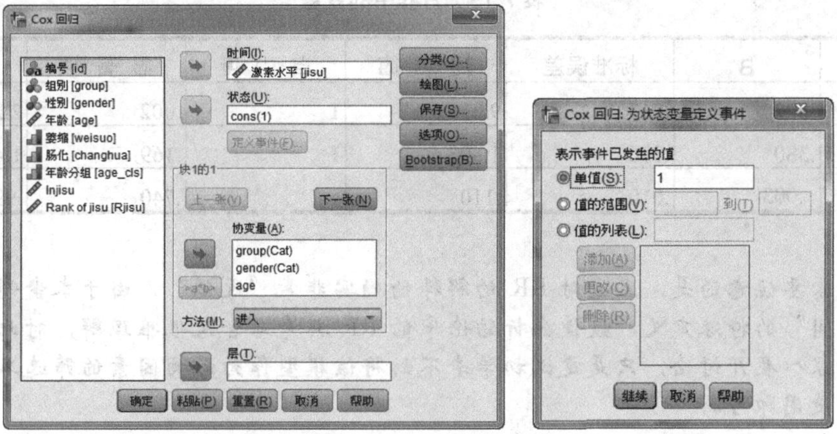

图 7.11　“Cox 回归”对话框

表 7.11 给出的是分类变量的哑变量编码情况，表明组别哑变量代表的是试验组和对照组相比，性别哑变量则代表的是男性和女性的相比。

表 7.11　分类变量编码 [b,c]

		频　率	(1)
group[a]	1=试验组	37	1
	2=对照组	31	0
gender[a]	1=男	45	1
	2=女	23	0

a. 示性参数编码。

b. 分类变量：group (组别)。

c. 分类变量：gender (性别)。

表 7.12 给出的是总模型的检验结果，P 值为 0.02，说明和无任何自变量的无效模型相比存在差异，即模型对预测激素水平的变化是有统计学意义的。

表 7.12　模型系数的综合测试 [a]

-2 倍对数似然值	整体（得分）			从上一步骤开始更改			从上一块开始更改		
	卡方	自由度	显著性	卡方	自由度	显著性	卡方	自由度	显著性
436.934	9.812	3	.020	9.704	3	.021	9.704	3	.021

a. 起始块编号 1. 方法 = 输入。

表 7.13 给出的是各自变量的检验结果，结论和前面两个模型的分析结果相同，性别、年龄均无统计学意义，组别 P 值小于 0.05，具有统计学意义，同时 Cox 模型计算出试验组

和对照组相比之下的 RR 值为 2.27，这可以被近似地解释为试验组个体的激素水平平均为对照组个体激素水平的 2.27 倍。

表 7.13　方程中的变量

	B	标准误差	瓦尔德	自由度	显著性	Exp(B)
group	.822	.269	9.315	1	.002	2.274
gender	.380	.276	1.893	1	.169	1.462
age	−.003	.010	.110	1	.740	.997

需要注意的是，上述对 RR 的解释的确实非常“近似”，由于本案例中对“时间”的特殊定义，致使分析结论中的 RR 其专业含义很难理解，对此笔者不想深入展开讨论，只是建议初学者不妨将该模型作为影响因素的筛选工具来加以使用即可。

7.6　项目总结与讨论

7.6.1　分析结论

在本案例中的，由于统计描述时发现因变量呈偏态分布，因此分别采用变量变换、秩变换分析和 Cox 比例风险模型进行了建模分析，结论一致如下。

- ✧ 性别、年龄对激素水平未发现有影响，其中后者无论是原始年龄，还是年龄分组均无统计学意义。
- ✧ 试验组和对照组之间的激素水平存在差异，从平均水平看，试验组的激素水平大致为对照组的 3 倍。

至于分目标 2，由于相应的分析比较简单，这里不再详述，请读者自行完成相关操作并得出结论。

7.6.2　八仙过海，谁为独尊

和本书的其他案例相比，本案例有一个很大的特点，就是对于同一个统计问题(因变量的偏态分布)，竟然平行地采用了三种分析模型加以对比，虽然分析结论没有区别，但这必然导致统计爱好者们心中惴惴不安，暗自在考虑以下两个问题。

- ✧ 究竟这三种分析模型中的哪一种更合适呢？
- ✧ 如果不同方法的分析结论不一致，又当如何是好？

实际上，上述两个问题的答案是相互关联的，首先需要明确，统计世界中永远不存在最“正确”的模型，只有在某个案例的具体背景之下相对更为合适的分析模型。因此对于第一个问题而言，实际上是不存在标准答案的。那么，究竟应当如何选择模型呢？笔者认为应当从模型的特点入手。

- ✧ 变量变换是应用最广泛的分析方法，其结果易于理解，如果找到合适的变换方式，则随后能够使用的分析模型非常丰富。但是在许多实际分析案例中，这种“合适的变换方式”有可能是不存在的。另外，变量变换实际上改变了变量间的数量关联趋势，特别是在采用过于复杂的变量变换方法时，有可能严重扭曲数据原本蕴含的信息，因此笔者不推荐使用过于复杂的变量变换方法，且相应的分析结果在解释的时候要谨慎。
- ✧ 秩变换分析实际上并不是什么复杂高深的方法，只是将秩和检验的基本方法做了简单的推广而已，但却可以解决很多实际分析问题，其应用范围也要比上述变量变换方法更广。但是，作为非参数检验方法，秩变换分析也具有非参数方法的通病：检验效能相对稍低，而且其分析结果没有变量变换方法那么“定量”，毕竟其描述的是影响因素对秩次的作用，而变量变换方法虽然给出的是变换后的作用大小，却仍然是原始数值之间的联系。
- ✧ Cox 比例风险模型，或者说生存分析方法在此类案例中的使用应当说是一个特例，虽然通过将因变量设定为“生存时间”，此类方法成功地绕开了变量分布的问题，从而和秩变换分析方法一样获得了更广泛的应用空间，但这种建模方式也导致其分析结果难以理解(虽然实际上是可以被理解的，但这个弯子实在绕得有些大了)。因此，在笔者看来，这种分析思路可能作为最终建模之前的探索分析过程更为合适一些。

下面来讨论第二个问题，如果不同分析方法的分析结论不一致，应当如何处理。首先必须明确的是，这里所说的“不同分析方法”指的是方法学体系上的确有差别的方法，而很多统计方法虽然形式不同，但本质上是相同或基本相同的，如方差分析模型、线性回归模型就可以被统一在一般线性模型的框架之内，设定正确的时候可以得到完全相同的结果，此时去探讨两者间的结果比较问题纯粹就是一种文字游戏，而笔者也的确看到有许多硕士毕业论文就是在做此类游戏。

当方法的确不同的时候，这些方法是有可能得到不一致的分析结果，此时首先应当考虑哪一种方法“更合适”，或者说按照上文的思路，去分析每一种方法的特点，从而判断哪种分析结果更接近真实情况。其次，对于较难判断的情况，也可简单地直接采用“投票”策略，即以大多数模型的分析结论为准，这种方式看似粗糙，但却恰恰符合统计学信息汇总的基本思想，而且也非常切合实际分析的需要。实际上，投票策略是数据挖掘方法体系中的一个重要理念，在数据挖掘项目中也已经得到了广泛的应用，仅仅是在经典统计学的应用领域中相对不常见而已。

第8章　某车企汽车年销量预测

学习前建议阅读	第 1 章　数据分析方法体系简介，对统计方法体系做一基本了解； 第 2 章　顾客售后满意度监测项目，了解 SPSS 的基本操作方法。
案例导读	研究者希望利用本企业过去一段时期内的汽车销量历史数据预测出未来一段时期内的汽车销量。 在数据描述之后，我们删除了相隔时间较远，且波动规律并不相同的部分数据，利用时间较近的数据建立了曲线预测模型。利用曲线拟合过程从几个候选曲线模型中挑选出了比较合适的一个用于预测，并在最后尝试使用非线性回归方法建立了分段回归模型加以比较。
分析方法	散点图、序列图、线性回归、曲线拟合、非线性回归。
案例的分析过程	转换：计算变量、个案排秩； 表：设定表； 统计图：直方图、散点图、序列图； 比较均值：均值； 描述统计：序列图； 回归：线性、曲线估计、非线性回归。
学习后建议阅读	第 9 章　脑外伤急救后迟发性颅脑损伤影响因素分析，了解 Logistic 回归模型。

8.1 案例背景

8.1.1 研究项目概况

这个分析案例或许根本就算不上是一个案例，而是更像一个故事——好吧，故事的发生时间是在 2002 年的某一天。

那是在 2002 年初秋的一个上午，那天阳光明媚，天气晴朗，看上去的确是个结婚的好天气……好吧，我承认我扯得有点远了，当正在办公室里处理 E-mail 的时候，我的手机突然响了，是一个陌生的长途电话号码。接通以后，传来的是一位女士略带焦急的声音："您好，是张文彤老师吗？我是……”原来，这是我几个月前进行 SPSS 软件培训时结识的一个学员，在国内一家汽车企业的市场研究部门任职。从她的语气，我可以听出来应当是遇到了比较麻烦的问题。可是，当我听完对方的叙述后，却觉得有一点哭笑不得。原来她在参加完上次的 SPSS 培训之后，感觉收获很大，就在例行的学习汇报时自觉介绍了一下 SPSS 在统计分析方面的强大能力，顺便也不自觉地进行了适当的自我宣传和自我表扬。当然其本意是想借此证明一下企业的培训费用没有白花，结果那天也不知道是老天爷打了个盹还是开了个玩笑，参会的公司老总一听到咱公司的数据分析有人能做了，就感觉很 HIGH，立马下达指示：很好呀，那你把咱们公司过去从 1988—2001 年的汽车销售量数据总结一下，做一个未来十年的销量预测，回头董事会制订企业的长期市场发展计划好用！

最高指示说完，老总很高兴地走了，留下了被雷得外焦里嫩的该学员独自在风中凌乱——不就是小小的吹了点牛吗，怎么还来真的呀？但无论如何，吹归吹，雷归雷，老总交代的任务总要完成不是？！您别说，参加过我的 SPSS 培训的学员还真的是素质比较高，很快就从各种排列组合中找到了最优化的问题解决方案：立马打电话找我帮忙。

综上，在接到了这个电话之后，笔者无论是出于感谢对方的信任，还是出于对实际分析问题的兴趣，决定帮助对方完成这一老总交代的艰巨任务。如果按照标准的教材习题的描述方式，则本案例如下。

例 8.1 现有某汽车企业 1988—2001 年的汽车销售量数据，为了制订企业的长期市场发展计划，管理者希望能够预测出至 2010 年的汽车销量，如表 8.1 所示。

表 8.1 某车企年度销量

年份	1988	1989	1990	1991	1992	1993	1994	1995	1996	1997	1998	1999	2000	2001
销量(万辆)	65	59	51	71	106	130	135	145	146	157	160	183	208	236

数据已录入为“汽车销量预测.sav”。

8.1.2 分析思路/商业理解

在本案例中，我们需要在进行具体的分析操作之前慎重考虑一个问题：管理者希望预测出 2003—2012 年这未来十年的汽车销量，这一宏伟的目标能否实现？笔者认为，这一远大的理想受到以下几方面因素的严重制约。

- ✧ 可用信息量太少：14 个年度销量的数据点用于预测，显然这不是非常充裕的样本量，这意味着所获得的预测模型准确度可能不会太高，反映在建模结果上，就是预测值的区间估计值非常之宽，并且该宽度会随着预测年代的增加而迅速扩大。很可能在预测到未来 5 年以上时，该预测区间就会扩大到类似于±∞这种失去实际意义的范围。
- ✧ 未来趋势的变化：即使有上百个数据点，中国飞速发展的汽车工业也在提醒着研究者，市场瞬息万变，再精确的模型也无法预计市场或政策的大环境改变可能带来的巨大影响。如果是工业生产线，或者严格控制条件下的实验室所产生的数据，预测这样大的时间跨度下序列的变化趋势尚有可能，但是在涉及经济、社会领域时，这几乎是不可能完成的任务。

基于以上两点原因，再考虑到我国刚刚入世，汽车工业的保护壁垒将在 2005 年前后彻底消除，笔者认为预测 2～3 年内的汽车销量应当是本案例更为合理的研究目标。

很遗憾，用很短的数据序列去预测未来很长时间的数据变动趋势，这种事情在实际研究中确实经常会出现，笔者自己就亲身经历过一次博士学位答辩，该博士生用过去四年中国的总结核病发布率(每年一个数据点)，预测了中国未来二十年的总结核病发病率变化情况。笔者不敢指望此类研究成果不再出现，只希望统计专业自己的学生不要做出这种贻笑大方的研究结果来。

在基本研究目标修正之后，随后的分析工作其思路实际上是非常清晰的，首先进行数据序列趋势的观察，然后按照相应的趋势分析建模，并给出预测结果，仅此而已。

8.2 数据理解

由于本数据比较简单，因此数据理解的重点可以直接放在两变量之间数量关联趋势的了解上，因此首先应当使用散点图对数据的变化规律进行观察，如图 8.1 所示。

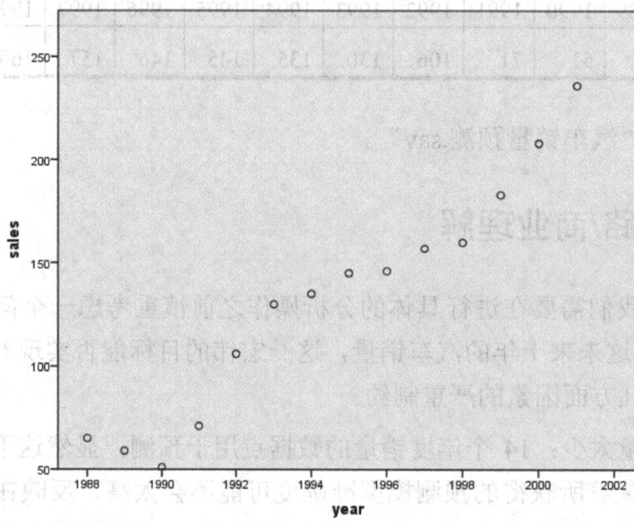

图 8.1 汽车销量的散点图

1. 图形→图表构建程序；
2. 将简单散点图图标拖入画布；

3.　将 year 拖入 X 轴框，sales 拖入 Y 轴框；
4.　确定。

简单地说，散点图在用于回归分析前的预分析之时，可提供以下三类关键信息。

✧　变量之间是否存在数量关联趋势。

✧　如果存在关联趋势，那么是线性的，还是曲线的？

✧　数据中是否存在明显偏离散点图主体较远的散点，它们是否可能建模时成为强影响点？

图 8.1 中清楚地显示：随着年代的推移，该企业的汽车销量明显不呈线性！不仅如此，散点反映出销量的变化似乎并非遵循同一个曲线变动。1988—1990 年间销量呈反常的下降趋势，在 1990—1993 年间则呈现出恢复性的快速增长。考虑到 1989 年后西方国家对我国实行制裁，同时国内的经济也由过热期突然进入着陆期，直到 1992 年小平同志南巡讲话后重启经济发展进程，同时国际环境基本解冻，可以认为这几年间的销量是处于不正常时期，较强地受到大环境变化的影响，不能正确反映企业销量发展的规律。因此，我们将在随后建模时考虑将 1988—1992 年的数据删除，不再进入后续分析，而只采用 1993—2001 年的数据进行建模。从统计模型自身的角度讲，只采用这几年的数据显然太少了，但是作为这个实际研究案例而言，这可能是最合适的选择。

实际上，在数据趋势中还有一种可能，就是 1993—1998 年基本呈现一种线性趋势，然后在 1998—2001 年呈现另外一种线性趋势，但是由于这样需要拟合分段模型，在 1998—2001 年期间的样本量显得过于稀少，因此不宜作为首选模型，对此问题我们下文还会涉及。

观察 1993—2001 年的销量变化，可以看到呈现出加速上升的曲线趋势，所有可以反映该趋势的曲线模型均在考虑之列。因此，这里可以考虑拟合三种曲线模型。

✧　二次方曲线：$Y=b_0+b_1X+b_2X^2$。

✧　三次方曲线：$Y=b_0+b_1X+b_2X^2+b_3X^3$。

✧　指数曲线：$Y=b_0e^{b1X}$。

其中拟合优度较高的模型将被用于随后的预测。

另外，由于相应模型中存在自变量的高次项或指数项，直接使用年代作为自变量纳入模型将产生数值很大的平方、立方项，这虽然不影响模型精度，但会严重影响方程的可读性。因此这里我们将为年代建立一个新的序列变量，将它作为自变量纳入模型。

筛除 1993 年以前的数据以及建立新变量的操作均可使用对话框完成，但程序方式显然更为简洁，具体如下。

```
SELECT IF YEAR >= 1993.
COMPUTE TIME=$CASENUM.
EXECUTE.
```

上述程序操作所对应的对话框界面均为转换→计算变量，只是前者需要使用对话框左下角的如果按钮设定筛选条件，而后者不需要进行任何条件筛选操作。

8.3 变量变换后的线性回归

8.3.1 线性回归模型简介

模型的基本结构

所谓线性回归，指的是所有自变量对因变量的影响均呈线性关系，设希望预测因变量y的取值，诸影响因素为自变量x_1、x_2、…、x_m，则自变量和因变量之间存在以下关系：

$$\hat{y} = a + b_1x_1 + b_2x_2 + \cdots + b_mx_m$$

这里，$\hat{y}$称为y的估计值或预测值(Predicted Value)，表示给定各自变量的值时，因变量y的估计值；A为截距(Intercept)，在回归方程中又称为常数项(Constant)，表示各自变量均为0时y的估计值；B_i称为偏回归系数(Partial Regression Coefficient)，简称为回归系数，表示其他自变量不变，x_i每改变一个单位时，我们所预测的y的平均变化量。如方程中最终求得b_1=0.52，则表示当x_1每上升一个单位时，因变量y平均上升0.52个单位。

上式中表述的为y的估计值，如果希望用公式精确地表示每一个个体测量值，则假设在相应的自变量取值组合下，相应的个体因变量实测值围绕着平均水平$\hat{y}$上下波动，即y_i可表示如下：

$$y_i = \hat{y} + e_i = a + b_1x_{1i} + b_2x_{2i} + \cdots + b_mx_{mi} + e_i$$

其中e_i为随机误差，被假定为服从均数为0的正态分布。即对每一个个体而言，在知道了所有自变量取值时，我们能确定的只是因变量的平均取值，个体的具体取值在其附近的一个范围内。而具体取值和平均取值间的差异(即e_i)被称为残差，这一部分变异是模型中自变量所不能控制的部分。

既然模型中有无法消除的残差存在，采用初中学过的那种两点确定一条直线的方法是无法求得方程中具体参数值的。由于方程应当和大多数点尽量靠近，为此人们一般采用最小二乘法来拟合模型，即保证各实测点至回归直线纵向距离的平方和为最小。

模型中的一些常用指标

回归模型中常会使用一些专用的指标，最常见的是以下几个。

1．偏回归系数：即模型中的b_i，它反映的是相应的某个自变量上升一个单位时，因变量取值的变动情况，即自变量对因变量的影响程度。

2．标化偏回归系数：用β表示，由于自变量间的变异程度和均数有时相差非常大，直接用偏回归系数无法比较各自变量的影响程度，为此人们将各自变量进行标准正态变换后再进行分析，此时得出来的就是标化偏回归系数，它的大小可以直接用来比较各自变量对因变量的影响程度。

3．决定系数：即相应的相关系数的平方，用R_2表示，它反映因变量y在全部变异中能够通过回归关系被自变量解释的比例。如果R_2为0.8，则说明回归关系可以解释因变量80%的变异。换言之，如果我们能够成功地控制自变量的取值不变，则因变量的变异程度会减少80%。

回归模型的适用条件

如果使用正确，回归模型可以很好地解决许多实际问题，得到非常理想的结果。但是，必须明确，回归模型有着自身的适用条件，如果相应的适用条件被违反，则模型的分析结果并不一定会代表真实情况。根据不同的分析目的，线性回归模型的适用条件会有所不同，这里我们给出的是基本的适用条件。

1．线性趋势：自变量与因变量的关系是线性的，否则，则不能采用线性回归来分析。这可以通过散点图来加以判断。

2．独立性：可表述为因变量y的取值相互独立，之间没有联系。反映到模型中，实际上就是要求残差间相互独立，不存在自相关，否则应当采用自回归模型来分析。这可以用D-W统计量来考察，另外一种常用的工具为前面介绍过的自相关和偏相关图，它们比D-W统计量更为直观和敏感。

3．正态性：就自变量的任何一个线性组合，因变量y均服从正态分布，反映到模型中，实际上就是要求e_i服从正态分布。

4．方差齐性：就自变量的任何一个线性组合，因变量y的方差均相同，实质就是要求残差的方差齐。

在以上适用条件中，独立性需要专门强调一下，由于这里是使用回归模型对序列数据进行分析，数据的顺序代表了时间变化的方向，相邻数据间非常容易出现相关性。因此在用回归技术解决预测问题时，残差有无自相关是必须加以考察的。如果模型的决定系数非常高，自相关趋势又非常弱，则该问题影响不大；否则，应当考虑使用自回归模型来分析。

如果回归模型违反了以上任何一个条件，则模型的分析和预测结果将变得可疑。反之，如果所建立的模型基本上符合以上要求，则研究者将非常有信心将这一模型应用于因变量序列的预测。

8.3.2 变量变换后拟合线性回归模型

本例需要拟合的是曲线回归模型，但是统计学上发展最早，也最成熟的是线性回归模型，有无办法将其方法体系利用到曲线回归方面去呢？答案非常简单，只要可以通过变量变换，将曲线方程变换为直线方程的形式，即可利用变换后的变量来进行“线性”模型的拟合。对于本例而言，二次方、三次方和指数曲线都可以通过这种方式来加以拟合，这里我们以二次方为例来演示一下其操作。首先进行的是二次项的计算。

```
COMPUTE TIME2=TIME*TIME.
EXECUTE.
```

这里采用的是比较简单的曲线直线化拟合操作，即直接拟合 $Y=b_0+b_1X+b_2X^2$ 形式的方程，随后的操作是将 time、time2 两个变量同时纳入方程，直接进行模型的参数估计，具体如图 8.2 所示。

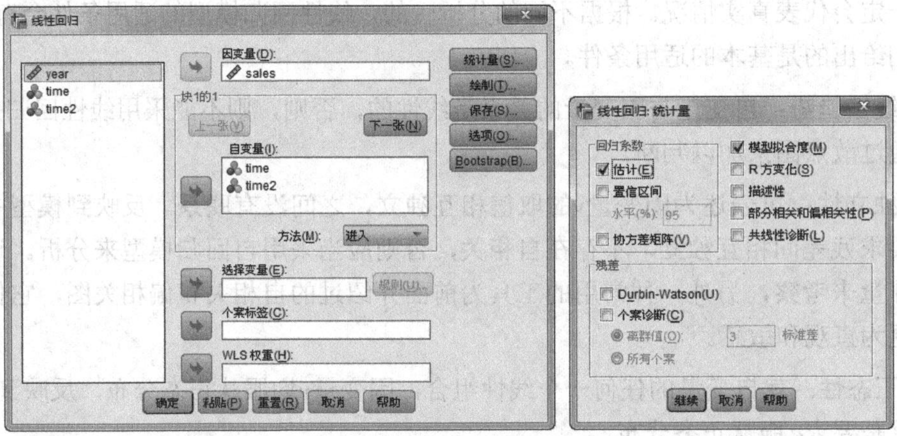

图 8.2 “线性回归”对话框

1. 分析→回归→线性；
2. 将总信心指数输入因变量框；将年龄输入自变量框；
3. 确定。

分析结果较为复杂，一共会出现四张表格，依次解释如下。

表 8.2 是对模型中各个自变量纳入模型情况进行的汇总，可以看到进入模型的有两个变量，变量选择的方法为强行进入法，也就是将所有的自变量都放入模型中。筛选自变量的方法有很多种，不同的情况可以选择不同的筛选方法，我们在后续章节中还会涉及此问题。

表 8.3 中的结果是对模型的简单汇总，其实就是对回归方程拟合情况的描述，通过这张表可以知道相关系数(绝对值)的取值(R)，相关系数的平方即决定系数(R Square)，调整后的决定系数(Adjusted R Square)和回归系数的标准误(Std. Error of the Estimate)。决定系数的取

值在 0～1，它的含义就是自变量所能解释的方差在总方差中所占的百分比，取值越大说明模型的效果越好。通俗一点来讲，就是决定系数越大该因素所起的作用越大。可见本案例中拟合的模型决定系数高达 98.2%，拟合效果应当是非常不错的。

表 8.2　输入 / 移去的变量[b]

模　型	输入的变量	移去的变量	方　法
1	time2, time[a]	.	输入

a. 已输入所有请求的变量。

b. 因变量：sales。

表 8.3　模型汇总

模　型	R	R 方	调整后 R 方	标准 估计的误差
1	.991[a]	.982	.975	5.588

a. 预测变量：(常量), time2, time。

如果决定系数 R^2 为 0.8，则说明回归关系可以解释因变量 80%的变异。换言之，如果我们能够成功地控制自变量的取值不变，则因变量的变异程度平均会减少 80%。调整后的决定系数主要用于自变量数量不同的模型拟合效果进行相互对比，在简单回归模型中没有实际价值。

表 8.4 即对模型进行方差分析的结果，可以看到方差分析的结果 F 值为 159.77，P 值小于 0.05，所以该模型是有统计意义的，或者说用于预测因变量是有价值的。

表 8.4　Anova[b]

模　型		平 方 和	自 由 度	均　方	F	显 著 性
1	回归	9976.638	2	4988.319	159.744	.000[a]
	残差	187.362	6	31.227		
	总计	10164.000	8			

a. 预测变量：(常量), time2, time。

b. 因变量：sales。

表 8.5 为最后一张结果表格，其中给出了回归方程中常数项、回归系数的估计值和检验结果，可见常数项=108.898，两个回归系数分别为−5.998 和 1.821，通过它就可以写出回归方程如下。

$$\widehat{\text{销量}} = 138.976 - 5.998 \times \text{time} + 1.821 \times \text{time2}$$

上述回归方程告诉我们以下信息：

◇　当 time=0，即时间为 1993−1=1992 年时，销量的模型估计值为 138.976，显然这个数值和实际情况差得有点远，因为1993年之前的数据趋势并不服从现在拟合的模型，所以这个估计值是没有实际意义的。

✧ 销量和时间的一次项负相关，和时间的二次项正相关。

表 8.5 系数[a]

模型		未标准化系数		标准化系数	t	显著性
		B	标准误差	Beta		
1	(常量)	138.976	7.110		19.545	.000
	time	−5.998	3.265	−.461	−1.837	.116
	time2	1.821	.318	1.435	5.720	.001

a. 因变量：sales。

表格中还使用t检验对各参数进行了检验，需要指出的是，由于我们没有对时间变量进行标准化，只是进行了简单的模型拟合，因此对各系数的检验结果不用加以关心，只需要明确模型总体是有统计学意义的即可，而随后的工作重点应当是比较几个候选模型哪一个的预测价值更大。

8.3.3 模型拟合效果的判断

在预测模型建立后，模型的预测精度究竟如何是我们非常关心的问题，除了使用回归模型中的一些诊断指标外，我们也可以使用针对时间序列预测的一些专门指标加以判断。

残差的独立性检验

虽然上面已经得到了所需的回归方程，并进行了相应的假设检验，但分析工作不应就此停止，因为数据是否满足回归模型的适用条件这一问题还未得到回答，在上面的工作中，我们至多只是完成了线性趋势的考察，而独立性、正态性和方差齐性方面均未涉及。下面就来完成这些工作，首先是残差的独立性检验，这可以使用统计量子对话框中的Durbin-Watson检验复选框来进行。

1. 统计量子对话框：选中Durbin-Watson统计量复选框。

相应的结果输出如表8.6所示。

表 8.6 模型汇总[b]

模型	R	R 方	调整后 R 方	标准 估计的误差	Durbin-Watson
1	.991[a]	.982	.975	5.588	1.518

a. 预测变量：(常量), time2, time。

b. 因变量：sales。

可见在模型汇总表格的右侧增加了 Durbin-Watson 统计量的输出。该统计量的取值在

0～4。具体应用可查阅相应统计用表，若大于界值上界，则说明残差之间相互独立；低于下界，说明残差间存在自相关。一般而言，若自变量少于 4 个，统计量大于 2，基本上可以肯定残差之间相互独立，本例的计算结果为 1.518，独立性应当没有大的问题。

残差分布的图形观察

下面我们利用图形进行残差的独立性检验，具体的操作在绘制子对话框中完成，如图 8.3 所示。

1. 绘制子对话框：选中直方图和正态概率图复选框。

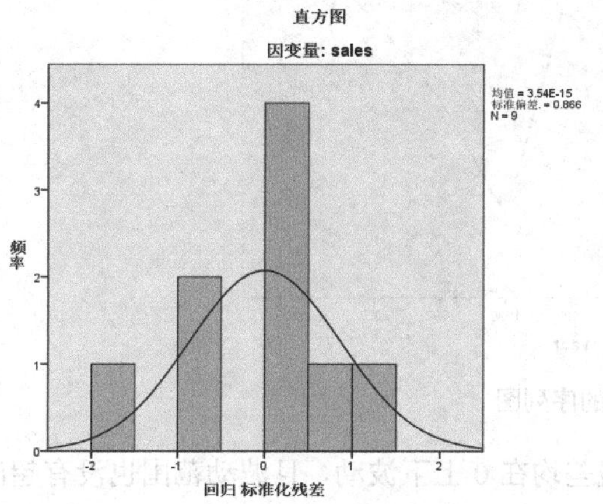

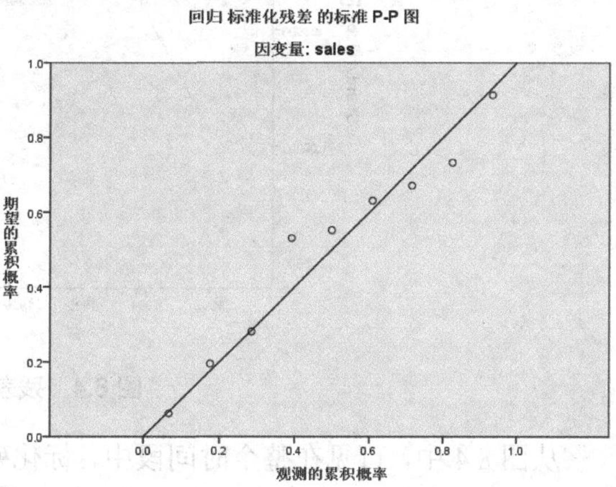

图 8.3　模型残差的直方图与 P-P 图

从输出的残差直方图和 P-P 图中可以看出，模型的残差比较好地服从正态分布，没有明显偏离正态性假设。当然，由于本案例的样本量很少，上述两个图形工具的实际考察价值不大。

绘制残差序列图

除上述观察方式外，分析者还可以进一步绘制残差序列图，观察残差随着时间变化而变化的情况，如果模型的拟合效果好，则残差序列应当在整个时间范围内在 0 附近上下波动，对于近期的残差波动尤其应当如此。同时，残差序列图也是很好地检验残差方差齐性的工具，拟合良好的模型其残差方差应当在整个时间范围内保持恒定，如果残差方差不恒定，则模型的稳健性可疑。其中，如果随着时间的推移残差变异变得越来越大，则说明模型对后期数据的预测效果不如早期数据，该模型将没有太大的使用价值。

在本例中可以首先使用保存子对话框中的相应功能，将残差存储为新变量，随后绘制序列图，如图 8.4 所示。

1. “保存”子对话框：选中标准化残差复选框；
2. 确定；
3. 分析→预测→序列图；

4. 变量框：输入 ZRE_1；
5. 时间轴标签框：输入 year；
6. 确定。

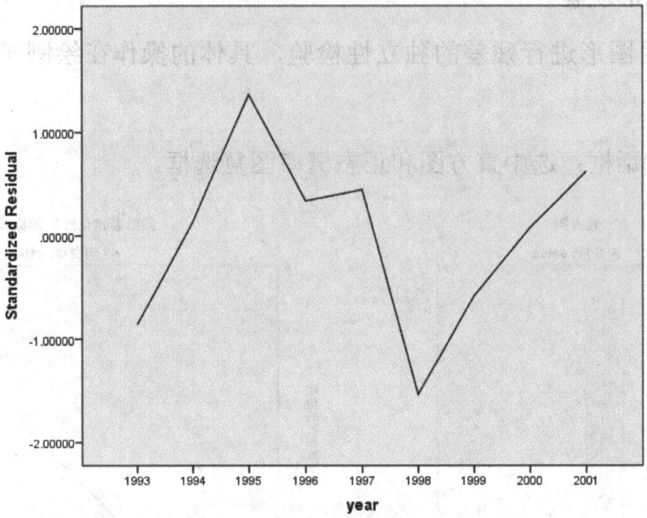

图 8.4 残差的序列图

从图 8.4 中，可见在整个时间段中，标化残差均在 0 上下波动，且波动范围也没有超出±2，没有发现明显方差不齐或者强影响点的线索。

8.3.4 存储预测值和区间估计值

本案例中建立回归模型的任务不是寻找年代对销量可能的影响方式，而是希望对因变量进行预测，因此需要在数据集中计算出预测值、个体参考值范围等。这项工作虽然可以利用所拟合出的方程手工进行计算，但显然 SPSS 也会提供更为便捷的功能，在保存子对话框中，预测值、残差、预测区间等都是可以被作为新变量存储在数据集中的。本例需要的是预测区间和预测值，相应的操作如下。

1. 在数据集中新增三条记录，变量 id 分别等于 10、11 和 12；
2. 重复执行回归对话框；
3. “保存”子对话框：选中未标化预测值、单值预测区间两个复选框。

这样在建模完成后，原数据集就会增加 PRE_1、LICI_1 和 UICI_1 三个新变量，分别代表了每个案例的模型预测值、个体预测值 95%参考值区间的下界和上界。

由于本例还需要在几种曲线模型之间进行优选，从中选取最为合适的一个用于预测，因此利用曲线直线化方法进行分析的操作方式不再继续详述，有兴趣的读者可以自行操作，本书将直接过渡到更为便捷的曲线拟合操作步骤来完成相应的分析工作。

8.4　曲线拟合

在上一节中使用的先进行变量变换，将曲线关联变换为线性关联，然后再拟合线性回归模型来求得模型估计值的方法是最为基本和标准的分析方法，但是整个过程稍显烦琐，特别是当可以考虑的曲线回归模型较多时，需要分别进行相应的变量变换和拟合操作。实际上，对于常见的一些曲线方程，完全可以使用 SPSS 中的曲线估计过程一次拟合完毕，这里我们就来进行相应的操作。

8.4.1　用曲线估计过程同时拟合多个曲线模型

本案例中使用的三个曲线模型可以调用一次对话框同时加以拟合，如图 8.5 所示。

1. 分析→回归→曲线估计；
2. 因变量框：sales；
3. 自变量框：time；
4. 模型：选中二次项、立方、指数分布；
5. 选中显示 ANOVA 表格复选框；
6. 确定。

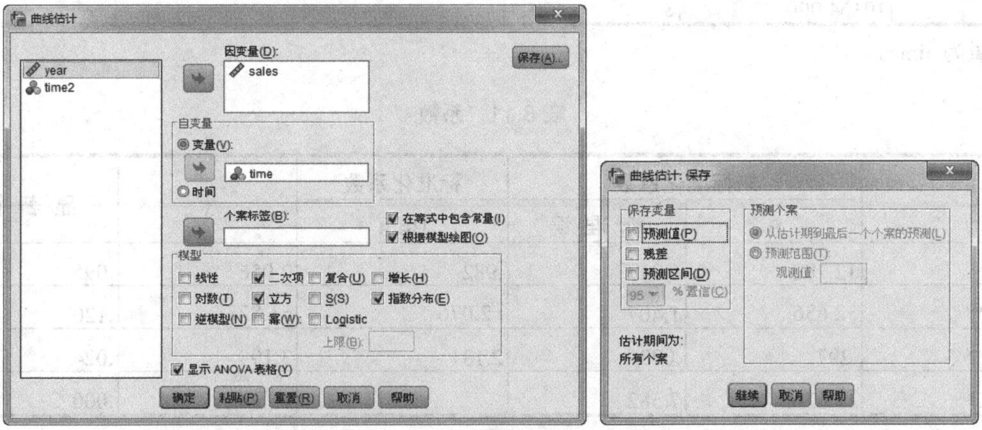

图 8.5　"曲线估计"对话框

分析结果中的主要部分如表 8.7 所示。

表 8.7　模型汇总

R	R 方	调整后 R 方	估计值的标准误
.991	.982	.975	5.588

自变量为 time。

首先输出的是二次方曲线模型的分析结果，从中可见模型的确定系数为 0.982，time 的一次方和二次方回归系数分别为-5.998 和 1.821，显然和上一节手工进行变量变换后所得到的分析结果完全相同，如表 8.8～表 8.11 所示。

表 8.8　系数

	未标准化系数		标准化系数	t	显著性
	B	标准误	Beta		
time	-5.998	3.265	-.461	-1.837	.116
time ** 2	1.821	.318	1.435	5.720	.001
(常数)	138.976	7.110		19.545	.000

表 8.9　模型汇总

R	R 方	调整后 R 方	估计值的标准误
.997	.994	.990	3.507

自变量为 time。

表 8.10　ANOVA

	平方和	自由度	均方	F	显著性
回归	10102.506	3	3367.502	273.806	.000
残差	61.494	5	12.299		
总计	10164.000	8			

自变量为 time。

表 8.11　系数

	未标准化系数		标准化系数	t	显著性
	B	标准误	Beta		
time	12.782	6.217	.982	2.056	.095
time ** 2	-2.636	1.407	-2.076	-1.873	.120
time ** 3	.297	.093	2.131	3.199	.024
(常数)	119.365	7.582		15.742	.000

第二部分输出的是三次方曲线的分析结果，可见在增加了一个三次项之后，模型的决定系数从 98.2%上升到了 99.4%，调整决定系数也有所上升，这说明新的三次项的增加的确是有助于预测效果上升的。可以写出方程模型如下。

$$\hat{sales} = 119.365 + 12.782 \times \text{time} - 2.636 \times \text{time}^2 + 0.297 \times \text{time}^3$$

可能有的读者会疑惑于和二次项方程相比，各回归系数以及常数项出现的大幅变化，实际上，由于 time 的一次、二次、三次项之间具有明确的数学关系，将它们同时纳入方程就造成了非常典型的自变量共线性问题，因此方程中得到的系数估计值完全可能出现大幅波动，当然，好消息是目前我们还不需要关心这些系数的具体数值，因为它们根本就不重要，具体如表 8.12～表 8.14 所示。

表 8.12　模型汇总

R	R 方	调整后 R 方	估计值的标准误
.962	.925	.914	.059

自变量为 time。

表 8.13　ANOVA

	平方和	自由度	均方	F	显著性
回归	.299	1	.299	85.722	.000
残差	.024	7	.003		
总计	.324	8			

自变量为 time。

表 8.14　系数

	未标准化系数		标准化系数	t	显著性
	B	标准误	Beta		
time	.071	.008	.962	9.259	.000
(常数)	114.895	4.934		23.288	.000

因变量为 ln(sales)。

第三部分为指数曲线模型的数据结果，其决定系数为 0.925，显然要低于前两个模型(见图 8.6)。相应的模型表达式如下。

$$\hat{sales} = 114.895 \times e^{0.071*\text{time}}$$

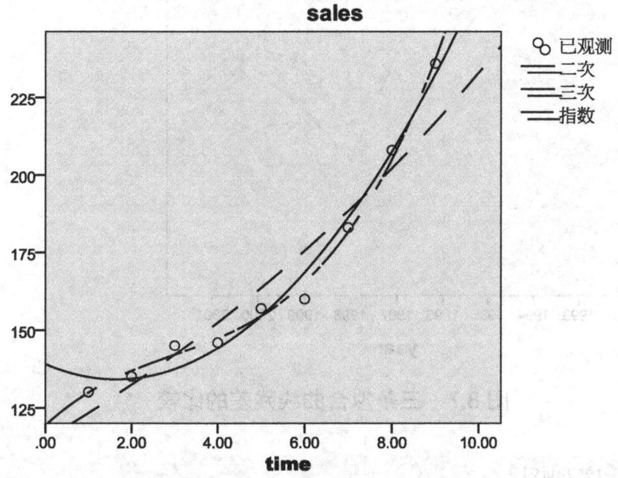

图 8.6　三条拟合曲线的比较

分析结果中最后输出的实测值和模型预测值的曲线图，由图中可以很明显地看到，指数模型的拟合效果明显要差于二次方和三次方模型。后两者的预测值均和实测值非常接近，相比之下，二次方曲线在 1997 年前后的拟合效果要稍差一些。

8.4.2 模型拟合效果的判断

存储残差值

通过对曲线图以及决定系数的观察，我们基本上可以排除指数模型，但是在剩下的两个模型中何者为优？下面可以使用更加专业的指标对此进行判断，以便从中挑选出最优模型用于随后的预测工作。为此先要将模型的残差存为新变量供分析中使用，操作如下。

1. 保存；
2. 保存变量框：选中残差；
3. 继续。

再次运行曲线拟合过程，此时会生成 ERR_1～ERR_3 共三个新变量，分别代表二次、三次、指数模型的误差项。为便于观察，将它们的变量名标签分别改为“二次方程”“三次方程”和“指数方程”。

观察模型误差项的序列图

首先绘制三个模型误差项的序列图(见图 8.7)，以观察随着年代的变化，相应预测误差的变动趋势，操作如下。

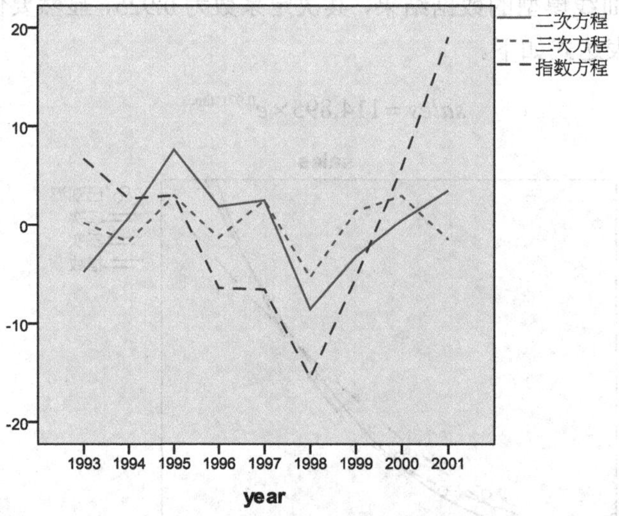

图 8.7 三条拟合曲线残差的比较

1. 分析→预测→序列图；
2. 变量框：输入 ERR_1～ERR_3；

3.　时间轴标签框：输入 year；
4.　确定。

由图 8.7 中可见，指数方程的预测误差一直较大，特别是从 1998 年到 2001 年，预测误差由负急剧转正，表明此时模型曲线和实际数据的变动趋势完全不一致。显然该模型不适合于进行预测。二次方和三次方模型的误差序列始终较为紧密地纠缠在一起，很难区分何者更优。但是从近几年的数据来看，二次方曲线的误差在 1998 年以后也出现了一定的变动趋势，而三次方曲线则较紧密地围绕零点上下波动，由于这些数据点处于序列末端，其预测的准确性对我们而言更为重要。这使我们更倾向于使用三次方模型。

除考察残差的波动状况外，曲线图所反映出来的未来变动趋势也很重要，如果仔细考察曲线图，可以看到三次方曲线未来的上升趋势会比二次方曲线更为明显。考虑到入世以后汽车市场可能会出现爆炸性增长的可能，选择三次方模型进行预测显然更为稳妥。综上，三次方模型将被用来进行随后的预测工作。

除以上分析方法外，还可以检验残差的正态性和残差的自相关性等，这些不再详述，需要注意的是，以上检验方法有可能得到不一致的结果，此时需要经验和反复地尝试。

8.4.3　模型的预测

根据上面的讨论，我们已经确定应当使用三次方模型进行预测，并且预测的长度在 3 年以内比较恰当。为此我们采取和线性回归中相同的操作：在数据集中新增三条记录，变量 id 分别等于 10、11 和 12，然后在曲线拟合过程中操作如下。

1.　分析→回归→曲线估计；
2.　因变量框：sales；
3.　自变量框：time；
4.　模型：选中立方；
5.　保存；
6.　保存变量框：选中预测值、预测区间；
7.　确定。

由于上一次操作中同时拟合了三个曲线模型，为了避免生成太多输出，上面操作中将另两个不使用的模型去除，最终分析结果的输出和前面三次项方程部分没有任何区别，但数据集中会新增 FIT_4、LCL_4 和 UCL_4 三个变量，分别代表的是预测值和预测值可信区间的上下界，可以使用序列图将它们和实测值绘制在同一图中，如图 8.8 所示。

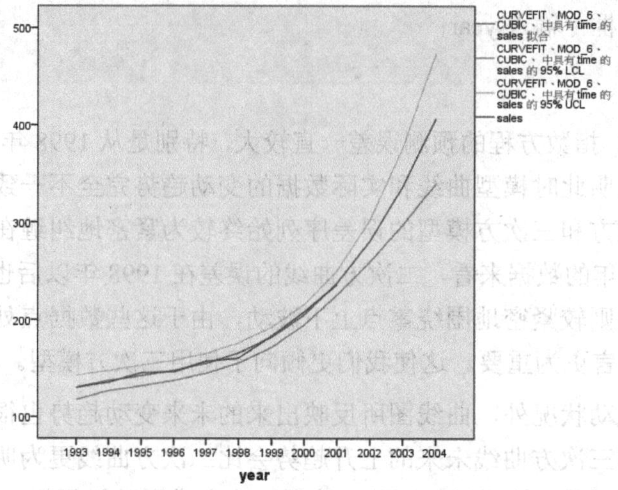

图 8.8　预测区间的线图

8.5　利用非线性回归进行拟合

在上面我们采用曲线直线化的策略对案例进行了分析，但是从方法学的角度，曲线直线化的方法有着自身的缺陷。

- ✧ 变量变换可以解决曲线拟合的问题，但是直线回归采用的是最小二乘法，它保证的是变换后的残差平方和最小，如果变换回原始数值，则并不一定是最优方程。
- ✧ 当曲线关系极为复杂，甚至于不存在显示表达式时，往往不可能通过变量变换转换为直线方程，此时线性回归将爱莫能助。

显然，如果为了上述问题，就需要寻求更为强有力的分析方法。非线性回归就是针对以上更复杂的问题而提出的一个通用的模型框架，它采用迭代方法对用户设置的各种复杂曲线模型进行拟合，同时将残差的定义从最小二乘法向外大大扩展，为用户提供了极为强大的分析能力。

8.5.1　模型简介

非线性回归模型一般可以表示为以下公式：

$$y_i = \hat{y} + e_i = f(x,\theta) + e_i$$

其中 $f(x,\theta)$ 为期望函数，该模型的结构和线性回归模型非常相似，所不同的是期望函数 $f(x,\theta)$ 可能为任意形式，在有的情况下甚至于可以没有显式表达式。

许多较为简单的非线性模型可以通过变量变换转化为线性模型，它们又被称为可变换为线性的模型。在非线性回归中，可变换为线性的模型有许多优点，诸如易于求得某些参数的初始值等。如果采用将它们变换为线性模型，然后进行估计的策略，则就是前面已经学习过的曲线回归。然而必须指出，数据的变换会导致随机误差项分布的变换，认清这点非常重要，因为这将影响到最小二乘法所求得的解的含义，以及模型的适用条件。如果假定变换前模型的误差项服从正态分布，则对于变换后的数据来说，其相应的误差项很可能就不再服从这一假定，反之亦然，不仅是正态性，包括方差齐性、独立性可能都会出现这种问题。因此，变换后的线性模型采用最小二乘法求得的最佳参数估计值并不一定是原模型的最佳估计！显然，在较为复杂的非线性模型中，这一影响有可能非常严重。在精度要求较高，或者模型较复杂的非线性回归问题中，采用曲线直线化来估计非线性方程并不是一个好的策略。

那么，非线性模型是如何估计模型参数的呢？事实上其参数估计的基本思想非常类似于线性模型，也是先给出一个表示估计误差的函数(损失函数)，然后使该函数取值最小化，并求得此时的参数估计值。以常用的最小二乘法为例，它也是设法找到使各数据点离模型回归线纵向距离的平方和达到最小的估计值(损失函数为残差绝对值平方)，但此处的模型回归线就是相应的曲线，而不是线性回归中的直线，或者曲线拟合中变换后的直线。

非线性回归模型在SPSS中可以采用nlr和cnlr两个过程来拟合，前者用于一般的非线性模型，后者可用于带约束条件的非线性模型的拟合，适用范围更广，算法也不相同。但在对话框级别中，它们都统一由regress菜单中的nonlinear对话框调用，因此读者不必过于注意这二者的差异。

8.5.2 构建分段回归模型

在数据理解一节中，我们曾经提到过可以尝试进一步考虑分段模型，也就是 1993—1998 年基本呈线性趋势，然后在 1998—2001 年呈现另外一种线性趋势的模型，如果用公式表达，则相应的模型如下。

- $Sales=b_{01}+b_{02}\times\text{time}$ $1993\leqslant year<1998$
- $Sales=b_{11}+b_{12}\times\text{time}$ $year\geqslant 1998$

非线性回归模型中可以直接对该分段模型进行拟合，唯一的难点是模型表达式只能写在一个公式中，这里需要利用逻辑表达式来实现，具体如下。

$$Sales=(year<1998)\times(b_{01}+b_{02}\times\text{time})+(year>=1998)\times(b_{11}+b_{12}\times\text{time})$$

逻辑表达式根据 *year* 的取值是否符合要求得出逻辑结果为 0 或 1，从而实现了分段模型的要求(见图 8.9)。SPSS 中的操作如下。

1. 分析→回归→非线性；
2. 因变量框：sales；
3. 自变量框：输入$(year<1998)\times(b_{01}+b_{02}\times time)+(year>=1998)\times(b_{11}+b_{12}\times time)$；
4. 参数：在子对话框中分别将 b_{01}、b_{02}、b_{11}、b_{12} 的初始值设为 1；
5. 确定。

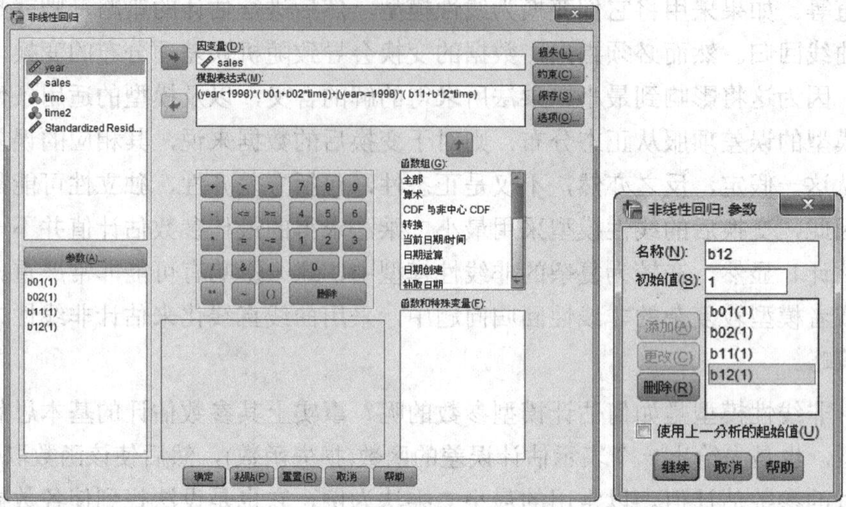

图 8.9 “非线性回归”对话框

表 8.15 为迭代过程记录，观察残差 SS 的变化，可见随着迭代进行，残差 SS 变得越来越小，也就是说模型无法解释的变异部分越来越少。但这一过程不是无限进行下去的，当进行了 2 步迭代后，残差 SS 以及各参数的估计值均稳定下来，模型达到收敛标准。

表 8.15 迭代历史记录[b]

迭代数[a]	残差平方和	参数			
		b_{01}	b_{02}	b_{11}	b_{12}
1.0	241082.000	1.000	1.000	1.000	1.000
1.1	25.000	123.100	6.500	7.000	25.300
2.0	25.000	123.100	6.500	7.000	25.300

导数是通过数字计算的。

a. 主迭代数在小数左侧显示，次迭代数在小数右侧显示。

b. 由于连续参数估计值之间的相对减少量最多为 PCON = 1.00E-008，因此在 3 模型评估和 2 导数评估之后，系统停止运行。

表 8.16 给出的是模型中未知参数的点估计和区间估计值，注意参数估计值的标准误为近似标准误，所以相应的可信区间仅供参考，当可信区间的界值离 0 较近时，下结论应慎重。也正是由于此原因，上面的输出并不给出基于 u 检验的检验结果。由以上结果，我们可以得出模型方程如下：

✧ $Sales=123.1+6.5\times time$ $1993\leqslant year<1998$

✧ $Sales=7+25.3\times time$ $year\geqslant 1998$

表 8.17 为各参数的相关系数表，对于较复杂的模型，参数间的相关系数可用来辅助进行模型的改进，本例中无太多价值。

表 8.16　参数估计值

参　数	估　计	标 准 误	95% 置信区间	
			下　限	上　限
b_{01}	123.100	2.345	117.071	129.129
b_{02}	6.500	.707	4.682	8.318
b_{11}	7.000	7.583	−12.492	26.492
b_{12}	25.300	1.000	22.729	27.871

表 8.17　参数估计值的相关性

	b_{01}	b_{02}	b_{11}	b_{12}
b_{01}	1.000	−.905	.000	.000
b_{02}	−.905	1.000	.000	.000
b_{11}	.000	.000	1.000	−.989
b_{12}	.000	.000	−.989	1.000

表 8.18 为对模型进行近似方差分析的结果，相应的原假设为：所拟合的模型对因变量的预测无贡献。由于这里进行的是非线性回归，方差分析的 F 值和 P 值只有参考意义，因此结果中并不给出，用户可以手工计算。显然，最终的 P 值远小于 0.05，拒绝原假设，可以认为模型对于因变量的预测是有作用的。

表 8.18　ANOVA[a]

源	平 方 和	自 由 度	均　方
回归	260139.000	4	65034.750
残差	25.000	5	5.000
未更正的总计	260164.000	9	
已更正的总计	10164.000	8	

因变量：sales。

a. R 方 = 1 −(残差平方和)/(已更正的平方和)= .998。

最下方计算出了模型的决定系数为 0.998，与上文三次项曲线拟合模型的 0.994 相比，模型的拟合效果似乎又有了改进，但需要指出的是，曲线拟合中计算出的决定系数实际上是曲线直线化后直线方程的决定系数，并不一定代表变换前的变异解释程度，即两个模型的决定系数有可能不具有直接可比性。

8.5.3　不同模型效果的比较

上面用非线性回归的方法得到了模型表达式的估计值，也给出了销量的预测值。那么，究竟是分段模型的效果更好，还是三次方模型的预测效果更好呢？为了能直观地对两个模型进行比较，这里存储出相应模型的预测值，并且绘制相应的序列图(见图 8.10)，操作如下。

1. “保存”子对话框；
2. 选中预测值；
3. 确定；
4. 分析→预测→序列图；
5. 变量框：输入三次方曲线的预测值 FIT_1、LCL_1、UCL_1，以及非线性模型的预测值 PRED_；
6. 时间轴标签框：输入 year；
7. 确定。

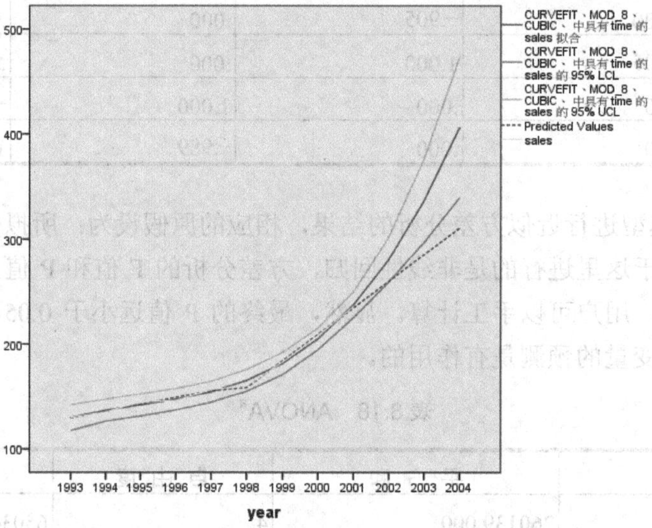

图 8.10　预测值的序列图

如果将三次方曲线的预测结果和分段回归模型的预测结果相比较，就可以发现三次方曲线的预测值上升更快速，很快和分段模型的预测结果拉开了距离。由于我们预期 2001 年之后中国的经济会走上一个比较顺畅的发展周期，因此更倾向于对销量进行偏高的预估，因此从这个角度讲，三次方曲线的结果是更加适宜的。

8.6　项目总结与讨论

8.6.1　分析结论

在本案例中，我们基于所有可用的历史销售数据，对未来一定时期内的汽车年销量进行了预测。分析结果显示，过去几年间销量和年代呈现加速上升的曲线趋势，通过对二次曲线、三次曲线和指数曲线的拟合，我们发现三次曲线对历史数据的拟合效果最好。另外，基于 2000 年之后宏观经济走势可能会进入一个新的上升周期的判断，我们认为汽车销量应当倾向于比较乐观的一面，因此也倾向于使用上升速度更快的结果。基于上述分析，最终我们按照三次曲线的趋势进行了未来三年的销量预测，并给出了相应的销量预测区间。

8.6.2　行走在理想与现实之间

本案例的数据看上去非常简单，而且从分析需求来说也非常明确：利用一个自变量预测因变量。但这并没有妨碍笔者将其设定为单独一章，这是因为该案例恰恰反映了许多实际分析工作中可能遇到的困境。

- ✧ 任何一个统计模型都会有样本量方面的要求，根据经验，当建立回归模型时，案例数应当在希望加入模型的自变量数的 20 倍以上为宜，也就是说，本案例至少应当包括 20 对历史数据才能达到模型样本量经验值的要求。但问题在于我们分析的是真实数据，一共只有 14 年的历史数据，虽然理论上可以通过获取月度销量数据来丰富数据信息，但这不仅在时间上不大可行，而且也会在建模方面产生更多的复杂性和不确定性，更何况也不会增加可以预测的未来时间范围，因此不是最佳选择。
- ✧ 在样本量不足的基础上更为雪上加霜的是，数据明确显示，在不同的时间段上，销量的变动规律并不一致，这意味着我们要么建立一个比较复杂的分段模型(正如上文利用非线性回归模型所进行的尝试一样)，要么只能截取近期的部分数据进行建模和预测，而最终我们采用的是后一种策略的分析结果。

实际上，上述两点也可以被简单地归结为一个矛盾：数据的信息量无法满足建模需求，因此必须在数据信息量、模型的复杂程度和结果的精确度之间加以权衡。所谓巧妇难于无米之炊，统计师只能充分利用信息，不可能凭空制造信息，因此比较客观的做法应当是部分放弃过于复杂的模型，采用相对简单，参数较少的模型得到更为稳妥的分析结果。因为简单的模型需要估计的参数相对较少，可以保证模型估计时有较多的冗余信息可资利用，使各参数的估计值更为稳健，不至于因个别案例的增删而导致模型出现明显变化。

另外，在具体的分析案例中，分析师也应当充分利用专业知识和相关背景信息，以更有针对性地进行建模。例如在本案例中，基于宏观经济方面的分析，我们就采用了更为乐观的预测结果，而不是中性或者偏悲观的结果。可能有的统计初学者会觉得这样似乎有点主观臆断，会影响分析结果的客观性，但是实际上，外部信息是一把双刃剑，对其善加利用可以有效地改进分析效果，更好地达成分析目的，那种认为一切都应当以数据分析结果为准，拒绝任何外部信息参考价值的想法实际上是非常有害的。

第9章 脑外伤急救后迟发性颅脑损伤影响因素分析

学习前建议阅读	第 8 章 某车企汽车年销量预测，了解线性回归模型的基本结构和结果阅读方式。
案例导读	研究者收集了脑外伤急救病例共 201 例，希望从中分析出导致急救后迟发性颅脑损伤的主要影响因素。 分析中首先利用标准的 Logistic 回归模型进行了影响因素筛选，然后利用分类树探索了子变量中是否可能存在交互作用，最后利用广义线性模型过程拟合了带交互项的 Logistic 回归模型。
分析方法	卡方检验、Logistic 回归、树模型(分类树)、广义线性模型。
案例的分析过程	转换：计算变量； 表：设定表； 统计图：堆积直方图、箱图； 描述统计：描述、交叉表； 回归：二元 Logistic； 分类：树模型； 广义线性模型：广义线性模型。
学习后建议阅读	第 10 章 中国消费者信心指数影响因素分析，思考最优尺度回归方法在本案例中应用的可能性。

9.1 案 例 背 景

9.1.1 研究项目概况

外伤性迟发性颅脑损伤是指因外伤/急救等原因导致的颅脑损伤，在初期并未发现颅内血肿等问题，但是经过一段时间后再次检查时发现颅内血肿等颅脑损伤症状。由于其具有较高的致残率和死亡率，故日益受到医学界的重视。

某省医院的脑外科医生收集了 2003—2005 年期间在该科室进行过急救后治疗的脑外伤病例共 201 例，希望能够从中分析出导致急救后迟发性颅脑损伤的主要影响因素。

原始数据见迟发颅脑伤.sav，其中采集了以下指标。

- ✧ 性别：分别用 1、2 代表男、女。
- ✧ 年龄：入院时实际年龄。
- ✧ 入院时血循指标：包括收缩压/舒张压和血小板数量三个指标。
- ✧ 入院时症状：包括有无脑挫伤、中线移位、脑肿胀，均为 0、1 分别代表无、有相应症状。
- ✧ 入院时意识程度：分为 1～5 级，分别代表嗜睡、昏睡、浅昏迷、中昏迷和深昏迷。
- ✧ 是否手术急救：表示是否进行了手术急救，0、1 分别代表无、有使用。
- ✧ 其余急救措施：包括是否使用止血药、激素、脱水剂，均为 0、1 分别代表无、有使用相应措施。
- ✧ 是否出现迟发性脑损伤：0、1 分别代表无、有出现迟发性脑损伤。

9.1.2　分析思路/商业理解

在本案例中，我们需要考虑以下问题。

- ✧ 对于分类变量之间关系的研究，卡方检验是非常常用的方法，但是在本案例中我们如果使用卡方检验会遇到以下问题：首先该方法无法用于连续性变量作用强弱的分析，其次，在筛选出了若干可能有作用的变量之后，显然需要将其纳入同一个多变量模型进行拟合，而卡方检验对此分析需求基本上是无能为力的。
- ✧ 本例的研究目的是从一系列候选影响因素中筛选出真正对出现迟发性脑损伤有影响的指标，就基本模型架构而言，线性模型是最常用于此类变量筛选的模型框架。但是，由于作为因变量的是否出现迟发性脑损伤为两分类变量，因此不能采用普通的线性回归或者方差分析模型来分析本案例。
- ✧ 基于线性模型的基本架构进一步发展而来的 Logistic 可以满足对分类因变量进行多变量建模的需求，模型中也可以同时纳入连续自变量和分类自变量，从而同时克服了上述几个问题。但是多变量模型中需要考虑是否存在交互作用，而此类筛选工作在传统线性模型框架下进行是非常烦琐的。

基于以上考虑，本案例最终决定采用卡方检验/t 检验作为候选因素筛选方法，Logistic 回归模型作为多变量模型的建模主方法，而采用数据挖掘体系中的分类树模型对变量间的交互作用加以探索。

9.2 数据理解

9.2.1 变量关联的图表描述

连续变量分布情况的图表描述

首先使用描述过程来大致考察一下几个连续性变量的分布情况(见表 9.1)。

1. 分析→描述统计→描述；
2. 输入年龄、收缩压、舒张压、血小板；
3. 确定。

表 9.1 描述统计量

	个案数	极小值	极大值	平均值	标准差
年龄	201	12	86	40.75	18.921
收缩压	201	10	25	15.76	2.491
舒张压	201	5	13	9.55	1.854
血小板	201	51.00	423.00	137.1493	63.56829
有效个案数(成列)	201				

由于年龄和血小板的标准差均在均值的一半左右，而这两个指标取值不可能为负，根据经验，这两个指标的分布很有可能呈正偏态，因此需进一步绘制图形加以考察，这里分别使用堆积直方图和分组箱图两种工具来进行数据展示(见图 9.1)，操作如下。

1. 图形→图表构建程序；
2. 库选项卡：选择直方图图组，将堆积直方图拖放至画布；
3. 将年龄拖放至 Y 轴框；
4. 将迟发性脑损伤拖放至堆栈框；
5. 确定；
6. 图形→图表构建程序；
7. 库选项卡：选择箱图图组，将简单箱图拖放至画布；
8. 将血小板拖放至 Y 轴框；
9. 将迟发性脑损伤拖放至 X 轴框；
10. 确定。

首先来看年龄的堆积直方图，实际上该图形的基本架构仍然是一个标准的直方图，只是按照有无迟发性脑损伤将每个直条又细分为两段而已。从绘制出的图形可以清楚地看出，年龄在无迟发性脑损伤组相对较轻，而在有迟发性脑损伤组则从低龄到高龄分布比较平均。

不过总体而言，年龄的偏态分布不算特别严重。

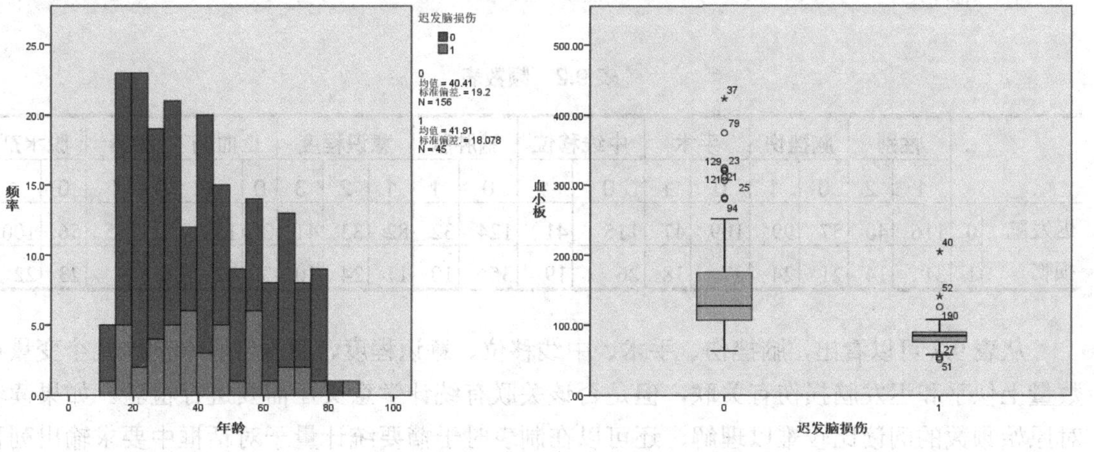

图 9.1　年龄的堆积直方图与血小板的箱图

下面考察血小板的分组箱图，和直方图相比，箱图更注重基于百分位数指标勾勒出统计上的主要信息。箱图箱体中间的粗线表示当前变量的中位数，方框的两端分别表示上、下四分位数。显然，整个方框内包括了中间 50%样本的数值分布范围，方框外的上、下两个细线分别表示除去异常值外的最大、最小值。在箱图中，凡是与四分位数值(图中即为方框上下界)的距离超过 1.5 倍四分位间距的都会被定义为异常值，其中距离超过四分位数间距 1.5 倍的为离群值，在图中以“O”表示；超过 3 倍的则为极值，用“×”表示。从血小板的分组箱图，我们可以很清楚地看出，有迟发性脑损伤组的血小板水平明显低于无迟发性脑损伤组，而且两组的血小板水平均呈明显的正偏态分布，也都存在着大量的离群值和极端值，这是进一步分析中值得考虑的问题。为此我们可以考虑对血小板的数据进行对数变换，以减弱离群值的影响。这里我们使用自然对数变换，相应的程序如下。

```
COMPUTE ln血小板=ln(血小板).
EXECUTE.
```

读者可自行绘制变换后的 ln 血小板的分组箱图，就会发现极端值问题已经有了明显的改善。

分类变量间联系的表格描述

下面我们对分类候选自变量和迟发性脑损伤间的关联进行描述，这方面的工作可以分别绘制多张条图来完成，但由于本案例的数据较为简单，我们完全可以用制表过程将相应的输出集中在一张表格内观察(见表 9.2)。

1. 分析→表→设定表；
2. 将迟发性脑损伤拖入行框；
3. 同时选中性别、脑挫伤、手术、中线移位、脑肿胀、意识程度、止血药、激素、脱水剂，将其拖入列框；

4. 摘要统计量框组，选中隐藏复选框；
5. 确定。

表 9.2 频数表

		性别		脑挫伤		手术		中线移位		脑肿胀		意识程度			止血药		激素		脱水剂	
		1	2	0	1	0	1	0	1	0	1	1	2	3	0	1	0	1	0	1
迟发脑损伤	0	116	40	57	99	109	47	115	41	124	32	82	33	41	3	153	1	155	56	100
	1	31	14	21	24	27	18	26	19	35	10	11	24	10	3	42	6	39	23	22

从表 9.2 可以看出，脑挫伤、手术、中线移位、意识程度、激素、脱水剂这几个变量在数量上似乎和迟发脑损伤有关联，但是否该关联有统计学意义还需要进行检验。如果读者对原始频数的阅读比较难以理解，还可以在制表时于摘要统计量子对话框中要求输出列百分比以协助理解，这里不再详述。

9.2.2 变量关联的单变量检验

考察分类自变量的作用

下面考虑就各影响因素对迟发性脑损伤的作用进行考察，对于性别、是否手术等分类变量，在交叉表中依次进行卡方检验是标准的做法。

1. 分析→描述统计→交叉表；
2. 将迟发性脑损伤输入行变量，将性别、脑挫伤、手术、中线移位、脑肿胀、意识程度、止血药、激素、脱水剂输入列变量；
3. 确定。

分析结果中会依次给出上述变量和迟发性脑损伤的交叉表以及相应的检验结果，这里以性别的检验结果表格为例(见表 9.3)，其内容如下。

表 9.3 卡方检验

	值	自由度	渐进 显著性 (双侧)	精确 显著性(双侧)	精确 显著性(单侧)
Pearson 卡方	.532[a]	1	.466		
连续校正 [b]	.290	1	.590		
似然比	.521	1	.471		
Fisher 的精确检验				.453	.291
线性和线性组合	.529	1	.467		
有效案例中的 N	201				

a. 0 单元格(.0%) 的期望计数少于 5。最小期望计数为 12.09。

b. 仅对 2x2 表计算。

表 9.3 即为卡方检验结果表，可以看到其中给出了多种检验结果，这一点也往往使初学者头晕目眩。在解释这些检验的结果之前，我们先来关心一下最下方的脚注内容：该四格表中，没有单元格(0)的期望频数少于 5，其中期望频数最少的那个单元格的期望频数 12.09。该脚注充分说明本样本的样本量(及其单元格分布)完全满足 Pearson 卡方的要求，因此可以放心大胆地阅读最常用的 Pearson 卡方的检验结果。

下面是表格中详细输出内容的解释。

- ✧ Pearson 卡方：最标准，也是最常用的卡方检验结果，当样本量充足时使用。
- ✧ 连续性校正卡方检验：由统计学家 Frank Yates 提出，故也称为 Yates 校正。本法只适用于四格表资料，在样本含量大于 40，所有单元格的期望频数均大于 1，且只有 1/5 以下的单元格的期望频数小于 5 大于 1 时，要对卡方统计量进行连续性校正。近年来蒙特卡罗随机模拟表明，Yates 校正似乎有一点矫枉过正，但在实践工作中依然经常用到。
- ✧ Fisher 确切概率法：相对而言是更加精确的检验结果。与 Pearson 卡方和似然比卡方相比，确切概率法的优点在于不需要近似，结果最准确，但计算时消耗资源较多。在样本含量小于 40，或有格子的期望频数小于 1 的四格表中，需要用 Fisher 精确概率法。对于其他列联表，如果有单元格的期望频数小于 1，或大于 1 小于 5 的期望频数较多时，也可以采用该法。
- ✧ 似然比卡方(Likelihood ratio)：与 Pearson 卡方相比，检验的是同样的 H_0 假设，即行变量与列变量之间相互独立，不同的是卡方的计算公式不一样，在处理多维表时有更大的优势。大多数情况下，二者的结论是基本一致的。
- ✧ 线性卡方(Linear by linear)：检验的 H_0 假设是行变量与列变量之间无线性相关。在列联表分类变量中很少用，更多用于连续变量。

显然在这里我们只需要阅读标准的 Person 卡方的检验结果，P 值为 0.466，因此性别应当对迟发性脑损伤的发生无影响。

我们可以一张一张地阅读所有分类变量的卡方检验表格，但是这显然非常麻烦。实际上，对于本例，还可以使用前述制表过程的检验选项一次完成相应的操作(见图 9.2)。在上面的操作基础上，增加步骤如下。

1. 检验统计量选项卡；
2. 选择独立性检验(卡方验证)。

在数据表之后就会新增卡方检验结果表如表 9.4 所示，从中可见中线移位、意识程度、止血药、激素、脱水剂这几个变量的检验 P 值较小，因此在随后的多变量建模中需要重点考察。

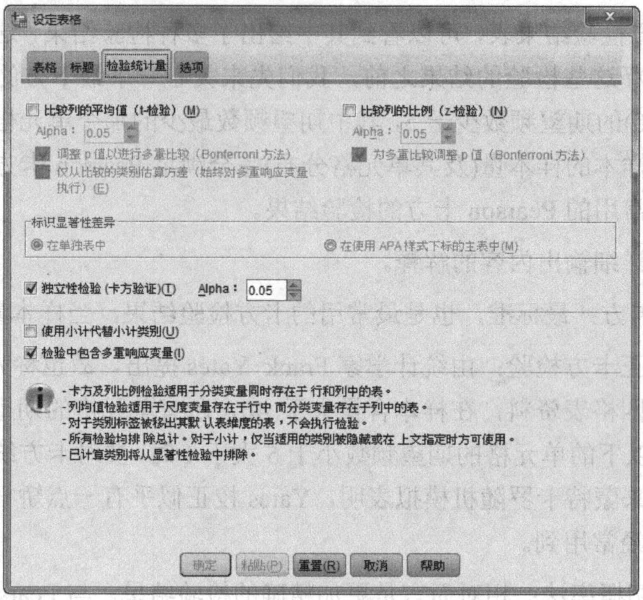

图 9.2 制表过程的统计量选项卡

表 9.4 Pearson 卡方检验

	性别	脑挫伤	手术	中线移位	脑肿胀	意识程度	止血药	激素	脱水剂
卡方	.532	1.509	1.556	4.238	.062	18.949	2.714	16.738	3.389
自由度	1	1	1	1	1	2	1	1	1
显著性	.466	.219	.212	.040[*]	.804	.000[*]	.099[a]	.000[*,a]	.066

结果基于每个最深处的子表中的非空行和列。

*. 卡方统计量在 0.05 级别处有意义。

a. 该子表中超过 20% 单元格的期望单元格计数小于 5。卡方结果可能无效。

从经验值上讲，一般而言，单变量分析时 P 值小于 0.2 的变量可以在随后的多变量建模过程中继续加以考察，P 值如果高于 0.2，则除非专业上有很明确的意义，否则不做重点考察。

考察连续自变量的作用

对于分类因变量、连续自变量的情形，笔者在第 2 章中提及应当使用 Logistic 回归模型来加以考察，但是作为预分析的手段，实际上还有另外一种方法可用：将自变量和因变量交换，其检验结果仍然可以大致反映两者之间的关联是否具有统计学意义。这里我们就可以考虑按此进行考察。

当自变量、因变量交换之后，显然分析问题就变成了几个 t 检验，可以很轻松地用相应的独立样本 t 检验过程来加以解决。但笔者坚信读者在看到制表过程可以直接完成卡方检验之后，一定心痒不已，希望该过程也可以解决 t 检验的问题。这个愿望当然可以得到满足，相应的操作如下。

1. 分析→表→设定表；
2. 同时选中年龄、收缩压、舒张压、血小板、ln 血小板，将其拖入行框；
3. 将迟发性脑损伤拖入列框；
4. 检验统计量选项卡：选择比较列的平均值(t 检验)，在标识显著性差异框组中选择在使用 APA 样式下标的主表中；
5. 确定。

按照上述操作，给出的表格中就会用下标直接标注出组间比较的结果(见表 9.5)，可以看到收缩压、舒张压、血小板/ln 血小板在两组之间都是有差异的，因此在后续分析中也应当重点加以注意。

表 9.5　均值表

		迟发脑损伤	
		0	1
年龄	平均值	40_a	42_a
收缩压	平均值	16_a	13_b
舒张压	平均值	10_a	7_b
血小板	平均值	151.53_a	87.29_b
血小板数自然对数值	平均值	4.95_a	4.44_b

注意：在列均值的双侧相等性检验中，不共用同一下标的相同行和子表中的值在 $p< 0.05$ 处有显著不同。在检验中不包括无下标的单元格。 检验假定方差均相等。[1]

1. 在每个最深处子表的行内使用 Bonferroni 校正调整了所有成对比较的检验。

9.3　构建二分类 Logistic 回归模型

9.3.1　模型简介

Logistic模型的基本架构

Logistic回归模型的基本架构直接来自多元线性回归模型，首先，让我们来回顾一下标准的线性回归模型：

$$\hat{Y} = \alpha + \beta_1 x_1 + \cdots + \beta_m x_m$$

在实际工作中，我们经常会遇到因变量为分类变量的情况。如发病与否、死亡与否等，需要研究该分类变量与一组自变量之间的关系。此时，若对分类变量直接拟合回归模型，则实质上拟合的是因变量某个类别的发生概率，参照线性回归模型的架构，很自然地会写出下面形式的回归模型：

$$\hat{P} = \alpha + \beta_1 x_1 + \cdots + \beta_m x_m$$

显然，该模型可以描述当各自变量变化时，因变量的发生概率会怎样变化，可以满足分析的基本需要。实际上，统计学家们最早也在朝这一方向努力，并考虑到最小二乘法拟合时遇到的各种问题，对计算方法进行了改进，最终提出了加权最小二乘法对该模型进行拟合，至今这种分析思路还偶有应用。但是，这种分析思路有以下两个致命问题无法解决。

1．取值区间：上述模型右侧的取值范围，或者说应用上述模型进行预报的范围为整个实数集(-∞,+∞)，而模型左边的取值范围为0≤P≤1，二者并不相符。模型本身不能保证在自变量的各种组合下，因变量的估计值仍限制在0～1内，因此分析者可能会得到这种荒唐的结论：男性、30岁、病情较轻的患者被治愈的概率是300%！研究者当然可以将此结果等同于100%可以治愈，但是从数理统计的角度讲，这种模型显然是极不严谨的。

2．曲线关联：根据大量的观察，反应变量P与自变量的关系通常不是直线关系，而是S形曲线关系。显然，线性关联是线性回归中至关重要的一个前提假设，而在上述模型中这一假设是明显无法满足的。

以上问题促使统计学家们不得不寻求新的解决思路，最终在1970年，Cox引入了以前用于人口学领域的logit变换(logit transformation)，成功地解决了上述问题。所谓logit变换，就是比数的对数。人们常把出现某种结果的概率与不出现的概率之比称为比数(odds，国内也译为优势)，即$odds = \dfrac{P}{1-P}$，取其对数$\lambda = \ln(odds) = \ln\dfrac{P}{1-P}$。这就是logit变换。我们来看一下该变换是如何解决上述两个问题的，首先是因变量取值区间的变化，概率是以0.5为对称点，分布在0～1的范围内的，而相应的logit P的大小为：

P=0　　logit P=ln(0/1)=-无穷大

P =0.5　logit P=ln(0.5/0.5)=0

P =1　　logit P=ln(1/0)=+无穷大

显然，通过变换，logit P的取值范围就被扩展为以0为对称点的整个实数区间(-∞,+ ∞)，使其在任何自变量取值下，对P值的预测均有实际意义。其次，大量实践证明，logit(P)往往和自变量呈线性关系，换言之，概率和自变量之间关系的S形曲线往往更符合logit函数关系，从而可以通过该变换将曲线直线化。因此，只需要以logit(P)为因变量，建立包含p个自变量的Logistic回归模型如下：

$$\text{logit}(P) = \beta_0 + \beta_1 x_1 + \cdots + \beta_p x_p$$

以上即为Logistic回归模型。由上式逆推可得：

$$P = \frac{\exp(\beta_0 + \beta_1 x_1 + \cdots + \beta_p x_p)}{1 + \exp(\beta_0 + \beta_1 x_1 + \cdots + \beta_p x_p)} \qquad 1 - P = \frac{1}{1 + \exp(\beta_0 + \beta_1 x_1 + \cdots + \beta_p x_p)}$$

上面三个方程式相互等价。通过大量的分析实践，人们发现Logistic回归模型可以充分满足对分类数据的建模需求，因此目前它已经成为分类因变量的标准建模方法。

Logistic模型中的一些概念

从数学上讲，beta和多元回归中系数的解释并无不同，代表x改变一个单位时logit$P$的平均改变量，但由于Odds的自然对数即为logit变换，因此Logistic回归系数可以有更加贴近实际的解释，$\beta_i(i=1,\cdots,p)$表示自变量x_i每改变一个单位比值比的自然对数值改变量，而EXP(β_i)即OR值，表示自变量x_i每变化一个单位，阳性结果出现概率与不出现概率的比值是变化前的相应比值的倍数，即比值比(优势比)。此外，当研究结果出现阳性的概率较小时(一般认为小于0.1，反之当概率大于0.9时亦可)，OR值大小和发生概率之比非常接近，此时可以近似地说一组研究对象的阳性结果发生率是另一组研究对象发生率的OR值倍，即用OR值的大小来近似地表示相对危险度的大小。

Logistic回归模型的适用条件

通过上面的讨论，我们可以很容易理解二分类Logistic的适用条件应当是：

1. 反应变量为二分类的分类变量或是某事件的发生率。需要注意的是流行病学中的发病率(或社区卫生服务研究中的两周患病率)等指标，存在一个研究对象重复计数现象的指标不适用于Logistic回归，因为此时反应变量不服从二项分布。

2. 自变量与logit(P)之间为线性关系。

3. 残差合计为0，且服从二项分布。

4. 各观测间相互独立。

由于因变量为二分类，所以Logistic模型的误差项应当服从二项分布，而不是正态分布。因此，该模型实际上不应当使用以前的最小二乘法进行参数估计，目前均使用最大似然法来解决方程的估计和检验问题。

需要特别指出的是，统计学家提出的变换函数有很多，例如累积正态概率变换(probit 模型)、重对数变换(log-log 模型)等，颇有些百家争鸣的味道。只是 Logistic 模型相比之下是最为成功，使用最为广泛的发生概率预测模型，针对一些特殊的情况，分析者可能还是要求助于其他变换方法，而不能不顾事实一味“独尊儒术”。

9.3.2　初步尝试建模

下面我们首先考虑将所有候选自变量一起纳入模型，建立初步的 Logistic 模型用于筛选。

1. 分析→回归→二元 Logistic；
2. 同时选中年龄、收缩压、舒张压、ln 血小板、将性别、脑挫伤、手术、中线移位、脑肿胀、意识程度、止血药、激素、脱水剂，将其全部输入协变量框；

3. 单击“分类”按钮，在其中将意识程度输入分类协变量框；
4. 继续；
5. 确定。

上述操作中的协变量指的是连续自变量，而分类协变量其含义就是分类自变量，在上述操作中，我们没有将性别等两分类变量全部设定为分类协变量，这是因为两分类变量直接按照连续性自变量进入模型，其分析结果也是可以正确使用的，如图 9.3 所示。

图 9.3　两分类 Logistic 模型对话框

在分析结果中，首先会输出分析中使用的记录数汇总，随后给出因变量的取值水平编码，SPSS 拟合模型时默认取值水平高的为阳性结果，对于本例来讲，拟合的模型是 logit(P|y=1)，上述两个表格主要用于备查，此处略去。

对于多分类的意识程度，我们在对话框中将其指定为分类变量，SPSS 就会自动对其进行哑变量的定义，从表 9.9 可以看出，意识程度共生成了 2 个(即 3～1 个)哑变量，其中水平 3 被默认作为参照水平，两个哑变量均为 0，而意识程度 1 和 2 则分别利用哑变量 1 和 2 来和作为参照水平的 3 做对比。由于这两个哑变量在模型分析中是同进同出的，因此对上述哑变量的系数进行估计，就可以分别得知意识程度 1、2 和参照水平 3 相比的差异。

表 9.6　分类变量编码

		频　率	参数编码	
			(1)	(2)
意识程度	1	93	1.000	.000
	2	57	.000	1.000
	3	51	.000	.000

同进同出是哑变量使用中的一个重要原则，如果不遵守这个原则，则哑变量相应的含义会发生改变。例如本例中如果只在模型中纳入哑变量 1，则参照水平将会变为 2、3 级意识程度汇总后的情况(因为其哑变量值均取 0)，而该哑变量相应的系数也将代表意识程度 1 和 2、3 级汇总后情况的比较。

下面 SPSS 将开始拟合不含任何自变量，而只有常数项的无效模型，因此输出结果将给出“块 0: 起始块”的标题。

表 9.7 输出的是模型中仅含有常数项时计算的预测分类结果，SPSS 根据 P 值是否大于 0.5 将观察对象判断为是否出现阳性结果，即是否出现迟发性脑损伤。由于模型中仅含有常数项，因此所有人的预测概率均为样本率估计值 45/201=0.23，将所有的观察对象均判断为不发病。虽然总的预测正确率为 77.6%，但该预测结果显然是没有应用价值的。而随后的分析模型如果有用，则应当得到比当前模型更好的预测结果才对。

表 9.7　分类表[a,b]

已观测			已预测		
			迟发脑损伤		百分比校正
			0	1	
步骤 0	迟发脑损伤	0	156	0	100.0
		1	45	0	.0
	总计百分比				77.6

a. 模型中包括常量。

b. 切割值为 .500。

表 9.8 输出结果中 B 为模型中未引入自变量时常数项的估计值，S.E.为其标准误，瓦尔德为 Wald 卡方，是对总体回归系数是否为 0 进行统计学检验。结果显示常数项应当不为 0。此时的 EXP(B)为 e 的 β_0 次方。其实际意义为总体研究对象患病率与未患病率的比值。即 0.288=45/156。

表 9.8　方程中的变量

		B	标准误差	瓦尔德	自由度	显著性	Exp (B)
步骤 0	常量	−1.243	.169	53.978	1	.000	.288

表 9.9 输出了当前未引入模型的变量的比分检验(Score test)结果，其意义为向当前模型中引入某变量(如性别)时，该变量是否会导致模型预测效果出现改善，或者说该变量的回归系数是否不等于 0。从分析结果可以看出，收缩压、舒张压、中线移位、意识程度、止血药、应用激素、脱水剂、血小板这几项可能有引入模型的价值。但需要指出的是，上述比分检验实际上是分各个候选自变量分别进行的，类似于单因素分析，随着模型引入变量的增减，相应的检验结果也会发生变化，因此结果仅供参考。

基于上述分析结果，SPSS 将开始在分析中引入自变量，由于本例设定候选变量均为进入法，尚未涉及变量筛选的问题，因此标题为“块 1: 方法 = 输入”。

由于此处尚未涉及变量筛选的问题，模型中会同时引入全部自变量，表 9.10 中对步骤、块、模型的检验是完全等价的。此处的卡方值为似然比卡方，结论为当前模型和上一个无效模型相比有统计学差异，或者说预测效果确实有改进。

表 9.9 不在方程中的变量

			得 分	自由度	显著性
步骤 0	变量	性别	.532	1	.466
		年龄	.221	1	.638
		收缩压	52.134	1	.000
		舒张压	84.727	1	.000
		脑挫伤	1.509	1	.219
		手术	1.556	1	.212
		中线移位	4.238	1	.040
		脑肿胀	.062	1	.804
		意识程度	18.949	2	.000
		意识程度(1)	11.108	1	.001
		意识程度(2)	17.801	1	.000
		止血药	2.714	1	.099
		激素	16.738	1	.000
		脱水剂	3.389	1	.066
		ln 血小板	54.490	1	.000
	总统计量		112.623	14	.000

表 9.10 模型系数的综合检验

		卡 方	自由度	显著性
步骤 1	步骤	148.361	14	.000
	块	148.361	14	.000
	模型	148.361	14	.000

表 9.11 输出了当前模型的-2log(似然比值)和两个伪决定系数(“伪”，以示与线性回归模型中的决定系数相区别)Cox & Snell R^2 和 Nagelkerke R^2。后两者从不同角度反映了当前模型中自变量解释了反应变量的变异占反应变量总变异的比例。但对于 Logistic 回归而言，我们通常看到的模型伪决定系数不像线性回归模型中的决定系数那么大，应当说当前模型 50%～80%的决定系数在 Logistics 回归模型中已经是相当高的了。

表 9.11 模型汇总

步骤	-2 对数似然值	Cox & Snell R 方	Nagelkerke R 方
1	65.413[a]	.522	.797

a. 因为参数估计的更改范围小于 .001，所以估计在迭代次数 9 处终止。

这是应用引入所有自变量后重新拟合的回归模型进行预测的分类表格，$P>0.5$ 判断为出现阳性结果。可见绝大多数的迟发性脑损伤案例都已经被正确地预测，而全部 201 个案例的总正确率也达到了 95.5%，见表 9.12，这的确是一个非常不错的结果。

表 9.12　分类表[a]

已观测			已预测		
			迟发脑损伤		百分比校正
			0	1	
步骤 1	迟发脑损伤	0	153	3	98.1
		1	6	39	86.7
	总计百分比				95.5

a. 切割值为 .500。

表 9.13 输出了模型中各自变量的偏回归系数及其标准误、Wald 卡方、自由度、*P* 值及 OR 值(即表格最右侧的 Exp(b))。可见在同时纳入模型之后，只有舒张压、脑挫伤、激素、ln 血小板这四个影响因素可能对因变量有影响，其余的自变量检验 *P* 值均远大于 0.05，不大可能被纳入方程。

表 9.13　方程中的变量

		B	标准误差	瓦尔德	自由度	显著性	Exp (B)
步骤 1[a]	性别	−1.114	.914	1.486	1	.223	.328
	年龄	−.001	.020	.004	1	.950	.999
	收缩压	−.028	.260	.012	1	.915	.973
	舒张压	−1.351	.452	8.941	1	.003	.259
	脑挫伤	−1.634	.981	2.771	1	.096	.195
	手术	−1.505	1.170	1.653	1	.199	.222
	中线移位	.928	1.133	.671	1	.413	2.529
	脑肿胀	.789	1.039	.577	1	.448	2.201
	意识程度			3.201	2	.202	
	意识程度(1)	−.530	1.197	.196	1	.658	.588
	意识程度(2)	1.040	1.003	1.076	1	.299	2.830
	止血药	−.283	3.399	.007	1	.934	.753
	激素	−10.916	2.811	15.083	1	.000	.000
	脱水剂	.818	.875	.872	1	.350	2.265
	ln 血小板	−6.466	1.828	12.512	1	.000	.002
	常量	53.810	13.532	15.812	1	.000	2.341E23

a. 在步骤 1 中输入的变量：性别，年龄，收缩压，舒张压，脑挫伤，手术，中线移位，脑肿胀，意识程度，止血药，激素，脱水剂，ln 血小板。

再来看相应系数/OR 值的临床含义，以舒张压为例，其 OR 值为 0.259，说明舒张压每增加一个单位(本案例数据中代表 10mmHg)，则患者急救后发生迟发性脑损伤的概率大约会下降至原先的 1/4，注意这里为了使用方便，我们直接按照相对风险度的含义对 OR 数值进行了解释，因此在表述上比较谨慎。

9.3.3 构建最终模型

基于上述分析结果，我们可以进一步进行变量的筛选工作，最终可以得到只包括舒张压、使用激素、ln 血小板三个自变量的 Logistics 回归方程，相应的分析结果如表 9.14 所示：

表 9.14 模型系数的综合检验

		卡 方	自由度	显著性
步骤 1	步骤	140.787	3	.000
	块	140.787	3	.000
	模型	140.787	3	.000

和只包含常数项的无效模型相比，当前模型的因变量预测效果确有统计学差异，或者说预测效果确实有改进，如表 9.15 所示。

表 9.15 模型汇总

步骤	-2 对数似然值	Cox & Snell R 方	Nagelkerke R 方
1	72.987[a]	.504	.769

a. 因为参数估计的更改范围小于 .001，所以估计在迭代次数 8 处终止。

和全自变量模型相比，伪决定系数虽然有所下降，但下降量很少，如表 9.16 所示。

表 9.16 分类表[a]

已观测			已预测		
			迟发脑损伤		百分比校正
			0	1	
步骤 1	迟发脑损伤	0	154	2	98.7
		1	5	40	88.9
	总计百分比				96.5

a. 切割值为 .500。

和全自变量模型相比，只增加了两个错误预测的案例，总的预测正确率仍然非常高，如表 9.17 所示。

表 9.17　方程中的变量

		B	标准误差	瓦 尔 德	自 由 度	显 著 性	Exp (B)
步骤 1a	舒张压	−1.211	.241	25.316	1	.000	.298
	激素	−9.988	2.387	17.514	1	.000	.000
	ln 血小板	−5.497	1.474	13.906	1	.000	.004
	常量	44.575	9.058	24.219	1	.000	2.284E19

a. 在步骤 1 中输入的变量：舒张压, 激素, ln 血小板。

从表 9.17 的 OR 值可以看出，对预防迟发性脑损伤作用最大的就是在急救中使用激素，其 OR 值显示，使用激素之后迟发性脑损伤的发生风险会下降至原先的 2 万分之一(即 $e^{-9.988}$)。相比之下，舒张压和血小板对数值虽然有作用，但明显不如激素给力。需要注意的是，ln 血小板的 OR 值虽然只有 0.004，但由于这里是对数变换后变量，因此其每增减一个单位，大致对应血小板需要增减 2 倍左右，显然其作用并不像数据表面反映的那样大。

最终可以给出回归方程如下：

$$\text{Logit}(\hat{P}) = 44.575 - 1.211 \times \text{舒张压} - 9.998 \times \text{使用激素} - 5.497 \times \ln\text{血小板}$$

9.4　利用树模型发现交互项

上面我们已经使用 Logistic 回归得到了基本的分析结果，虽然该结果已经比较令人满意，但作为研究者总是希望能够再深入一步，这里显然有两个问题可供进一步探讨。

- ✧ 各自变量和因变量(准确地说是 Logit$P$)的联系，真的像模型设定的那样就是简单的线性关系？需要进一步考虑曲线的可能性吗？
- ✧ 在对迟发性颅脑损伤的作用上，各自变量之间存在交互作用吗？

对于第一个问题，如果因变量为连续变量的回归方程，则可以通过散点图等工具做进一步的考察，而对于 Logistic 回归模型，相应的直观考察方法就变得非常困难。更大的挑战则来自第二个问题，自变量交互作用的考察始终是线性模型构建时的一个难点，这首先，由于当自变量较多时，交互项的数量会呈几何级数上升，模型因而迅速复杂化；其次，绝大多数的统计软件无法自动构建并分析交互项，分析者必须手工构建代表相应交互作用的新变量，然后将其纳入模型进行分析，这无疑在操作上是比较烦琐的；最后，交互项、特别是高阶交互项在专业背景意义上可能难以解释，这也造成了分析者对交互作用有意无意“绕行”的心态。

在上述三点中，最后一点显然是不正确的想法，分析者必须意识到虽然很多交互项可能确实无法找到合理的专业解释，但同时也会有相当多的交互项反映的是非常重要的专业信息，因此必须要有对交互作用进行深入发掘的意识。但是对于前两点，除了自己先捏住鼻子，没有条件也要创造条件准备上，没法创造条件就算是装作有条件也要上之外，有没有什么工具或者办法加以克服呢？树结构模型的发展和应用就为自变量间交互作用的发现提供了一条捷径。不仅如此，对于因变量和自变量之间的曲线关联问题，树模型也是一个非常简单有效的探索方法，已成为补充经典建模方法缺陷的一种有效工具。

9.4.1 模型简介

基本术语

在讨论树模型之前，有必要首先熟悉一下其中的术语：

根(Root)：树的起始点(包括所有的观察值)。

叶(Leaf)：树的终止点。

分枝(Split)：即依据怎样的原则将样本分为不同的子样本。

树模型的原理其实并不复杂，它的基本思想和方差分析中的变异分解极为相近，其基本目的是将总研究人群通过某些特征(自变量取值)分成数个相对同质的亚人群。每一个亚人群内部因变量的取值高度一致，相应的变异/杂质尽量地落在不同亚人群间。所有树模型的算法都遵循这一原则，差异只在于对变异/杂质的定义不同，如使用*P*值、方差、熵、Gini指数、Deviance等作为测量指标。

分类树的基本算法原理

根据因变量的类型，树结构模型可以被分为分类树和回归树两大类，这里将要使用的是分类树。分类树中可供使用的杂质定义方法有卡方检验的*P*值、熵、Gini指数等，我们以默认使用的Gini指数为例，来说明分类树的具体计算原理。对于树中的任意一个节点t而言，其Gini指数$g(t)$的计算方式为：

$$g(t)=\sum_{j\neq i}p(j|t)p(i|t)$$

其中i和j表示目标变量的两个不同分类。其中有：

$$p(j|t)=\frac{p(j,t)}{p(t)},\quad p(j,t)=\frac{\pi(j)N_j(t)}{N_j},\quad p(t)=\sum_j p(j,t)$$

其中$\pi(j)$是类别j的先验概率，$N_j(t)$是节点t中类别j的例数，N_j则是根节点中类别j的例数。

如果希望使用自变量的不同取值对此节点进行拆分，则可能的拆分方式有许多种。当使用拆分方法s将原来的节点t拆分为两个子节点时，相应的Gini指数改变量为：

$$\Phi(s,t)=\mathrm{g}(t)-p_L g(t_L)-p_R g(t_R)$$

其中P_L和P_R分别表示记录被拆分到左、右子节点中的比例，最佳的拆分方法就是使得Gini指数改变量达到最大的一个。公式表达如下：

$$\phi(s^*,t)=\max_{s\in\Omega}\phi(s,t)$$

其中Ω是所有可能的分枝的集合。

如果是连续性自变量或有序分类自变量，则按取值范围依次尝试所有可能的拆分方式；对于无序分类自变量，则尝试所有的合并为两大组的组合方式；按照该准则不断重复分枝，获得越来越纯的节点样本，直到达到设定的收敛标准为止。显然，该算法得到的分类树是建立在递推地Gini指数缩减最大化分枝节点上的φ函数，并且为纯粹的二叉树。

树模型的剪枝

通过以上步骤，可以将一个样本逐步拆分为非常小的多个子类。从树型分类的角度来看，这棵树是太大了，以致在使用时可能很困难。需要对这些过于复杂的树进行修剪，此过程的原理有些类似于逐步回归分析中的向后法，是从大树的末端剪去多余的枝叶，同时保证此树包含足够信息。目前常用的简枝方法为成本一复杂性测量(cost-complexity measurement)，是由Breiman等提出。由于分析者希望既保证模型有较高的预测正确率，又能够有尽量少的分枝，因此在此测量中，一个亚枝T的重要性 $R_\alpha(T)$ 是这样定义的：

$$R_\alpha(T) = R(T) + \alpha \times size(T)$$

这里，$R(T)$是该节点的错分风险，$size(T)$表示该亚枝的终末节点(叶节点)数目，Alpha是成本一复杂性参数，其具体数值可以在剪枝过程中自动计算，也可以自行加以指定。

下面的公式用于表示一个单一节点$\{t\}$的成本复杂性：

$$R_\alpha(\{t\}) = R(t) + \alpha$$

如果该节点的成本复杂性小于从该节点生长出的亚枝，则显然应当将相应的亚枝删除，替换为一个单一的终末节点。反之，则应当使用分枝替换原来的节点。

显然，一棵树的错分风险会随着节点数的增多而下降，当所建立的树其终末节点数达到最大值T_{max}，此时每个终末节点都只有一个记录。如果复杂性成本alpha＝0，则由于每一个案例都能得到很好的预测，这一最大树的风险最低，就会成为最优化的树。alpha越大，则成本复杂性最低的树中所包含的终末节点就会越少，通过使用成本一复杂性测量，就可以既保证该回归树包含了足够的信息，又能把并不重要的枝节去掉。

CHAID算法，CRT算法和QUEST算法

CHAID是CHi-squared Automatic Interaction Detector的缩写，是树模型中发展最早的一种算法，简单地说，就是用卡方检验作为树分类的基本方法。但是从原理可知，CHAID应当只适用于分类自变量，因此用途受限。SPSS对CHAID做了扩展，提供了穷举CHAID方法，虽然分析效果更好，但实际上仍然只能用于分类自变量。

CRT即分类数与回归树的缩写，当因变量为分类变量时，即为分类数，若因变量为连续变量则为回归树。其基本目的是将总研究人群通过某些特征(自变量取值)分成数个相对同质的亚人群。每一个亚人群内部因变量的取值高度一致，相应的变异/杂质尽量落在不同亚人群间。简单地说，就是按照预测误差最小化的原理，依次按照二分法将总样本划分为多个子样本的过程，所有树模型的算法都遵循这一原则，差异只在于对变异/杂质的定义不同，如使用P值、方差、熵、GINI系数、Deviance等作为测量指标。

QUEST即Quick, Unbiased, Efficient Statistical Tree的缩写，是1997年Loh和Shih对CHAID算法加以改进后，提出的一种新的二叉树算法，该算法将变量选择和分叉点选择分开计算，可以适用于任何类型的自变量，同时还克服了CHAID算法的某些缺点，在变量选择上基本无偏。

9.4.2 进行树模型分析

下面可以利用树模型来探索候选自变量中可能存在的曲线关联和交互作用(见图 9.4)，这里所分析的因变量为两分类变量，因此为分类树。为了更好地进行分析，在进行模型设定时我们考虑了以下几点。

- ✧ 舒张压和收缩压明显为高相关性变量，由于树模型在结构上不断进行样本拆分，同时纳入这两个变量可能会过于在模型中强调血压的作用，因此最终决定分析中只考虑纳入舒张压(对这一点有疑问的读者可以自行尝试一下同时纳入这两个变量的分析结果)。
- ✧ 在几种树模型构建方法中，CHAID 方法的原理不太适宜对连续性自变量进行分析(虽然 SPSS 对其进行了改进，可以进行这种分析)，QUEST 的原理相对而言较难理解，而 CRT 原理简单，且其原理和 Logistic 回归等经典方法在逻辑上也有一定的对应关系，因此从本案例的分析目的出发，首选 CRT。
- ✧ 作为模型的副产品，可以要求树模型同时输出对候选自变量的重要性分析，以顺便验证一下前面 Logistics 模型的变量筛选结果是否正确。
- ✧ 树模型由于在结构上是对样本进行反复拆分，因此对样本量的要求较高，本案例的 201 例样本量实在是有点不太够用。由于这里我们分析的基本目的是探索潜在的交互作用，因此可以尽量放宽拟合条件，让树充分生长，暂时也不用考虑剪枝问题。

树模型的分析结果如图 9.5 所示。相应的分析操作如下。

1. 分析→分类→树；
2. 因变量框：输入迟发性脑损伤；
3. 自变量框：除 ID、收缩压、血小板外，输入所有其余变量；
4. 增长方法下拉列表：选择 CRT；
5. “输出”按钮：树选项卡：输出方向：选择从左至右；树节点内容：选择表和图表；
6. “输出”按钮：统计量选项卡：自变量框组：选择对模型的重要性复选框；
7. 继续；
8. “条件”按钮：增长限制选项卡：最小个案数框组：父节点、子节点分别设定为 30、5；

9. 继续；
10. 确定。

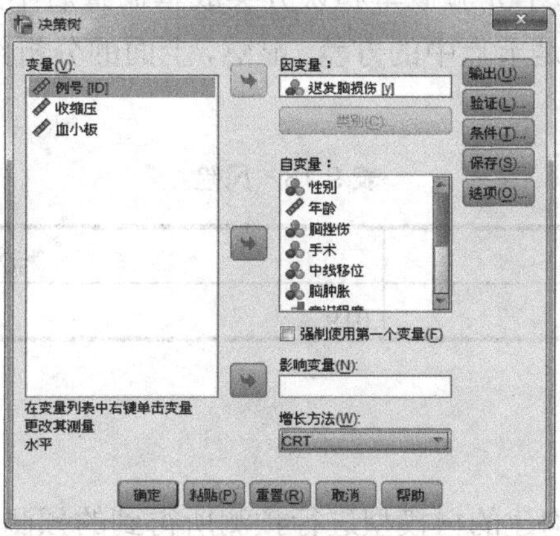

图 9.4 “决策树”对话框

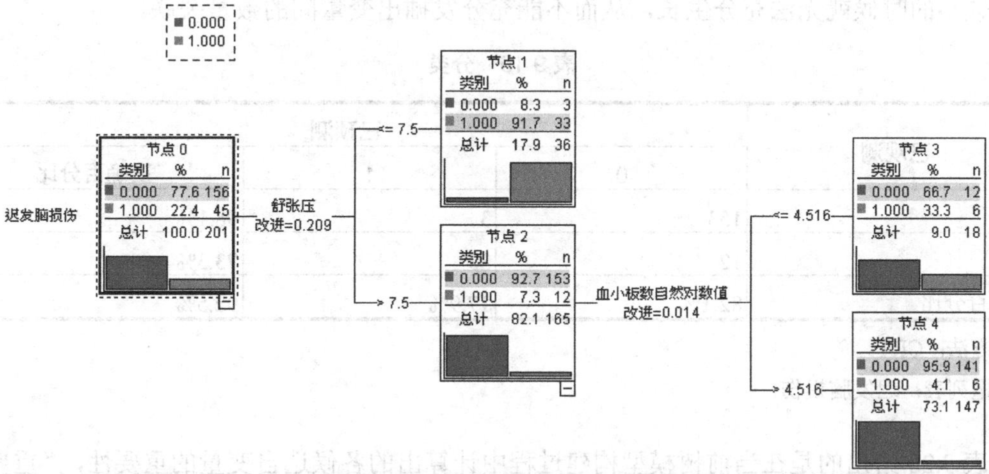

图 9.5 树模型的分析结果

在模型汇总之后，SPSS 首先输出了最重要的分析结果：树结构图。从中我们可以看到，舒张压作为对预测效果改进最大的自变量被首先用于拆分节点(有兴趣的读者可以在 Logistic 回归中使用向前：LR 等变量自动筛选方法建立模型，就会看到其首先输入的也是舒张压)，按照舒张压是否大于或等于 7.5，总样本被拆分为舒张压较高的 36 例(节点 1)，其中 33 例发生了迟发性脑损伤，而舒张压较低的 165 例(节点 2)中，只有 12 例发生了迟发性脑损伤。和未拆分前的总样本预测效果相比，显然预测准确度有明显的提高。

随后在节点 2 中，又按照血小板自然对数是否小于 4.516 进行了第二次拆分，将节点 2 分为血小板数较低的 147 例，其中只有 6 例为迟发性脑损伤；以及血小板数较高的 18 例，其中有 1/3 具有迟发性脑损伤。由于节点 1 并未按照血小板数的情况进行拆分，因此这里有两种可能：节点 1 因为样本量太少而未进行继续拆分，或者血小板计数在节点 1 中并无作用，换言之，此即意味着舒张压和血小板自然对数这两个变量之间存在交互作用。无论最终结论如何，现在树模型的分析结果已经提示我们下面应当去考察这个可能存在的交互项了。

表 9.18 给出的是对模型进行预测的准确性的测量，包括风险估计及其标准误。对于分类因变量，风险估计是进行了先验概率和误分类成本调整后不正确分类的个案的比例。对于刻度因变量，风险估计就是节点中的方差。显然，上面的分析结果报告说现在大约有 7.5%的案例会在模型中被错分。

表 9.18 风险

估 计	标准误差
.075	.019

增长方法：CRT。

因变量列表：迟发脑损伤。

表 9.19 给出的是按照构建的树模型进行预测所得到的预测准确率，可以看到该模型的预测效果明显不如前面的 Logistic 回归模型，这是因为树模型是对样本进行反复拆分，当样本量较小的时候就无法充分生长，从而不能充分发掘出变量间的数量关联。

表 9.19 分类

已观测	已预测		
	0	1	正确百分比
0	153	3	98.1%
1	12	33	73.3%
总计百分比	82.1%	17.9%	92.5%

增长方法：CRT。

因变量列表：迟发脑损伤。

表 9.20 给出的是在当前树模型构建过程中计算出的各候选自变量的重要性，“重要性”一列是根据所使用的模型拟合指标(本例中为模型默认的 Gini 系数)所计算出的各自变量重要性，而右侧的“标准化的重要性”则是将重要性最高的那个变量的重要性换算为 100%，其余变量的重要性是依次按此比例转换之后的百分比。

表 9.20 自变量的重要性

自变量	重要性	标准化的重要性
舒张压	.209	100.0%
血小板数自然对数值	.172	82.3%
激素	.029	13.8%
年龄	.006	2.9%

增长方法：CRT。

因变量列表：迟发脑损伤。

从表 9.20 可以看出，重要性排在前三位的自变量分别是舒张压、血小板自然对数值和是否使用激素，正好和 Logistic 回归的分析结论完全一致！这充分说明我们前面进行变量筛选得到的结果是正确的。排在第四位的年龄虽然在前面未纳入模型，但可以看到这里它的相对重要性只有 3%，显然基本上可以忽略。

综合上述结果，我们可以知道随后需要在 Logistic 模型中加入一个交互项，并考察是否具有统计学意义，至于曲线关联，或许由于样本量较少的缘故，在本案例中暂时未发现进一步分析的线索。

9.5　使用广义线性过程进行分析

通过上面的分析我们知道，下面需要考虑在 Logistic 回归模型中尝试加入舒张压和血小板数的交互项，这当然可以通过手工构建一个数值等于上述两变量乘积的新变量，然后将该变量加入模型进行分析，但如果我们将目光放远一些，考察整个 SPSS 软件所提供的工具的话，就可以发现，上述分析需求可以在将 Logistic 回归模型纳入更大的广义线性模型范畴之后，利用广义线性模型所对应的过程直接完成相应的分析任务。

9.5.1　模型简介

在学习方差分析时我们已经接触到了一般线性模型，这里提到的广义线性模型(Generalized Linear Model)可以被认为是传统一般线性模型的延伸。这样一来，许多广泛应用的统计模型都可以被纳入广义线性模型的范畴，出于降低阅读难度的考虑，本书在这里只做科普性质的介绍。

首先以多元线性回归为例来复习一下一般线性模型：

$$y_i = a + b_1x_{1i} + b_2x_{2i} + e_i$$

其中e_i为随机误差，被假定为服从均数为0的正态分布，也就是说，y_i的期望就应当等于$a + b_1x_{1i} + b_2x_{2i}$。但这一传统的线性模型并不适用于下面这些情况：

1. 以上模型中假定因变量是正态分布，这一点可能并不合理。而当因变量为分类资料时该假设可能会被完全违反。

2. 模型中实际上允许变量取任意值，如果数据的取值实际上应限制在一定值范围内，那么该信息就无法被利用，而可能会得出不正确的结论。

3. 模型中假设数据的变异对于所有记录都是一个常数，这一点并不现实。例如一般变异度都会随着均数的增加而增加。

广义线性模型扩展了传统线性模型，从而也减少了许多的限制，一般来说包括以下这几个组成部分。

1. 因变量：因变量不同取值间相互独立，服从指数族概率分布，它可以不具有稳定的方差，但方差必须能够表达为依赖于均数的函数。

2. 线性部分：这一部分和传统线性模型没有什么区别。

$$\eta_i = x_i^{'}\beta$$

3. 连接函数：用于描述因变量的期望值是怎样和线性预测值 η_i 相关联的。

$$g(\mu_i) = \eta_i = x_i^{'}\beta$$

由此可见，广义线性模型主要是从两个方面扩展了线性模型。

1. 通过指定因变量的分布，将因变量的分布范围从正态分布扩展到符合二项分布、Poisson分布、负二项分布等指数分布族。

2. 通过连接函数，把因变量取值变换到自变量线性预测的取值范围(−∞，+∞)中，把指数分布族的变量统一到一个模型的框架中，具有极大的灵活性。

这样，通过选定不同的因变量概率分布、方差函数、连接函数和线性预测函数，就可以得到各种不同的广义线性模型。如传统的线性模型、Logistic回归模型族、Poisson回归、Probit回归等都可以被看作广义线性模型的特例。而作为一般线性模型的推广，广义线性模型在分析中可以借鉴一般线性模型的分析思路，从而大大简化了许多问题。下面是广义线性模型可以包括的一些常用模型列表(见表9.21)。

表 9.21　常见的概率分布和连接函数

变　量	分　布	连接函数	模　型
连续变量	正态分布	恒等连接	直线回归
分类变量	二项分布	Logit 函数	Logistic 回归
	二项分布	$\phi^{-1}(\pi)$	Probit 回归
	Poisson 分布	对数	Poisson 回归
	Gamma 分布		Gamma
	逆正态分布	μ−2	逆正态
	负二项分布		负二项回归

9.5.2　构建仅包括主效应的模型

首先来看一下，如果拟合只有主效应项的 Logistic 回归模型，那么在广义线性模型对话框中是如何进行设定的，操作如下。

1. 分析→广义线性模型→广义线性模型；
2. “模型类型”选项卡：连接函数选择二元 Logistic；
3. “响应”选项卡：将迟发性脑损伤输入因变量框，在下方的二元响应：参考类别按钮中，将参考类别设定为第一个值；

4. “预测”选项卡：将激素输入因子框，舒张压和血小板对数值输入协变量框；
5. “模型”选项卡：将激素、舒张压和 ln 血小板的主效应输入模型框；
6. 确定。

“广义线性模型”对话框如图 9.6、图 9.7 所示。

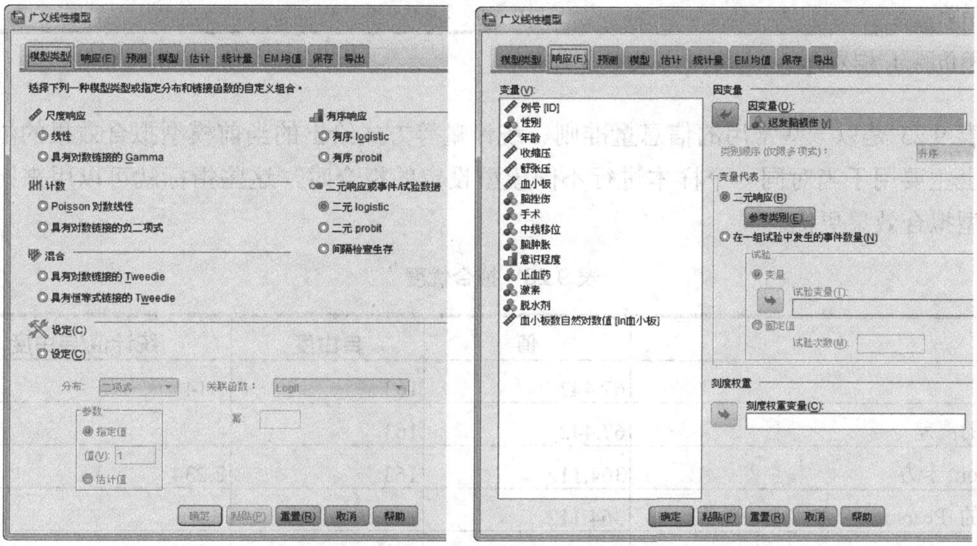

图 9.6　“广义线性模型”对话框(一)

图 9.7　“广义线性模型”对话框(二)

首先给出的是所使用的广义线性模型具体定义，该表格用于查错。由于广义线性模型的具体设定比较复杂，因此使用者一定要先对该表格进行检查，以免概率分布、关联函数或者因变量的参照类别设定不正确，如表 9.22 所示。

随后输出的是案例数汇总、分类变量描述和连续变量描述表格，这里不再列出。

表 9.22　模型信息

因 变 量	迟发脑损伤[a]
概率分布	二项式
关联函数	Logit

a. 过程仿照 1 作为响应，并将 0 视为参考类别。

表 9.23 是以一些常用的信息量准则、统计量等方式给出的当前模型拟合效果的汇总，实际上主要用于当对同一个样本进行不同模型设定的拟合时，这些指标就可以用来比较何种模型拟合效果更优。

表 9.23　拟合优度[b]

	值	自由度	统计值/自由度
离差	67.442	163	.414
调整的离差	67.442	163	
Pearson 卡方	364.112	163	2.234
调整的 Pearson 卡方	364.112	163	
对数似然[a]	−35.107		
Akaike 信息准则 (AIC)	78.214		
AICC 准则	78.419		
BIC 准则	91.428		
CAIC 准则	95.428		

因变量：迟发脑损伤。

模型：(截距), 激素, 舒张压, ln 血小板。

a. 将显示完全的对数似然，并在计算信息标准时使用该函数。

b. 信息标准采用少而精的形式。

表 9.24 给出的是当前模型与仅包括常数项的模型相比，其预测效果是否有改进，对上一节 Logistic 回归分析结果还有印象的读者会发现，该表格的检验结果实际上完全等同于 Logistic 回归中最终模型的“模型系数的综合检验”表格内容。这并不奇怪，因为两者实际上进行的是同样的检验。

表 9.24　Omnibus 检验[a]

似然比卡方	自 由 度	显 著 性
140.787	3	.000

因变量：迟发脑损伤。

模型：(截距), 激素, 舒张压, ln 血小板。

a. 将拟合模型与仅截距模型进行比较。

表 9.25 给出了对模型中所有自变量的检验结果，同样，这里的分析结果也完全等同于 Logistic 回归分析中“方程中的变量”表格中的检验结果。

表 9.25　模型效应检验

源	类型 III		
	瓦尔德 卡方	自 由 度	显 著 性
(截距)	24.104	1	.000
激素	17.514	1	.000
舒张压	25.316	1	.000
ln 血小板	13.906	1	.000

因变量：迟发脑损伤。

模型：(截距), 激素, 舒张压, ln 血小板。

在某种程度上，表 9.26 才真正等同于 Logistic 回归分析中的“方程中的变量”表格，可以发现除了 OR 值没有给出以外，其他内容基本上都可以在这张表格中找到。注意此处我们将激素设定为分类变量，因此该变量相应的输出和原 Logistics 回归并不相同，也因此导致截距的估计值发生了变化。

表 9.26　参数估计

参　数	B	标准误差	95% 瓦尔德 置信区间		假设检验		
			下　限	上　限	瓦尔德 卡方	自 由 度	显 著 性
(截距)	34.587	7.1273	20.617	48.556	23.549	1	.000
[激素=0]	9.988	2.3867	5.310	14.666	17.514	1	.000
[激素=1]	0^{a}	.	.	.	.	.	.
舒张压	−1.211	.2407	−1.683	−.739	25.316	1	.000
ln 血小板	−5.497	1.4740	−8.386	−2.608	13.906	1	.000
(刻度)	1^{b}						

因变量：迟发脑损伤。

模型：(截距), 激素, 舒张压, ln 血小板。

a. 此参数是冗余的，因此设置为零。

b. 固定在显示值。

9.5.3　在模型中加入交互项

下面我们进一步在模型中加入舒张压和血小板的交互项，新增操作如下。

1. “模型”选项卡：将构建项类型下拉列表更改为交互，将舒张压和 ln 血小板的交互项选入模型；
2. 确定。

从和无效模型对比的 Omnibus 检验其似然比卡方由原模型的 140.8 增加到 148 可知，增加了交互项的模型和无交互项模型相比的似然比卡方值大约为 7.2，在自由度为 1 的条件下，显然两个模型具有统计学差异如表 9.27 所示。

表 9.27　Omnibus 检验 [a]

似然比卡方	自由度	显著性
148.005	4	.000

因变量：迟发脑损伤。

模型：(截距), 激素, 舒张压, ln 血小板, 舒张压 * ln 血小板。

a. 将拟合模型与仅截距模型进行比较。

表 9.28 给出了主效应和交互项的分项检验结果与参数估计值，可见舒张压和血小板的交互项具有统计学意义，由其系数取值为正可知两者是具有协同效应的，对照树模型的输出结果，其含义不难理解，从中也可以发现树模型和 Logistic 回归模型的结果的确存在着相互印证和对应的关系。

表 9.28　参数估计

参　数	B	标准误差	95% 瓦尔德 置信区间		假设检验		
			下　限	上　限	瓦尔德 卡方	自由度	显著性
(截距)	131.563	42.1092	49.030	214.096	9.761	1	.002
[激素=0]	8.573	2.0141	4.626	12.521	18.119	1	.000
[激素=1]	0[a]	.	.	.	.	.	.
舒张压	−11.348	4.0103	−19.208	−3.488	8.008	1	.005
ln 血小板	−26.747	9.1661	−44.713	−8.782	8.515	1	.004
舒张压 * ln 血小板	2.221	.8713	.513	3.929	6.496	1	.011
(刻度)	1[b]						

因变量：迟发脑损伤。

模型：(截距), 激素, 舒张压, ln 血小板, 舒张压 * ln 血小板。

a. 此参数是冗余的，因此设置为零。

b. 固定在显示值。

9.6　项目总结与讨论

9.6.1　分析结论

在本案例中，由于统计描述时发现血小板呈偏态分布，因此对其进行了自然对数变换，然后分别用卡方检验/t 检验进行了变量初筛，用 Logistic 回归模型作为主模型进行了变量作用的筛选，并进一步采用分类树模型对变量间的交互作用进行了探索，最终得到的分析结论如下。

- ✧ 对预防迟发性脑损伤作用最大的指标是在急救中使用激素，结果显示使用激素之后迟发性脑损伤的发生风险会下降至原先的 2 万分之一(即 $e^{-9.988}$)。
- ✧ 相比之下，舒张压和血小板对数值虽然有作用，但其作用明显弱于激素。
- ✧ 其他因素如性别、手术等对迟发性脑损伤均无作用。
- ✧ 收缩压虽然在数据探索中发现可能和迟发性脑损伤有关，但多变量分析中被剔除，我们认为其原因在于收缩压和舒张压有强相关性，因此在多变量模型中只能进入其中一项是合理的。
- ✧ 分析中未发现上述影响因素间存在交互作用。

9.6.2 尺有所短，寸有所长

和前面学习过的诸多案例相比，本章在分析中有一个很大的特点，就是直接忽视了经典统计学和数据挖掘方法体系之间的界限，而是完全基于实际的分析需求进行了各种统计分析方法的应用。这里让我们简单地总结一下各种方法的优缺点。

- ✧ 线性框架的 Logistic 回归可以给出简单明确的回归方程和清晰易懂的结果解释，但是它会明确地将自变量和 Logit*P* 的关系限定为线性，而且在进行交互项的查找和检验方面比较笨拙。
- ✧ 树模型长于预测，长于发现变量间潜在的交互作用，但是无法给出明确的模型表达式，且在分析中需要较大的样本量，否则很有可能无法给出有价值的信息。但是当样本量充足时，却又有可能给出太多的信息以至于分析者无法从中理清各影响因素的主次关系。
- ✧ 采用广义线性模型框架，分析者就可以将模型的设定从 Logit*P* 拓展到任何可能的连接函数，并且直接在模型中加入希望考察的交互项。但是广义线性模型对很多使用者而言过于复杂，且在应用中的确需要很多统计方面的知识。

在本案例的分析中，我们没有刻意地去应用某种方法，而是根据需求进行了上述方法的灵活组合，事实上，在数据探索的时候我们对表格过程检验功能的应用，以及对连续性自变量和分类因变量的交换之后进行检验，这些操作背后的理念都是和上述方法的选择一脉相承：尺有所短，寸有所长，要根据研究问题的特点和需求选择最合适的方法。如本案例还可以使用神经网络模型进行拟合，但由于该方法的优势在于预测而不是影响因素发现，这一优势在本案例分析中完全体现不出来，因此就没有纳入方法体系的必要。读者在进行实际分析工作时，切忌在方法学上好高骛远，最合适的方法，而不是最复杂最高深的方法，才是应当使用的方法。那种搬弄技术的炫耀式分析，除了把事情弄得更复杂之外，不会带给分析人员任何好的回报。

第10章　中国消费者信心指数影响因素分析

学习前建议阅读	第 6 章　酸奶饮料新产品口味测试研究，了解方差分析模型的基本操作方式； 第 8 章　某车企汽车年销量预测，了解线性回归模型的基本结构和结果阅读方式。
案例导读	研究者希望就受访者的背景资料对消费者信心指数的影响状况加以研究，并进一步考察其内部的详细作用方式。 分析中首先采用方差分析模型进行了自变量筛选，然后建立多元方差分析模型进一步考察了其内部作用方式。在此基础上，又利用最优尺度回归深入探讨了自变量具有的各种复杂作用趋势，并利用多水平模型深入分析了信心指数变异在时间水平上的情况。
分析方法	方差分析模型、多元方差分析模型、最优尺度回归、多水平模型。
案例的分析过程	统计图：直方图图组、线图、条图、散点图； 一般线性模型：单变量、多变量； 混合模型：线性； 回归：最佳尺度(CATREG)。
学习后建议阅读	无。

10.1　案 例 背 景

10.1.1　项目背景

消费者信心是指消费者根据国家或地区的经济发展形势，通过对就业、收入、物价、利率等问题进行综合判断后得出的一种看法和预期，消费者信心指数则是对消费者整体所表现出来的信心程度及其变动的一种测度。消费者信心指数的概念和方法最早由美国密歇根大学调查研究中心的乔治卡通纳在 20 世纪 40 年代后期提出，随后在美联储的委托之下开展了相应调研直至今日。60 余年的历史已经证明了这一指标体系在预测未来宏观经济走向方面具有不可替代的价值，目前已成为各市场经济国家非常重要的经济风向标之一。

联恒市场研究看到了这一指标体系潜在的市场价值，于 2007 年启动了中国消费者信心调研(CCSS)项目，这一项目由笔者与美国密歇根大学社会研究所消费者信心调查课题组负责人 Richard Curtin 博士共同设计开发完成，整个方法体系与密歇根大学的消费者信心调查基本相同，同时也根据中国的具体国情进行了补充和完善，使之更贴近中国的实际情况。

本书所涉及的只是 CCSS 完整历史数据库的一小部分，且出于产品保密需要，在数据文件中删除了对指数计算至关重要的权重值，因此分析结果仅用于案例教学，所计算出的指数值和真实指数值有一定偏差，不一定代表真实情况。

10.1.2　项目问卷

CCSS 项目的问卷是标准化的，每月固定执行。由于问卷内容较多，我们选择了其中部分题目作为教学案例，具体如下(注意：为了便于讲解，下列题目顺序和内容均进行过调整，并非访问时的原始状况)。

中国消费者信心指数研究问卷(节选)

S0　受访者所在城市：

100 北京　200 上海　300 广州

S1　请问您贵姓？___

S2　记录被访者性别：

1. 男性　2. 女性

S3　请问您的十足年龄是？___

S4　请问您的学历是？

1. 初中/技校或以下　2. 高中/中专　3. 大专　4. 本科　5. 硕士或以上

S5　请问您的职业是？

1. 企/事业管理人员　2. 工人/体力工作者(蓝领)　3. 公司普通职员(白领)

4. 国家公务员　5. 个体经营者/私营业主　6. 教师

7. 学生　8. 专业人士(医生、律师等)　9. 无/待/失业、家庭主妇

10. 退休　11. 其他职业

S7　请问您的婚姻状况是？

1. 已婚　2. 未婚　3. 离异/分居/丧偶

S9　请问您的家庭月收入(包括工资、奖金和各种外快收入)大约在什么范围呢？

1. 999元或以下　2. 1000～1499元　3. 1500～1999元

4. 2000～2999元　5. 3000～3999元　6. 4000～4999元

7. 5000～5999元　8. 6000～7999元　9. 8000～9999元

10. 10000～14999元　11. 15000～19999元　12. 20000～29999元

13. 30000以上　98 无收入　99 拒答

C0　请问您的家庭目前有下列还贷支出吗？

C0_1　房贷　1. 有　2. 无　99 拒答

C0_2　车贷　1. 有　2. 无　99 拒答

C0_3　其他一般消费还贷　1. 有　2. 无　99 拒答

O1　请问您家里有家用轿车吗？

1. 有　2. 没有

A3　首先，请问与一年前相比，您的家庭现在的经济状况怎么样呢？是变好、基本不变还是变差？

1. 明显好转　2. 略有好转　3. 基本不变　4. 略有变差　5. 明显变差　9. 说不清/拒答

A3a　为什么您这样说呢？(最多限选两项)____

0 中性原因　90 不知道/拒答

10 改善：收入相关　110 恶化：收入相关

20 改善：就业状况相关　120 恶化：就业状况相关

30 改善：投资相关　130 恶化：投资相关

40 改善：家庭开支相关　140 恶化：家庭开支相关

50 改善：政策/宏观经济　150 恶化：政策/宏观经济相关

A4　与现在相比，您觉得一年以后您的家庭经济状况将会如何变化？

1. 明显好转　2. 略有好转　3. 基本不变　4. 略有变差　5. 明显变差　9. 说不清/拒答

A8　与现在相比，您认为一年以后本地区的经济发展状况将会如何？

1. 非常好　2. 比较好　3. 保持现状　4. 比较差　5. 非常差　9. 说不清/拒答

A9　您认为一年之后本地区的就业状况将会如何变化？

1. 明显改善　2. 略有改善　3. 保持现状　4. 略有变差　5. 明显变差　9. 说不清/拒答

A10　与现在相比，您认为五年之后，本地区的经济将会出现怎样的变化？

1. 明显繁荣　2. 略有改善　3. 保持现状　4. 略有衰退　5. 明显衰退　9. 说不清/拒答

A16　对于大宗耐用消费品的购买，如家用电器，家用电脑，以及高档家具之类的，您认为当前是购买的好时机吗？

1. 很好的时机　2. 较好时机　3. 很难说，看具体情况而定　4. 较差时机　5. 很差的时机　9. 不知道/拒答

信心指数的计算方法

CCSS 问卷中的大多数主干题目均为五级得分，类似于非常好(VF)、比较好(F)、一般、比较差(U)、非常差(VU)，以及不知道/拒答。此类题目都需要转换为相应的题目得分，以反映消费者的乐观/悲观程度。具体方式为针对每一道题目，计算每个选项被选中的百分比(包括“不知道/拒答”)，随后使用以下公式计算其相对得分：

题目得分=100% + 1.0×VF% + 0.5×F% − 0.5×U% − 1.0×VU%.

因此，这一数值反映的是答案偏向乐观的人群和偏向悲观人群的比例之差，当人群中这两者的比例基本平衡时，得分接近于 100(100%)；如果乐观人群比例偏高，则得分大于 100；反之，则小于 100。

随后，总消费者信心指数的计算是基于下面五道问题的回答：

A3：首先，请问与一年前相比，您的家庭现在的经济状况怎么样呢？

A4：与现在相比，一年以后您的家庭经济状况将会如何变化？

A8：与现在相比，您认为一年以后本地区的经济发展状况将会如何？

A10：与现在相比，您认为五年之后，本地区的经济将会出现怎样的变化？

A16：对于大宗耐用消费品的购买，如家用电器，家用电脑，以及高档家具之类的，您认为当前是购买的好时机吗？

首先计算出上述 5 题的得分，然后将其直接相加，再除以“基线”调查时的这一数值，即为当期的信心指数值。因此，所计算出的指数代表的是当期数值相对于“基线”调查数值的变动比例。如果乐观人群的比例高于“基线”，则指数大于 100，反之，则小于 100。目前作为基线水平的是 2007 年 4 月的数值。

实际上，上述指数算法和美国密歇根大学消费者信心指数计算方法的基本原理完全相同。

研究目的

在本章的分析中，我们希望就受访者的背景资料对消费者信心指数的影响状况加以研究，具体研究问题如下。

总目标：不同人口特征/背景资料的受访者(家庭)在消费者信心上具有怎样的差异，或者说不同人群之间是否存在信心指数的差异。

为达成这一总目标，又可进一步衍生出以下分目标。

- ✧ 分目标 1：上述指标对信心指数的作用是否存在地域差异。
- ✧ 分目标 2：上述指标对信心指数的作用能否细分至 5 道题目分值，也就是说，进一步考察其内部的详细作用方式。

在本研究中所涉及的背景资料变量为：性别、年龄、学历、职业、婚姻状况、家庭月收入。

CCSS 的调查始于 2007 年 4 月，每月在东部与中西部 30 个具有代表性的中国城市中抽取 1000 个左右的家庭，通过电脑辅助电话访问(CATI)取得，目前已累计了四年多的历史数据。为化繁为简，这里我们将只截取北京、上海、广州三个城市在 2007 年 4 月、2007 年 12 月、2008 年 12 月和 2009 年 12 月共 1147 个样本用于随后的讲解，具体数据参见文件 CCSS_Sample.sav。

10.1.3 分析思路/商业理解

本研究的数据要点如下：

- ✧ 从基本研究框架而言，本案例可以考虑建立一个标准的一般线性模型，由于候选影响因素中分类变量较多，因此拟合方差分析模型是比较常见的做法。
- ✧ 由于信心指数会随着时间的变化而发生变化，因此分析背景资料对信心指数影响的时候，需要考虑调整时间的影响，即将 time(月份)变量纳入模型。另外，分目标中也希望考察影响因素的作用在地域上是否存在差异，因此城市变量也是需要考虑纳入分析的。

✧ 信心指数的研究比较特殊，一般而言，多道题目进行信息汇总时，最佳的方式是进行主成分提取，但信心指数的计算方式是固定的相加算式，必然会和提取主成分的结果有所差异，或者说，总指标的影响因素分析结果在逻辑上就存在和分项指标有所差异的可能，这一点在进行分目标研究的时候尤为重要。

✧ 分目标中需要考虑各影响因素的作用能否细分至 5 道题目分值，这可以考虑首先利用总信心指数的模型筛选出影响因素，然后将各题目分值分别作为因变量建立相应的分析模型。的确可能存在某些变量会对个别题目分值有作用，但汇总之后对信心指数无统计学意义的情形，由于本研究的重点放在信心指数的影响因素上，因此对此类情况本研究中不再考虑。

信心指数的计算方式之所以会采用简单的相加方式，是因为这样的结果更容易为消费者所理解，特别是容易为新闻媒体采纳并进行宣传。另外，作为宏观经济的预测指标之一，研究者也发现相对而言，这种“误差”对于实际应用的影响基本上可以忽略，因此也缺乏对此进行调整的动力。

综合上述内容考虑，最终本案例决定按照下述思路进行分析。

✧ 首先拟合标准的方差分析模型，进行候选影响因素的筛选。

✧ 利用最优尺度回归方法，对影响因素的作用做进一步的确认，并考虑各因素的内在作用方式。

✧ 尝试按照多水平模型框架，分析各影响因素是否存在深层次的变异构成。

✧ 拟合多因变量的方差分析模型，进一步探索影响因素对各题目分值的作用方式。

10.2 数据理解

10.2.1 图形考察时间、地域对信心指数的影响

首先让我们来考察一下总信心指数的分布状况是否基本遵循正态分布，但是在多次使用了直方图这一工具之后，我们希望这次能够走得更远点：直接在直方图中考察城市之间的信心指数水平是否存在差异，具体操作如下。

1. 图形→图表构建程序；
2. 在图库中选择直方图组，将右侧出现的简单直方图图标拖入画布中；
3. 在变量列表中找到 index1，将其拖入画布的横轴框中；
4. 在元素属性对话框中选中“显示正态曲线”复选框，注意随后一定要单击下方的

“应用”按钮，否则相应的操作不会生效；
5. 切换至“组/点 ID”选项卡：选中“行嵌板变量”复选框；
6. 将 S0 城市输入画布上新增的嵌板框中；
7. 单击“选项”按钮，在“选项”对话框中确认未选择下方的换行嵌板复选框；
8. 确定。

最终生成的图形如图 10.1(a)所示，可见 index1 的分布还是非常接近正态曲线的，只是左侧稍有拖尾，也就是有几个偏低的极端值存在。同时在图中也可以看出三地信心指数的均数差异相对并不明显(注意这只是初步观察，并不意味着后续分析无统计学意义)。

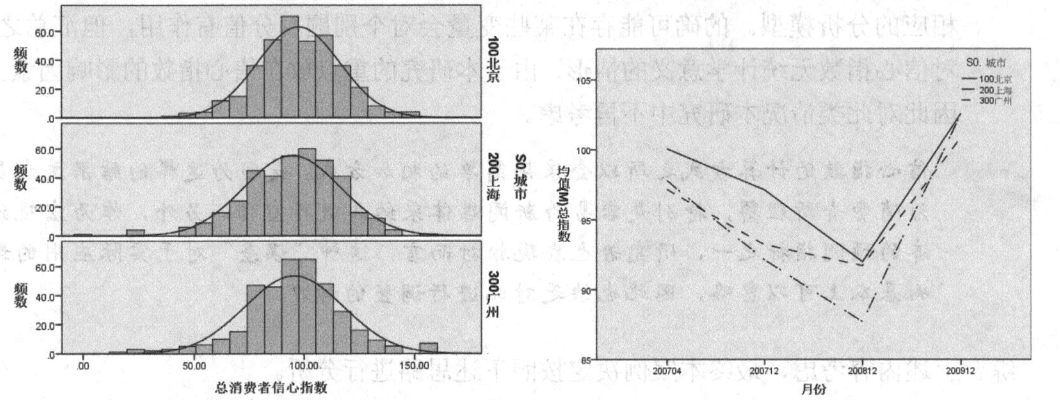

(a) (b)

图 10.1 信心指数的直方图图组与线图

下面可以对时间的影响进行考察。首先，由于月份为有序分类变量，因此线图最为合适。其次，这里我们也可以考虑分城市进行观察，因此需要在图形中绘制多条折线，即使用多重线图以分别呈现不同城市的数据变化规律。另外为了使图形显示更为清晰，这里我们还会稍作编辑，具体操作如下。

1. 图形→图表构建程序；
2. 在图库中选择线图组，将右侧出现的多重线图图标拖入画布中；
3. 将月份 time 拖入横轴框中；
4. 将总指数 index1 拖入纵轴框中；
5. 将城市 S0 拖入分组(设置颜色)框中，然后再双击该框，在弹出的分组区域子对话框中将分组依据由“颜色”改为“图案”；
6. 单击“确定”按钮绘制出图形，然后双击图形进入编辑状态，将均值连续轴刻度范围修改为 85～105，小数位数更改为 0。拖放调整图例位置和绘图区大小至合适比例。

最终所绘制的线图如图 10.1(b)所示，从中我们可以观察到以下数据特征。

✧ 在 2008 年年底之前，三个城市的信心指数都是持续下跌的，随后在经济刺激计划的作用下开始上升，且在 2009 年年底超过初值。

- ✧ 北、上、广三地的信心指数变化规律不一，广州相对而言变化较平缓，而上海则涨跌幅度最大。
- ✧ 从平均水平而言，北京消费者的信心指数最高，其次为广州，上海消费者的信心指数最低。
- ✧ 在 2008 年之前，三地消费者的信心指数存在较大差异，但 2009 年年末的指数差异则大为缩小，这意味着城市和月份这两个变量之间可能会存在交互作用，需要在后续建模分析中加以注意。

10.2.2　图形考察性别、职业、婚姻状况等对信心指数的影响

下面来考察性别、职业、婚姻状况等对总信心指数平均水平的影响，这里可以考虑使用条图来进行展示，首先以职业 S5 为例来加以说明。显然，直条类别需要用职业 S5 来定义，但直条的长度则需要用 index1 的均数来定义。同时为了使图形的展示更为清晰，我们可以在绘图完成后再对直条进行排序，本例的具体操作如下。

1. 图形→图表构建程序；
2. 在图库中选择条图组，将右侧出现的简单条图图标拖入画布；
3. 将职业 S5 拖入横轴框中；
4. 将 index1 拖入纵轴框中；
5. 确定；
6. 双击图形进入编辑状态，选中类别分类轴，在属性对话框的分类选项卡中，排序依据下拉列表改为“统计”，方向下拉列表改为“降序”，单击“应用”按钮。

可能有反应快的读者会想到：为什么不在绘图的时候就在元素属性对话框中，将排序方式改为“统计”，而一定要绘图完毕后再行编辑呢？那就试试看？结果大家会发现绘图界面上的排序方式中根本就没有“统计”这个选项！

列位看官不用对此感到莫名其妙，SPSS 在这个问题上的逻辑是这样的：在图形绘制完成之前，相关的统计量均未进行计算，因此不可能用其排序。当绘图完毕之后，相关的统计量已经被存储在图形中，因此可以在编辑状态下进行调用。

最终所绘图形如图 10.2 所示，可见由于对未来充满希望，平均而言学生的信心值最高，紧随其后的是经济地位相对不错的私营业主，而衣食无忧的公务员信心值排在第三，其排名甚至还高于医生、律师以及企业管理者。至于蓝领工作者、退休人员以及失业人员的信心值则分列最后三位，显然，上述统计结果是非常符合逻辑的。

对性别、学历、婚姻状况、职业、家庭收入等的分析结果如图 10.3 所示，简单总结如下。

- ✧ 信心指数值在男女之间没有明显差异。

- ✧ 信心指数似乎在大专—大学学历范围内平均水平达到最高，学历更高或更低时信心指数似乎均偏低。
- ✧ 未婚人群信心指数平均水平更高，而离婚/丧偶人群则最低。
- ✧ 家庭月收入在 2000 元以下时，信心指数随收入的上升而上升，但此后似乎可保持稳定，并没有特别明显的上升或下降趋势。

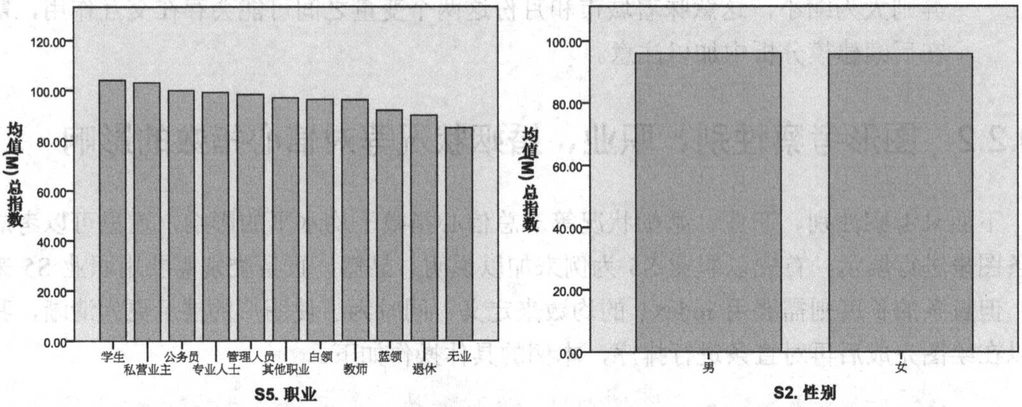

图 10.2　职业和性别的条图

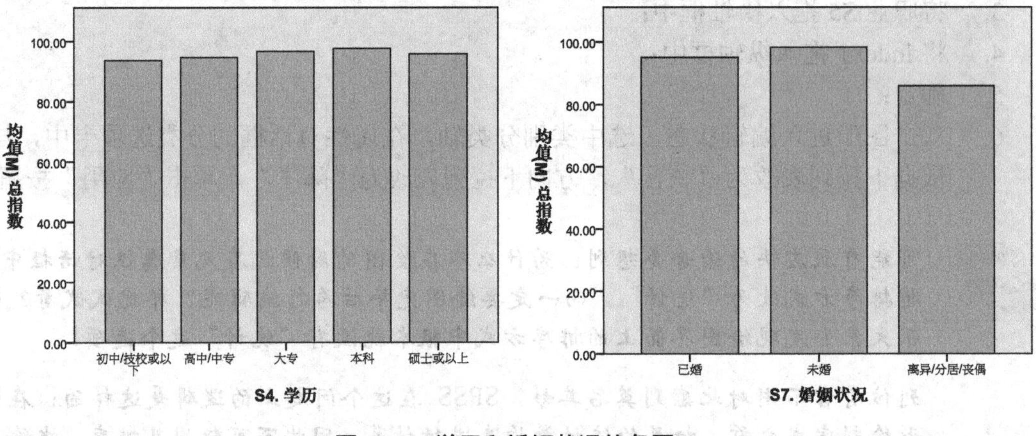

图 10.3　学历和婚姻状况的条图

10.2.3　图形考察年龄对信心指数的影响

我们使用散点图来考察年龄对信心指数的影响趋势，显然对于两个连续性变量间数量关联趋势的考察，散点图是最佳工具，操作如下。

1. 图形→图表构建程序；
2. 将简单散点图图标拖入画布；
3. 将年龄 S3 拖入 X 轴框中，总指数 index1 拖入 Y 轴框中；
4. 确定；

5. 双击进入图形编辑状态，菜单元素→总计拟合线；
6. 在“拟合线”选项卡中，将拟合方法更改为 Loess，单击“应用”按钮；
7. 关闭图形退出。

最终所绘制的散点图如图 10.4 所示，从中可以观察到如下数据特征。

✧ 随着年龄的上升，消费者信心指数的平均水平有缓慢下降的趋势，且两者间关联基本上呈线性趋势，绘制出的 Loess 样条曲线也透露出了同样的信息，从图中可以清楚地看出样条曲线和回归直线的趋势非常近似。也就是说，年龄和总指数之间的数量关联如果的确存在的话，那应当基本上是服从线性趋势的。
✧ 消费者信心指数在不同年龄段上的离散程度相差不明显。
✧ 消费者信心指数存在若干偏小的数值，其中在 30～40 岁之间的一位消费者其信心指数居然为 0，这些较小的数值有可能在建模分析中成为强影响点。

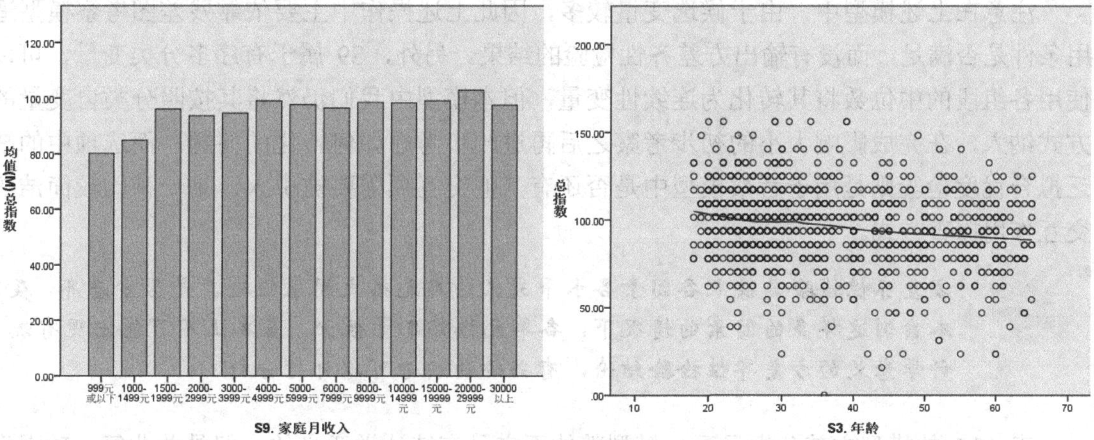

图 10.4　收入的条图和年龄的散点图

10.3　标准 GLM 框架下的建模分析

10.3.1　建立总模型

下面我们首先使用标准的方差分析模型来对数据进行分析，由于已经有了前面数章的分析经验，这里就直接略去对变量筛选过程的详细叙述，而是直接建立包括全部变量的方差分析模型，操作如下。

1. 分析→一般线性模型→单变量；
2. 将总指数 index1 输入因变量框中；

3. 将月份 time、城市 S0、性别 S2、学历 S4、职业 S5、婚姻状况 S7、家庭月收入 S9 输入固定因子框中；
4. 将年龄 S3 输入协变量框中；
5. “模型”子对话框，将各因素的主效应输入模型框中；
6. “保存”子对话框，选择保存未标准化预测值和标准化残差；
7. “选项”子对话框，选择缺乏拟合优度检验；
8. 确定；
9. 图形→图表构建程序；
10. 将简单散点图图标拖入画布中；
11. 将未标准化预测值拖入 X 轴框中，标准化残差拖入 Y 轴框中；
12. 确定；
13. 进入图形编辑状态，在图形中添加 Y=0 的横线。

注意在上述模型中，由于候选变量较多，因此上述操作中主要依靠残差图考察模型适用条件是否满足，而没有输出方差齐性检验的结果。另外，S9 属于有序多分类变量，可以使用各组段的中位数将其转化为连续性变量，但本模型中我们仍然将其按照分类自变量的方式纳入，在完成影响大小的初步考察之后再进一步考虑如何转化的问题。而选项中的缺乏拟合优度检验则是用于考察模型中是否还有其他交互项需要被引入，是一种比较简洁的交互作用探查方式。

方差齐性检验是按照各因素各水平交叉的单元格之间来检验其是否方差齐，在本案例这样多的因素的情况下，各单元格样本量很少，基本上不可能出现有统计学意义的方差齐性检验结论，有兴趣的读者可以自行分析。

表 10.1 的模型方差分析显示，模型整体而言是有统计学意义的，但是并非每一项因素都有作用，如 S2 性别 P 值(显著性)为 0.744，显然对信心指数不具影响，此外 S4 学历、S7 婚姻状况 P 值也明显高于 0.05 的检验水准，也应当对结果无影响。对于性别无影响，我们可以理解为信心指数虽然访谈对象是个人，但是问题的出发点都是以家庭为准，因此性别可能的确影响会较小，而学历、婚姻状况无作用则可能是因为其作用被其余因素替代所致，如婚姻状况虽然在单变量分析中有统计学意义，但这很可能反映的是年龄的影响，而在现在的模型中则由于将年龄纳入模型而变得没有统计学意义了。

表 10.2 检验的是当前模型用于拟合样本数据是否具有足够的拟合优度，或者说和纳入全部主效应和交互效应的模型(全模型)相比，当前模型对样本信息的解释程度是否充分，两者间的差异是否有统计学意义。如果当前模型和全模型的解释程度无统计学差异，则表明模型已经包含了数据的主要信息，不需要再另行纳入更多交互项。反之，则意味着还有交互项需要纳入，以改善模型对数据的解释。从表格中的输出可知，当前模型和全模型相比的 P 值为 0.979，远高于 0.05 的水准，因此目前这个只包含所有主效应的模型已经和全效应模型对样本数据的解释程度相同，模型中没有交互项需要再考虑纳入。该分析结果实际上

就已经回答了分目标 2 的问题，各影响因素的作用方式在不同城市之间无差异。

表 10.1　主体间效应的检验

因变量：总指数

源	III 类平方和	自由度	均　方	F	显著性
修正模型	63189.263[a]	35	1805.408	4.381	.000
截距	318752.034	1	318752.034	773.409	.000
time	12367.489	3	4122.496	10.003	.000
S0	3038.421	2	1519.210	3.686	.025
S2	43.880	1	43.880	.106	.744
S4	2735.803	4	683.951	1.660	.157
S5	12218.394	10	1221.839	2.965	.001
S7	349.496	2	174.748	.424	.655
S9	7971.810	12	664.318	1.612	.083
S3	7505.610	1	7505.610	18.211	.000
误差	394004.692	956	412.139		
总计	9652701.329	992			
修正后总计	457193.955	991			

a. R 方 =.138(调整后 R 方 =.107)。

表 10.2　失拟检验

因变量：总指数

源	平方和	自由度	均　方	F	显著性
失拟	386622.899	948	407.830	.442	.979
纯误差	7381.793	8	922.724		

图 10.5 所示的实际上就是模型的残差图，如果模型拟合效果很好，标化残差应当随着预测值的上升完全随机地在 0 值上下分布，且不应当出现绝对值较大的残差。从图中可见，残差的平均水平的确没有出现随着预测值变化的趋势(由于信心指数并未绝对连续取值，因此残差图看上去似乎存在“斜向下”的趋势，这实际上是一种视觉上的错觉，残差的平均分布水平基本上没有明显变化)。但是，我们发现在负值方向上存在着若干绝对值较大的残差散点，绝对值最大的一个超过-4。如果直接回到数据集进行检索，可以发现这是 2007 年 12 月 ID 为 97 的受访者记录，该上海男性受访者 36 岁，收入较高，但从问卷数据可知，其收入、开支等状况均明显恶化(莫非炒股炒得过于投入先是头脑发热辞了职，然后又在股市大跌中赔了本)，五道指数题目分支均为 0，因而总指数也为 0。实际上，如果仔细考察几个绝对值较大的负残差，会发现绝大部分都是 2007 年 12 月的受访者。考虑到当年股市导致许多消费者被深度套牢，因此这样的数据也是合理的，分析者可以对此表示情绪稳定。但是我们必须考虑上述记录可能对模型的影响强弱，这可以通过将上述记录删除，重新拟合

模型以考察分析结果是否发生变化，对此本书不再详述。

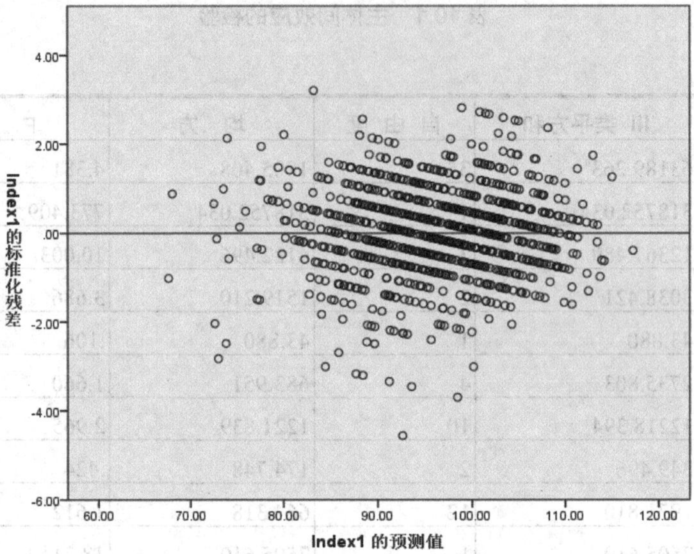

图 10.5　方差分析模型的残差分布散点图

10.3.2　两两比较的结果

下面需要进一步考虑同一因子各水平之间两两比较的问题，由于模型中引入了协变量年龄，因此不能采用两两比较子对话框中的相应方法，而应采用选项中估计边际均数的功能来完成比较，新增的操作如下。

1. 输入“选项”子对话框；
2 将 time、S0、S4 等需要计算边际均数的因子全部输入右侧的显示均值框中；
3. 选中下方的比较主效应复选框；
4. 置信区间调节选择 Bonferroni；
5. 继续。

因各变量的输出较多，这里我们仅以城市的分析结果为例加以说明。

表 10.3 给出的是各水平的边际均数和标准误的估计值，下方注解说明是按照年龄为 36.7 岁的情况计算的边际均数，可见北京的均数稍高一些。

表 10.4 是使用 LSD 法(Bonferroni 校正)对城市之间的总信心指数均值进行了比较，结果显示北京和广州的信心指数平均水平差异确实存在统计学意义，上海虽然和两者均无统计学差异，但和北京的检验 P 值已经接近界值。

表 10.5 为基于当前模型，对城市这一因素进行的总体检验，原假设为城市对信心指数无影响。显然，结论与前相同，大家可以注意其检验实质上等同于模型总方差分析检验表中的相应检验。

表 10.3　估计

因变量：总指数

S0. 城市	平均值	标准误差	95% 置信区间	
			下　限	上　限
100 北京	97.622[a]	2.470	92.775	102.470
200 上海	94.070[a]	2.460	89.243	98.897
300 广州	93.598[a]	2.503	88.686	98.511

a. 模型中出现的协变量在下列值处进行评估: S3. 年龄 = 36.72。

表 10.4　成对比较

因变量：总指数

(I) S0. 城市	(J) S0. 城市	均值差值 (I-J)	标准误差	显著性[a]	差分的 95% 置信区间[a]	
					下　限	上　限
100 北京	200 上海	3.552	1.616	.085	-.324	7.428
	300 广州	4.024*	1.622	.040	.134	7.914
200 上海	100 北京	-3.552	1.616	.085	-7.428	.324
	300 广州	.472	1.617	1.000	-3.407	4.350
300 广州	100 北京	-4.024*	1.622	.040	-7.914	-.134
	200 上海	-.472	1.617	1.000	-4.350	3.407

基于估算边际均值。

a. 对多个比较的调整：Bonferroni。

*. 均值差值在 .05 级别上较显著。

表 10.5　单变量检验

因变量：总指数

	平 方 和	自 由 度	均　方	F	显 著 性
对比	3038.421	2	1519.210	3.686	.025
误差	394004.692	956	412.139		

F 检验 S0. 城市的效应。该检验基于估算边际均值间的线性独立成对比较。

10.4　多元方差分析模型的结果

在得到上述总指数的分析结果之后，下面可以进一步考虑对构成信心指数的五个分项指标进行分析。这可以通过将分项指标分别作为因变量，拟合五个独立的方差分析模型来实现。但是这样操作毕竟有点麻烦。另外，研究者还在考虑另一个问题：由于信心指数是直接相加而来，相应的五个指标实际上是存在关联的，如果将五个变量直接作为因变量进行建模分析，那么相应的变量筛选结果会有差异吗？而上述两点需求在 SPSS 中可以通过拟合多元方差分析模型同时得到满足。

10.4.1 模型简介

问题的提出

在许多研究中，对一个潜在指标的观测指标(因变量)常有多个，各指标间又往往相互联系、互相影响。对于这种资料，如果将各个因变量割裂开分别进行统计分析，则会如同多组均数比较直接进行两两t检验一样，不仅使犯一类错误的概率增大，而且当各因变量的分析结果不一致时，难以下一个综合结论。

从统计模型的角度讲，对这一类资料进行分析有两种思路：使用因子分析先对因变量中蕴含的信息进行浓缩，然后再对提取出的公因子进行后续的分析；另一种解决方法就是采用多元方差分析(Multivariate analysis of variance，MANOVA)，这里的多元是真正意义上的多元，即反应变量为多个，而一般意义上的多元统计分析是对反应变量为一个，而自变量有多个的资料的统计分析。

多元方差分析的基本思想与前面介绍过的单因变量的方差分析很相似，都是将反应变量的变异分解成两部分：一部分为组间变异(组别因素的效应)，一部分为组内变异(随机误差)，然后对这两部分变异进行比较，看是否组间变异大于组内变异。从理论上讲，组间变异再小也不可能比组内变异小，因为若组别因素效应为0，则组间变异应该等于组内变异。所不同的是，后者是对组间均方与组内均方进行比较，而前者是对组间方差协方差矩阵与组内方差协方差矩阵进行比较。

多元方差分析对资料的要求

1. 各因变量服从多元正态分布。多元方差分析对于多元正态分布的要求并不高，实际应用中这一条件通常弱化为每一个反应变量服从正态分布即可。若各反应变量服从多元正态分布，则每个反应变量的分布(即该多元正态分布的边际分布，Marginal Distribution)必然也服从正态分布，而反过来则未必成立。但可以肯定的是，只要有一个反应变量不服从正态分布，则这几个反应变量的联合分布肯定不服从多元正态分布。

2. 各观察对象之间相互独立。

3. 各组观察对象反应变量的方差协方差矩阵相等。

4. 反应变量间的确存在一定的关系，这可以从专业或研究目的的角度予以判断。

需要指出的是，多元方差分析对于方差齐性要求较高，分析结果对于方差齐性较为敏感。并且对样本含量也有一定要求，不仅总样本量应较大，各单元格中样本数量也应较大，否则检验效能偏低，容易得到阴性结果，犯二类错误的概率增大。

10.4.2　拟合多元方差分析模型

总体分析结果

SPSS 中有两个过程可以进行多元方差分析，通过菜单可以实现的是 GLM 过程，只能通过编程实现的是 MANOVA 过程，限于篇幅原因，本单元不对 MANOVA 过程展开讨论，直接采用比较易于理解的 GLM 过程来进行分析，且将上文中 P 值低于 0.1 的几个指标均用于建模，多元方差模拟模型主对话框如图 10.6 所示，具体操作如下。

1. 分析→一般线性模型→多变量；
2. 将 Qa3、Qa4、Qa8、Qa10、Qa16 输入因变量框；
3. 将月份 time、城市 S0、职业 S5、家庭月收入 S9 输入固定因子框中；
4. 将年龄 S3 输入协变量框中；
5. 打开“模型”子对话框，将各因素的主效应输入模型框；
6. 打开“选项”子对话框，选择缺乏拟合优度检验；
7. 确定。

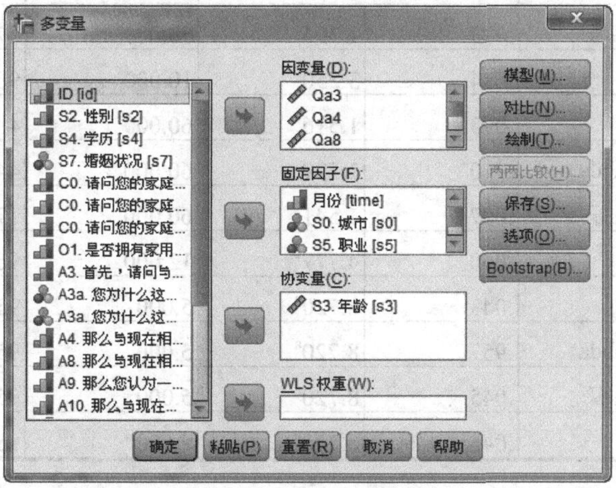

图 10.6　多元方差模拟模型主对话框

表 10.6 为 SPSS 对引入模型的效应项输出多元方差分析结果，可见每个假设都分别用四种方法进行了检验，这里我们不再详细阐述每种方法的原理和特点，简单地说，主要使用前三种检验方法的结果即可，且一般这三种方法的结果不会有太大差异。从结果中可以看到，时间、职业、收入、年龄在检验中均具有统计学意义，而地域则 P 值大于 0.05，显然，多元方差分析的结论和直接将五个变量相加作为总信心指数的单音变量方差分析虽然接近，但也存在一些差异，这二者的结论是互相参照的，不存在换算的关系。

表 10.6　多变量检验[c]

效应		值	F	假设 自由度	误差 自由度	显著性
截距	Pillai 的跟踪	.630	326.623[a]	5.000	959.000	.000
	Wilks 的 Lambda	.370	326.623[a]	5.000	959.000	.000
	Hotelling 的跟踪	1.703	326.623[a]	5.000	959.000	.000
	Roy 的最大根	1.703	326.623[a]	5.000	959.000	.000
time	Pillai 的跟踪	.120	8.005	15.000	2883.000	.000
	Wilks 的 Lambda	.883	8.128	15.000	2647.778	.000
	Hotelling 的跟踪	.129	8.226	15.000	2873.000	.000
	Roy 的最大根	.095	18.250[b]	5.000	961.000	.000
S0	Pillai 的跟踪	.017	1.598	10.000	1920.000	.101
	Wilks 的 Lambda	.984	1.598[a]	10.000	1918.000	.101
	Hotelling 的跟踪	.017	1.597	10.000	1916.000	.101
	Roy 的最大根	.012	2.232[b]	5.000	960.000	.049
S5	Pillai 的跟踪	.071	1.392	50.000	4815.000	.036
	Wilks 的 Lambda	.930	1.394	50.000	4377.077	.035
	Hotelling 的跟踪	.073	1.395	50.000	4787.000	.035
	Roy 的最大根	.034	3.250[b]	10.000	963.000	.000
S9	Pillai 的跟踪	.093	1.516	60.000	4815.000	.006
	Wilks 的 Lambda	.910	1.529	60.000	4494.401	.006
	Hotelling 的跟踪	.097	1.541	60.000	4787.000	.005
	Roy 的最大根	.060	4.777[b]	12.000	963.000	.000
S3	Pillai 的跟踪	.043	8.720[a]	5.000	959.000	.000
	Wilks 的 Lambda	.957	8.720[a]	5.000	959.000	.000
	Hotelling 的跟踪	.045	8.720[a]	5.000	959.000	.000
	Roy 的最大根	.045	8.720[a]	5.000	959.000	.000

a. 精确统计量。

b. 该统计量是 F 的上限，它产生了一个关于显著性级别的下限。

c. 设计：截距 + time + S0 + S5 + S9 + S3

表 10.7 所示的实际上就是在总的多元方差分析检验之后，每个因变量单独拟合其单因变量的方差分析模型，只是将五个模型的结果输出整合在一张表格中加以观察而已。从中我们可以看到如下信息。

- ✧ 消费者对宏观经济的中长期信心值在所比较的时间段中并未发生波动，P 值大于 0.05，但其余四项指标均存在时间差异。
- ✧ 消费者未来一年的家庭经济信心值，以及宏观经济中长期信心值在北、上、广之间存在差异，但是构成现状指数的两项指标均无差异，且未来一年宏观经济信心值业务无差异，这说明在观察的时间段内，不同地区的消费者对宏观经济的现状感受和未来短期走势预期的判断是基本相同的。

✧ 职业主要影响的是家庭经济现状感受值、未来一年家庭经济信心值和未来一年宏观经济信心值。但对于宏观经济中长期信心值和当前耐用品消费信心值则无影响。

✧ 家庭收入只会影响家庭经济现状感受值，对其余四项指标均无影响。

✧ 年龄对五项指标均有影响。

显然，考虑到上述指标的具体含义，我们会发现这些分析结果大大深化了我们对人口背景资料影响信心指数方式的理解，无疑有着明确的可解释性和专业意义。

表 10.7　主体间效应的检验

源	因变量	III 类平方和	自由度	均　方	F	显著性
修正模型	Qa3	403504.778[a]	28	14410.885	6.454	.000
	Qa4	193908.390[b]	28	6925.300	3.564	.000
	Qa8	163452.034[c]	28	5837.573	4.097	.000
	Qa10	98130.770[d]	28	3504.670	1.574	.030
	Qa16	56188.495[e]	28	2006.732	1.698	.014
截距	Qa3	1156311.896	1	1156311.896	517.881	.000
	Qa4	1260816.674	1	1260816.674	648.908	.000
	Qa8	1075481.147	1	1075481.147	754.819	.000
	Qa10	1374515.715	1	1374515.715	617.353	.000
	Qa16	603490.752	1	603490.752	510.761	.000
time	Qa3	69889.424	3	23296.475	10.434	.000
	Qa4	26614.190	3	8871.397	4.566	.003
	Qa8	84636.109	3	28212.036	19.800	.000
	Qa10	8456.536	3	2818.845	1.266	.285
	Qa16	26754.538	3	8918.179	7.548	.000
S0	Qa3	1519.436	2	759.718	.340	.712
	Qa4	11108.681	2	5554.341	2.859	.058
	Qa8	5140.336	2	2570.168	1.804	.165
	Qa10	14521.396	2	7260.698	3.261	.039
	Qa16	4961.304	2	2480.652	2.099	.123
S5	Qa3	55593.935	10	5559.393	2.490	.006
	Qa4	38255.720	10	3825.572	1.969	.034
	Qa8	24065.928	10	2406.593	1.689	.079
	Qa10	22588.751	10	2258.875	1.015	.429
	Qa16	15968.558	10	1596.856	1.351	.198

续表

源	因变量	III 类平方和	自由度	均方	F	显著性
S9	Qa3	116914.910	12	9742.909	4.364	.000
	Qa4	14659.745	12	1221.645	.629	.819
	Qa8	22000.630	12	1833.386	1.287	.220
	Qa10	22591.402	12	1882.617	.846	.603
	Qa16	8637.662	12	719.805	.609	.836
S3	Qa3	45423.859	1	45423.859	20.344	.000
	Qa4	37214.612	1	37214.612	19.153	.000
	Qa8	12801.772	1	12801.772	8.985	.003
	Qa10	14246.609	1	14246.609	6.399	.012
	Qa16	7138.152	1	7138.152	6.041	.014
误差	Qa3	2150164.577	963	2232.777		
	Qa4	1871091.610	963	1942.982		
	Qa8	1372102.401	963	1424.821		
	Qa10	2144086.972	963	2226.466		
	Qa16	1137833.682	963	1181.551		
总计	Qa3	16165000.000	992			
	Qa4	17565000.000	992			
	Qa8	16515000.000	992			
	Qa10	22170000.000	992			
	Qa16	13105000.000	992			
修正后总计	Qa3	2553669.355	991			
	Qa4	2065000.000	991			
	Qa8	1535554.435	991			
	Qa10	2242217.742	991			
	Qa16	1194022.177	991			

a. R 方 =.158(调整后 R 方 =.134)
b. R 方 =.094(调整后 R 方 =.068)
c. R 方 =.106(调整后 R 方 =.080)
d. R 方 =.044(调整后 R 方 =.016)
e. R 方 =.047(调整后 R 方 =.019)

两两比较

下面可以进一步完成各因素各水平的两两比较，但是由于模型中纳入了年龄这一协变量，相应的比较不能使用两两比较子对话框实现，而必须在选项中实现，新增的操作如下。

1. “选项”子对话框；
2. 将 time、S0、S5、S9 输入显示均值框中；

3. 选中比较主效应复选框，下方的置信区间调节下拉列表，选择 Bonferroni(B)。

因输出较多，这里我们只给出 S0 的分析结果，如表 10.8 所示。

表 10.8　估计

因变量	月份	平均值	标准误差	95% 置信区间	
				下限	上限
Qa3	200704	126.082[a]	3.438	119.335	132.828
	200712	110.637[a]	3.383	103.998	117.276
	200812	103.624[a]	3.557	96.643	110.605
	200912	120.436[a]	3.909	112.765	128.108
Qa4	200704	128.835[a]	3.207	122.541	135.128
	200712	125.083[a]	3.156	118.890	131.277
	200812	114.829[a]	3.318	108.317	121.341
	200912	126.971[a]	3.647	119.814	134.127
Qa8	200704	132.344[a]	2.746	126.954	137.733
	200712	123.963[a]	2.703	118.659	129.266
	200812	106.585[a]	2.842	101.008	112.161
	200912	126.902[a]	3.123	120.773	133.030
Qa10	200704	140.937[a]	3.433	134.199	147.674
	200712	135.265[a]	3.378	128.635	141.895
	200812	143.067[a]	3.552	136.096	150.038
	200912	138.649[a]	3.904	130.988	146.309
Qa16	200704	108.242[a]	2.501	103.334	113.150
	200712	108.127[a]	2.461	103.298	112.957
	200812	110.942[a]	2.588	105.864	116.021
	200912	122.764[a]	2.844	117.183	128.344

a. 模型中出现的协变量在下列值处进行评估: S3. 年龄 = 36.72。

表 10.9 给出的是各指标的边际均数估计值，下方的注解说明相应边际均数是否是年龄为 36.72 时的估计值。

表 10.9　成对比较

因变量	(I) 月份	(J) 月份	均值差值 (I-J)	标准误差	显著性[a]	差分的 95% 置信区间[a]	
						下限	上限
Qa3	200704	200712	15.444*	4.143	.001	4.492	26.397
		200812	22.458*	4.408	.000	10.804	34.111
		200912	5.645	4.767	1.000	-6.958	18.248

续表

因变量	(I) 月份	(J) 月份	均值差值 (I-J)	标准误差	显著性 [a]	差分的 95% 置信区间 [a]	
						下　限	上　限
Qa3	200712	200704	-15.444*	4.143	.001	-26.397	-4.492
		200812	7.014	4.273	.606	-4.283	18.310
		200912	-9.799	4.674	.218	-22.155	2.557
	200812	200704	-22.458*	4.408	.000	-34.111	-10.804
		200712	-7.014	4.273	.606	-18.310	4.283
		200912	-16.813*	4.709	.002	-29.261	-4.364
	200912	200704	-5.645	4.767	1.000	-18.248	6.958
		200712	9.799	4.674	.218	-2.557	22.155
		200812	16.813*	4.709	.002	4.364	29.261
Qa4	200812	200704	-14.006*	4.112	.004	-24.877	-3.135
		200712	-10.255	3.986	.061	-20.792	.283
		200912	-12.142*	4.393	.035	-23.754	-.529
Qa8	200812	200704	-25.759*	3.521	.000	-35.068	-16.450
		200712	-17.378*	3.413	.000	-26.402	-8.354
		200912	-20.317*	3.761	.000	-30.261	-10.373
Qa16	200912	200704	14.522*	3.468	.000	5.354	23.690
		200712	14.636*	3.400	.000	5.648	23.625
		200812	11.821*	3.425	.003	2.766	20.877

基于估算边际均值。

*. 均值差值在 .05 级别上较显著。

a. 对多个比较的调整：Bonferroni。

随后给出的是两两比较的分析结果，由于表格很长，这里我们删除了无统计学意义的分析结果。从中可见以下几点。

- ✧ 当前家庭经济感受值从 2007 年年初至 2008 年 12 月持续下跌，直至 2009 年 12 月才恢复至原先水平附近(和 2007 年年初相比无统计学意义)。且 2007 年年底至 2008 年年底的感受值无统计学差异，显然这一筑底水平和后来次贷危机的出现无关。
- ✧ 2008 年 12 月时的未来一年家庭经济状况信心值、未来一年宏观经济信心值均低于前后各时间段且具有统计学意义，显然在次贷危机肆虐的背景之下，这一时段的消费者信心短期内正处于恐慌期。
- ✧ 2009 年 12 月的当前耐用品消费信心值高于此前所有时段且具有统计学意义，结合当时的家电下乡、废旧家电换购、拉动内需等政策，该时段消费者的确出现了耐用品消费需求上升的趋势。

上述分析结果显然进一步清晰阐述了前面检验中所发现的信息(见表 10.10)。

表 10.10 单变量检验

因变量		平方和	自由度	均方	F	显著性
Qa3	对比	69889.424	3	23296.475	10.434	.000
	误差	2150164.577	963	2232.777		
Qa4	对比	26614.190	3	8871.397	4.566	.003
	误差	1871091.610	963	1942.982		
Qa8	对比	84636.109	3	28212.036	19.800	.000
	误差	1372102.401	963	1424.821		
Qa10	对比	8456.536	3	2818.845	1.266	.285
	误差	2144086.972	963	2226.466		
Qa16	对比	26754.538	3	8918.179	7.548	.000
	误差	1137833.682	963	1181.551		

F 检验月份的效应。该检验基于估算边际均值间的线性独立成对比较。

最后给出的是各组的总体方差分析结果，在数值上等同于前面单因变量方差分析模型的总体检验，因此不再重复解释。

对其余影响因素两两比较结果的阅读和解释请读者自行进行，这里不再赘述。

10.5 最优尺度回归

在上面的方差分析模型中，我们已经完成了基本的影响因素筛选工作，并且也确认了不需要进一步考察变量间的交互作用。但是，如果进一步展开思考，则会发现有以下问题尚需解决。

- ✧ 家庭收入等变量目前仍然是按照无序分类的本质在被引入模型。那么如果考虑其有序的特征，又应当如何对模型加以改善呢？
- ✧ 同样是家庭收入这个变量，数据中约有 10%为缺失值，这些案例在方差分析模型中是被直接剔除的，那么如果将其放入模型，会有怎样的结果？
- ✧ 年龄 S3 目前是以协变量的方式纳入模型的，这意味着规定了它和因变量之间的作用方式只能是线性，虽然在预分析的散点图中这一趋势基本上得到确认，但有没有更加灵活的方式，可以判断有无存在其他关联趋势的可能？
- ✧ 对于类别较多的分类自变量，如职业，将其进行类别间的合并显然更利于对结果的理解和应用，但随意合并类别有很大的风险，有无方法可以提示研究者怎样合并类别才比较合适？

为了能够对上述疑问做进一步的解答，这里考虑使用最优尺度回归过程来深入发掘数据的内在联系。

在 SPSS 中还提供了自动线性建模的功能，其中也可以对变量自动进行最优变换，使模型拟合效果达到最佳。但是在本案例中，该方法并不合适，因为自动线性建模功能的基本目的是使模型的预测效果达到最佳，在整个分析过程中虽然会对自变量的重要性进行分析排序，但并不进行变量的筛选工作，所有的候选变量有可能都被保留在模型中，也没有给出手工进行变量筛选所需的统计信息。简言之，自动现行建模过程虽然很强大，但并不适用于本案例的分析目的。

10.5.1 方法简介

线性回归模型中要求因变量为数值型，实际上，由于对同一个自变量的回归系数是恒定值，如x从1上升到2和从100上升到101被假设为对y数值的影响均为b，这实际上也就限定了自变量的测量方式也应当是等距的。但是，现实问题中大量的数据为分类资料，例如收入级别在问卷中被收集为高、中、低、极低四档，如果将其编码为4、3、2、1，直接作为自变量纳入分析，则实际上是假设这四档间的差距完全相等，或者说它们对因变量的数值影响程度是均匀上升/下降的，这显然是一个过于理想和简单的假设，有可能导致错误的分析结论。

另外，对于无序多分类变量，如民族，它们之间则根本不存在数量上的高低之分，不可能给出一个单独的回归系数估计值，以表示民族每上升一个单位时因变量数量的变化趋势。对于上述分类变量，统计上标准的做法是采用哑变量进行拟合，然后根据分析结果考虑对结果进行化简。但是，哑变量分析的操作比较麻烦，对分析者的统计知识要求也较高，而且当研究问题中绝大多数变量都是分类变量时，这种分析思路实际上是很难实现的。

那么，能否通过某种方法，对分类变量进行变换，给予每个类别一个适当的量化评分，该评分的高低就反映了每个类别间的差距呢？比如说“优”为2分，“良”为1分，“中”为0.5分，这就说明等级从良变为优时，对因变量数值的影响大约是从中变为良的2倍。同理，对无序自变量也可以用评分的方式表示各类间的差异，评分近似，则表示影响程度相近，否则评分相差越大，影响程度差异也越大。为实现这一设想，统计学家进行了长期的研究，并最终得出了令人兴奋的结论：最优尺度变换。

最优尺度变换专门用于解决在统计建模时如何对分类变量进行量化的问题，其基本思路是基于希望拟合的模型框架，分析各级别对因变量影响的强弱变化情况，在保证变换后各变量间的联系为线性的前提下，采用一定的非线性变换方法进行反复迭代，从而为原始分类变量的每一个类别找到最佳的量化评分，随后在相应模型中使用量化评分代替原始变量进行后续分析。这样就可将各种传统分析方法的适用范围一举扩展到全部的测量尺度，如对无序多分类分析、有序多分类变量和连续性变量同时进行回归分析、因子分析等。

10.5.2　利用最优尺度回归进行分析

本案例最优尺度回归的对话框如图 10.7 所示，相应的操作如下。

1. 回归→最佳尺度(CATREG)；
2. 因变量框：输入 index1，在定义度量框中将其测量尺度修改为数字；
3. 将月份 time、城市 S0、性别 S2、年龄 S3、学历 S4、职业 S5、婚姻状况 S7、家庭月收入 S9 选入自变量框，在定义度量框中将其测量尺度全部修改为名义；
4. “离散化”按钮：选择所有变量，将其离散化方法改为秩；
5. “缺失”按钮：选择所有变量，将其缺失值方案改为“为缺失值规因”(附加类别)；
6. “绘制”按钮：选择绘制所有变量的转换图；
7. 确定。

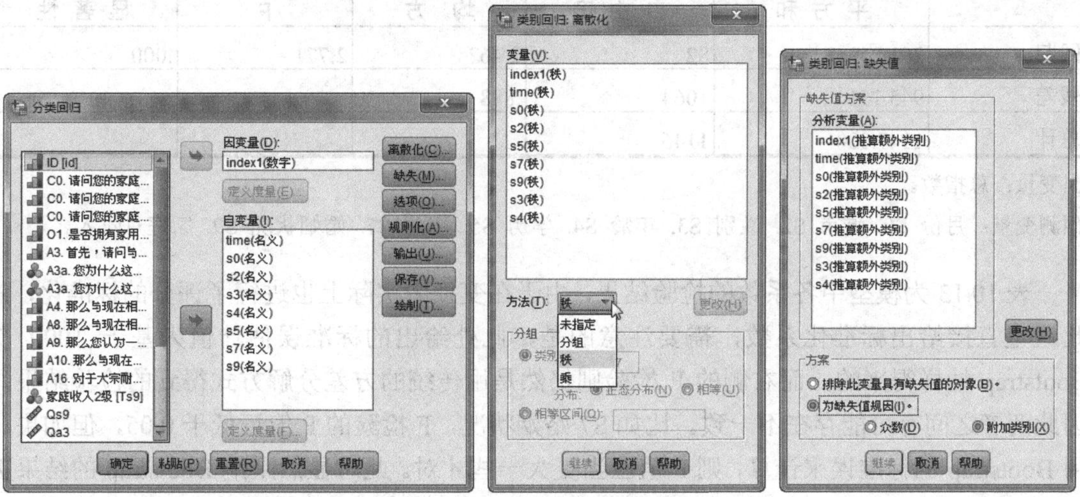

图 10.7　最优尺度回归的对话框

在上面的操作中，注意我们将全部的自变量测量尺度都定义为“名义”，这是因为此处的测量尺度定义会影响模型随后可能对该变量采用的变换方式：如果指定为数字，则只会进行线性变换；如果指定为有序，则只会进行单调增或者单调减的变换；只有指定为名义，才可以进行任意方向的变换。因此为了能够充分发掘可能的数值关联，这里放松了对数值测量尺度的限定。此外，由于我们无法确定对缺失的家庭收入进行何种方式的填充更为合适，因此将其设定为一个新的附加类别纳入模型，这也是最为稳妥的缺失值案例纳入方法。

在阅读分析结果前，需要再回顾一下最优尺度回归的本质：首先对原始变量进行变换，将各变量转换为适当的量化评分，然后使用量化评分代替原变量进行回归分析。因此结果输出基本上都是变换后评分的分析结果，如表 10.11 所示。

比较变换后模型的决定系数和直接采用哑变量拟合模型的决定系数，会发现原方差分析模型的 R 方为 0.138，而现在的模型为 0.176，有所提高，看来该指标提示我们，由于模型对变量进行了某些变换，似乎使模型的拟合效果有所改善(见表 10.11)。

表 10.11　模型汇总

	多 R	R 方	调整后 R 方	明显预测误差
标准数据	.419	.176	.112	.824

因变量：总指数。
预测变量：月份 S0. 城市 S2. 性别 S3. 年龄 S4. 学历 S5. 职业 S7. 婚姻状况 S9. 家庭月收入。

和普通回归分析相同，以上表格进行的是总模型有无意义的检验，可见结论为变换后评分拟合的模型具有统计学意义见表 10.12。

表 10.12　ANOVA

	平方和	自由度	均方	F	显著性
回归	201.849	82	2.462	2.771	.000
残差	945.151	1064	.888		
总计	1147.000	1146			

因变量：总指数。
预测变量：月份 S0. 城市 S2. 性别 S3. 年龄 S4. 学历 S5. 职业 S7. 婚姻状况 S9. 家庭月收入。

表 10.13 为模型中各系数的检验结果，由于在变换中实际上也进行了评分的标准化，因此这里直接给出标准化系数，需要注意的是，此处给出的标准误估计值为基于 1000 次 Bootstrap 抽样得来的，而右侧的 F 检验则仍然是用传统的方差分解方式得到的检验结果，因此两者之间有可能存在不一致。比如 S7 婚姻状况，F 检验的 P 值远低于 0.05，但如果利用 Bootstrap 的标准误来计算，则 P 值应当更大一些才对。此时显然采纳 Bootstrap 的结果更为稳妥一些。

表 10.13　系数

	标准化系数		自由度	F	显著性
	Beta	标准误差的 自助抽样 (1000) 估计			
月份	.187	.028	3	45.135	.000
S0. 城市	.052	.026	2	4.131	.016
S2. 性别	.004	.018	1	.044	.833
S3. 年龄	.330	.037	47	81.418	.000
S4. 学历	.073	.031	4	5.537	.000
S5. 职业	.176	.029	10	37.547	.000
S7. 婚姻状况	.098	.040	2	5.896	.003
S9. 家庭月收入	.149	.029	13	27.005	.000

因变量：总指数。

在上述分析结果中引人注目的是，原先在方差分析模型中无统计学意义的 S4 学历、S7 婚姻状况在现在的模型中居然全部咸鱼翻身，开始具有统计学意义了！大家无须为此挠头，因为这张表格的输出结果仅具参考意义，真正重要的是表 10.14 所示的结果。

表 10.14　相关性和容差

	相关性			重要性	容差	
	零阶	偏	部分		转换后	转换前
月份	.170	.201	.186	.180	.992	.903
S0. 城市	.056	.057	.052	.017	.991	.979
S2. 性别	−.004	.004	.004	.000	.972	.966
S3. 年龄	.286	.293	.278	.537	.710	.593
S4. 学历	−.059	.075	.068	−.024	.866	.794
S5. 职业	.190	.183	.169	.189	.926	.843
S7. 婚姻状况	−.064	.092	.084	−.036	.731	.738
S9. 家庭月收入	.163	.158	.145	.138	.955	.856

因变量：总指数。

表 10.14 给出了对模型进一步的分析结果。

- ✧ 相关分析：给出各自变量对因变量的相关性分析，共给出三种结果，其中偏相关是控制了其他变量对应、自变量影响后的估计，部分相关则只控制其他变量对因变量的影响。
- ✧ 影响重要性：是根据标化系数和相关系数计算出的自变量在模型中的重要程度百分比，所有变量的重要性加起来等于 100%，数值越大表明该变量对因变量的预测越重要。
- ✧ 容差：表示该变量对因变量的影响中不能够被其他自变量所解释的比例，越大越好，该指标反映的是自变量共线性的情况，如果有变量的容忍度太小，则最优尺度回归的分析结果可能不正确。

有一点非常有趣，根据当前模型的计算结果，性别的重要性为 0，而学历和婚姻状况的重要性则干脆为负！该结果充分说明了这三个变量毫无纳入模型的必要，因此前述变量筛选结果保持不变，无须增加自变量名额。

我们注意到总指数的原数值和量化评分之间的转换关系是严格的线性关系，这是因为模型中我们将总指数指定为数值尺度，在这种情况下，模型实际上不对总指数进行任何曲线化变换。另外需要指出的是，由于模型中将所有变量的离散化方式都设定为秩次，因此图中给出的是秩次，即顺序号，而不是实际的指数取值。

图 10.8 表明，随着年龄的上升，年龄的量化值呈现出震荡下降的趋势，而且下降速度基本呈线性，这充分说明原先直接以线性方式纳入年龄的方式是合理的。

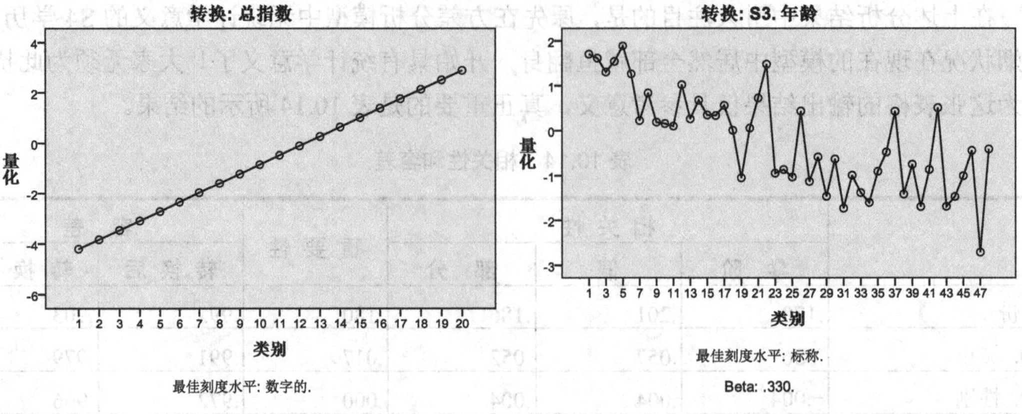

图 10.8　总指数和年龄的转换图

图 10.9 显示出蓝领、无业人员的信心最低，而私营业主、专业人士、公务员、学生的信心最高，该结果和预分析中的图形趋势基本一致，但排列顺序有所差异。

家庭月收入的转化图显示出收入在 2000 元以下时的确有收入越高信心值越高的趋势，此外月收入 2 万～3 万元的信心值明显偏高，但是当我们复查原始数据，发现该类别只有 23 人时，恐怕对该结果还是慎重一些更为妥当。图形最右侧给出的是缺失值类别的情况，可以看出该人群的信心值偏低，可以推断很可能这些人的收入属于极低或者极高这样两种极端情况(因其信心值水平也偏低)，但无论怎样，我们发现缺失类别的加入并未影响总体模型对影响因素的筛选结果，这应当是非常重要的结果。

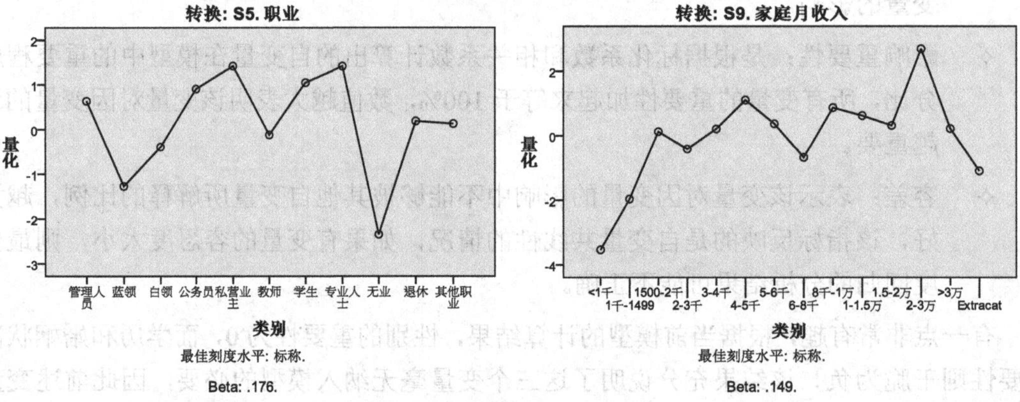

图 10.9　职业和收入的转换图

10.6　多水平模型框架下的建模分析

CCSS 案例的分析进展到现在，已经基本上实现了所需的全部分析目标。但是如果进一步加以思考，就会发现还有以下新的问题需要解答。

✧ 分析结果显示时间是信心指数的重要影响因素，其作用明显强于模型中的其他变量。虽然在上面的分析中我们通过将时间纳入模型控制了其影响，而且也确认了时间和各背景资料变量之间不存在交互作用。但是是否存在这样一种可能，即不同的时间段内，消费者的信心值离散程度存在差异，如在次贷危机爆发时的 2008 年 12 月，大家普遍感到悲观，导致信心值的离散程度明显减小，而其余时段的离散程度更大一些？

✧ 如果真的存在上面说的这种情况，那么离散程度的这种变化是否受到准备考察的这些人口背景资料的影响？

显然，上述分析需求已经将对数据的剖析从集中趋势(均数)拓展到了离散趋势(标准差)，而这正是多水平模型的应用范畴，本节就利用多水平模型来对上述问题进行研究。

10.6.1 模型简介

真实世界中遇到的许多资料都具有层次结构。如在市场研究的抽样调查中，受访者会来自不同的城市，这就形成了一个层次结构，高层为城市，低层为受访者。显然，同一城市内的受访者在各方面的特征应当更加相似。传统模型没有对这些问题进行考虑，都是假设不同个体间的数据完全独立，这样当数据组内聚集性较强时就可能会得出错误结论。

混合效应模型是20世纪80年代初针对资料的非独立性问题而发展起来的一类模型，由于该模型的理论起源较多，根据所从事的领域、模型用途和师承关系，它又可能被称为多水平模型(Multilevel Models)、广义估计方程(GEEs)等。这种模型充分考虑到了数据聚集性的问题，可以在数据存在聚集性的时候对影响因素进行正确的估计和假设检验。不仅如此，它还可以对离散程度的影响因素加以分析，即哪些因素导致了数据间聚集性的出现，哪些因素又会导致个体间变异的增大。由于该模型成功解决了长期困扰统计学界的数据聚集性问题，20年来已经得到了飞速的发展，也成为SPSS等权威统计软件的标准统计分析方法之一。

混合效应模型要比大多数统计模型都复杂得多，但基本框架仍然来源于一般线性模型。假设案例数据来源于若干个城市，而影响因素为x，则传统的一般线性模型框架如下：

$$y_{ij} = \mu + x_{ij} + \text{city}_j + \varepsilon_{ij}$$

为了能够和混合效应模型的标准表达式相统一，可以将上式改写为回归模型的形式：

$$y_{ij} = \alpha + \beta_1 x_{ij} + \sum \beta_j \text{city}_j + e_{ij}$$

其中，β_1代表变量x的影响(其系数)，后面的β_j则表示第j个城市的作用，e_{ij}为第j个城市i个受访者的随机误差，被假定为服从均数为0的正态分布。请注意在混合效应模型中，下标的使用顺序和普通模型恰恰相反，即i代表了最小的观察单位(受访者)，j代表高一级的观察单位(城市)，如果有更高层次(如省或者国家)，则会以k来代表，以此类推。

在前面的章节中我们曾经应用过包括随机因素的方差分析模型。在本例中，如果不只关注这几个城市，而是关注其所代表的更广泛的城市总体，那么就需要估计在城市总体中截距的变异有多大，此时实际上是将原来的α真正当作一个随机变量来看待，令其为 $\alpha = \alpha_0 + u_{0j}$，这样，通过检验 u_{0j} 是否为0，就可以得知截距的变异在城市总体中是真的存在，还是仅仅因为抽样导致的假象，此时拟合的是同时含有随机因素、固定因素的模型，又被称为混合效应模型。

$$y_{ij} = (\alpha_0 + u_{0j}) + \beta_1 x_{ij} + e_{ij}$$

迄今为止，我们对混合效应模型的介绍仍未超出前面学过的范畴，下面开始对该模型进行扩展。如果希望进一步考察变量x是否对因变量的离散程度大小有影响，则模型将被继续扩展如下：

$$y_{ij} = (\alpha_0 + u_{0j}) + (\beta_1 + u_{1j})x_{ij} + e_{ij}$$

同理，通过检验随机项 u_{1j} 是否等于0，我们就可以得知是否自变量x对y的离散度有影响。显然，所谓固定效应和随机效应的区别就在于其参数是被设定为固定的，还是被设定为一个随机变量。更一般地，模型中的随机项常常被写在一起，如下所示：

$$y_{ij} = (\alpha_0 + \beta_1 x_{ij}) + (u_{0j} + u_{1j} x_{ij} + e_{ij})$$

上式中的两部分分别被称为固定部分和随机部分，可见和普通的线型模型相比，混合线性模型主要是对原先的随机误差进行了更加精细的分解。但正因如此，该模型就可以正确估计并分析数据在高水平单位内聚集的问题，同时可以为研究者提供更加丰富的信息。

由于多水平模型在随机效应部分加入了影响因素，因此传统的极大似法往往无法对各参数进行正确估计，为此统计学家们进行了相应的研究，提供了REML(限制性极大似然估计)、IGLS(迭代广义最小二乘法)、MCMC等方法来完成模型拟合与参数估计的问题。目前在各大统计软件中使用比较多的是迭代速度较快的REML方法。

10.6.2 针对时间拟合多水平模型

由于多水平模型比较复杂，一般的做法都是先拟合比较简单的一般线性模型，在模型框架大致确立之后再尝试进行多水平模型的拟合。本例也是如此，基于前面已经得到的变量筛选结果，我们将进一步探讨这些影响因素是否对数据的离散程度有影响。

建立基本模型框架

为便于理解，这里首先利用混合效应模型的分析界面建立类似于普通模型的模型框架(见图 10.10)，操作如下。

1. 分析→混合模型→线性；
2. 将月份输入主题框，继续；
3. 将总指数输入因变量框；

4. 将城市 S0、职业 S5、家庭月收入 S9 输入因子框；
5. 将 S3 年龄输入协变量框；
6. 固定：将 S0、S5、S9、S3 的主效应输入模型框，继续；
7. 统计：选中协方差参数检验复选框；
8. 确定。

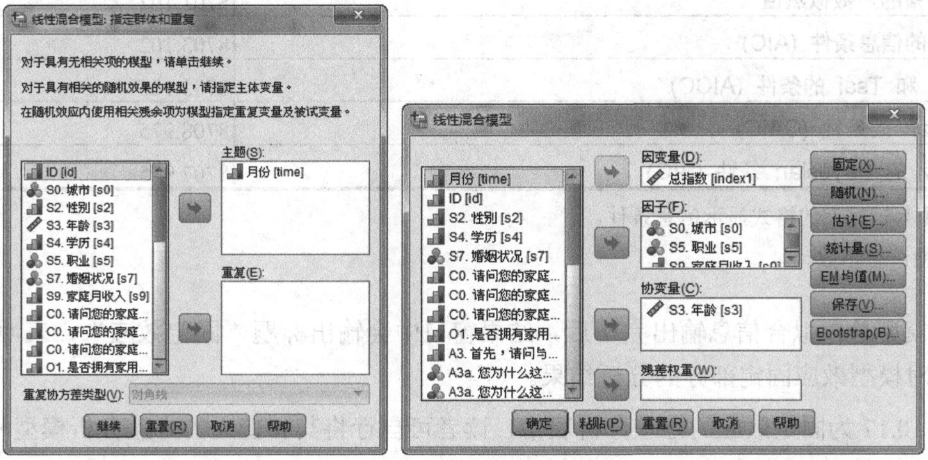

图 10.10　混合效应模型的对话框

这里有必要对上面的操作加以解释。

✧ 因为要考虑月份是否导致数据的组内聚集性，因此将该变量输入主题框。

✧ 固定效应中我们按照前面的分析结果，只纳入了四个主效应，月份因为已经被设定为模型中的层次变量，为了便于和后续模型比较，没有在这里输入。

✧ 随机效应未加设定，这样拟合的实际上就是普通的一般线性模型。

✧ 随机效应默认情况不做检验，为方便起见，这里要求其输出检验结果。

在分析结果中首先给出的是模型设置情况的汇总表格，可见实际上拟合的就是包括城市 S0、职业 S5、家庭月收入 S9、年龄 S3 在内的方差分析模型，同时在残差项处有一个参数，这代表的就是模型误差 e_{ij} (见表 10.15)。

表 10.15　模型维数 a

		水 平 数	参数的数目
固定效应	截距	1	1
	s0	3	2
	s5	11	10
	s9	13	12
	s3	1	1
残差			1
合计		29	27

a. 因变量：总指数。

表 10.16 给出的是模型拟合信息，包括-2 倍对数似然值和其他一些信息准则。它们可以用于判断模型中引入的因素是否具有统计学意义，从对模型整体检验的作用而言，其准确度要远大于后面 Walds 检验的近似结果。

表 10.16　信息条件 [a]

-2 受约束的对数似然值	8701.102
Akaike 的信息条件 (AIC)	8703.102
Hurvich 和 Tsai 的条件 (AICC)	8703.106
Bozdogan 的条件 (CAIC)	8708.975
Schwarz 的 Bayesian 条件 (BIC)	8707.975

以“较少为较好”的格式显示信息条件。

a. 因变量：总指数。

在模型总体拟合信息输出完毕后，结果窗口中会输出标题“固定效应”，表明随后输出的是对模型效应固定部分的分析结果。

表 10.17 为固定效应的方差分析表格，读者可自行将其和普通的方差分析模型相比较，会发现完全等同。

表 10.17　固定效应的检验类型 III[a]

源	分子 自由度	分母 自由度	F	显 著 性
截距	1	966.000	1676.678	.000
s0	2	966	4.025	.018
s5	10	966	2.640	.004
s9	12	966	1.222	.263
s3	1	966	25.248	.000

a. 因变量：总指数。

随后的输出其标题为“协方差参数”，表明给出的是对模型随机部分的分析结果。

表 10.18 为随机效应的估计值和检验结果，右侧还给出了可信区间。可见残差项确实是大于 0 的，但显然该分析结果和固定效应中的常数项一样没有实际意义。

表 10.18　协方差参数估计 [a]

参 数	估 计	标准误差	瓦尔德 Z	显 著 性	95% 置信区间	
					下 限	上 限
残差	424.407618	19.311215	21.977	.000	388.196986	463.995942

a. 因变量：总指数。

在随机效应中加入层次变量的影响

下面我们将在随机效应项中增加参数，对其进行分解，以探讨是否存在相应的影响因素。首先加入时间、城市两个分层因素的影响，新增操作如下。

"随机"子对话框：选中"包括截距"复选框，将月份输入组合框中，如表 10.19 所示。

表 10.19　模型维数 [b]

		水平数	协方差结构	参数的数目	个体变量
固定效应	截距	1		1	
	S0	3		2	
	S5	11		10	
	S9	13		12	
	S3	1		1	
随机效应	截距 a	1	方差成分	1	time
残差				1	
合计		30		28	

a. 对于版本 11.5，RANDOM 子命令的语法规则已更改。

b. 因变量：总指数。

模型设置情况的汇总表格，可见在随机效应中多出了一个参数，这代表的就是层次因素(本例中为时间)对离散程度可能的影响，如表 10.20 所示。

表 10.20　信息条件 [a]

-2 受约束的对数似然值	8680.844
Akaike 的信息条件 (AIC)	8684.844
Hurvich 和 Tsai 的条件 (AICC)	8684.857
Bozdogan 的条件 (CAIC)	8696.590
Schwarz 的 Bayesian 条件 (BIC)	8694.590

以"较少为较好"的格式显示信息条件。

a. 因变量：总指数。

模型拟合信息表明-2 倍对数似然值为 8680.844，和前面模型的 8701.102 相比，相差 20.26，这实际上就是两模型相比的似然比卡方值，而参数个数差值为 26-25=1，这就是检验的自由度，显然相应的 P 值远小于 0.05，因此上述分析结果说明组间聚集性的确是存在的。

表 10.21 为固定效应的方差分析表格，可见检验结果和前面普通的方差分析模型是比较接近的，这也可以用来间接判断数据的组内聚集性有多强，一般而言，如果数据的组内聚集性越强，则模型的固定效应分析结果和普通的一般线性模型的结果相差会越大。

表 10.21　固定效应的检验类型 III[a]

源	分子自由度	分母自由度	F	显 著 性
截距	1	16.970	1003.598	.000
S0	2	963.223	3.920	.020
S5	10	964.538	2.646	.003
S9	12	964.023	1.523	.110
S3	1	957.249	18.953	.000

a. 因变量：总指数。

表 10.22 为随机效应的估计值和检验结果，右侧还给出了可信区间。可见代表组内聚集性的常数项估计值(也就是 u_{0j} 的方差)为 16.98，但是和标准误相比之后得到的 P 值为 0.27，大于 0.05 的界值。显然该结果和前述似然比卡方的结论相矛盾，此时应当采用纳似然比卡方的结果。

表 10.22　协方差参数估计 [a]

参　数		估　计	标准误差	瓦尔德 Z	显 著 性	95% 置信区间	
						下　限	上　限
残差		412.616229	18.803887	21.943	.000	377.359302	451.167234
截距 [个体 = time]	方差	16.980487	15.384196	1.104	.270	2.875861	100.261095

a. 因变量：总指数。

根据这里的输出，实际上可以计算出时间组内任意两个受访者信心值的相关系数，公式为 $r=\sigma_{u0}^2/(\sigma_{e0}^2+\sigma_{u0}^2)$，本例中 r=16.98 / (16.98 +412.62)=0.04，显然相关性是比较低的。

进一步分解随机效应项

下面可以进一步考察随机因素是受到哪些指标的影响，其分析目的是找到对组内聚集性的合理解释。例如我们发现股市收益情况在不同时间段内有明显差异，而如果因变量的变异程度是受到该指标影响的话，则将其纳入模型之后，组内聚集性就应当减少。由于相应的分析比较复杂，这里仅举一个例子说明其具体操作。例如希望考察 S5 职业的作用时，新增操作如下。

“随机”子对话框：将 S5 输入模型框中(见表 10.23)。

模型总参数增加至 29 个，可以看出是随机效应中增加了对应 S5 的参数。

加入该参数之后的-2 倍对数自然值为 8680.770，和原模型相比的差值为 0.074，在自由度为 1 的背景下，两模型比较显然无统计学差异(见表 10.24)。

表 10.25 给出的是 S5 对随机效应的作用估计，可见结论和上面一致，S5 的确不能解释组内的变异聚集性。

表 10.23 模型维数 [b]

		水平数	协方差结构	参数的数目	个体变量
固定效应	截距	1		1	
	S0	3		2	
	S5	11		10	
	S9	13		12	
	S3	1		1	
随机效应	截距 + s5a	12	方差成分	2	time
残差				1	
合计		41		29	

a. 对于版本 11.5，RANDOM 子命令的语法规则已更改。

b. 因变量：总指数。

表 10.24 信息条件 [a]

-2 受约束的对数似然值	8680.770
Akaike 的信息条件 (AIC)	8686.770
Hurvich 和 Tsai 的条件 (AICC)	8686.795
Bozdogan 的条件 (CAIC)	8704.390
Schwarz 的 Bayesian 条件 (BIC)	8701.390

以“较少为较好”的格式显示信息条件。

a. 因变量：总指数。

表 10.25 协方差参数估计 [a]

参数		估计	标准误差	瓦尔德 Z	显著性	95% 置信区间	
						下限	上限
残差		411.975236	18.916696	21.778	.000	376.518596	450.770817
截距 [个体 = time]	方差	16.946423	15.497610	1.093	.274	2.822597	101.743617
s5 [个体 = time]	方差	1.046705	4.134754	.253	.800	.000454	2411.507416

a. 因变量：总指数。

读者还可自行就其余变量对随机效应的影响进行分析，这里不再详述。最终分析中我们没有发现任何人口背景变量能够有效解释时间组内的变异聚集性。

10.7 项目总结与讨论

10.7.1 分析结论

通过对数据的深入分析，我们发现在纳入研究范围的这些人口背景资料变量中，其对信心指数指标体系的影响方式如下。

✧ 城市、年龄、职业、家庭收入对总消费者信心指数的水平有影响，性别、学历、婚姻状况等则可能是因为作用被其余因素替代，因此未能检验出统计学意义。比如婚姻状况虽然在单变量分析中有统计学意义，但这很可能反映的是年龄的影响，而在最终的模型中则由于将年龄纳入模型而变得没有统计学意义了。

✧ 随着年龄的增大，消费者的信心指数呈下降趋势，且该趋势在五个分项指标中均存在。

✧ 我们发现北京消费者的信心要明显高于上海和广州，分项比较发现主要是其未来一年家庭经济信心值更高。

✧ 在各职业中蓝领、无业人员的信心最低，而私营业主、专业人士、公务员、学生等信心较高，该差异在涉及家庭经济的指标中要高于涉及宏观经济的指标。

✧ 低收入家庭的受访者其信心指数要明显低于中等收入和高收入家庭，该差异主要涉及对家庭经济状况的感受和预期指标。

✧ 时间变量对消费者的信心指数有很大的影响，在整个观察期间指数随时间走出了U形曲线。

✧ 除平均水平的差异外，还发现信心指数在时间组内存在聚集性，但没有发现任何人口背景变量能够有效解释时间组内的变异聚集性。

10.7.2 什么时候应当运用复杂模型来建模

本案例在分析中运用了几个比较复杂的模型，包括多元方差分析模型、最优尺度回归、多水平模型等，这些可能都是统计分析人员在实际工作中较少使用的工具。对于初学者而言，就会出现一个很难把握的问题：究竟什么时候采用简单模型，什么时候采用复杂模型呢？

实际上，对于一个实际的分析问题而言，上述疑问基本上是不存在的。因为每种方法都有其优势和劣势，只需要把握住核心的分析需求，就能找到适当的分析方法。例如在本例的分析中，我们对方法的选择思路如下。

✧ 在对数据状况不清楚时，尽量采用简单的模型，快速、清晰地抓住数据间的主要关联，本例中首先采用方差分析建模就是基于这一想法而来的。

✧ 如果已知现有模型在方法学上有某些缺陷，从而担心相应的问题可能会影响分析结论的话，可以在已有结果的分析基础上，采用其他方法进行探索分析，以期得到较为稳妥的结论。最优尺度回归在本案例中的使用就是如此。

✧ 随着分析的深入，可能会出现所使用的简单模型无法满足分析需求，此时可以在现有分析结果的基础上建构较为复杂的模型，本案例中最后采用的多水平模型就是这种情况。

总之，不要被纷繁复杂的模型功能、适用条件等表象所迷惑，只要紧紧围绕实际的分析需求，相应的方法学选择就会变得非常容易。

第 3 部分

信息浓缩、分类与感知图呈现

第 11 章　探讨消费者购买保健品的动机

学习前建议阅读	第 1 章　数据分析方法体系简介，对统计方法体系做一基本了解； 第 2 章　顾客售后满意度监测项目，了解 SPSS 的基本操作方法。
案例导读	客户开发了一种针对女性的新保健产品，希望通过调研对该类保健品市场进行细分，然后根据公司的营销能力选择 1～2 个细分市场。整个研究计划采用三个步骤：市场细分/市场机会评估→目标人群确定→产品/品牌定位，确定产品的市场定位，以确保产品的上市成功。 本案例所涉及的是第二阶段的研究，根据研究目的和问卷结构，确定采用因子分析来进行内在购买驱动因素的提取，最终确认了五项主要的驱动因素，并且就不同人群的驱动因素偏好进行了分析，为第三阶段的研究指明了大致的产品市场定位方向。
分析方法	t 检验、相关分析、因子分析。
案例的分析过程	表：设定表； 统计图：散点图； 比较均值：独立样本 t 检验； 相关：双变量； 降维：因子分析。
学习后建议阅读	第 12 章　全国房地产价格指数的估算，继续学习主成分回归方法； 第 13 章　1988 年汉城奥运会男子十项全能成绩分析，继续深入学习因子分析。

11.1　案 例 背 景

11.1.1　研究项目概况

本项目的执行时间是在 2003 年非典的阴影烟消云散之后。此时由于将近半年的“非典”冲击，促使消费者对自身健康和家人的健康都变得格外重视起来，这给相应的保健品市场带来了新的机会。在一项保健产品研究中，客户开发了一种针对女性的新保健产品，经过初步测试，该产品具有多种保健功能。然而，有鉴于这一市场的激烈竞争，客户很难在整个市场上同时出击，因此希望通过调研，对该类保健品市场结构进行细分，然后根据公司的营销能力选择 1～2 个细分市场。研究中，客户计划采用三个步骤：市场细分/市场机会评估→目标人群确定→产品/品牌定位，确定产品的市场定位，以确保产品的上市成功。

为此，客户委托某研究公司进行了系列市场调研，研究分为三个阶段：第一个阶段是定性研究，通过座谈会与深度访问方式，深入挖掘消费者使用保健产品的动机；第二阶段是定量研究，通过随机抽样方式了解目标市场消费者基本状况，并对市场进行细分；第三阶段是策略发展阶段，是在前两个研究的基础上，根据市场细分结果，通过公司内部分析以及外部竞争分析，确定公司产品的市场定位。

在该案例的第二阶段研究中，为了得到市场细分的初步方案，必须尝试多种细分方式，可以考虑的细分变量包括：消费者对养颜产品的使用方式；购买方式；消费者的生活方式；消费者的购买动机等。经过比较筛选，发现购买动机细分是比较有效的一种细分方式。为此研究者考虑在问卷中对购买动机数据进行采集。这些购买动机的词汇来源于第一阶段消费者对购买、使用保健产品的原因陈述，采用 Likert 5 分量表测试消费者的方法，其中 1 分表示非常不同意，5 分表示非常同意，具体问题如下。

虽然目前没什么问题，但觉得应该对自己好一点	看到广告的模特很漂亮
看到周围同龄人都在服用	周围年轻人对我说该服用
女为悦己者容	延缓皮肤衰老
抗衰老	调节内分泌
祛皱	提高睡眠质量
去除疲劳	增强体质，提高免疫力
有良好的精神状态	消除黑眼圈
通便润肠	令面色红润
使皮肤有光泽	解决皮肤干燥
祛斑	祛痘

注意上述题目在访问时其出现顺序是随机的，除以上变量外，数据中还包含了以下几个受访者特征变量：婚姻状况(已婚、独身)、教育水平、个人收入级别、主要使用的保健产品(太太××、乌鸡××、排毒××、阿×、红桃×、脑白×、朵××、其他)。最终采集到的数据见文件保健品.sav。

出于避免无谓纠纷的考虑，本案例的原始数据已经过编辑，不再代表实际市场情况，其分析结果仅供方法演示和学习使用。

具体而言，本研究在第二阶段期望达成的研究目的如下所述。

- 总目标：在上述可被直接测量的购买动机指标背后，究竟代表的是消费者怎样的内在购买需求？

基于上述总目标，又可进一步细分出分目标如下。

- ✧ 分目标 1：不同保健品品牌的使用者在购买动机上有无明显差异？
- ✧ 分目标 2：基于上述内在购买需求，消费者是否可被分为若干群体？

11.1.2　分析思路/商业理解

这里我们看到的是市场研究中非常典型的一道问卷题目，其特征是为了尽量全面地采集到所需信息，在题目/选项的覆盖范围上明显存在一些重叠，例如第六项“延缓皮肤衰老”和第七项“抗衰老”就显然存在大部分的信息重叠。这是为了全面系统地反映问题所必须采取的措施，但同时就会导致变量间存在较强相关关系，直接用这些数据进行建模分析，不但可使模型过于复杂，还会因为变量间存在的多重共线性而产生极大的误差。

为了充分而有效地利用数据，人们希望用较少的新指标代替原来较多的旧变量，同时要求这些新指标尽可能地反映原变量的信息。因子分析就是解决此问题最有效的多元统计方法之一，在本研究中也是如此，我们首先仍然考虑使用因子分析方法进行信息的浓缩，然后再进行后续的细分分析。

11.2　数据理解

由于本数据采取的是 Likert 5 分量表进行测量，因此相对而言数据理解工作就比较简单，只需要考察一下数据中是否存在错误，以及变量之间是否存在关联性即可。

11.2.1　单变量描述

这里可以使用制表过程得到非常精简的频数表格输出(见表 11.1)。

表 11.1　频数表

	1	2	3	4	5
令面色红润	58	51	90	182	244
使皮肤有光泽	30	58	98	177	262
精神状态好	18	39	75	189	304
祛斑	118	83	99	140	185
祛痘	210	97	78	113	127
祛皱	142	66	85	141	191
解决皮肤干燥	73	59	87	180	226
调节内分泌	76	65	97	155	232
延缓皮肤衰老	81	37	87	172	248
去除疲劳	33	47	107	200	238

续表

	1	2	3	4	5
提高睡眠质量	57	50	84	176	258
消除黑眼圈	120	93	119	166	127
通便润肠	89	89	96	161	190
抗衰老	82	65	74	163	241
提高免疫力	38	41	79	172	295
应该对自己好点	48	55	90	170	262
希望自己像模特一样	222	97	76	110	120
同龄人都在服用	128	103	114	178	102
年轻人对我说该服用	118	116	115	180	96
女为悦己者容	106	86	124	148	161

1. 分析→表→设定表；
2. 同时选中 q5_01～q5_20，将其拖入表格画布上的行框；
3. 摘要统计量框组，选中隐藏复选框；
4. 类别位置下拉列表，修改为列中的行标签；
5. 确定。

从表 11.1 可见，所有 20 个变量取值均在 1～5 分分布，且五级得分均有较多的频数分布，这说明数据中确实存在充分的变异信息，有利于后续的信息提取。

对于背景变量的描述请读者自行操作，这里不再详述。

11.2.2 变量关联探索

下面考虑对原始变量进行相关分析，以初步考察其关联性，这可以用两两相关系数矩阵来很容易地实现(见表 11.2)。

表 11.2 相关性

		令面色红润	使皮肤有光泽	精神状态好	祛斑	祛痘
令面色红润	Pearson 相关性	1	.599××	.271××	.285××	.157××
	显著性(双侧)		.000	.000	.000	.000
	N	625	625	625	625	625
使皮肤有光泽	Pearson 相关性	.599××	1	.355××	.264××	.149××
	显著性(双侧)	.000		.000	.000	.000
	N	625	625	625	625	625

续表

		令面色红润	使皮肤有光泽	精神状态好	祛斑	祛痘
精神状态好	Pearson 相关性	.271××	.355××	1	.199××	.071
	显著性(双侧)	.000	.000		.000	.076
	N	625	625	625	625	625
祛斑	Pearson 相关性	.285××	.264××	.199××	1	.347××
	显著性(双侧)	.000	.000	.000		.000
	N	625	625	625	625	625
祛痘	Pearson 相关性	.157××	.149××	.071	.347××	1
	显著性(双侧)	.000	.000	.076	.000	
	N	625	625	625	625	625

**. 在 .01 水平(双侧)上显著相关。

1. 分析→相关→双变量；
2. 将 q5_01～q5_20 输入变量框；
3. 确定。

为考虑版面，这里只给出了前五个变量的相关矩阵，由结果可见，这些变量之间存在着或强或弱的正相关，这说明上述变量之间的确存在着信息重叠现象，而这也正是需要对数据进行因子分析的原因。

11.3　利用因子分析进行信息浓缩

11.3.1　模型简介

因子分析的基本数学模型

因子分析是通过研究多个变量之间相关系数矩阵(或协方差矩阵)的内部依赖关系，找出能综合所有变量的少数几个随机变量，这几个随机变量是不可测量的，通常称为因子。然后根据相关性的大小把变量分组，使同组内的变量之间相关性较高，但不同组的变量相关性较低。

各个因子间互不相关，所有变量都可以表示成公因子的线性组合。因子分析就是减少变量的数目，用少数因子代替所有原始变量去解答原来的问题。

设有 N 个样本，P 个指标，$X=(x_1,x_2,\cdots,x_p)T$ 为随机向量，要寻找的公因子为 $F=(F_1,F_2,\cdots,F_m)T$，则模型

$$X_1 = a_{11}F_1 + a_{12}F_2 + \cdots + a_{1m}F_m + \varepsilon_1$$
$$X_2 = a_{21}F_1 + a_{22}F_2 + \cdots + a_{2m}F_m + \varepsilon_2$$
$$\cdots$$
$$X_p = a_{p1}F_1 + a_{p2}F_2 + \cdots + a_{pm}F_m + \varepsilon_p$$

称为因子模型。矩阵$A=(a_{ij})$称为因子载荷矩阵，a_{ij}为因子载荷(Loading)，其实质就是公因子F_i和变量X_j的相关系数。ε为特殊因子，代表公因子以外的影响因素，实际分析时忽略不计。

对求得的公因子，需要观察它们在哪些变量上有较大的载荷，再据此说明该公因子的实际含义。如果难于对因子F_i给出一个合理的解释，就应进一步作因子旋转，以求旋转后能得到更加合理的解释。

因子模型有两个特点，其一，模型不受量纲的影响；其二，因子载荷不是唯一的，通过因子轴的旋转，可以得到新的因子载荷阵，使意义更加明显。

得到初始因子模型后，因子载荷矩阵往往比较复杂，不利于因子的解释。因子可以通过因子轴的旋转，使载荷矩阵中各元素数值向0～1分化，同时保持同一行中各元素平方和(公因子方差)不变。通过因子旋转，各变量在因子上载荷更加明显，因此也有利于对各公因子给出更加明显合理的解释。

求出公因子后，还可以用回归估计等方法求出因子得分的数学模型，将各公因子表示成变量的线性形式，并进一步计算出因子得分，对各案例进行综合评价。

$$F_i = b_{i1}X_1 + b_{i2}X_2 + \cdots + b_{in}X_n \quad (i = 1,2,\cdots,m)$$

因子模型中各统计量的意义

1．因子载荷a_{ij}

因子载荷a_{ij}为第i个变量在第j个因子上的载荷，实际上就是X_i与F_j的相关系数，表示变量X_i依赖因子F_j的程度，反映了第i个变量X_i对于第j个公因子F_j的重要性。

2．变量X_i的变量共同度

k个公因子对第i个变量方差的贡献称为第i个变量的共同度，也被称为公因子方差比，记为h_i^2，公式为：

$$h_i^2 = \sum_{i=1}^{p} a_{ij}^2 \quad (j = 1,2,\cdots,k)$$

表示全部公因子对变量X_i的总方差所作出的贡献，也即是变量X_i的信息能够被k个公因子所描述的程度。

3．公因子F_j的方差贡献率

在因子载荷矩阵A中，各列元素a_j的平方和记为g_j^2，有：

$$g_j^2 = \sum_{j=1}^{k} a_{ij}^2 \quad (i = 1,2,\cdots,p)$$

表示第j个公因子F_j对于X所提供方差的总和，它是衡量公因子相对重要性的指标。方差贡献率越大，表明公因子对X的贡献越大。

因子分析的注意事项

1．样本量不能太小。对于因子分析而言，要求样本量比较充足，否则结果可能不太可靠。一般而言，要求样本量至少是变量数的5倍以上，如果要想得到比较理想的结果，则应该在10倍以上。此外，除了比例关系外，样本总量也不能太少，按理论要求应该在100以上。

不过在实际的经济和社会问题中，很多时候样本量都达不到这个要求，这时也可以适当放宽要求，通过其他方面的分析来判断结果的可靠性。

2．各变量之间应该具有相关性。如果变量之间彼此独立，则无法从中提取公因子，也就谈不上因子分析法的应用。在SPSS中，可以通过Bartlett’s球形检验来判断，如果相关阵是单位阵，则各变量独立，因子分析法无效。

3．KMO检验。KMO检验用于检查变量间的偏相关性，取值在0～1之间。KMO统计量越接近于1，变量之间的偏相关性越强，因子分析的效果越好。实际分析中，KMO统计量在0.7以上时，效果比较好；而当KMO统计量在0.5以下时，此时不适合运用因子分析法，应考虑重新设计变量结构或者采用其他统计分析方法。

4．因子分析中各公因子应该具有实际意义。在主成分分析中，各主成分实际上是矩阵变换的结果，因此意义不明显并不重要。但是在因子分析中，提取出的各因子应该具有实际意义，否则就应该重新设计要测量的原始变量。

11.3.2　因子分析的具体操作

适用条件考察

下面开始对本案例进行因子分析，由于事先并不确定究竟该案例是否符合因子分析的要求，也不清楚究竟应当提取多少个公因子，因此首先进行适用条件的输出，并按照默认设定输出初步的分析结果加以观察，如图 11.1 所示。

1. 分析→降维→因子分析；
2. 主对话框：将 q5_01～q5_20 输入变量框；
3. 描述：选择 KMO 和 Bartlett 的球形度检验；
4. 抽取：选择碎石图；
5. 确定。

从表 11.3 的结果可见，KMO 统计量达到 0.834，实际分析中，KMO 统计量在 0.7 以上时，因子分析的效果比较好，显然本案例满足此要求。Bartlett 球形检验也具有统计学意义，说明变量之间正相关，可以提取公因子。

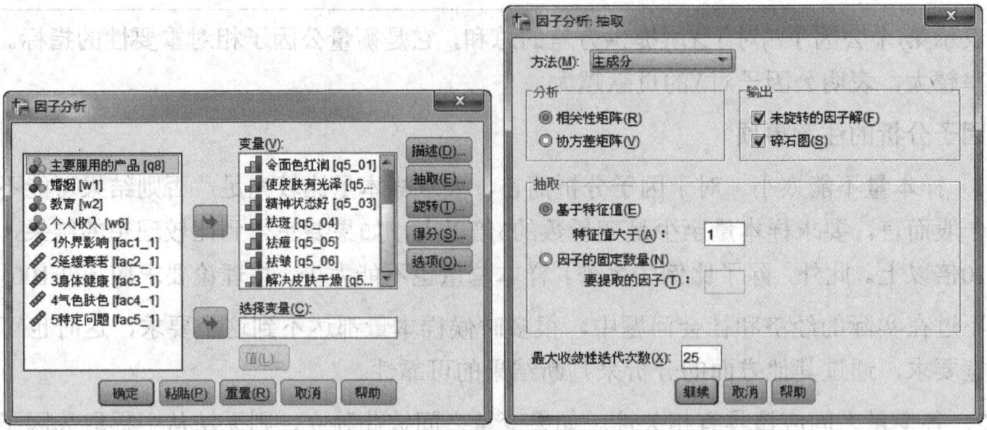

图 11.1 “因子分析”主对话框和“抽取”子对话框

表 11.3 KMO 和巴特利特检验

KMO 取样适切性量数		.833
巴特利特球形度检验	近似卡方	2935.693
	自由度	190
	显著性	.000

表 11.4 为提取出的因子的方差解释比例(表格有删节)，可见有前 5 个因子的特征根大于 1，合计的方差解释度为 53%，这虽然比较低，但是在实际的调研项目中，这是很常见的结果。一般而言，在市场研究的实际项目中，如果有严格的研究设计和前期定性研究的基础，因子分析的方差解释度大于 50%就可以酌情接受了。

表 11.4 解释的总方差

成 分	初始特征值			提取载荷平方和		
	合 计	方差的 %	累积 %	合 计	方差的 %	累积 %
1	4.833	24.164	24.164	4.833	24.164	24.164
2	1.997	9.985	34.149	1.997	9.985	34.149
3	1.441	7.204	41.353	1.441	7.204	41.353
4	1.280	6.398	47.751	1.280	6.398	47.751
5	1.036	5.182	52.933	1.036	5.182	52.933
6	.995	4.974	57.907			
7	.928	4.642	62.548			
8	.834	4.169	66.718			
9	.750	3.749	70.467			
10	.734	3.671	74.138			
…	…	…	…			
20	.363	1.816	100.000			

提取方法：主成分分析。

图 11.2 被称为碎石图(Scree plot)，从碎石图可见前四个因子的信息量是比较充分的，第 5、6 个因子的信息量比较接近。虽然细究起来直到第 9 个因子起才形成了平台，但是由于一共只有 20 个变量，考虑提取 9 个因子是过于奢侈的事情，因此只需要考虑提取出 4～6 个因子即可。

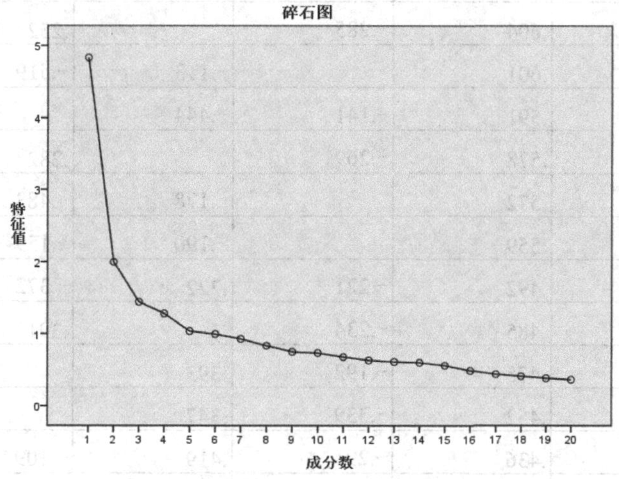

图 11.2　因子分析的碎石图输出

Scree 一词来自地质学，表示在岩层斜坡下方发现的小碎石，这些碎石的地质学价值不高，可以忽略。碎石图用于显示各因子的重要程度，其横轴为因子序号，纵轴表示特征根大小。它将因子按特征根从大到小依次排列，从中可以非常直观地了解到哪些是最主要的因子。前面的陡峭对应较大的特征根，作用明显；后面的平台对应较小的特征根，其影响不明显。

尝试对结果做初步解释

最后一张成分矩阵表格用于解释各原始变量和公因子之间的关系，但为了能够使结果阅读更为轻松，我们重新进行上面的分析，并且更改选项如下(见图 11.3、表 11.5)：

1.　选项：选择按大小排序、取消小系数。

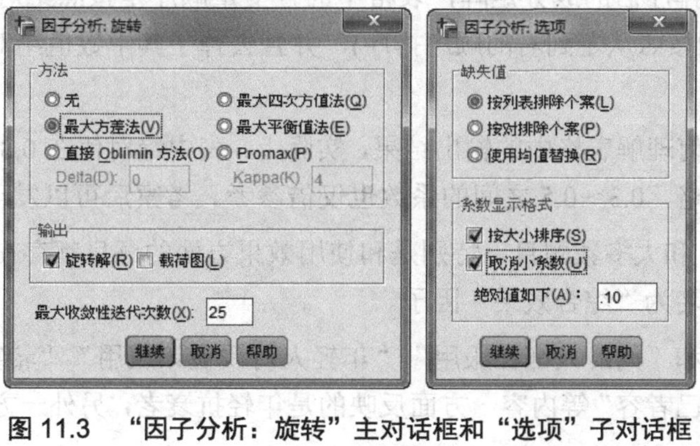

图 11.3　“因子分析：旋转”主对话框和“选项”子对话框

表 11.5　成分矩阵 [a]

	成分				
	1	2	3	4	5
消除黑眼圈	.618				.372
延缓皮肤衰老	.604	-.285		.252	-.392
使皮肤有光泽	.601		-.113	-.519	
祛皱	.591	-.141	-.444		-.149
抗衰老	.578	-.269		.282	-.343
令面色红润	.572		-.178	-.483	
解决皮肤干燥	.559		-.190	-.159	-.162
精神状态好	.492	-.221	.222	-.372	
调节内分泌	.485	-.234		.391	
提高免疫力	.475	-.192	.393		
去除疲劳	.452	-.339	.347		.154
提高睡眠质量	.436	-.291	.419	-.109	.384
应该对自己好点	.320	.292	.302	-.135	-.163
同龄人都在服用	.417	.638	.201		
年轻人对我说该服用	.410	.599		.211	
希望自己像模特一样	.386	.547			
女为悦己者容	.421	.521	.127		
祛斑	.501		-.539		.229
通便润肠	.406	-.119		.457	.280
祛痘	.342	.197	-.433		.457

提取方法：主成分。

a. 已提取了 5 个成分。

上面的操作实际上只是对成分矩阵表格进行了输出格式的修改，现在可以看到按照系数绝对值大小进行排序后的成分矩阵，表格中的行变量顺序是按照绝对值从大到小的顺序排列(存在多列时则按照从左到右的顺序排序)，并且去掉了其中数值绝对值小于 0.1 的单元格输出。

下面来考虑如何理解表格中的输出结果，实际上，表中绝对值在 0.3 以下的系数绝大多数情况下都可以忽略，0.3～0.5 之间的系数也仅借参考。考察后可以发现下述各点。

- 公因子 1 和大多数题目，特别是和使用效果方面的题目都存在正相关，因此似乎可以被命名为“综合效果”因子。
- 公因子 2 和“同龄人都在服用”“年轻人对我说该服用”“希望自己像模特一样”“女为悦己者容”等内容一方面反映的是年轻抗衰老，另外一方面似乎又反映了外界舆论的影响，因此属于复合因子，或许可以被命名为“抗衰老+舆论引导”因子。

✧ 公因子 3 和提高睡眠质量正相关，但是却和祛斑和祛痘负相关，这在专业上非常难以解释，无法命名。

✧ 公因子 4 和“皮肤有光泽”“令面色红润”负相关，和“通便润肠”正相关，显然，该因子的含义在专业上也是互相矛盾的，无法解释。

✧ 公因子 5 和“祛痘”有一定的正相关，其次是和“提高睡眠质量”有一定相关，似乎可以被命名为“祛痘”因子。

就这样，一番努力之后，我们得到了一个综合效果因子、一个包括两种含义的复合因子、两个含义自相矛盾的因子以及一个实际上只和一个自变量有关联的因子。因子分析的任务是寻找变量的内在联系，得到这样的结果，无疑是分析的失败。

因子旋转

在上面的分析中我们未能得到因子理想的含义解释，其原因在于默认情况下因子分析采用的是主成分方法来提取公因子，该方法会首先保证第一个公因子尽量多地携带信息，然后再保证第二个公因子尽量多地携带剩余的信息……以此类推。但每个公因子是否有合理的解释该方法并不负责。因此如果希望得到符合专业知识的因子，在绝大多数情况下，都需要对公因子进行旋转。所谓旋转的含义是改变原始信息量在各因子间的分布，使各因子的信息差异尽可能地扩大，以便于因子的解释。在 SPSS 中提供了 5 种因子旋转方法，以方差最大化方法最为常用和有效，本例也是如此，操作如下。

1. 旋转：选择最大方差法，选中载荷图。

在进行旋转后，提取出的各因子的方差解释比例显然会发生变化，因此相应的表格会增加相应的输出，从中可以看出公因子 1 的信息量明显减少，而提取出的公因子 2～6 的信息量则有所增大，但是提取总量仍然为 53%保持不变(见表 11.6)。

表 11.6　解释的总方差

成分	初始特征值			提取载荷平方和			旋转载荷平方和		
	合计	方差的 %	累积 %	合计	方差的 %	累积 %	合计	方差的 %	累积 %
1	4.833	24.164	24.164	4.833	24.164	24.164	2.454	12.270	12.270
2	1.997	9.985	34.149	1.997	9.985	34.149	2.302	11.509	23.779
3	1.441	7.204	41.353	1.441	7.204	41.353	2.115	10.573	34.351
4	1.280	6.398	47.751	1.280	6.398	47.751	2.092	10.461	44.813
5	1.036	5.182	52.933	1.036	5.182	52.933	1.624	8.121	52.933
6	.995	4.974	57.907						
…	…	…	…						
20	.363	1.816	100.000						

提取方法：主成分分析。

表 11.7 即为旋转后各因子在原始变量上的负荷，从中可以总结出各因子的特征如下。

表 11.7 旋转成分矩阵 a

	成分				
	1	2	3	4	5
同龄人都在服用	.780				.106
年轻人对我说该服用	.736	.152			.129
女为悦己者容	.668				.101
希望自己像模特一样	.649			.176	
应该对自己好点	.467		.161	.202	−.196
延缓皮肤衰老		.773	.122	.232	
抗衰老	.107	.721	.238	.139	
调节内分泌		.599	.212		.213
祛皱		.559		.364	.387
提高睡眠质量			.768	.117	
去除疲劳		.262	.627		
提高免疫力	.152	.293	.511	.158	−.159
消除黑眼圈	.243	.139	.502	.172	.406
精神状态好			.499	.478	
通便润肠	.115	.361	.384	−.248	.343
使皮肤有光泽	.102	.120	.211	.761	.107
令面色红润	.152		.124	.726	.159
解决皮肤干燥	.209	.306		.481	.173
祛痘	.160				.724
祛斑		.237		.318	.661

提取方法：主成分。

旋转法：具有 Kaiser 标准化的正交旋转法。

a. 旋转在 8 次迭代后收敛。

- ✧ 因子 1：主要和同龄人的行为、年轻人的建议、丈夫的审美观及模特的影响有关，因此可以将该因子命名为“外界舆论影响”。
- ✧ 因子 2：主要和延缓衰老、抗衰老、祛皱、调节内分泌有关，因此可以被命名为“延缓衰老”。
- ✧ 因子 3：主要和提高睡眠质量、去除疲劳、消除黑眼圈、提高免疫力等有关，因此可以被命名为“身体健康”。
- ✧ 因子 4：主要和皮肤有光泽、面色红润等有关，因此可以被命名为“气色/肤色”。
- ✧ 因子 5：明显地和祛痘、祛斑相关，除此之外，还和祛皱、去黑眼圈、通便润肠等相关性较高，因此可以被命名为“解决特定问题”。

在以上分析的基础上，研究者还可以尝试着提取出不同数量的因子，如 4 个或 6 个，这里不再给出详细结果。相比之下，当提取 4 个因子时信息过于浓缩，而由上文可知因子 5 可以用非常明确的专业含义加以解释，不宜压缩。而当提取 6 个因子时，第六个因子只和“对自己好一些”这个变量相关。显然，该因子的加入并不能帮助变量间关联性的解释，因此最终决定按照 5 个因子的结果进行后续分析。

保存公因子

对于上述符合需求的因子分析模型，有必要将其分析结果保存起来供后续分析使用，操作如下。

1. 得分：选择保存为变量。

按此操作之后，数据集中就会新增 fac1_1～fac5_1 这五个新变量，分别代表上述五个公因子在每个案例中的具体数值。为便于后续分析使用，还可以将其分别进行相应的标签赋值操作，具体程序如下：

```
VARIABLE LABELS FAC1_1 "1 外界影响" / FAC2_1 "2 延缓衰老"
  / FAC3_1 "3 身体健康" / FAC4_1 "4 气色肤色" / FAC5_1 "5 特定问题" .
```

11.4　基于因子分析结果进行市场细分

在上面已经通过因子分析，将原始的 20 个变量浓缩成了 5 个公因子，但是这并不是整个研究的结束，实际上反而是定量分析的开始。由于整个研究的目的在于市场细分和市场定位，下面的工作就是针对不同的人群特征分析其在各因子评分上的差异，以最终判断出不同的人群在选用保健产品时所考虑的侧重点有何不同，从而更好地发现可能的市场机会。该阶段可以使用的方法较多，如聚类分析、对应分析、判别分析等都可加以使用。这里我们仅仅演示一个基本的分析思路，更详细的方法运用请参见其余各章。

11.4.1　不同婚姻状况受访者的差异

在数据中提供了受访者的婚姻状况，因此可以使用 t 检验分析已婚和未婚人群在各因子的得分上有无差异：

1. 分析→比较均值→独立样本 t 检验；
2. 将 fac1_1～fac5_1 输入检验变量框；
3. 将 W1 婚姻输入分组变量框；
4. “定义组”按钮，将组别值指定为 1、2，继续；
5. 确定。

结果如表 11.8、表 11.9 所示。

表 11.8 组统计量

	婚 姻	个 案 数	平 均 值	标 准 差	平均值的标准误
1. 外界影响	未婚	172	.3692665	.90193245	.06877170
	已婚	453	-.1402071	1.00059266	.04701194
2. 延缓衰老	未婚	172	-.4948719	1.20177250	.09163429
	已婚	453	.1878984	.83998000	.03946570
3. 身体健康	未婚	172	.0197308	1.04166476	.07942619
	已婚	453	-.0074916	.98479752	.04626982
4. 气色肤色	未婚	172	-.0024103	.92899873	.07083549
	已婚	453	.0009152	1.02665689	.04823655
5. 特定问题	未婚	172	.2057224	.92028403	.07017100
	已婚	453	-.0781109	1.01877615	.04786628

表 11.9 独立样本检验

		方差方程的 Levene 检验		均值方程的 t 检验				
		F	显著性	t	自由度	显著性(双侧)	平均值差值	标准误差值
1. 外界影响	假设方差相等	4.832	.028	5.837	623	.000	.50947364	.08727944
	假设方差不相等			6.116	340.064	.000	.50947364	.08330468
2. 延缓衰老	假设方差相等	44.549	.000	-7.999	623	.000	-.68277028	.08535842
	假设方差不相等			-6.843	237.234	.000	-.68277028	.09977167
3. 身体健康	假设方差相等	1.614	.204	.304	623	.761	.02722244	.08962781
	假设方差不相等			.296	293.949	.767	.02722244	.09192071
4. 气色肤色	假设方差相等	.541	.462	-.037	623	.970	-.00332552	.08963435
	假设方差不相等			-.039	338.799	.969	-.00332552	.08569966
5. 特定问题	假设方差相等	6.310	.012	3.192	623	.001	.28383334	.08891019
	假设方差不相等			3.341	339.363	.001	.28383334	.08494204

上面即为不同婚姻状况各因子的均数和检验结果，可见未婚人群和已婚人群在外界影响因子、延缓衰老因子和特定问题因子上存在差异，而身体健康、气色肤色两个因子则无差异。这并不是说这两个因子在人群中无区别，提取出的公因子在人群中肯定是存在差异的，只是其区分方式和婚姻状况无关而已。

对于上述分析结果，研究人员往往在报告中会使用各种图形工具加以呈现，本例中可以使用的图形有散点图、箱图等，这里我们绘制出前两个因子和婚姻状况的散点图(见图 11.4)，可见不同婚姻状况的个体散点在二维平面上较清楚地分成了两大区域，未婚人群集中在右下角，而已婚人群集中在左上角。显然，对于未婚人群而言，她们更加重视外界信息的影响，而对保健产品是否能够延缓衰老并不关心，这应当是由于未婚人群较为年轻所致；而与之相对应，已婚人群就非常重视保健品在延缓衰老上的功能，而由于已经逐渐形成了自己的审美观点，生活也已经趋于稳定，已婚人群对外界影响则呈现出了明显的忽视态度。

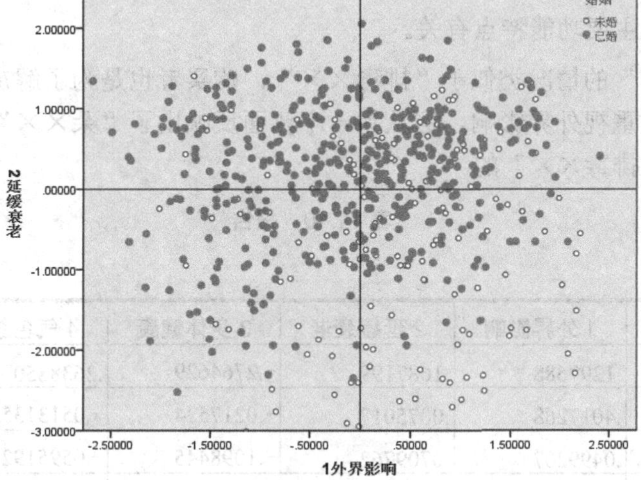

图 11.4　散点图

那么，特定问题因子上的差别又该如何解释呢？对于未婚人群而言，其年龄较轻，粉刺、皮疹等较为多发，而此时年轻女性对自己的外表又十分敏感，自然会非常注意所使用保健产品在这些方面的表现。而已婚人群上述问题已逐渐少发，且相对而言已不太敏感，因此不会太重视该因子。显然，以上三个因子的差异非常符合所研究人群的特征，均可以得到很好的解释。

11.4.2　不同品牌保健品使用者的因子偏好差异

下面再来对消费者主要服用的产品和因子评分间的关系进行探讨。由于产品种类较多，使用图形工具加以分析很占篇幅，且较为麻烦，为此我们直接输出各类别的因子均数进行比较。

1. 分析→比较均值→均值；
2. 将 fac1_1～fac5_1 输入因变量列表框；
3. 将 Q8 输入子变量列表框；
4. “选项”按钮，单元格统计量中只保留平均值，继续；
5. 确定。

注意在表 11.10 中，所有因子的总均值都为 0，因为该均值代表的是整个样本的平均水平，因此上述表格中因子均值的正负完全代表的是相应群体和总样本相比的情况。从各因子的均数中我们可以发现许多有用的信息，例如：

- 服用“太太××”的群体更注重气色肤色因子、延缓衰老因子和外界影响因子，而对身体健康因子则相对忽视。这应当与该群体多为低龄已婚人群有关。

✧ “排毒××”的使用者主要是为了解决特定问题而购买，这应当也符合该品牌的产品定位。

✧ “红桃×”的使用者更注重的是外界影响和身体健康因子，显然这和该品牌的营销思路与主要功能特点有关。

✧ “朵××”的情况类似于“排毒××”，购买者也是为了解决特定问题，但显然该群体更重视外界影响，这从另一个侧面反映出了“朵××”的媒体宣传力度是要高于“排毒××”的。

表 11.10 报告

平均值

主要服用的产品	1 外界影响	2 延缓衰老	3 身体健康	4 气色肤色	5 特定问题
太太××	.1297688	.1687199	−.2764629	.2638850	.0509152
乌鸡××	.4017268	.0075017	−.0217524	−.0513135	−.0417851
排毒××	.0499207	.0709762	−.1098445	−.0595192	.2614926
阿×	−.4463395	.0237475	−.3529150	−.0858081	−.5553500
红桃×	.1849010	−.4966885	.1005697	.0843053	−.0920547
脑白×	−.3205356	−.2024811	−.1388404	−.1162655	.4218195
朵××	.1380832	−.0348479	.0558322	−.0026714	.2094392
其他	−.0591283	.0621666	.1195974	−.0223935	−.0606776
总计	.0000000	.0000000	.0000000	.0000000	.0000000

“太太××”在其产品生命周期中的目标消费群发生过变化，最初的目标消费群定位是 25～40 岁因体虚引发面部黄褐斑的已婚女性，但在本调研展开的年份，其目标群体已经漂移至 18～25 岁的低龄未婚女性，其销售终端的信息回馈显示购买者已经有明显的年轻化趋势。

除分析出各品牌的优劣势外，从中我们还可以发现一些品牌潜在的危机。

✧ “乌鸡××”的使用者非常重视外界影响，却忽视其他因子，这显然反映了该品牌的定位出现问题，其核心竞争力正在丧失，目前的市场实际上主要是依赖广告宣传在维持。

✧ 相对而言“阿××”的市场做得非常差，其使用者在各项因子上的得分非负即零。这说明该产品传统的保健价值并未得到市场认可，亟须大力宣传。而因子 1 外界影响的均值竟然只有-0.45，这充分说明该产品在宣传方面欠账太多，酒香不怕巷子深的时代早已过去，有关厂家不能再自以为是地吃百年老店的老本了！

✧ “脑白×”在各因子上均呈现出负数均值，反映出在经过连续几年过度的广告轰炸后，理性消费者已对该品牌非常麻木，剩余的消费人群很可能仅仅是依靠以前的购买行为支撑的惯性迟钝群体，而该品牌真正的核心用户已经彻底丧失，显然一旦减少广告投入的话，该品牌市场前景非常不妙。

在上面我们主要采用描述和单变量分析的方法进行数据间差异的展现。显然，单变量分析的结果不如多变量分析更为客观准确，如果希望能够对以上分析结果做更为肯定、深入的发掘，则可以考虑使用多维偏好分析、判别分析等多变量、多元统计分析方法加以研究，请读者参见相关章节，这里不再展开讨论。

11.5 项目总结与讨论

11.5.1 研究结论

根据上述分析，可以得出以下结论。

- 当前消费者购买同类保健品主要基于以下几点考虑：外界舆论影响、延缓衰老、保持身体健康、改善气色肤色、解决特定问题。
- 对上述因子的重视程度显然和年龄、婚姻状况等有关。低龄/未婚人群更重视外界舆论、解决特定问题等方面，而非低龄/已婚人群则更加重视延缓衰老、保持健康、改善气色肤色等方面。
- 目前市场上的同类品牌中，“太太××”的市场状况和定位较好(事实上该品牌在当时也正处于历史上最为辉煌的时期)，“排毒××”“朵××”的定位较为特殊，而“乌鸡××”“阿××”等则存在很大问题。
- 基于本品牌的产品特点，似乎可以考虑本产品上市后定位在非低龄已婚人群的需求上，重点推广产品在延缓衰老、改善气色肤色、解决特定问题这三个方面的价值，挤占“乌鸡××”“阿××”等品牌原本应当占据的市场，在对手作出有效反应之前抢占相应细分市场的主要份额。

以上是第二阶段研究所得到的基本结论，下面就需要根据这些结果，在第三阶段深入进行公司内部分析以及外部竞争分析，确定上述产品的市场定位是否确实可行，以及具体的市场进入操作方式了。

11.5.2 因子分析的结果就是一切吗

在某次 SPSS 培训中，一位来自跨国汽车企业的学员问了我这样一个问题：老师，我从事的是汽车行业的调研，但在消费者偏好研究中我总是发现这样一个奇怪的现象，按理说发动机的质量应当是影响消费者决策的一个重要因素，可是当我把数据采集好进行因子分析时，所提取的公因子都和这一因素无关，即使提取更多的公因子也是如此，结果似乎是说发动机的质量并不会影响消费者的偏好，显然这是不正常的，那么问题究竟出在哪里呢？

是呀，问题出在哪里呢？原因其实非常简单，那就是因子分析的结果并不代表数据中的一切信息，因子分析只会考虑个体间的差异信息，它所提取的就是在个体间究竟哪些方向上存在判断的差异，如果所有个体的判断基本相似，则该信息就无法被因子分析所利用。以该学员的问题为例，在研究中显然几乎所有的受访者都会将发动机质量列为最重要的因素之一，也就是说几乎所有的受试者都认为这应当是一个必备条件，不可能被忽视。但是，正是由于这种高度的一致性，反而使因子分析无法提取出更多的信息来，最终在因子分析的结论中并不会出现关于发动机质量的信息。

再来以本案例为例，如果对原始的 20 个变量计算其均数和标准差，则结果如表 11.11 所示。

表 11.11　描述统计量

	个案数	极小值	极大值	平均值	标准差
令面色红润	625	1	5	3.80	1.289
使皮肤有光泽	625	1	5	3.93	1.173
精神状态好	625	1	5	4.16	1.045
祛斑	625	1	5	3.31	1.485
祛痘	625	1	5	2.76	1.562
祛皱	625	1	5	3.28	1.546
解决皮肤干燥	625	1	5	3.68	1.354
调节内分泌	625	1	5	3.64	1.383
延缓皮肤衰老	625	1	5	3.75	1.371
去除疲劳	625	1	5	3.90	1.149
提高睡眠质量	625	1	5	3.84	1.291
消除黑眼圈	625	1	5	3.14	1.407
通便润肠	625	1	5	3.44	1.413
抗衰老	625	1	5	3.67	1.411
提高免疫力	625	1	5	4.03	1.187
应该对自己好点	625	1	5	3.87	1.262
希望自己像模特一样	625	1	5	2.69	1.559
同龄人都在服用	625	1	5	3.04	1.387
年轻人对我说该服用	625	1	5	3.03	1.358
女为悦己者容	625	1	5	3.28	1.418
有效个案数(成列)	625				

可以发现，精神状态好、提高免疫力这两项的分值均数超过 4，且标准差相对也较小，也就是说受试者相对都较为重视上述两项功能，认为这应当是一个保健产品所应当具备的基本功能，不可能被忽视。但是，如果只看因子分析的结果，则这两项所代表的信息在结果中的表现并不特别突出。因此对于因子分析的结果，应当结合原始题目的均数加以解释，均数代表的是平均水平，而因子分析则反映了个体间的差异，只有两者结合才能得到正确的分析结论。

第 12 章 全国房地产价格指数的估算

学习前建议阅读	第 8 章 某车企汽车年销量预测，了解回归模型的相关知识； 第 11 章 探讨消费者购买保健品的动机，了解因子分析的基本操作方法。
案例导读	研究者需要根据全国 70 个城市的房地产分指数，对全国总指数进行估算。 根据分析目的和数据特征，本案例分别采用了计算分指数平均值回归，以及提取主成分进行主成分回归两种方法进行了数值估算，并进一步对自动线性建模过程在本案例中的应用价值进行了探讨。
分析方法	主成分分析、回归分析、自动线性建模。
案例的分析过程	回归：线性、自动线性建模； 降维：因子分析； 实用程序：评分向导。
学习后建议阅读	第 13 章 1988 年汉城奥运会男子十项全能成绩分析，继续深入学习因子分析。

12.1 案 例 背 景

12.1.1 研究项目概况

统计局是统计人员非常看重的一个部门，不仅是因为它会提供许多重要的基础数据，更是因为从这些数据会衍生出非常多的业务需求。如以最简单的经济发展指标为例，统计局每月或者每季度会例行公布 CPI、PPI 就业率、用电情况、运输指标等各种各样的相关指标，而专业机构就可以依据这些指标来分析判断它们所代表的宏观经济运行状况和未来趋势。事实上，这些专业性的研究内容对广大吃瓜群众而言关系并不太大，真正关系比较大的是因为这些数据的发布，导致在每个月总会有那么几天，媒体上、网络上就会纷纷跳出一些经济学家和统计专家，对当月的 CPI、PPI 之类的数据加以预测和分析；而当 CPI 等数据公布之后，可能媒体上相关的信息还会变得更加热闹，首先是针对 CPI 细分下来的各个类目的涨跌进行分析评估，其次时不时还要针对诸如“核心 CPI”“食品 CPI”等各种创新性的名词加以解释，最后往往还需要根据公布的 CPI 来推估出一个更加“合适”的物价涨幅数值……仅此种种，不亦乐乎。等忙活完，得，下个月的预估工作又开始了，就这样观众过足了眼瘾，媒体占领了眼球，专家们拿到了钞票，皆大欢喜。

除日常的数据发布外，统计局相应的指标体系也会根据需求进行调整，这也会导致很多分析需求的出现。在 2011 年年初，国家统计局宣布，由于从 1 月份起将按照新的《住宅销售价格统计调查方案》对房价数据进行统计，因此未来将不再发布 70 个大中城市房价的涨幅总值，只分别提供 70 个城市的房价涨幅结果。作为统计分析师，笔者非常理解国家统计局作出这个决定的原因，停止发布也无可厚非。但笔者所从事的职业，恰恰需要原指标作为预测指标的客观参照，而如果将这个指标剔除出原产品体系，则需要至少半年时间的模型调整和结果测试。因此，笔者面临的一大考验就是如何在短时间内，根据 70 个城市不同的价格监测结果，分别给出能够和原指标体系对应的全国价格指数估计值。

综上，在这个研究项目中，笔者希望回答的问题如下：利用统计局发布的全国 70 个大中城市房屋价格指数的历史总值和各城市分值，尽量高精度地推估出利用各城市分值计算平均总值的计算公式，从而得出所需的全国房价涨幅总值。

12.1.2 分析思路

从本案例的需求来说，还是非常明确的：原先总指数显然是按照某种方式从 70 个城市的分指数加权汇总而来，只是我们不知道每个城市的权重是多少而已。这里当然可以想办法拿到统计局所用权重体系，但这已经不属于本书的讨论范畴，而且这么小的一个需求也没必要如此折腾。统计的事情，应当用统计的方式来加以解决。如果从数据分析的角度来看，这显然应当是用多个自变量预测一个因变量的模型。由于所有变量均为连续变量，因此基本模型框架应当是回归模型，所以可以考虑通过原始数据进行相应回归模型的估计，并将其用于新数据的预测。

但是当进一步考察可用的历史数据时，就会发现问题比一个回归模型更复杂一些，这里希望进行预测的是房屋销售价格指数，但是从 2011 年 1 月份起，不仅全国的房屋销售价格指数不再提供，对于每个城市也将不再提供该指标，能够和原指标体系对应的继续提供的指标只有各城市的新建住宅价格指数和二手住宅价格指数，这将是可用于预测的变量。

由上可知，相应的回归模型中会有 70×2=140 个自变量，按照标准的回归模型需求，如果希望得到一个稳健的回归方程，那么所需的案例数应当至少是 140×20=2800 个！但是历史数据是每月才有一个，那么就需要有 234 年的历史数据才能满足需求，这显然是不可能做到的。即使不考虑充足的案例，仅仅是得到一个可供估计残差的回归方程，那么所需的案例数也应当是 140+2=142 个，这个样本量也无法被满足，也就是说，直接进行方程的估计根本就是不可能的！

下面来具体看看可用的原始数据量，由于统计局可能每年都会对算法进行微调，因此无法使用多年之前的历史数据。综合考虑之下，大概只能使用最近 2 年，即 24 个月的数据进行方程估计。

OK，这就是我们所面临的尴尬境地：用 24 个样本来估计 140 个自变量的回归方程。

这已经完全违反了数理统计的基本要求，真要做的话，就算是高斯老师再世也没戏。那么，这个项目就无法进行了吗？请大家注意本项目的真实需求：求出尽量精确的估计值，而不是求出一个合理并可加以解释的回归方程。可能初学者不会认为两者有什么区别，但认清这一点之后就可以明白，只要能够对因变量进行精确估计，方程本身的细节在本项目中其实并不重要。因此，我们完全可以针对最终需求，提供以下两种分析思路。

- ✧ 最简单和最直接的解决方式，就是求出 140 个原始变量的平均值，然后用平均值来进行总值的估计。这种方式虽然相对而言没多少技术含量，但并非毫无价值，在随后的分析中就会看到这一点。
- ✧ 利用主成分分析对原始变量进行浓缩，然后利用提取的主成分进行因变量的主成分回归预测。

下面就将按此思路进行分析。本研究所需的原始数据可在国家统计局网站上下载，整理后的 SPSS 数据文件见：房地产价格指数.sav，其中记录了 2009 年 1 月～2010 年 12 月的分城市数据和总价格指数，而 2011 年 1～6 月的分城市数据也一并收录其中用于预测相应月份的总指数。

12.2　计算平均值进行回归预测

12.2.1　计算平均值

首先来计算 140 个原始变量的平均值，这可以使用 mean 函数来实现，该函数的原始用法是 mean(a,b,c,···,varname)，但是在本例中如果要依次写出 140 个原始变量的名称显然不是什么好玩的事情，好在这些变量都是在数据集中连续排列的，140 个变量的第一个是 v001，最后一个是 v140，因此可以采用下面这种简易写法。

```
COMPUTE meanidx=mean(v001 to v140).
EXECUTE.
```

程序运行完毕后，相应 140 个变量的均数就以变量 meanidx 的形式存储在数据集里了。

12.2.2　进行回归估计

下面可以采用计算出的 meanidx 作为自变量进行价格指数总值的回归估计。

1. 分析→回归→线性；
2. 将 totalidx 输入因变量框；将 meanidx 输入自变量框；
3. “保存”对话框：预测值框组：选中“未标准化”复选框，单击“继续”按钮；
4. 确定。

所建立的回归模型效果如表 12.1 所示。由此可见该模型对总指数进行预测的决定系数为 0.986，显然效果还是非常不错的。而相应的预测结果也会以 PRE_1 的变量名存入数据集。事实上，这一预测结果由于精度足够高，已经可以考虑直接应用于产品。也就是说，随后采用的更复杂的方法，所得到的决定系数应当明显高于该数值，否则就没有任何价值。

表 12.1　回归模型摘要

模　型	R	R 方	调整后 R 方	标准估算的误差
1	.993[a]	.986	.985	.6047

a. 预测变量：(常量), meanidx。

12.2.3　导出模型代码用于预测

上面的操作中，由于需要预测的月份自变量均已录入数据集，因此可以在建模的同时直接利用保存预测值的方式得到相应的预测结果。但是这种方式需要在建模时一并完成，如果每月都需要使用原始数据跑一遍模型，虽然并不麻烦，但也挺别扭的。事实上，在 SPSS 中可以将相应的预测模型单独保存为模型文件用于预测(见图 12.1)。在上述建模操作中增加以下操作。

"保存"对话框：将模型信息导出 XML 文件框：输入希望保存的文件路径和名称"d:\房地产价格指数_reg1.xml"，单击"继续"按钮。

这里使用的 XML 格式实际上是 PMML，即预测模型标记语言(Predictive Model Markup Language)，它是一种用于记录预测分析模型的事实标准语言，本质上就是一种规范化的 XML 语言。它支持在 PMML 兼容应用程序之间轻松共享预测模型，目前包括 Modeler、SAS、R 等各种顶级统计工具均提供对它的支持。因此，使用 PMML 就可以在一个工具中建立一个模型，然后在另一个工具中对其进行部署，从而同时满足了模型共享和信息保密的需求。在 SPSS 几乎所有模型的"保存"子对话框中均提供将相应的模型导出为 XML(PMML)格式文件的功能。

这样，生成的回归模型就会以 xml 格式保存为相应的文件。对于需要使用该模型进行预测的人员而言，只需要获得该 xml 文件即可完成相应的工作。首先，预测人员需要将新样品的数据录入为数据集，自变量的名称和类型设定均需要和建模用数据集完全相同(否则在预测时需要手工一一对应名称)。然后打开该数据集，这里仍然以原始数据集"房地产价格指数.sav"为例，相应的后续操作如下。

1. 实用程序→评分向导；
2. 单击"浏览"按钮，将文件"d:\房地产价格指数_reg1.xml"读入，单击"下一步"按钮；
3. 单击"完成"按钮。

实际上，读入 xml 文件之后还有几个界面分别用于自变量名称匹配、缺失值处理、结果字段选择等，但由于预测用数据集的变量名称等都和建模用数据集完全相同，所以可以直接使用默认设定。最终默认会在数据集中生成 Predicted Value 和 Standard Error 两个型变量，分别记录的是每个案例的预测值和标准误。

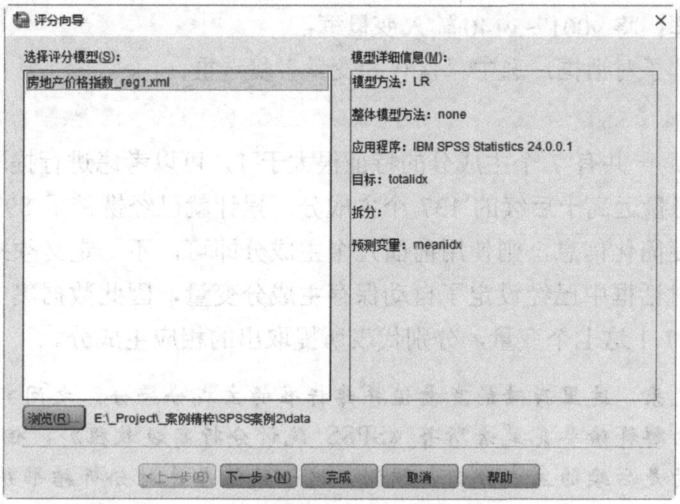

图 12.1　评分向导的操作界面

12.3　提取主成分进行回归预测

上述方式虽然简单有效，但完全无法体现出统计师的技术含量，能否在此基础上提供更高精度的预测结果呢？显然，计算均数的方式实际上就是默认所有 140 个变量在总指数计算中是一样重要的，在此基础上可以考虑采用更复杂的分析方法使各指标的重要性估计能够更加接近历史数据所反映出的规律，分析思路如下。

(1) 根据分析目的，140 个原始变量必须都纳入方程，因此不能采用变量筛选的方式加以精简。但是，显然它们之间的信息存在严重重叠，因此可以考虑提取主成分。

(2) 由于分析目的并不要求给出原始变量信息关联的细节，因此如条件不具备，不需要进行公因子的含义解释，只需要提取足够多的原始信息量即可。

(3) 利用提取后的主成分代替原始变量进行价格指数的预测。

(4) 由于只有 24 个案例，数据信息非常珍贵，因此这里不再考虑保留案例作为验证集，而是将数据全部用于建模预测。

12.3.1　提取主成分

主成分分析和上一章中所介绍的因子分析还是有一定区别的，相比后者而言，主成分分析的目的和对数据的要求都更简单，在 SPSS 中也被整合在同一个对话框中，因此这里不再专门对主成分分析加以介绍，而是主要讲解该方法在本案例中的应用。下面就针对 140 个原始变量来提取主成分，操作如下。

1. 分析→降维→因子分析；
2. 主对话框：将 v001～v140 输入变量框；
3. “得分”子对话框：选中“保存为变量”复选框；
4. 确定。

表 12.2 显示，一共有 7 个主成分的特征根大于 1，可以考虑进行提取，但实际上，前三个主成分的信息量远高于后续的 137 个主成分，累计就已经携带了 89%的原始信息量。因此如果希望高度简化信息，则使用前面几个主成分即可，不一定必须提取多达七个主成分变量。由于在对话框中已经设定了自动保存主成分变量，因此数据集中会自动增加相应的 FAC1_1～FAC7_1 这七个变量，分别代表所提取出的相应主成分。

严格说来，这里存储的变量值并非标准的主成分得分，之间有一个换算关系，详细的解释请参见笔者所著《SPSS 统计分析高级教程》，但由于本案例的分析目的是后续的主成分回归预测，这一数值差异对分析结果并不会造成影响。

表 12.2　总方差解释

成　分	初始特征值			提取载荷平方和		
	总　计	方差百分比	累积 %	总　计	方差百分比	累积 %
1	88.435	63.168	63.168	88.435	63.168	63.168
2	25.052	17.894	81.062	25.052	17.894	81.062
3	11.826	8.447	89.510	11.826	8.447	89.510
4	5.094	3.638	93.148	5.094	3.638	93.148
5	2.297	1.641	94.789	2.297	1.641	94.789
6	1.421	1.015	95.804	1.421	1.015	95.804
7	1.137	.812	96.616	1.137	.812	96.616
8	.929	.663	97.280			
9	.890	.636	97.915			
10	.524	.374	98.290			
…						
140	-1.515E-14	-1.082E-14	100.000			

提取方法：主成分分析法。

和因子分析不同，主成分分析中不需要所提取出的每一个主成分都有明确的专业含义，本案例中也没有必要对这些主成分做深入的专业命名，因此不再考虑进行因子旋转等操作，主成分分析到此结束。

12.3.2　进行主成分回归预测

下面使用已存储的七个主成分变量进行回归分析，由于本案例实际上只有 24 个有效个案，因此建模时不宜有过多自变量，如果七个主成分全部纳入，显然过拟合的风险太高，这里可以先尝试着建立一个回归模型，来评估一下这些主成分的重要性：

1. 分析→回归→线性；
2. 将 totalidx 输入因变量框；将 FAC1_1~FAC7_1 输入自变量框；
3. 确定。

统计上所谓的过拟合，就是指模型对训练数据本身的预测精度很高，但是真正用于需要预测的数据时则效果明显差于训练集。

表 12.3 显示，纳入全部七个主成分的回归模型其决定系数非常接近于 100%，显然对训练集而言效果是非常好的。

表 12.3　模型摘要

模　型	R	R 方	调整后 R 方	标准估算的误差
1	1.000[a]	1.000	.999	.1123

a. 预测变量：(常量), FAC7_1 REGR factor score　7 for analysis 1, FAC1_1 REGR factor score　1 for analysis 1, FAC6_1 REGR factor score　6 for analysis 1, FAC3_1 REGR factor score　3 for analysis 1, FAC5_1 REGR factor score　5 for analysis 1, FAC4_1 REGR factor score　4 for analysis 1, FAC2_1 REGR factor score　2 for analysis 1。

b. 因变量：totalidx 总价格指数。

表 12.4 显示纳入模型的七个主成分分中，前 6 个都有统计学意义。但需要指出的是，本案例由于样本量太小，在模型中放入如此多的自变量时，很可能会出现过拟合问题，此时再进一步考察每个自变量对应变量的解释程度会更稳妥一些。这可以通过计算两两相关系数来考察，也可以直接观察表 12.4 中的标化回归系数，从中可见第 1、2 主成分的标化系数要远高于其余 5 个主成分，而对于只有 24 个样本的回归模型而言，2 个自变量就已经非常奢侈了，因此考虑只纳入前两个主成分进行预测建模来看看效果。

1. 分析→回归→线性；
2. 将 totalidx 输入因变量框；将 FAC1_1~FAC2_1 输入自变量框；
3. 确定。

表 12.5 显示只纳入前两个主成分时，模型的决定系数就已经达到了 99.5%，因此确实没有必要再增加新的自变量。如果分析者觉得这个精度还不够高，那么可以进一步增加自变量数量，但需要谨记这样做会导致过拟合的风险越来越高。

表 12.4 系数

模 型		未标准化系数		标准化系数	t	显著性
		B	标准误差	Beta		
1	(常量)	105.268	.079		1339.222	.000
	FAC1_1 REGR factor score 1 for analysis 1	4.325	.024	.968	182.279	.000
	FAC2_1 REGR factor score 2 for analysis 1	1.375	.121	.196	11.380	.000
	FAC3_1 REGR factor score 3 for analysis 1	-.304	.083	-.059	-3.663	.002
	FAC4_1 REGR factor score 4 for analysis 1	-.494	.060	-.095	-8.251	.000
	FAC5_1 REGR factor score 5 for analysis 1	-.110	.033	-.018	-3.320	.004
	FAC6_1 REGR factor score 6 for analysis 1	.073	.022	.016	3.311	.004
	FAC7_1 REGR factor score 7 for analysis 1	.012	.030	.003	.385	.705

a. 因变量：totalidx 总价格指数。

表 12.5 模型摘要

模 型	R	R 方	调整后 R 方	标准估算的误差
1	.998[a]	.995	.995	.3495

a. 预测变量：(常量), FAC2_1 REGR factor score 2 for analysis 1, FAC1_1 REGR factor score 1 for analysis 1。

b. 因变量：totalidx 总价格指数。

表 12.6 显示两个主成分都是有统计学意义的，因此模型也没有必要进一步化简。在模型确定之后，就可以采用和上一节中类似的方式计算预测值了，这里不再重复。但需要指出的是，由于主成分回归中需要先计算主成分，这一步无法写成 xml 模型文件(只能得到公式然后手工计算主成分)，因此不能使用模型代码方式来预测，而只能使用建模时直接保存预测值的方式得到预测结果。

表 12.6 系数

模 型		未标准化系数		标准化系数	t	显著性
		B	标准误差	Beta		
1	(常量)	105.644	.082		1293.330	.000
	FAC1_1 REGR factor score 1 for analysis 1	4.375	.066	.979	66.463	.000
	FAC2_1 REGR factor score 2 for analysis 1	.788	.103	.112	7.616	.000

a. 因变量：totalidx 总价格指数。

12.4　利用自动线性建模过程预测

前面的两种预测方法事实上已经都能够满足需求，但细想之下，各自仍有不完美之处，用均数进行预测虽然可以导出模型代码预测，但进度相对偏低；主成分回归方法虽然精度很高，但操作复杂，且每月都需要重新建模计算。那么有没有更简便的高精度方法呢？仔细考虑之后，会发现本案例的需求有以下特点：重点在于得到高精度的预测结果，并不关心方程是如何构建的，也不关心有哪些变量被纳入模型，更不考虑自变量和因变量之间是怎样的关联趋势。对于此类分析需求，SPSS 实际上提供了一个自动回归建模向导，可以协助用户很轻松地完成回归预测的分析需求(见图 12.2)。

1. 分析→回归→自动线性建模；
2. “字段”选项卡：选择“使用定制字段分配”单选框，将“总价格指数”输入“目标”框，将相应的 140 个自变量输入“预测变量”框；
3. “模型”选项卡：选中“保存预测值到数据集”复选框，在“字段名称”框中输入 Predicted Value2；
4. “模型”选项卡：选中“导出模型”复选框，在“文件名”框中输入“d:\房地产价格指数_reg2.zip”；
5. 单击“运行”按钮。

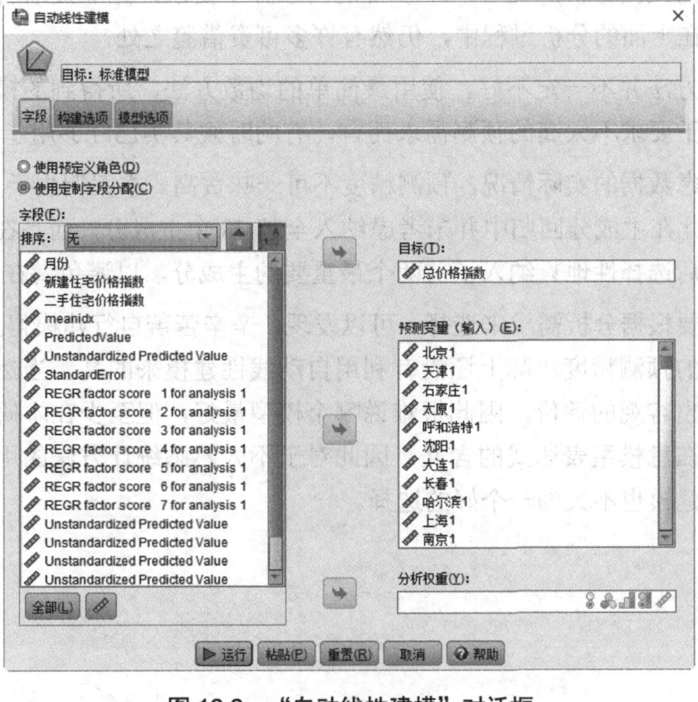

图 12.2　“自动线性建模”对话框

自动线性建模过程的功能非常强大，里面包括缺失值处理、变量自动变换、模型自动优化、模型组合等高级功能，这里我们只是利用其进行结果预测，并不涉及统计方法的讲解。按照上述方法操作，数据集中会生成新变量 Predicted Value2，其数值就是相应的预测值，可以简单地将该变量作为自变量，对原始变量做预测，用该模型的决定系数来判断自动线性模型的预测效果，从表 12.7 可见决定系数几乎是 100%(精确数值为 99.9938%)，显然预测效果是非常令人满意的。

表 12.7　模型摘要

模　型	R	R 方	调整后 R 方	标准估算的误差
1	1.000[a]	1.000	1.000	.0401

a. 预测变量：(常量), Predicted Value2 预测值。

b. 因变量：totalidx 总价格指数。

在上面的操作中，已经将相应的模型保存为模型文件，注意这里保存的模型仍然是 xml 格式，但由于可能是多个模型的组合，所以默认为压缩格式的 zip 扩展名。随后用户就可以使用预测向导完成相应的预测工作了，相应的操作这里不再重复说明。

12.5　项目总结与讨论

对于有经验的数据分析师而言，本项目的需求并不复杂，无非提取有效信息用于回归建模而已。但是在上面的分析过程中，仍然有许多可资借鉴之处：

- ✧ 简单的方法并不一定不好。使用最简单的均数方法，所得到的模型精度就已经很高，对于要求不太高的预测需求而言，有的时候其实已经够用了。
- ✧ 需要考虑数据的实际情况，预测精度不可一味贪高。本案例由于只有 24 个有效个案，因此在主成分回归中并未考虑纳入全部 78 个主成分，而是在评估了各自的重要性之后选择性地只纳入了前两个最重要的主成分，以避免潜在的过拟合问题。
- ✧ 工具需要根据分析需求来选择。可以发现，辛辛苦苦自行建模得到的前两个模型，其最后的预测精度实际上还没有利用自动线性建模来的高。当然，这里无法对过拟合作出客观的评价，因此很难说哪个模型最好，但至少在本研究的需求中，由于并不在意模型表达式的含义，因此对于不太熟悉统计方法的用户而言，其实自动线性建模也不失为一个好的选择。

第 13 章　1988 年汉城奥运会男子十项全能成绩分析

学习前建议阅读	第 11 章　探讨消费者购买保健品的动机，了解因子分析的基本操作方法； 第 12 章　全国房地产价格指数的估算，了解主成分回归的基本概念。
案例导读	本案例需要从 1988 年汉城奥运会十项全能的真实竞赛成绩出发，分析出决定男性运动员十项全能总成绩的主要运动能力，以便有针对性地更快、更好地进行运动员的选拔和培养。 根据分析目的和数据特征，分析中先采用因子分析提取了公因子，随后利用公因子进行了回归建模(主成分回归)，最后将回归模型还原至原始变量，从而对十项全能运动所考察的内在运动能力构成，以及外在的成绩驱动指标等都有了清晰的了解。
分析方法	相关分析、线性回归、因子分析、主成分回归。
案例的分析过程	描述统计：描述； 相关：双变量； 回归：线性； 降维：因子分析。
学习后建议阅读	第 14 章　生活形态问卷的信效度分析及改进。

13.1 案 例 背 景

13.1.1　项目概况

1988 年的汉城奥运会是现代奥运史上非常成功的一届体育盛会，给世人留下了许多深刻的记忆，如主题歌《手拉手》就创造了真正的经典，差点被定为奥运会的永久会歌，朝鲜民族也借此间接表达出了渴望统一的心愿；韩国本身则借助此次奥运会，从一个 20 世纪 50 年代停战之后就几乎被世界遗忘的国家，开始在经济、文化等多方面正式走上世界舞台。

对于国人而言，个位数的金牌收获，特别是李宁失利之后的黯然退役，则成为本届奥运会上的心痛回忆——哦，不好意思，讲得太多，似乎会引起不和谐，而且我好像说跑题了，这次奥运会和统计有什么关系呢？

本次盛会结束之后，有好事者收集了男子十项全能的比赛成绩，包括每项运动的成绩以及最终的总分，希望能够达成以下研究目的。

总目标：从这些顶级十项全能运动员的比赛成绩中，分析出决定男性运动员十项全能总成绩的主要运动能力，以便有针对性地更快、更好地进行运动员的选拔和培养。

基于上述总目标，又可进一步细分出分目标如下。

- ✧ 分目标 1：十项全能运动主要测验的是运动员哪几方面的运动能力。
- ✧ 分目标 2：上述这些运动能力在决定十项全能总分方面的重要程度，或者说比例依次是多少。
- ✧ 分目标 3：在根据上述运动能力培养运动员的时候，应当以哪些运动成绩的提高为主要测量标准。

原始数据见 Olympic88.sav，记录了决赛阶段共 34 人次的十项全能运动成绩，如第一条案例总分为 8488，是冠军民主德国的运动员 Christian Schenk 的数据，其余的以此类推。

根据维基百科提供的信息，Christian Schenk 的个人最好成绩是 8500 分，为 1993 年 8 月在斯图加特取得，该成绩在德国十项全能运动员的历史成绩上名列第九，从分数的上升幅度大家可以看到顶尖运动员的成绩提高是多么困难。顺便提一下，Christian Schenk 退役后在 1995 年创立了以自己名字命名的 Christian Schenk Sports(CSS)，一家专注于体育营销的咨询机构。

13.1.2 分析思路/商业理解

显而易见，这十项运动所测量的运动能力并非各自独立，而是有所重叠的，如 100 米、110 米栏显然都会侧重于短跑能力，而跳高和跳远都会侧重于弹跳能力。换言之，某种共同的运动能力越强，那么与之相关的几项运动成绩都会越高。但仅有这种经验性的结论，尚不能达到指导运动员的选拔和培养所需的精确程度，本次分析的目的之一就是对上述这些“趋同”的运动能力进行精确定量。用统计学的术语来进行表述，就是上述运动成绩之间存在正相关，它们同时代表了运动员的某种运动能力的强弱。而进行这种信息浓缩的工作，恰恰就是因子分析，或者主成分分析的强项。

但是，仅有公因子的提取结果还不足以回答总研究目标所提出的问题。由于十项全能运动是以总分决定名次，因此必须将公因子的得分与总分的高低联系起来，才能够清晰明了地反映出各项运动能力的重要性。而这步工作的完成，也将使我们能更好地对因子进行解释。

13.2 数据理解

13.2.1 单变量描述

首先考虑进行原始变量的描述，具体操作如下。

1. 分析→描述统计→描述；
2. 将代表十项运动成绩的变量，以及总分变量一起输入变量框；
3. 确定。

阅读本表格主要是了解一下均数水平、缺失值、最小值最大值等，以及从标准差和均数的大小差异来粗估有无异常值。从表 13.1 中可见，由于都是世界顶级运动员，大家的成绩都非常接近，并未发现特别明显的极端值。

表 13.1 描述统计量

	个案数	极小值	极大值	平均值	标准差
100 米(秒)	34	10.62	12.12	11.2235	.28723
跳远(米)	34	5.83	7.72	7.0950	.37387
铅球(米)	34	9.71	16.60	13.8509	1.50193
跳高(米)	34	1.70	2.27	1.9744	.10448
400 米(秒)	34	47.44	52.32	49.3662	1.17555
110 米栏(秒)	34	14.18	17.05	15.1076	.60566
铁饼(米)	34	27.10	50.66	41.9053	4.50071
撑杆跳(米)	34	2.60	5.70	4.6765	.49302
标枪(米)	34	39.10	72.60	58.8406	6.43874
1500 米(秒)	34	256.64	303.17	276.1915	13.47813
总分	34	5339	8488	7782.85	594.583
有效个案数(成列)	34				

因子分析的结果对变量中的极端值比较敏感，因此事先考察数据中是否存在极端值是很有必要的。

13.2.2 变量关联探索

下面考虑对原始变量进行相关分析，以初步考察其关联性。

1. 分析→相关→双变量；

2. 将代表运动项目的十个变量输入变量框；
3. 确定；
4. 双击相关性表格进入编辑状态，在透视托盘上将统计量从行框拖放至层框中。

由表 13.2 中的相关系数结果可见，几乎每一项运动都和总分存在着具有统计学意义的相关系数，如跳远和总分的相关系数高达 0.802，注意 100 米、400 米等短跑项目，由于数据记录的是时间，时间越短，代表成绩越好，因此此处计算出的相关系数为负，这是正常情况。

表 13.2 相关性

Pearson 相关性

	100 米	跳远	铅球	跳高	400 米	110 米栏	铁饼	撑杆跳	标枪	1500 米	总分
100 米	1	-.691**	-.420*	-.364*	.698**	.751**	-.353*	-.627**	-.344*	.254	-.763**
跳远	-.691**	1	.391*	.471**	-.636**	-.654**	.375*	.632**	.446**	-.356*	.802**
铅球	-.420*	.391*	1	.321	-.142	-.489**	.856**	.643**	.703**	.202	.716**
跳高	-.364*	.471**	.321	1	-.275	-.487**	.376*	.472**	.338	-.132	.634**
400 米	.698**	-.636**	-.142	-.275	1	.655**	-.154	-.521**	-.150	.554**	-.653**
110 米栏	.751**	-.654**	-.489**	-.487**	.655**	1	-.403*	-.709**	-.350*	.155	-.805**
铁饼	-.353*	.375*	.856**	.376*	-.154	-.403*	1	.620**	.618**	.288	.675**
撑杆跳	-.627**	.632**	.643**	.472**	-.521**	-.709**	.620**	1	.557**	-.070	.870**
标枪	-.344*	.446**	.703**	.338	-.150	-.350*	.618**	.557**	1	.045	.675**
1500 米	.254	-.356*	.202	-.132	.554**	.155	.288	-.070	.045	1	-.255
总分	-.763**	.802**	.716**	.634**	-.653**	-.805**	.675**	.870**	.675**	-.255	1

**. 在 .01 水平(双侧)上显著相关。

*. 在 0.05 水平(双侧)上显著相关。

另外需要引起注意的是，一些运动成绩之间存在着真正的负相关关系，例如铅球、铁饼等投掷项目和 1500 米的相关系数为正，说明投掷类成绩越好，可能 1500 米所需时间越长，虽然此系数尚无统计学意义，但这一趋势值得引起注意，因为这说明十项全能运动员可能不应当过于侧重某种运动，而应当全力提高那些有共通性的运动能力，这也是本次研究要解决的主要问题之一。

13.2.3 尝试初步建模

这里我们可以首先尝试用回归分析直接进行十项运动成绩和总分的回归建模，看一看会得到怎样的结果。

1. 分析→回归→线性；
2. 将总分 score 输入因变量框；

3. 将代表运动项目的十个变量输入自变量框；
4. 确定。

就模型的决定系数而言，0.996 已经是相当高的数值了，看来似乎模型预测效果很好，这没什么奇怪的，因为总分本来就是每个分项运动的成绩换算为得分相加而来(见表 13.3)。

表 13.3　模型汇总

模　型	R	R 方	调整后 R 方	标准 估计的误差
1	.998a	.996	.994	44.139

a. 预测变量：(常量), 1500 米(秒), 标枪(米), 跳高(米), 100 米(秒), 铁饼(米), 跳远(米), 撑杆跳(米), 110 米栏(秒), 400 米(秒), 铅球(米)。

在表 13.4 中，每个运动都具有统计学意义，而且本案例很幸运，自变量的相关/共线性并未导致模型严重失真，回归系数的正负和大小都比较正常。从标化回归系数的大小似乎也可以看出撑杆跳要明显更重要一些，但这样的分析结果显然对我们的研究目的没有太大帮助，因此必须进一步寻找更有用的分析结果。

表 13.4　系数 a

模　型		未标准化系数		标准化系数	t	显 著 性
		B	标准误差	Beta		
1	(常量)	9493.687	724.632		13.101	.000
	100 米(秒)	−198.535	47.718	−.096	−4.161	.000
	跳远(米)	207.019	34.487	.130	6.003	.000
	铅球(米)	60.120	12.499	.152	4.810	.000
	跳高(米)	958.608	93.487	.168	10.254	.000
	400 米(秒)	−57.154	13.044	−.113	−4.381	.000
	110 米栏(秒)	−129.792	25.128	−.132	−5.165	.000
	铁饼(米)	18.249	3.866	.138	4.720	.000
	撑杆跳(米)	258.625	28.014	.214	9.232	.000
	标枪(米)	14.617	1.803	.158	8.108	.000
	1500 米(秒)	−6.259	.853	−.142	−7.336	.000

a. 因变量：总分。

对于本案例而言，如果只是考虑解决变量共线性的问题，当然还可以采用岭回归来得到稳健的回归系数，但这样一来就无法达成分目标 1 和 2，也无法进行变量内在关联规律的探索，显然不是最佳的解决方案。

13.3 利用因子分析进行信息浓缩

下面首先来解决分目标 1：对数据信息进行浓缩提取，以弄清十项全能主要考察的是运动员的哪几项运动能力，显然，主成分分析/因子分析用来解决此问题是非常合适的。为此先回顾一下因子分析的主要数据要求如下。

- ✧ 样本量不能太小。一般而言，要求样本量至少是变量数的 5 倍以上，如果要想得到比较理想的结果，则应该在 10 倍以上。除了比例关系外，样本总量也不能太少，按理论要求应该在 100 以上。
- ✧ 各变量间应该具有相关性。除相关矩阵外，可以通过 Bartlett's 球形检验或者 KMO 检验来加以判断。
- ✧ 因子分析中各公因子应该具有实际意义。

笔者非常喜欢这个案例，虽然手边有至少几十个市场调研方面的数据可以用来作为因子分析案例，但最终还是选中了现在这个，原因就在于这个案例真实地反映出了统计分析师经常会遇到的实际情况：数据的不完美、分析中必须做的妥协以及理论与实践的冲突，下面就请读者随笔者来看看分析中究竟会发生些什么事情。

13.3.1 初步分析

首先，本案例显然不符合因子分析对样本量的要求，10 个变量做因子分析，43 个案例无论如何都不是一个理想的样本数量。但是问题在于这就是真实的世界，1988 年奥运会就只能贡献出这么多数据了，难道就这样因噎废食放弃分析不成？显然不可能。这就是统计人员经常要面临的困境，必须凭借不完美的数据尽量完成所需的分析工作。

除了样本量之外，下面我们还应当考察变量之间的相关性问题，上面已经采用相关系数阵做了初步观察，下面进一步用因子分析所附带的工具加以观察。

1. 分析→降维→因子分析；
2. 主对话框：10 个运动成绩变量输入变量框；
3. 描述：选择 KMO 和 Bartlett 的球形度检验；
4. 确定。

从表 13.5 中的结果可见，KMO 统计量达到 0.788，实际分析中，KMO 统计量在 0.7 以上时，因子分析的效果比较好，显然本案例满足此要求。Bartlett 球形检验也具有统计学意义，说明变量之间存在相关关系，可以提取公因子。

除上述检验结果外，分析中还会直接给出按照主成分分析提取方法所提取出的公因子结果，如表 13.6 所示，可见第一、二公因子特征根远大于 1，两者合计携带了 71%的原始信息量，第 3～10 公因子特征根均明显小于 1，表明其所携带的信息量还少于平均一个原始变量的信息量，从数据浓缩的角度讲，似乎应当不需要提取出来了。

表 13.5　KMO 和巴特利特检验

KMO 取样适切性量数		.788
巴特利特球形度检验	近似卡方	211.586
	自由度	45
	显著性	.000

表 13.6　解释的总方差

成　分	初始特征值			提取载荷平方和		
	合　计	方差的 %	累积 %	合　计	方差的 %	累积 %
1	5.024	50.235	50.235	5.024	50.235	50.235
2	2.080	20.799	71.034	2.080	20.799	71.034
3	.735	7.355	78.389			
4	.686	6.857	85.246			
5	.376	3.763	89.009			
6	.302	3.021	92.030			
7	.286	2.855	94.885			
8	.224	2.238	97.123			
9	.205	2.047	99.170			
10	.083	.830	100.000			

提取方法：主成分分析。

图形似乎总能给分析师提供更为直观和深刻的数据解读，如果选择抽取子对话框中的碎石图，则上述分析结果中的因子和特征根的关系将会以碎石图的形式表现出来(见图 13.1)。从中我们可以注意到一个数据表中可能会忽视的细节：3、4 公因子的特征根虽然小于 1，但两者非常接近，而且要明显高于 5～10 公因子。这说明 3、4 公因子的重要程度是略高于 5～10 公因子的，如果仅从数据浓缩的角度考虑，这两个公因子应当不需要考虑，但如果从解释数据内在关联的角度考虑，如果能为这两个公因子找到合理的解释，则仍然应当加以考虑。

下面来对结果进行初步的考察，按照默认的特征根大于 1 的标准，SPSS 会输出相应公因子的成分矩阵，但为了便于观察，这里更改选项如下。

1.　选项：选择按大小排序、取消小系数。

现在可以看到按照系数绝对值大小进行排序后的成分矩阵，表 13.7 中绝对值在 0.5 以下的系数绝大多数情况下都可以忽略。考察后可以发现，公因子 1 和九个运动项目的成绩都是正相关(请注意跑步类项目的成绩记录方式)，看来只能被命名为“综合运动能力”因子；而公因子 2 主要和 1500 米、400 米、铁饼、铅球相关，似乎该因子得分越高，则运动员的中短跑能力越差，助跑投掷类项目成绩越好，这究竟代表什么意思？！看来只能将其命名为“不知所云”因子了。

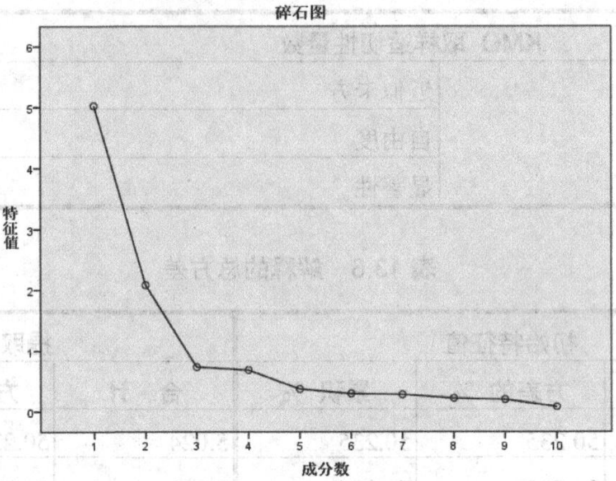

图 13.1　碎石图

表 13.7　成分矩阵 a

	成　份	
	1	2
撑杆跳(米)	.872	
110 米栏(秒)	-.837	.189
跳远(米)	.810	-.285
100 米(秒)	-.804	.294
铅球(米)	.726	.569
铁饼(米)	.687	.601
400 米(秒)	-.660	.616
标枪(米)	.657	.430
跳高(米)	.600	
1500 米(秒)	-.187	.787

提取方法：主成分。

a. 已提取了 2 个成分。

13.3.2　因子旋转

就这样，一番努力之后，我们得到了一个大而全的公因子 1，和一个不知所云的公因子 2，因子分析的任务是寻找变量的内在联系，得到这样的结果，无疑是分析的失败。和上一章的案例一样，这里也需要对公因子进行旋转，以便于因子的解释。

1. 旋转：选择最大方差法，选中载荷图。

表 13.8 就是旋转后的成分矩阵，0.5 以下的系数基本上可以忽略，可以看出存在下列各点。

- ✧ 公因子 1 得分越高，则 400 米、100 米、110 米栏、1500 米成绩越差，而跳远、撑杆跳等助跑类投掷项目成绩也越差，显然该公因子代表的是奔跑能力的反向指标，为便于理解，仍然命名为“奔跑能力”。
- ✧ 公因子 2 和铅球、铁饼有超过 0.9 的相关系数，这两项投掷运动显然对上肢的爆发力要求很高，此外该公因子和标枪、撑杆跳这两项同样需要上肢力量运动的相关系数也在 0.6 以上，因此公因子 2 可以被命名为“上肢力量”。

表 13.8　旋转成分矩阵 [a]

	成分	
	1	2
400 米(秒)	.903	
100 米(秒)	.785	−.341
跳远(米)	−.783	.352
110 米栏(秒)	.737	−.440
1500 米(秒)	.678	.441
跳高(米)	−.442	.406
铅球(米)	−.134	.913
铁饼(米)		.909
标枪(米)	−.179	.765
撑杆跳(米)	−.570	.666

提取方法：主成分。

旋转法：具有 Kaiser 标准化的正交旋转法。

a. 旋转在 3 次迭代后收敛。

图 13.2 所示的是根据成分矩阵系数绘制出的载荷图，可以协助分析人员更为直观地理解各公因子的含义。

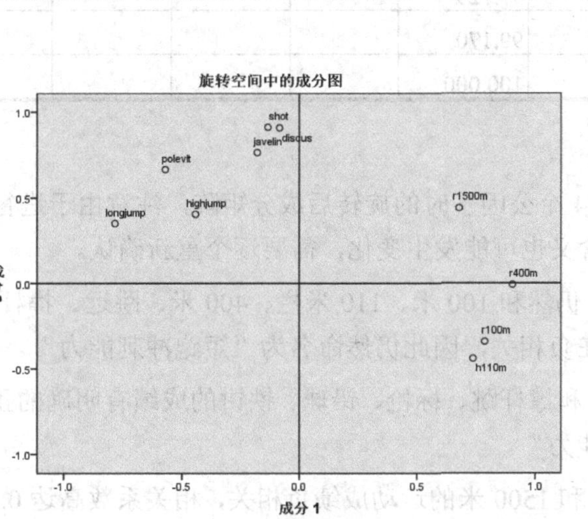

图 13.2　载荷图

13.3.3 继续寻找更好的分析结果

至此，应当说我们已经得到了一个比较令人满意的结果，虽然上述两个公因子的解释度只有 71%，但在实际分析项目中这个数值已经很令人满意了，大多数分析人员也会就此停手。可惜，**是否止步于此恰恰就是判断分析师是否真正具有统计思维的分水岭所在**：在条件许可的情况下，71%的解释度显然还是有继续改进的可能的，而这种条件在本例中碰巧就出现了——还记得碎石图中公因子 3、4 所构成的那个平台吗？无论结果如何，分析师都应当继续尝试一下 4 个公因子的分析结果。让我们来继续应做的工作吧。

1. 抽取：选择因子的固定数量，下方要提取的公因子数设定为 4。

4 个公因子一共携带了 85%的原始信息量，而由于进行了旋转，信息进行了重新分配，因此使公因子 1 的信息量下降至 32%，而公因子 3、4 的信息量均超过了 10%(见表 13.9)。

表 13.9 解释的总方差

成分	初始特征值			提取载荷平方和			旋转载荷平方和		
	合计	方差的 %	累积 %	合计	方差的 %	累积 %	合计	方差的 %	累积 %
1	5.024	50.235	50.235	5.024	50.235	50.235	3.251	32.515	32.515
2	2.080	20.799	71.034	2.080	20.799	71.034	2.832	28.320	60.834
3	.735	7.355	78.389	.735	7.355	78.389	1.306	13.058	73.892
4	.686	6.857	85.246	.686	6.857	85.246	1.135	11.354	85.246
5	.376	3.763	89.009						
6	.302	3.021	92.030						
7	.286	2.855	94.885						
8	.224	2.238	97.123						
9	.205	2.047	99.170						
10	.083	.830	100.000						

提取方法：主成分分析。

表 3.10 给出了 4 个公因子时的旋转后成分矩阵，注意由于进行了旋转，因此因子数量不同时各个因子的含义也可能发生变化，需要逐个重新确认。

- ✧ 公因子 1：仍然和 100 米、110 米栏、400 米、跳远、撑杆跳等短跑/助跑类投掷项目成绩存在负相关，因此仍然命名为“短跑冲刺能力”。
- ✧ 公因子 2：和撑杆跳、标枪、铅球、铁饼的成绩有明确的正相关，因此可以被命名为“投掷能力”。
- ✧ 公因子 3：和 1500 米的运动成绩负相关，相关系数高达 0.9，和其余运动项目的相关度则较低，为便于理解，可反向命名为“短跑持久能力”。

✧ 公因子 4：和跳高成绩的相关系数高达 0.937，和其余运动项目的相关性很低，因此可以被命名为“下肢弹跳能力”。

表 13.10　旋转成分矩阵[a]

	成　分			
	1	2	3	4
100 米(秒)	.867	-.227	.105	
110 米栏(秒)	.853	-.231		-.267
400 米(秒)	.822		.423	
跳远(米)	-.653	.348	-.360	.271
撑杆跳(米)	-.641	.556		.233
标枪(米)		.893	-.170	.127
铅球(米)	-.278	.871	.202	
铁饼(米)	-.246	.816	.287	.164
1500 米(秒)	.233	.172	.910	
跳高(米)	-.244	.209		.937

提取方法：主成分。

旋转法：具有 Kaiser 标准化的正交旋转法。

a. 旋转在 6 次迭代后收敛。

至此，我们就得到了两种可能的因子分析结果：2 个公因子，或者 4 个公因子(实际上 3 个公因子的结果也不是不可以考虑)，至于选择哪个，就是见仁见智的问题了，没有什么金标准，但就笔者而言，出于可解释性、信息量、后续分析需求等各方面的考虑，必然会选择 4 个公因子的结果，原因很简单：它尽管不符合常规的因子分析标准，但更符合本项目的分析需求。

13.3.4　结果存储/发布

在因子分析的最后，我们还需要将公因子存储为新变量供后续分析使用。

1.　得分：选择保存为变量，方法采用默认的回归。选择显示因子得分系数矩阵。

在结果窗口中会输出表 13.11 所示的得分系数矩阵表格，据此可以直接写出各公因子的表达式，例如公因子 1 的表达式应当为：

$F1=0.393Z_{100米}-0.092Z_{跳远}+0.026Z_{铅球}+0.168Z_{跳高}+0.326Z_{400米}+0.393Z_{110米栏}+0.020Z_{铁饼}-0.171Z_{撑杆跳}+0.294Z_{标枪}-0.156Z_{1500米}$

公式中的 Z 表示标准正态变换后的变量。当然，这里列出公式只是备查，SPSS 会自动生成 FAC1_1～FAC4_1 四个新变量，分别就是四个公因子的取值。为方便使用，我们可以将这四个新变量的标签更改为相应的因子命名，以便于阅读随后的结果。

```
VARIABLE LABELS FAC1_1 "1 短跑冲刺能力" / FAC2_1 "2 投掷能力"
  / FAC3_1 "3 短跑持久能力" / FAC4_1 "4 下肢弹跳能力".
```

表 13.11　成分得分系数矩阵

	成　分			
	1	2	3	4
100 米(秒)	.393	.093	−.138	.176
跳远(米)	−.092	.074	−.229	.076
铅球(米)	.026	.363	.046	−.162
跳高(米)	.168	−.142	.023	1.071
400 米(秒)	.326	.100	.144	.203
110 米栏(秒)	.393	.179	−.305	−.076
铁饼(米)	.020	.292	.146	−.024
撑杆跳(米)	−.171	.095	.088	.007
标枪(米)	.294	.535	−.416	−.080
1500 米(秒)	−.156	−.102	.807	.012

提取方法：主成分。

旋转法：具有 Kaiser 标准化的正交旋转法。

构成得分。

13.4 主成分回归

在上述分析的基础上，下面继续来完成分目标 2：上述这些运动能力在决定十项全能总分方面的重要程度，或者说比例依次是多少。显然，基本的分析思路就应当是将上述提取出的公因子代替四个原始变量进行总分的回归预测，建立相应的回归方程，这就是比较典型的主成分回归的方法——且慢，这里提取的是旋转后的公因子，不是未旋转过的原始主成分。难道做的还是主成分回归吗？

诚然，用旋转后的公因子代替原始主成分做回归，在数理统计上是会有一些争论，但对于这个问题，我不想做过多纠缠，在我看来，这是一个类似于泰戈尔在诗里所说的学者们所争论的究竟是油依赖桶还是桶依赖油的高难度哲学问题，而就本案例而言，如果提取未经旋转的主成分，则每个主成分都无法得到明确的专业意义，因此用公因子来完成回归几乎是必然的选择。

上文所说的诗句见于泰戈尔的诗集《爱者之贻》(Lover's Gifts)第 20 首第一段，石真翻译的该段译文如下：我的歌呀，你的市场在哪里呢？是在那学者的鼻烟污染了夏日的清风，人们无休无止地争论着“是油依赖桶还是桶依赖油”的问题，连那陈旧泛黄的手稿也为那如此无聊地浪费转瞬即逝的生命而蹙起眉峰的地方吗？我的歌大声叫道：呵，不，不，不是！

1. 分析→回归→线性；
2. 将总分 score 输入因变量框；
3. 将四个因子变量输入自变量框；
4. 确定。

表 13.12 显示该模型的决定系数为 0.994，显然在使用 85%原始信息量的条件下，决定系数只略微降低了 0.002，说明绝大多数有效信息都在公因子中得到了保留。

表 13.12 模型汇总

模 型	R	R 方	调整后 R 方	标准 估计的误差
1	.997a	.994	.993	50.901

a. 预测变量：(常量), 4 下肢弹跳能力, 3 短跑持久能力, 2 投掷能力, 1 短跑冲刺能力。

表 13.13 显示出四个公因子对总分都具有统计学意义，且系数的正负也非常合理。从标化系数的大小来看，可以得知短跑冲刺能力和投掷能力都是较为重要的因子，分别可以解释总分 45%和 38%的原始变异；其次为下肢弹跳能力，可以解释 12%的总分变异；而短跑持久能力的重要性排在最后，仅能解释 4%的总分变异。

表 13.13 系数 a

模 型		未标准化系数		标准化系数	t	显著性
		B	标准误差	Beta		
1	(常量)	7782.853	8.729		891.570	.000
	1 短跑冲刺能力	−401.324	8.861	−.675	−45.293	.000
	2 投掷能力	365.795	8.861	.615	41.283	.000
	3 短跑持久能力	−113.911	8.861	−.192	−12.856	.000
	4 下肢弹跳能力	208.347	8.861	.350	23.514	.000

a. 因变量：总分。

最终得到的回归方程公式如下：

总分估计值=7782.9−401.3FAC1+365.8FAC2−113.9FAC3+208.3FAC4

13.5 将主成分回归方程还原回原始变量的形式

为了达成分目标 3，我们还必须了解原始变量在上述回归方程中的重要性依次是怎样的。由于直接建模所得到的回归方程存在共线性，因此结果不可靠，必须通过将主成分回归方程还原回原始变量的形式，才能够得到更为稳妥的分析结果。

不过，上述工作不能使用软件自动完成，而需要手工计算，具体而言，在回归方程中自变量为公因子，而在因子分析中，成分系数矩阵则给出了公因子和标化原始变量的对应关系，计算标化原始变量所需的均数、标准差等则在数据理解中已经输出。因此，只需要将公因子的计算公式带入标化主成分回归方程，就可以解出所对应的原始变量对总分的标化回归系数方程，而继续将标化变量的计算公式带入，即可得到普通的回归系数方程。

最终本例得到的标化原始变量做自变量的标化回归方程为：

$$\text{总分估计值}=-0.120Z_{100\text{米}}+0.178Z_{\text{跳远}}+0.140Z_{\text{铅球}}+0.17Z_{\text{跳高}}-0.115Z_{400\text{米}}-0.123Z_{110\text{米栏}}+0.130Z_{\text{铁饼}}+0.159Z_{\text{撑杆跳}}+0.182Z_{\text{标枪}}-0.108Z_{1500\text{米}}$$

上述方程中的标化系数和原始变量直接进行回归所得到的标化系数有明显的差异，从现有方程可以得知，标枪、跳远、跳高为对总分影响最大的三个项目，而不是原回归方程中的撑杆跳项目。

13.6 项目总结与讨论

13.6.1 研究结论

根据对公元 1988 年银河系范围内最出色的十项全能运动员的实战成绩进行分析，研究者现在就可以逐一回答开始提出的那些研究问题了。

- 十项全能运动主要考验的是以下四方面的运动能力：“短跑冲刺能力”“投掷能力”“短跑持久能力”和“下肢弹跳能力”。这四项共同解释了大约 85%的十项运动原始成绩变异，更有 99.4%的十项全能总成绩变异由它们所决定，显然几乎是对总成绩具有决定意义的几项能力。
- 在上述四方面能力中，相对而言前两项比较重要，分别可以解释十项全能总成绩 45%和 38%的原始变异；下肢弹跳能力可以解释 12%的总分变异；而短跑持久能力的重要性排在最后，仅能解释 4%的总分变异。注意这里的重要性采用的是主成分回归的结果，而不是因子分析中的信息量。
- 如果将上述分析结果转换回原始变量，则可以发现标枪、跳远、跳高这三项运动的成绩对总分影响最大。

13.6.2 因子的方差解释比例有实际意义吗

在分析结果中，我们可以看到 SPSS 会计算出各因子携带原始变量信息量的比例，那么该比例有实际意义吗？这需要从整个研究设计、特别是问卷的产生方式加以考虑。

- ✧ 对于本案例所代表的情况，由于十项全能运动所包含的运动种类已经被严格限定，因子分析所涉及的只能是相应的十个变量，因此所计算出来的信息量比例有非常准确的专业意义，可以直接加以应用。
- ✧ 对于问卷设计题目可变的情形，如果整个研究设计非常严谨，在定量访谈之前通过座谈会或者深度访问方式进行过定性研究，从而已经对受访者可能关心的问题进行了归纳总结，在问卷中所涉及的问题都是经过仔细考虑而产生的话，那么所计算出的解释比例也能够说明各因子的重要程度，甚至于可以定量的去表示重要性的百分比。
- ✧ 如果问卷设计是没有太多的信息可供参考，研究者仅仅是从行业经验，或者以尽量不要遗漏可能有用的信息来进行问题的设置的话，则最终计算出的信息量比例可能毫无用处。举一个很简单的例子，在上一章的保健品案例中，解决特殊问题因子主要是和祛斑、祛痘两个原始题目相关，其所对应的原始信息比例为 2/20=10%。但如果在设计问卷时我们将测量此类题目增加到 22 道，则在总共 20−2+22=40 道题目中，一半都会和解决特殊问题因子有关，最终该因子的信息解释比例为 22/40=55%。显然，实际上解决特殊问题因子在受访者心目中的重要性没有发生任何改变，仅仅是问卷的题目设置发生了变化而已。研究者不能根据后一种情况的结果，就声称对该因子的评价可以支配消费者的偏好，显然这是完全错误的理解。

第 14 章　生活形态问卷的信效度分析及改进

学习前建议阅读	第 11 章　探讨消费者购买保健品的动机，了解因子分析的基本操作。
案例导读	本研究希望基于已经收集到的生活形态研究数据，对原有的 96 道生活形态题目进行删减，以使用较少的题目达到同样的分析目的。基于此目的，分析者首先进行了问卷的效度分析，初步确定了原始题项的分组方式，然后分题目组进行了极端组的比较和信度分析，最终获取了经删减后的新问卷。
分析方法	两样本 t 检验、相关分析、因子分析、信度分析。
案例的分析过程	转换：计算变量； 描述统计：频率； 比较均值：独立样本 t 检验； 降维：因子分析； 标度：可靠性分析。
学习后建议阅读	第 15 章　打败 SARS，了解多维偏好分析、对应分析等基于因子分析衍生而来的信息浓缩方法。

14.1　案例背景

14.1.1　项目概况

在 2003 年，某研究公司受客户的委托，进行了一项全国范围内的城市家庭主妇生活形态调研，选取了国内十个一线城市，对常住居民中 25～40 岁的家庭主妇就其家庭日常生活态度、日用品的购买习惯、个人性格特征等方面的信息进行了调查，并基于所获取的数据完成了中国城市家庭主妇市场细分研究。该研究本身获得了巨大成功，相应的细分结果被直接用于随后各产品线的市场营销策略指导，相应设计的新产品包装，新广告形象等也在半年之后开始进入千家万户。由于效果良好，因此公司也考虑将相应的研究手段进一步固化为标准研究产品，但这样就需要首先解决本次项目执行中所发现的一些问题。具体而言，本研究的问卷为从国外的同类研究中直接引进，其中所涉及的生活形态相关题目共有 96 道。逐道题目进行测量显然非常耗时，如果能够对相应的测量题目进行简化，显然对后续研究相应的测量问卷至关重要。

具体而言，这里的研究目的如下。

- ✧ 原始的 96 道生活形态题目所测量得到的数据，是否能够按照原题目分组，正确地测量出假定的受访者各方面生活形态特征？
- ✧ 有哪些题目用于生活形态特征测量的价值不大？
- ✧ 如果要对问卷进行简化，那么有哪些题目是可以删除/替换的？

本研究使用的问卷架构如下。

[访问员读出：下面我有一些语句是关于您的一些生活态度，请您就您对这些语句的同意程度进行评分，5分代表您完全同意该语句，1分表示您完全不同意，您可以打1～5分中的任何一个整数分。]

A42. 您对下列关于“您个人性格方面”语句的同意程度如何呢？

我更喜欢一个人做事而不借助于其他人的力量	1	2	3	4	5	(1128)
我喜欢让自己看上去非常地吸引人	1	2	3	4	5	(1129)
我是一个性格开朗的人，喜欢与别人交谈	1	2	3	4	5	(1130)
果断，我做决定时不会犹豫	1	2	3	4	5	(1131)
我做事总是凭一时冲动	1	2	3	4	5	(1132)
我是一个处事冷静考虑周全的人	1	2	3	4	5	(1133)
我是一个不大善于与人交流的人	1	2	3	4	5	(1134)
我是一个保守的人	1	2	3	4	5	(1135)
我是一个性格内向的人	1	2	3	4	5	(1136)

A43. 您对下列关于“公共媒体”语句的同意程度如何呢？

广告是现在生活中不可缺少的	1	2	3	4	5	(1137)
我关注户外广告就像关注电视广告一样	1	2	3	4	5	(1138)
我阅读报纸和杂志时也会关注上面的广告	1	2	3	4	5	(1139)
看电视时，我对广告和节目同样感兴趣	1	2	3	4	5	(1140)
在播放电视广告的时候，我会转台	1	2	3	4	5	(1141)
我不会更换我现在阅读的报纸	1	2	3	4	5	(1142)

我更愿意从报纸上得到信息而不是电视	1	2	3	4	5	(1143)
我保存杂志并会偶尔拿出来再看	1	2	3	4	5	(1144)
杂志帮助我跟得上最新的潮流	1	2	3	4	5	(1145)
我没有时间阅读杂志	1	2	3	4	5	(1146)
收音机就像伙伴一样时刻伴随着我	1	2	3	4	5	(1147)
A44. 您对下列关于“健康”方面语句的同意程度如何呢？						
我定期做运动	1	2	3	4	5	(1148)
定期的运动能使我保持良好的体形	1	2	3	4	5	(1149)
我相信城市的污染度很高	1	2	3	4	5	(1150)
生病时，我会自己买些药而不去看医生	1	2	3	4	5	(1151)
更愿意购买对健康和外貌有好处的食品	1	2	3	4	5	(1152)
我非常注意我的饮食健康	1	2	3	4	5	(1153)
我认为我的食谱非常健康	1	2	3	4	5	(1154)
我担心会变胖	1	2	3	4	5	(1155)

所有测量题目均为 5 分制，为节约篇幅，这里只给出了 A42～A44 这三组题目所包括的 28 道原始题目作为分析案例，问卷中每道题目最右侧括号里的数值为变量列名称，例如(1128)，意为数据集中的相应变量名称为 c1128，相应的具体数据见文件“问卷改进.sav”。原始研究数据包括 2500 名有效受访者的数据，这里只选取了 1000 例样本作为示例，并且对数据进行了修改，因此本案例的分析结果仅用于演示，不代表原项目的真实情况。

14.1.2 分析思路/商业理解

本研究的核心目的非常明确，就是在 96 道原始题目中找到和测量目标关联最小的那些题目，并按照一定的标准来考虑删除。这一目标可以用很多方法来达成，比如求出题目总分，然后计算总分和原始分值间的相关性进行排序，或者进行更为严谨的信度分析，用更加客观的指标来指导这一排序和删除工作。但是在此之前，还需要明确的是这些生活形态题目在问卷设计时就并非同质的，而是按照其含义进行了归组，例如有的是测量对广告的接受程度，而有的则测量个体对健康的重视程度。因此在进行信度分析之前，还需要考察这些问卷题目是否的确按照原始的分组设定在进行测量，并且在必要的时候应当对题目进行重新分组，这实际上就是一般所称的问卷的效度分析。

综上，本研究应当先进行问卷的效度分析，然后在题目重新分组的基础上，分组分别进行信度分析，并最终给出问卷删减的建议。

14.2　问卷的效度分析

14.2.1　信效度理论简介

这里将要涉及的是问卷的信度分析和效度分析，信度则是指测验结果的一致性程度或者可靠性程度，或者说精确程度。而效度指的是测量值和真实值的接近程度，或者说是否存在系统误差。举一个很简单的例子，市场上被做过手脚的秤，相同重量的东西反复测量都是一个重量数值，但是永远都偏离真实重量数值一定程度(偏重)，这就是典型的信度很好，但效度很差的测量工具。

信度和效度的概念首先出现于 20 世纪前半叶发展起来的以信度分析为基础的真分数测量理论(Classical Test Theory，CTT)，该理论是 20 世纪前期与中期心理测量理论的主体，所以也称为经典测量理论(见图 14.1)。其理论框架是围绕“四度”：信度(Reliability)，效度(Validity)，项目分析(Item Analysis)中的难度(Item Difficulty)，区分度(Discrimination Index)来展开的，其假设是：

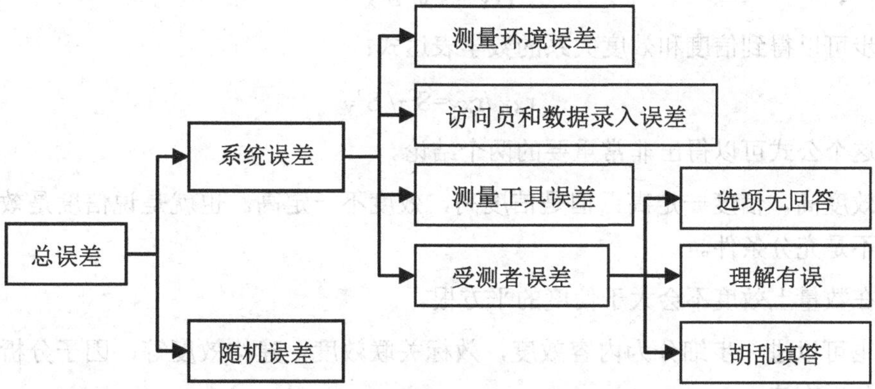

图 14.1　真分数测量理论中的测量误差分解

(1)　实际得分与真分数存在线性关系(记住通常用的相关系数是测量线性相关的)：

X = T + E(X：实际分数；T：真分数；E：误差分数)。

(2)　测量误差的期望为零：E(e)=0。

(3)　误差与真分数彼此独立：r_{TE}=0。

(4)　实际分数的方差=真分数的方差+随机误差的方差：$S^2_X = S^2_T + S^2_E$。

在真分数测量理论中，信度的定义为真分数方差与实际分数方差的比值，即：

$$r_{XX} = S^2_T / S^2_X \quad 或 \quad r_{XX} = 1 - S^2_E / S^2_X$$

显然，如果用直观的方式来表达，信度指的就是测量结果的稳定性，如果多次重复测量的结果都很接近，则可以认为测量的信度是很高的。

那么，信度系数的数值多大才能被认为该问卷信度较高？这方面没有统一的标准，但根据多数学者的观点，任何测验或量表的信度系数如果在 0.9 以上，则该测验或量表的信度甚佳；信度系数在 0.8 以上都是可接受的；如果在 0.7 以上，则该量表应进行较大修订，但仍不失其价值；如果低于 0.7，干脆扔掉重新设计算了！

根据所关心的重点不同，信度可分为内在和外在信度两类。

(1) 内在信度：指问卷中的一组问题(或整个调查表)是否测量的是同一个概念，也就是这些问题之间的内在一致性如何。如果内在信度系数在 0.8 以上，则可以认为调查表有较高的内在一致性。最常用的内在信度系数为克朗巴哈 α 系数和折半信度。

(2) 外在信度：指在不同时间进行测量时问卷结果的一致性程度。最常用的外在信度指标是重测信度，即用同一问卷在不同时间对同一对象进行重复测量，然后计算一致程度。

和信度有密切关系，但更进一步的是效度这一概念，效度指的是测量值和真实值的接近程度。它假设在真分数中稳定的存在系统误差，于是重新分解实际分数为 X=V+I+E(X：实际分数；V：有效分数；I：系统误差分数；E：随机误差分数)，而效度的数学定义为有效分数方差与实际分数方差之比：

$$r_{XY} = S^2_V / S^2_X$$

进一步可以得到信度和效度关系的数学表达式：

$$r_{XX} / r_{XY} = S^2_T / S^2_V$$

通过这个公式可以得出非常重要的两个结论。

(1) 效度高，信度一定高；但是信度高，效度不一定高。也就是说信度是效度的必要条件，但不是充分条件。

(2) 在数量上效度不会大于信度的平方根。

效度也可以进一步细分为内容效度，效标关联效度，建构效度等，因子分析则是最常用的效度分析方法。

14.2.2 用因子分析考察问卷效度

对问卷效度的整体考察

从问卷题目的分组情况及语句含义，就可以看出这些题目事先就有所分组，例如 A42 组大致测量的是性格的开朗/保守倾向，而效度分析的目的就是确认数据所反映出的题项关联特征是否和加订的分组指向相一致。由于前面几章中已经反复使用过因子分析方法，因此这里直接给出操作步骤如下。

1. 分析→降维→因子分析；
2. 主对话框：将 c1128～c1155 这 28 个变量输入变量框；

3. 描述：选择 KMO 和 Bartlett 的球形度检验；
4. 旋转：选择最大方差法；
5. 选项：选择“按大小排序”“排除小系数”这两个复选框，并将“绝对值如下”框中的数值由 0.1 修改为 0.3；
6. 确定。

从表 14.1 可见，KMO 统计量达到 0.826，显然这些变量间存在高度相关，因子分析的效果会比较理想。

表 14.1 KMO 和巴特利特检验

KMO 取样适切性量数		.826
巴特利特球形度检验	近似卡方	6806.185
	自由度	378
	显著性	.000

从表 14.2(中部有删节)中可见，特征根大于 1 的公因子共有 8 个，而不是原先题目组中所假设的 3 个，说明这些题项数值之间的关联趋势并未完全服从假定框架。进一步观察特征根可知，前两个公因子的特征根较高，说明是比较明确的某种生活形态特征，第 7、8 两个公因子的特征根非常接近 1，因此可能是比较次要的形态特征，必要时可以不加考虑。

表 14.2 总方差解释

成分	初始特征值			提取载荷平方和			旋转载荷平方和		
	总计	方差百分比	累积 %	总计	方差百分比	累积 %	总计	方差百分比	累积 %
1	5.018	17.921	17.921	5.018	17.921	17.921	2.603	9.296	9.296
2	3.083	11.009	28.930	3.083	11.009	28.930	2.497	8.919	18.215
3	1.843	6.582	35.513	1.843	6.582	35.513	2.420	8.644	26.859
4	1.435	5.125	40.637	1.435	5.125	40.637	2.234	7.977	34.836
5	1.363	4.869	45.506	1.363	4.869	45.506	1.925	6.876	41.713
6	1.230	4.391	49.897	1.230	4.391	49.897	1.693	6.047	47.760
7	1.078	3.851	53.748	1.078	3.851	53.748	1.352	4.829	52.589
8	1.009	3.604	57.352	1.009	3.604	57.352	1.334	4.763	57.352
9	.971	3.466	60.819						
10	.910	3.249	64.068						
…	…	…	…						
28	.351	1.253	100.000						

提取方法：主成分分析法。

旋转后的成分矩阵给出了各因子与原始题项间的关联关系，见表 14.3 从中可以归纳出以下信息。

表 14.3 旋转后的成分矩阵[a]

	成分							
	1	2	3	4	5	6	7	8
44 我非常注意我的饮食健康	.711							
44 我相信城市的污染度很高	.676							
44 我认为我的食谱非常健康	.648							
44 更愿买对健康外貌有好处的食品	.631							
42 我是一个性格内向的人		.831						
42 我是一个保守的人		.776						
42 我是一个不大善于与人交流的人		.741						
42 我是一个性格开朗的人		−.459			.391			
43 我保存杂志并会偶尔拿出来再看			.708					
43 杂志帮助我跟得上最新的潮流			.679					
43 我更愿意看报纸而不是电视			.647					
43 我不会更换我现在阅读的报纸			.497					
43 我关注户外广告就像电视				.737				
43 看电视时，我对广告同样感兴趣				.707				
43 我阅读时也关注上面的广告			.338	.621				
43 广告是现在生活中不可缺少的	.386			.592				
43 在播放电视广告时会转台			.376	−.409				
42 我做决定时不会犹豫					.666			
42 我更喜欢一个人做事					.647			
42 我是一个处事冷静考虑周全的人	.385				.584			
44 我定期做运动						.874		
44 定期的运动能使我保持良好的体形						.753		
43 收音机就像伙伴一样		.354				.355		
44 我担心会变胖							.723	
42 我喜欢让自己看上去非常地吸引人					.324		.546	
44 生病时会自己买药而不去看医生								.665
42 我做事总是凭一时冲动			.399				.376	.465
43 我没有时间阅读杂志		.366			.391			.401

提取方法：主成分分析法。

旋转方法：恺撒正态化最大方差法。

a. 旋转在 9 次迭代后已收敛。

- ✧ 因子 1：对应 A44 题目组中“注重饮食健康”的特征。
- ✧ 因子 2：对应 A42 题目组中“性格保守”的特征。

- ✧ 因子 3：对应 A43 题目组中“阅读模式保守”的特征。
- ✧ 因子 4：对应 A43 题目组中“接受广告”的特征。
- ✧ 因子 5：对应 A42 题目组中“做事果决”的特征。
- ✧ 因子 6：对应 A44 题目组中“喜爱运动”的特征。
- ✧ 因子 7：对应 A42 和 A43 题目组中的三道题目，含义不明确。
- ✧ 因子 8：对应 A42、A43、A44 题目组中的三道题目，含义不明确。

显然，对于因子 7、8 而言，由于其含义并不明确，并且特征根也非常接近于 1，因此可以考虑直接剔除，而剩余的前 6 个公因子，正好分别将三个题目组各自拆分成两个公因子，且均有明确的生活形态含义，因此可以作为后续分析的题目分组依据。

但是，在进一步分析之前，还需要再明确一下存在跨组嫌疑的题目应当如何处理，例如“c1130 42 我是一个性格开朗的人”，该题项并无公因子与之存在强相关，只是和因子 2、5 都存在中等程度的关联，从题项含义上看，该题项分配到上述两个公因子组中也都可以接受，因此可以考虑的分配方式是同时将该题项分配入两组中去，然后在后续的信度分析中分析处理，确认是否需要在相应题目组中加以删除。

因子分析的结果中，甚至于还会出现有的题目和所有潜在提取的公因子都没有相关的情况，此类题目如果在专业背景上无特殊意义，那么不需要做特别处理，相应的分析结果意味着该题目应当在问卷中直接删除。

本章并未涉及问卷优化完毕之后的后续使用方式，实际上，正式使用时并不是所有原始题项放在一起进行一次因子分析，而是按照已经确定好的题目组，每个题目组单独提取一个公因子(也有采取每个题目组计算一个总分的方式来汇总的)，采用这种方式，同一个题项即使同时被分配入多个题目组中，也并不会影响对公因子的正确提取。

因此，基于上述因子分析的结果，可以确定从 28 道原始题项中一共可提取出 6 个公因子，以 A42 题目对应的两个公因子为例，其含义和对应题项如表 14.4 所示。

表 14.4　A42 题目原始题项分组情况

因子名称	原始题项变量名及含义	关联强度
性格保守	c1136 42 我是一个性格内向的人	.676
性格保守	c1135 42 我是一个保守的人	.648
性格保守	c1134 42 我是一个不大善于与人交流的人	.631
性格保守	c1147 43 收音机就像伙伴一样	.386
做事果决	c1131 42 我做决定时不会犹豫	.666
做事果决	c1128 42 我更喜欢一个人做事	.647
做事果决	c1133 42 我是一个处事冷静考虑周全的人	.584

续表

因子名称	原始题项变量名及含义	关联强度
做事果决	c1130 42 我是一个性格开朗的人	.391
做事果决	c1146 43 我没有时间阅读杂志	.391

注意在表 14.2 中，“c1147 43 收音机就像伙伴一样”被纳入了“性格保守”因子组中，这不仅是因为其因子载荷为 0.386，从而关联性不能被忽略，更是因为从题项含义上，它被归并入该组也是合理的。而“c1146 43 我没有时间阅读杂志”虽然和“性格保守”因子的因子载荷也达到 0.385，但从语句含义上和该因子关联不大，因此不考虑将该题项纳入本组的后续分析。因为同样的理由未被纳入后续分析的还有“做事果决”因子组中的题项“c1129 42 我喜欢让自己看上去非常地吸引人”。

重新核查题项分组

通过上面的分析，已经得到了基本的题项分组情况，但是由于分组是通过所有题目整体进行的因子分析得出的，因此有必要为每个题目组单独进行公因子的提取，以确认上述分组方式每组均只会提取出一个公因子，并且入选题项中不存在和被提取公因子关联很弱的题项。以“性格保守”题目组为例，单独对其进行因子分析的结果如表 14.5 所示。

表 14.5 公因子方差

	初 始	提 取
42 我是一个不大善于与人交流的人	1.000	.611
42 我是一个保守的人	1.000	.599
42 我是一个性格内向的人	1.000	.706
43 收音机就像伙伴一样	1.000	.261

提取方法：主成分分析法。

表 14.5 显示本组的 4 个原始题项中，有 3 个的信息提取比例均超过 50%，但最后 1 个题项的信息提取比例则偏低。

表 14.6 显示只有第一个公因子的特征根大于 1，且该因子携带了 54%的原始信息量，因此本题目组的公共信息提取效果是不错的。如果题目组中出现不止一个公因子特征根大于 1，则需要对组中的题目进行删减，原则上当和第二公因子有强相关的题项较多，且该公因子有合理解释时，应当将原题目组进行拆分；而如果只有个别题目和第二公因子有强相关，则依次直接删除和第二公因子有最强相关的原始题项，以保证原始题目组信息的“纯粹”。

表 14.7 提供的载荷值显示 4 个原始题项都和所提取的第一公因子存在较强的相关，一般而言，载荷值绝对值明显低于 0.5 的题项，由于关联较弱，需要在后续分析中优先考虑剔除。

表 14.6　总方差解释

成分	初始特征值			提取载荷平方和		
	总计	方差百分比	累积 %	总计	方差百分比	累积 %
1	2.176	54.398	54.398	2.176	54.398	54.398
2	.840	21.006	75.404			
3	.578	14.445	89.849			
4	.406	10.151	100.000			

提取方法：主成分分析法。

表 14.7　成分矩阵 a

	成分
	1
42 我是一个性格内向的人	.840
42 我是一个不大善于与人交流的人	.781
42 我是一个保守的人	.774
43 收音机就像伙伴一样	.511

提取方法：主成分分析法。

a. 提取了 1 个成分。

14.3　问卷的信度分析与优化

14.3.1　用极端组比较方式发现弱关联题项

在理想的问卷中，每一个题项的回答结果都应当和相应的题目组总分高度一致，因此对于和题目组总分关联程度不高的题项，就需要考虑删除或者替换。而对于这一关联度的强弱可以有以下几种检查方式。

- ✧ 提取公因子，按照因子载荷值绝对值小于 0.5 或者 0.4 的标准的考虑剔除。
- ✧ 计算出题目组总分，然后计算总分和原始分值间的相关系数，一般认为系数绝对值小于 0.4 的为弱关联，可以考虑剔除。
- ✧ 计算出题目组总分，筛选出题目总分最低的 27%和最高的 27%这两组，对所有原始题项进行两组均值比较的 t 检验，剔除无统计学差异的那些题项。

这三种方式在实际工作中都有使用，这里演示一下第三种方式在 SPSS 中的操作，仍然以“性格保守”题目组为例，首先需要计算出总分，在确认所有题目均为同向，不需要变换为相反数之后，将原始数值进行直接相加。

```
COMPUTE SCORE1 = C1134 + C1135 + C1136 + C1147 .
EXEC.
```

下面可以计算出总分上下各 27%的界值，这可以通过统计描述或者制表过程加以计算，例如使用最简单的频率过程来操作。

1. 分析→描述统计→频率；
2. “变量”框：输入 score1；
3. 单击“统计”按钮；
4. 选中“百分位数”复选框：在右侧输入 27，单击“添加”按钮，再输入 73，单击“添加”按钮，单击“继续”按钮；
5. 去掉“显示频率表”复选框的选择；
6. 确定。

结果显示分数界值分别为 6 和 10，这里需要考虑的是是否在分组中包括这两个界值，一般而言，如果样本充足，则倾向于不包括，这样可以使两组间的差异更大。

下面生成相应的分组，可以使用重编码过程来实现。

```
RECODE SCORE1 ( LOWEST THRU 5.9 = 1) (10.1 THRU HIGHEST = 2) INTO GROUP1.
EXECUTE.
```

随后使用 t 检验进行高分组和低分组之间的原始评分比较。

1. 分析→比较均值→独立样本 t 检验；
2. “检验变量”框：输入 C1134、C1135、C1136、C1147；
3. “分组变量”框：输入 group1；
4. “定义组”子对话框：组 1、组 2 分别输入 1 和 2；
5. 单击“确定”按钮。

表 14.8 是相应的 t 检验结果，可见四个变量的两样本 t 检验均为方差不齐，校正 t 检验结果则均有统计学意义，但是由于检验得到的 P 值还受到样本量大小的影响，因此一般会使用计算出的 t 值用于比较，该指标被称为决断值，一般认为当决断值小于 3 时，可以考虑剔除相应的原始题项。显然在本例中这四个变量的鉴别度都还不错，还不需要考虑删除。

表 14.8 独立样本检验

		莱文方差等同性检验		平均值等同性 t 检验		
		F	显著性	t	自由度	显著性(双尾)
42 我是一个不大善于与人交流的人	假定等方差	150.792	.000	-31.566	451	.000
	不假定等方差			-36.423	337.900	.000
42 我是一个保守的人	假定等方差	178.397	.000	-32.967	451	.000
	不假定等方差			-37.687	358.112	.000

续表

		莱文方差等同性检验		平均值等同性 t 检验		
		F	显著性	t	自由度	显著性(双尾)
42 我是一个性格内向的人	假定等方差	199.923	.000	-31.518	451	.000
	不假定等方差			-37.113	293.083	.000
43 收音机就像伙伴一样	假定等方差	88.418	.000	-20.901	451	.000
	不假定等方差			-23.946	353.352	.000

14.3.2 信度分析

上面的分析方法简单易懂，但相对而言结果较为粗糙，在题目分组确认之后，就可以进一步使用信度分析来确认各题项测量结果的稳定性或者说一致性，并且为问卷优化提供更为专业的分析结论。

“可靠性分析”对话框如图 14.2 所示，具体操作如下。

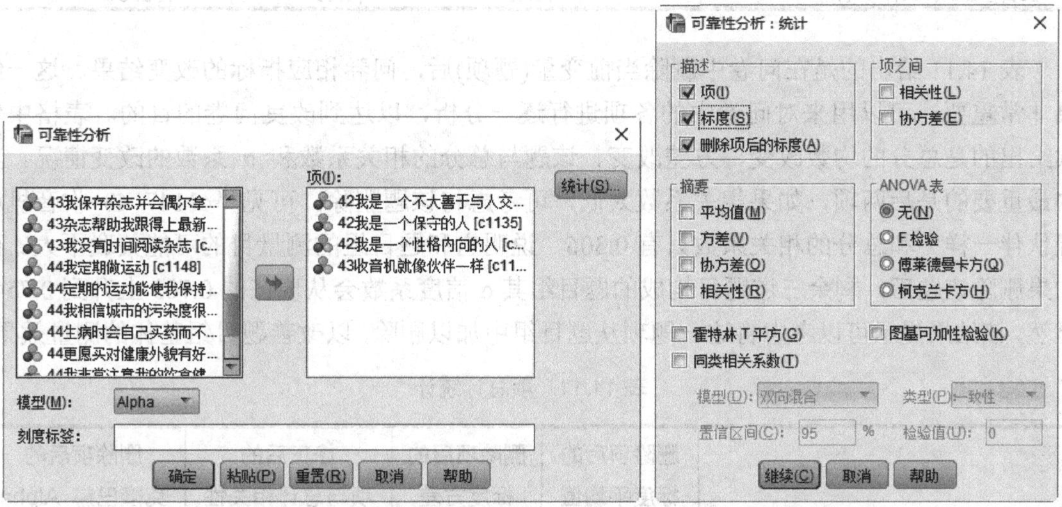

图 14.2 “可靠性分析”主对话框和“统计”子对话框

1. 分析→标度→可靠性分析；
2. “项”框：输入 C1134、C1135、C1136、C1147；
3. 单击“选项”按钮；
4. “描述”框组：选中“项”复选框、“标度”复选框、“删除项后的标度”复选框；
5. 单击“继续”按钮；
6. 单击“确定”按钮。

信度分析的对话框非常简单，如图 14.1 所示。这里默认计算的是最常用的 Alpha 信度，分析结果中首先给出的就是该信度系数的大小，如表 14.9 所示，可见该题目组的信度系数为 0.705，说明该题目组虽然有使用价值，但确实需要进行较大修订。

表 14.9 可靠性统计

克隆巴赫 Alpha	项 数
.705	4

表 14.10 给出的是各原始题项的均数和标准差，可以看到四道题目的标准差相差不大，没有发现答案特别发散或者特别集中的题项。

表 14.10 项统计

	平均值	标准差	个案数
42 我是一个不大善于与人交流的人	2.12	1.054	1000
42 我是一个保守的人	2.20	1.065	1000
42 我是一个性格内向的人	2.02	1.015	1000
43 收音机就像伙伴一样	2.12	1.110	1000

表 14.11 给出的是在问卷中删除当前变量(题项)后，问卷相应指标的改变结果。这一结果非常重要，可以用来对问卷中的各项进行逐一分析，以达到改良问卷的目的。表格中依次给出的是总分的均数改变、方差改变、该题与总分的相关系数和 α 系数的改变情况。其中最重要的是后两项，如果相关系数太低，可考虑将该题删除。可见“c1147 43 收音机就像伙伴一样”和总分的相关系数只有 0.306，说明它和题目组的测量目的可能关联不大。而如果删除该题后，剩余三道题目构成的题目组其 α 信度系数会从现在的 0.705 上升到 0.754，显然，该结果提示可以考虑将这一题项从题目组中加以删除，以改善题目组整体的测量效果。

表 14.11 项总计统计

	删除项后的标度平均值	删除项后的标度方差	修正后的项与总计相关性	删除项后的克隆巴赫 Alpha
42 我是一个不大善于与人交流的人	6.35	5.726	.539	.611
42 我是一个保守的人	6.26	5.734	.527	.618
42 我是一个性格内向的人	6.44	5.574	.616	.565
43 收音机就像伙伴一样	6.34	6.584	.306	.754

表 14.12 提供的是各变量值之和(即题目总分)的均数、方差和标准差。

表 14.12 标度统计

平 均 值	方 差	标 准 差	项 数
8.46	9.556	3.091	4

在全部分析完成之后，还可以将整个题目组的分析结果汇总在一起进行比较，如表 14.13 所示。从中可见“c1147 43 收音机就像伙伴一样”在相关系数、删除项后的 Alpha 信度系数这两项指标中的表现都不够好，因此可以确认需要删除。

表 14.13　原始题项筛选结果汇总表

题项名称	和公因子的载荷值	极端组比较的决断值	和总分的相关系数	删除项后的 Alpha 信度系数
c1136 42 我是一个性格内向的人	.840	37.113	.616	.565
c1135 42 我是一个保守的人	.781	37.687	.527	.618
c1134 42 我是一个不大善于与人交流的人	.774	36.423	.539	.611
c1147 43 收音机就像伙伴一样	.511	23.946	.306	.754

其余五个题目组的分析请各位读者仿照上述分析流程自行完成，这里不再详述。

14.4　项目总结与讨论

在理想的情况下，研究所用的问卷应当首先进行预试验，然后基于预试验的结果进行题目的删减和调整，而最终生成的问卷各组题目也应当都和相应的被测属性高度正相关。但是在实际操作的项目中，往往很难达到这样的完美程度，因此在实际的问卷效度、信度分析中往往需要根据实际情况做各种各样的妥协和权衡。一般而言，注意到以下几点可能会对实际工作有所帮助。

(1) 效度分析的基本目的是找到合理的变量分组，但是当测量效果不佳时，有可能变量间的关联较为松散，进行因子分析有可能无法得到很好的分组结果，在这种情况下也可以考虑采用变量聚类方法来协助进行题项的分组归并。

(2) 对于和总分/公因子有较强关联的原始题项，一般只应当被归并入一个题目组，中等相关或者弱相关的题项可以同时被归并入多组，但它出现在相应题目组中必须在专业上是合理的，或者说其含义必须和题目组的含义相一致。

(3) 每个题目组中的题项数目不宜太少，考虑到测量时可能会出现的质量波动，一般而言，每个题目组中至少应当有三个强相关的题项，且其中最好有一个是反向题目。这样才能确保测量结果的准确性。

(4) 当原始题项较多时，不宜在问卷中一次询问完毕，而应当拆分成若干个大题目组分别询问，并在题目组之间穿插其余题目，以避免问卷的回答质量因题目太多而明显下降，并且在条件允许时，尽量使题项的先后回答顺序能够随机出现。

第 15 章　打败 SARS

学习前建议阅读	第 11 章　探讨消费者购买保健品的动机，了解因子分析的基本操作方法。
案例导读	本研究在 2003 年 4 月非典最为肆虐的时期进行，用 CATI(计算机辅助电话访问系统)方式在北京、上海、广州访谈了各 100 位城市常住居民，希望对消费者生活现状受到的影响、目前消费者所关心的信息点、突发事件保险产品的潜在需求、非典之后消费者未来生活方式可能出现的变化等各方面进行了解。根据分析目的和数据特征，本案例针对不同的研究目的分别采用多维偏好分析、多重对应分析、因子分析等方法进行了信息提取和结果的图形呈现。结果显示消费者关注的信息点和非典的流行阶段存在明显关联，突发险种的潜在购买群体应当是中高收入家庭，而非典对城市居民未来生活方式的影响也集中在更加注重家庭责任，更加注重健康这一总体趋势上。
分析方法	相关分析、因子分析、多维偏好分析、简单对应分析、多重对应分析。
案例的分析过程	转换：计算变量； 表：设定表； 表：多响应集； 描述统计：交叉表； 相关：双变量； 降维：因子分析； 降维：最优尺度； 降维：对应分析。
学习后建议阅读	无。

15.1 案 例 背 景

15.1.1　研究项目概况

2003 年 4 月正是国内“非典”最为肆虐的时期，为了回报社会，为相关企业提供这一特殊时期的营销指导，上海联恒市场研究公司特别组织了一次“非典”生活形态研究，具体在广州、北京、上海这三个最为敏感的地区进行。该研究的目标人群为城市普通居民，由于在这一特殊时期，进行当面访谈已不太现实，因此采用 CATI(计算机辅助电话访问系统)方式进行了数据收集，在三个城市各采集了 100 名受访者的信息(在同一个城市内又按照婚姻状况和性别进行了配额限制)。问卷的基本结构如下。

“非典”时期生活形态研究问卷(节选)

S3. 请问，您的实际年龄是多少呢?(单选)

0. 61岁或以上(终止访问)　1. 19岁或以下(终止访问)

2. 20～25岁　3. 26～30岁　4. 31～35岁　5. 36～40岁

6. 41～45岁　7. 46～50岁　8. 51～55岁　9. 56～60岁

Q5. 请问，您目前对以下信息的关心程度如何呢？请用5分制告诉我，5分表示非常关心，1分表示完全不关心。

Q5_1. 本地“非典”发病的信息　Q5_2. 外地“非典”发病的信息

Q5_3. 快捷的“非典”检测手段　Q5_4. 治疗“非典”药物的效果

Q5_5. 预防“非典”药物的价格　Q5_6. 交通工具的消毒措施

Q5_7. 工作场所的消毒措施　Q5_8. 餐饮场所的消毒措施

Q5_9. 零售、购物场所的消毒措施　Q5_10. 日常生活日用品的供应

Q8a. 请问，您以前是否购买过保险公司专门针对突发事件的险种呢？(单选)

1. 是　2. 否

Q8b. 请问，您今后是否会接受类似这种突发事件的险种呢？(单选)

1. 是　2. 否(跳问Q9a)　3. 说不清(跳问Q9a)

Q8c. 请问，您会选择哪类保险公司购买这类险种呢？(单选)

1. 国内大型保险公司　2. 国内中型保险公司

3. 外资保险公司　4. 中外合资保险公司

Q12.请问，您正在经历的这次“非典”事件，会使您的生活发生哪些变化呢？我会读出一些语句，请告诉我您同意或者不同意。(复选)

1. 家庭是我的生活重心，我更加珍惜一个快乐的家庭

2. 更重视饮食的健康和营养

3. 我会经常服用维生素和保健品来补充营养、提高免疫力

4. 我会更合理地安排时间，协调好工作和休息

5. 我会更注重自我保健和运动

6. 我会根据需要适当地增加保险开支

7. 我会比以前更注意卫生习惯的养成

8. 我会更加关心社会信息，全社会的健康安全与个人息息相关

T1. 记录被访者性别。(单选)

1. 男性　2. 女性

T2. 请问您的婚姻状况是哪一种呢？(单选)

1. 已婚 2. 未婚

T3. 请问，您的学历是哪一种呢？(单选)

1. 初中/技校/初级职业学校或以下　2. 高中/中专/中等职业学校

3. 大专/高等职业学校　4. 本科或以上

T4.请问您的职业状态是哪一种呢？(单选)

1. 学生　2. 干部(党/政/军)　3. 公务员　4. 专业人员/技术人员

5. 企业经营管理干部　6. 企业职员　7. 个体经营者　8. 工人/营业员/司机

9. 专职家庭主妇　10. 待业/下岗　11. 拒答

T5. 请问您家庭每月总收入属于下面哪一组呢？(单选)

1. 1500元或以下　2. 1501～2000元　3. 2001～2500元

4. 2501～3000元　5. 3001～4000元　6. 4001～6000元

7. 6001～8000元　8. 8001～10000元　9. 10001元及以上

本次调查希望在整体上对当时北丨上丨广消费者的生活状况、心理影响、未来预期做一了解，因涉及的内容较多，本案例只提取其中几点，研究目的如下所述。

- 在这一特殊时期，消费者主要关心的是哪些信息？而不同城市、不同特征的人群所关心的信息是否存在差异？

- ✧ “非典”激发了消费者的自我保护意识，那么在这一时期，什么特征的消费者可以成为相应保险产品的潜在用户？
- ✧ “非典”过后，未来消费者的生活方式可能会有怎样的变化？

具体数据见 SARS.sav。

15.1.2　分析思路/商业理解

这是一个典型的市场研究案例，针对一个大的研究目标，再将其细分为多个具体研究目的，因此我们的商业理解也需要针对每个研究目的分别展开。

消费者关心的信息差异

记录受访者对各种信息关心程度的题目 Q5 由十个分项构成，从这些分项的含义可知，不同分项之间应当存在着或大或小的关联，如果希望考察不同特征的受访者所关心的问题特征有无差异，然后再对受访者做进一步的特征细分，那么首先需要考虑的是信息浓缩的问题，这完全可以使用前面反复用到的因子分析来加以解决，然后再利用因子分析的结果进行受访者的市场细分，这也是前面章节中我们曾经采用过的分析思路。但是这么几章以后，读者显然会对因子分析有些审美疲劳，当所提取的因子数量较少的时候，此类分析需求完全可以通过多维偏好分析对结果作更好的图形化呈现，这里就采用更加定性和直观的感知图方式来对此案例加以解答。

保险产品潜在购买用户的特征

对于险种的购买倾向，我们注意到以下几个问题。

- ✧ 涉及具体保险购买倾向的有 Q8b 和 Q8c 两道题目，前者问及其是否具有购买倾向，而后者则进一步询问具有购买倾向的受访者会倾向于购买何种保险公司的产品。在分析中，这两道题目显然都应当被作为核心变量来考虑(因为这里不一定建立预测模型，所以本文并未将其称为因变量)。
- ✧ 在营销中，维护一个老客户的成本只有开发一个新客户的 1/7，显然对于已经购买过此类突发事件保险产品的受访者而言，接受此类保险产品的可能性要高得多。因此 Q8a 应当被作为一个重要因素加以考察。
- ✧ 根据常识，可以知道保险的购买倾向应当和年龄所代表的生活阶段有关，此外也和收入有关。一般而言，年轻人会比较忽视保险产品的购买(但或许会更倾向于保险产品的销售)，但是当其成家立业，有了一定的经济基础，特别是当有了子女，父母也年龄开始偏大时，就会有比较高的保险意识。但是在子女成年，进入空巢期后，中年及以上人群则会因为年龄、收入等各方面的原因减少对保险方面的投入。因此在相应的分析中，我们需要认真分析人口背景资料，特别是年龄、收入等的潜在影响，同时也应当考察性别、职业、收入等可能产生的影响。

因此，在数据理解阶段，我们首先应当分析 Q8b 和 Q8c 和其他因素的关联趋势，然后考虑必要的变量合并或者类别合并操作。

注意在数据理解阶段开始前，是否要进行上文所说的变量合并或者类别合并操作是不能立刻确定的，这里只是基于总样本量和分析中涉及太多分类变量的实际情况，在提示一种可能。

至于最终的建模方式，由于结果变量和影响因素均为分类变量，因此比较严格的建模方式首选 Logistic 回归模型。但是在市场研究中，往往更需要直观的结果呈现而不是精确的模型参数，因此本案例可以考虑采用对应分析的方法，详后。

“非典”对未来生活方式的影响

客观地讲，这里的分析需求并不复杂，但其特殊之处在于未来生活方式是采用多选题方式记录，而对于多选题，比较常见的是对其频数、百分比进行描述，较少进行深入的统计推断，本章我们将对此话题稍作深入，展示一下相应的分析思路。初学者可能会对所要采用的方法有些困惑，实际上，只要明白多选题的特点在于各题项之间可能存在关联，因此可能需要进行信息浓缩之后，就会立刻明白这应当是因子分析之类方法的用武之地，详后。

15.2 数据理解与数据准备

由于本研究的几个分目标各自比较独立，因此这里的数据理解与数据准备也将按照每个具体的分目标展开。

15.2.1 消费者关注的信息

消费者所关注的信息由 Q5 题目组记录，因此首先需要考察一下这些题目的数值分布以及关联性。

1. 分析→表→设定表；
2. 同时选中 Q5_1～Q5_10，将其拖入列框；
3. 摘要统计量框组，选中“隐藏”复选框；
4. 类别位置：行中的列标签；
5. 分类和总计：在子对话框中选中“总计”复选框，应用；
6. 确定。

表 15.1 确认了 10 个变量均为 5 分制，且除 Q5_1 等极个别题目外，各级得分均有较多样本量分布，这对随后将要开展的定量分析而言是个好消息。

表 15.1　频数表

	本地信息	外地信息	快捷检测	药物效果	预防药物价格	交通工具消毒	工作场所消毒	餐饮场所消毒	购物环境消毒	日用品供应
1	7	18	17	20	48	22	20	39	18	31
2	9	20	22	23	28	24	12	26	23	21
3	24	63	54	36	67	36	35	30	53	73
4	50	65	57	44	64	51	55	51	53	67
5	210	134	150	177	93	167	178	154	153	108
总计	300	300	300	300	300	300	300	300	300	300

下面进一步考察这些变量间的信息重叠程度，具体采用相关分析考察。

1. 分析→相关→双变量；
2. 将 Q5_1～Q5_10 输入变量框；
3. 确定；
4. 双击相关性表格进入编辑状态，在透视托盘上将统计量从行框拖放至层框中。

由表 15.2 可见，这十个变量间有许多都存在着一定程度的相关性，该结果提示随后进行因子分析的信息浓缩应当是可行的。

表 15.2　相关性

Pearson 相关性

	本地信息	外地信息	快捷检测	药物效果	预防药物价格	交通工具消毒	工作场所消毒	餐饮场所消毒	购物环境消毒	日用品供应
本地信息	1	.569**	.415**	.214**	.225**	.294**	.347**	.170**	.271**	.233**
外地信息	.569**	1	.290**	.078	.132*	.312**	.216**	.079	.127*	.170**
快捷检测	.415**	.290**	1	.467**	.298**	.400**	.375**	.370**	.360**	.206**
药物效果	.214**	.078	.467**	1	.416**	.375**	.388**	.349**	.383**	.278**
预防药物价格	.225**	.132*	.298**	.416**	1	.314**	.334**	.314**	.304**	.279**
交通工具消毒	.294**	.312**	.400**	.375**	.314**	1	.658**	.490**	.536**	.399**
工作场所消毒	.347**	.216**	.375**	.388**	.334**	.658**	1	.533**	.554**	.356**
餐饮场所消毒	.170**	.079	.370**	.349**	.314**	.490**	.533**	1	.514**	.296**
购物环境消毒	.271**	.127*	.360**	.383**	.304**	.536**	.554**	.514**	1	.549**
日用品供应	.233**	.170**	.206**	.278**	.279**	.399**	.356**	.296**	.549**	1

**. 在 .01 水平(双侧)上显著相关。

*. 在 0.05 水平(双侧)上显著相关。

15.2.2 突发事件保险产品购买倾向

根据前面商业理解的结果，在数据理解阶段首先应当重点考察和保险购买行为直接相关的 Q8a、Q8b 和 Q8c 的数据分布情况。

1. 分析→表→设定表；
2. 同时选中 Q8a、Q8b、Q8c，将其拖入列框；
3. 摘要统计量框组，选中“隐藏”复选框；
4. 类别位置：行中的列标签；
5. 分类和总计：在子对话框中选中“总计”复选框，应用；
6. 确定。

从表 15.3 可见，Q8c 的有效样本只有 Q8b 回答 1 的 100 例，而这 100 例的分布也非常不均匀，67 例集中在国内大型保险公司上，而剩余的三个选项均只有 10 例左右的样本。显然这样低的类别样本量会对分析结果的稳健性带来很大的问题。

表 15.3 频数表

	Q8a	Q8b	Q8c
1	75	100	67
2	225	90	8
3	0	110	14
4	0	0	11
总计	300	300	100

需要注意的是，在上述操作中，如果其中任何一个变量已经设定了变量值标签，虽然类别位置将无法进行修改，但表格仍然可以输出。

下面来进一步考察 Q8b 和 Q8c 潜在影响因素的作用，具体操作可以用多个卡方检验来完成，但也可以用制表过程得到非常紧凑的输出(见表 15.4)。

1. 分析→表→设定表；
2. 将 Q8b 和 Q8c 拖入行框；
3. 同时选中城市、年龄、Q8a、性别、婚姻状况、学历、职业、家庭收入，将其拖入列框；
4. “检验统计量”选项卡；
5. 选择独立性检验(卡方验证)；
6. 确定。

表 15.4　Pearson 卡方检验

		城市	年龄	Q8a	性别	婚姻状况	学历	职业	家庭收入
Q8b	卡方	5.212	19.627	35.733	5.166	7.714	18.393	22.164	40.445
	自由度	4	14	2	2	2	6	20	16
	显著性	.266	.142	.000[*]	.076	.021[*]	.005[*]	.332[a,b]	.001[*,a]
Q8c	卡方	16.254	23.943	7.345	1.699	1.809	16.950	35.712	43.255
	自由度	6	21	3	3	3	9	24	24
	显著性	.012[*,a]	.296[a,b]	.062[a]	.637[a]	.613[a]	.050[*,a]	.059[a,b]	.009[*,a,b]

结果基于每个最深处的子表中的非空行和列。

*. 卡方统计量在 0.05 级别处有意义。

a. 该子表中超过 20% 单元格的期望单元格计数小于 5。卡方结果可能无效。

b. 该子表中的最小期望单元计数小于 1。 卡方结果可能无效。

分析结果清楚地显示，对于 Q8b，是否已经购买过突发险种，以及性别、婚姻、学历、家庭收入等可能都与之有关，而对于具体购买的保险公司类别，已购买过突发险种，以及城市、学历、职业、家庭收入等可能都与之有关。但比较奇怪的是，原先考虑可能有作用的年龄似乎和这两个变量关联不大，对于这种似乎违反基本假设的结果，需要在随后的分析中进一步加以考察。

在阅读上述紧凑结果时，要特别注意表格下方脚注中对卡方检验适用条件的说明，如果出现期望单元格计数小于 5 的情况，则最好再采用交叉表过程得到更为详细的卡方检验输出。这里因为是进行变量的初筛，为了节约篇幅，就不再一一列出相应的分析结果了。

基于以上结果，我们需要考虑另一个问题：虽然很多变量和 Q8c 有关，但是由于 Q8c 的有效例数只有 100 例，单独进行分析样本量太少，而且 Q8c 在本质上只是对 Q8b 选 1 的选项作了进一步的细分。因此可以考虑进行两道题目的数据合并。考察 Q8c 题目每个选项的具体含义以及频数构成，我们认为可以将 1、2 两个选项合并为“国内保险公司”，3、4 两个选项合并为“外资保险公司”，相应的数据转换操作程序如下。

```
COMPUTE Q8BC=Q8B+1.
IF Q8C<=2 & Q8B=1 Q8BC=1.
IF Q8C>2 & Q8B=1 Q8BC=2.
EXEC.
VALUE LABELS Q8A 1 '是' 2 '否'.
VALUE LABELS Q8BC 1 '国内公司' 2 '外资公司' 3 '不买' 4 '说不清'.
```

在上述合并操作完成后，我们可以重新进行影响因素的卡方检验(见表 15.5)，操作如下。

1.　分析→表→设定表；

2. 将 Q8bc 拖入行框；
3. 同时选中城市、年龄、Q8a、性别、婚姻状况、学历、职业、家庭收入，将其拖入列框；
4. “检验统计量”选项卡；
5. 选择独立性检验(卡方验证)；
6. 确定。

表 15.5 Pearson 卡方检验

		城市	年龄	Q8a	性别	婚姻状况	学历	职业	家庭收入
Q8bc	卡方	15.852	30.645	44.337	5.179	9.035	28.384	33.623	64.909
	自由度	6	21	3	3	3	9	30	24
	显著性	.015*	.080[a]	.000*	.159	.029*	.001*	.296[a,b]	.000*,[a,b]

结果基于每个最深处的子表中的非空行和列。

*. 卡方统计量在 0.05 级别处有意义。

a. 该子表中超过 20% 单元格的期望单元格计数小于 5。卡方结果可能无效。

b. 该子表中的最小期望单元计数小于 1。 卡方结果可能无效。

分析结果很清楚地显示，如果按照合并后的 Q8bc 来分析，则是否已经购买过突发险种，以及城市、年龄、婚姻、学历、家庭收入等可能都与之有关，特别是原先可能无作用的年龄其检验 P 值也开始接近检验水准，这应当是信息重新分配之后使数据关联更为清晰所导致的效果。

15.2.3 未来消费者生活方式的变化

多选题的格式转换

记录消费者未来生活方式可能变化的变量为 C0160_1～C0160_8，但是在这些变量中，Q12 的选择结果是按照多重分类法在记录，SPSS 可以使用该记录格式对相应多选题进行统计描述，但无法进行更为深入的统计推断，因此在开始分析之前，有必要将相应的数据格式转换为标准的多重二分法记录格式，具体程序如下。

```
COMPUTE Q12_1=0.
COMPUTE Q12_2=0.
COMPUTE Q12_3=0.
COMPUTE Q12_4=0.
COMPUTE Q12_5=0.
COMPUTE Q12_6=0.
COMPUTE Q12_7=0.
COMPUTE Q12_8=0.

IF ANY(1, C0160_1, C0160_2, C0160_3, C0160_4,
```

```
  C0160_5, C0160_6, C0160_7, C0160_8) Q12_1=1.
IF ANY(2, C0160_1 TO C0160_8) Q12_2=1.
IF ANY(3, C0160_1 TO C0160_8) Q12_3=1.
IF ANY(4, C0160_1 TO C0160_8) Q12_4=1.
IF ANY(5, C0160_1 TO C0160_8) Q12_5=1.
IF ANY(6, C0160_1 TO C0160_8) Q12_6=1.
IF ANY(7, C0160_1 TO C0160_8) Q12_7=1.
IF ANY(8, C0160_1 TO C0160_8) Q12_8=1.
EXECUTE.
```

ANY 函数用于检索相应的取值是否在列表中的任何一个变量中出现，注意从 Q12_2 的赋值语句开始我们采用的是“C0160_1 TO C0160_8”这样的缩略格式，其效果等同于 Q12_1 赋值语句中的列表方式。实际上，这两种记录格式之间有更为简单高效的转换方法，但为了便于读者理解，这里仍然采用的是比较烦琐的一套转换程序，更高效的转换方式请读者自行加以思考。

设定多选题变量集

下面将 Q12_1～Q12_8 设定为相应的多选题变量集。

1. 分析→表→多响应集；
2. 同时选中 Q12_1~Q12_8，将其输入集合中的变量框；
3. 变量编码为二分法，计数值为 1；
4. 集名称设定为 Q12，集标签设定为“未来生活的变化”；
5. 确定。

这里对多选题变量集的设定工作也可以在菜单分析→多重响应→定义变量集处完成，但相应的定义就不能在制表过程中使用，这两套定义方式目前仍然是各自独立的。

下面可以进行各变量名标签的设定：

```
Variable Lables Q12_1 "家庭是生活重心" / Q12_2 "更重视饮食健康和营养"
 / Q12_3 "会经常补充营养、提高免疫力" / Q12_4 "会协调好工作和休息"
 / Q12_5 "会更注重自我保健和运动" / Q12_6 "会根据需要增加保险开支"
 / Q12_7 "会更注意卫生习惯的养成" / Q12_8 "会更加关心社会信息".
```

进行多选题描述

随后开始进行多选题的基本描述，操作如下。

1. 分析→表→设定表；
2. 拖动变量列表至最下方，将多选题变量集$Q12 拖入行框；
3. 确定。

从表 15.6 中可以看到一个很有趣的现象，即除了补充营养和增加保险开支的选择比例较低之外，其余 6 个选项都被绝大多数受访者选中。这有可能暗示了受访者的意见差异比较小。

表 15.6 多选题描述

		计 数
未来生活的变化	家庭是生活重心	293
	更重视饮食健康和营养	284
	会经常补充营养、提高免疫力	152
	会协调好工作和休息	278
	会更注重自我保健和运动	273
	会根据需要增加保险开支	89
	会更注意卫生习惯的养成	287
	会更加关心社会信息	279

分析人员还需要对多选题在不同人群中的应答状况进行深入分析，限于篇幅，请读者自行操作，这里不再详述。

15.3 “非典”信息关注倾向的多维偏好分析

15.3.1 模型简介

在前面各章中我们已经学习并使用了因子分析，通过这种分析方法，研究者可以对原始数据中的信息进行浓缩，将原来的高维空间化简为低维度空间，从而更直观地考察因子/原始变量/案例间的关系。虽然因子分析本身就提供了这一能力，但是为了更好地完成这一任务，同时也为了将信息浓缩的基本思想向有序资料和无序资料加以扩展，市场研究领域发展出了多维偏好分析(MPA，Multiple Perference Analysis)方法，可以更加出色地完成数据关联图形化展示的任务。

多维偏好分析主要用于分析客户对商品的偏好倾向，消费者被要求对商品给出评分，随后依照评分进行后续分析。它在本质上属于因子分析/主成分分析方法的扩展，实际上就是针对采集到的偏好数据进行主成分分析，并将结果以感知图/定位图的形式表现出来。简单地说，多维偏好分析的基本操作原理如下所述。

1. 消费者被要求对品牌给出综合评分。

2. 相同偏好特征的受访者必然在评价上相似，体现为数据内在关联性较强，因此采用主成分分析方法进行信息浓缩。

3. 通过将受访者的数据在提取出的主成分空间作图，并将品牌标示在相同空间，即可得到受访者评价和品牌间的联系信息。

显然，和普通的主成分分析/因子分析相比，以上分析思路没有任何特殊之处，那么它为什么会被作为一种单独的分析方法而存在呢，主要有三个原因。

1. 考虑到采集数据时的各种可能，多维偏好分析中引入了最优尺度变换技术，从而不仅可以分析定距变量，还可以对定序变量，如评分、偏好排序等进行分析，这大大拓宽了该方法的适用范围。

2. 在多维偏好分析中，结果的图形呈现能力得到了加强，已经可以直接将案例偏好和变量载荷绘制在一张图中，更加便于分析者使用。

3. 因子分析要求研究者对影响偏好的因素有所了解，且这些因素均可以通过问卷的方式直接测量，从而可以基于测量的结果来进行分析，但这有时候难以做到。但多维偏好分析则没有这种要求，它在数据采集时不要求给出商品的属性，研究者完全可以只要求受访者给出各品牌偏好程度的排序，而无须考虑是哪些因素影响着这种偏好。但是，如果采集了这些属性，则多维偏好分析又可以从结果推断各种属性对偏好的影响程度和方式，因此在使用上更为方便。

15.3.2 多维偏好分析的 SPSS 操作界面介绍

在 SPSS 中多维偏好分析被放置在一组方法的对话框中，即分析→降维→最优尺度。由于相应的操作界面比较复杂，这里有必要首先对其含义加以讲解，以方便读者随后的学习，如图 15.1 所示。

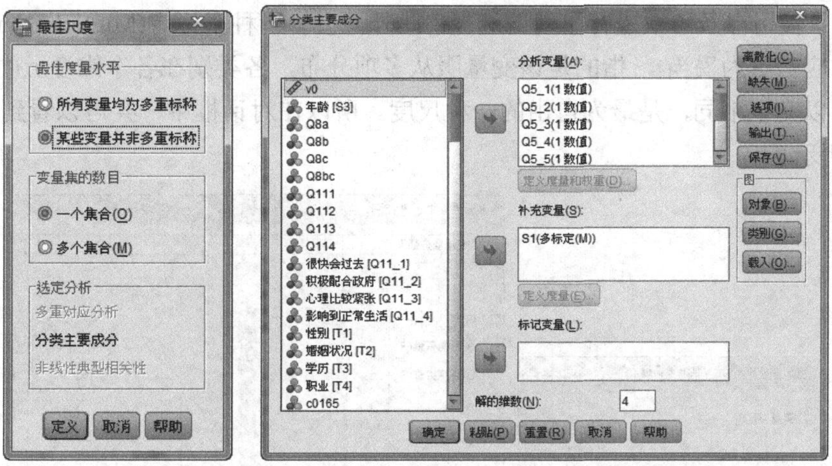

图 15.1 “最佳尺度”对话框和“分类主要成分”对话框

预定义对话框

最优尺度过程中实际上包含了使用最优尺度变换的三种分析方法，因此首先会弹出预定义对话框，要求用户选择相应的数据格式，以确定应当使用何种分析方法。上方的最佳度量水平框组用于选择数据的测量尺度，如果所有变量均为无序多分类(名义测量)，则使用默认选项，否则应选择“某些变量并非多重标称”。下方的变量集的数目框组用于确定是不同变量间进行分析还是几组变量间进行分析，如果是对变量组间的关系进行分析，例如分析多选题变量集间的关系，则应当使用下方的多个集合。

根据上述两个框组的选择，最下方的选定分析框组就会自动显示出所用的分析方法，具体如下所述。

- ✧ 多重对应分析：该方法用于考察多个分类变量各个类别之间的关联规律，当所有变量均为名义测量，且所有变量属于同一个变量集时选用该方法。
- ✧ 分类变量的主成分分析：当一些变量为名义测量外的其他测量(有序分类或连续性变量)时使用。实际上，该方法就是我们所说的多维偏好分析。

非线性典型相关方法：只要选择了多个变量集就一律使用此法。该方法用于分析两个或多个变量集之间的关系，允许变量为任何类型，无序分类、有序分类或连续性资料均可。

主对话框

如果预定义对话框选择了多维偏好分析，则随后就会弹出该方法的主对话框。实际上该界面非常简单，最上方的分析变量框用于选择需要进行主成分分析的偏好结果变量，中部的补充变量框用于选入将会在感知图中进行定位的附加变量(详见分析实例)；而最下方的维数框用于确定最终希望提取的维度数，或者说所绘制定位图的最高维度数，默认是两维。

定义度量子对话框

由于多维偏好分析方法可以处理的变量测量尺度较丰富，因此在选入变量后首先应当设定这些变量正确的尺度，默认有定量、有序分类和无序分类三种基本类型；对于后两种尺度，还提供了使用样条函数进行平滑的选择；此外还会有一种多标定(Multiple Nominal，翻译成多项分布应当更为妥当)，指的是该变量服从多项分布，各类别在各个维度上的提取比例、提取方式可以完全不同，是最为自由的一种尺度。所以在对话框中一共可以看到六种选择，如图 15.2 所示。

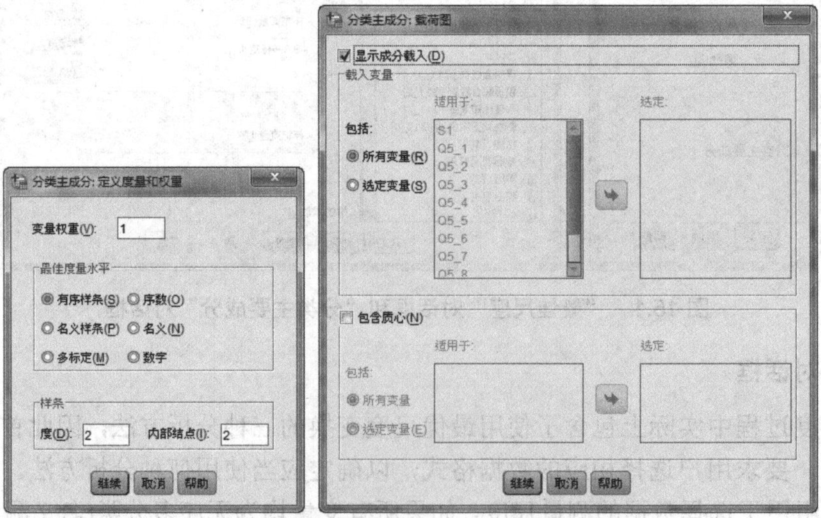

图 15.2 “定义度量和权重”子对话框和“载荷图”子对话框

Plots 对话框组

该对话框组用于控制分析结果中的图形输出，最为重要的空间偏好定位图就在这里进行具体的设定。对话框组具体由三个子对话框组成，意义分述如下。

- ✧ “对象”子对话框：直接用于输出案例(即对象)的空间定位散点图，并且可以按要求和变量、附加变量类别的散点图进行叠加(Biplot and Triplot)，以获得所需的呈现效果。
- ✧ “类别”子对话框：用于绘制进入分析的各变量在最优尺度变换前后数值的对应图，相对而言比较次要，这里不再详述。
- ✧ “载入”子对话框：用于控制在图形中变量载荷(散点坐标)的显示方式，对应的是因子分析中的载荷图。上方的载入变量框组可以指定在空间中只显示某些变量的散点，而下方的包含质心框组则要求为被指定为多项分布(Multiple Nominal)的变量输出各类别在空间中的散点定位，详见分析实例。

其他子对话框

在主对话框的右上侧还有一列共 5 个按钮，它们各自控制模型拟合时的一部分功能。

- ✧ “离散化”子对话框：用于选择非整数数值、字符串变量的重编码方式，如果纳入分析的均为整数记录的数值变量，则该对话框可以不加任何设定，否则多数情况下按秩次设定即可。
- ✧ “缺失”子对话框：用于控制数据中出现的缺失值的填充方式，默认将该案例剔除出分析，也可以更改为使用众数填充，或者列为一个单独的类别进行分析。如果数据中不存在缺失值，则可以忽略该对话框。
- ✧ “选项”子对话框：用于对所拟合的模型进行一些较复杂的选项设定。左侧的补充对象框组可以指定某些案例成为附加案例，右上方的正态化方法框组则用于控制数据的分析方向，下方的图维数框组则可以设定高维度图形的显示方式。
- ✧ “输出与保存”子对话框：这两个对话框的功能一看即知，前者用于选择相应的输出内容，后者则可以将结果存为新变量供后续分析。

15.3.3 尝试初步建模

本例一共测量了受访者对 10 种信息的关心程度，希望考察不同特征的受访者所关心的问题特征有无差异，这可以使用因子分析来加以解决，但是在因子数量较少的时候，也完全可以通过多维偏好分析对结果作更好的图形化呈现，本例的操作如下。

1. 分析→降维→最优尺度；
2. 最佳度量水平：选中某些变量并非多重标称；
3. 定义；

4. 将 Q5_1～Q5_10 输入分析变量框；
5. 选中上述 10 个变量，单击“定义度量和权重”按钮进入子对话框，将其最佳度量水平改为数字，继续；
6. 将 S1 输入补充变量框；
7. 选中 S1，单击“定义度量”按钮进入子对话框，将其最佳度量水平改为多标定，继续；
8. 单击“载入”按钮，选择“包含质心”复选框，继续；
9. 确定；
10. 在结果中找到成分负荷和质心图，双击进入编辑状态，对城市散点进行修改，增加过原点的横纵轴。

以上分析操作略显复杂，依次解释一下，Q5_1～Q5_10 这 10 个变量均为 5 分制量表的测量结果，由于数据理解中已经看到其频数分布较分散，为简单起见，这里均指定为定距测量尺度。城市是希望在结果空间中进行特征定位的附加变量，由于三个城市间不存在次序关系，因此被指定为多项分布，这样就可以为每一个城市类别在图形中绘制出单独的定位散点。随后在载入子对话框中就可以要求输出这种定位散点。

多维尺度分析的结果较多，这里仅对关键的部分说明如下(见表 15.7)。

表 15.7 模型汇总

维 数	Cronbach's Alpha	解 释	
		总计(特征值)	方差的%
1	.843	4.141	41.405
2	.297	1.365	13.648
总计	.909[a]	5.505	55.053

a. 总 Cronbach's Alpha 基于总特征值。

表 15.7 输出的是模型情况汇总表格，由于 MPA 方法的本质就是主成分分析，所以上表的很多指标都是在前面因子分析的结果中看到过的，同样是特征根大于 1 的才考虑纳入模型。可见两个维度共包含了 55%的原始信息量，其中 41.4%在第一个维度上。显然，二维的结果应当是比较充分的。值得注意的是模型会为每个维度和整个模型分别计算出 Alpha 信度系数，该指标越高，说明相应的维度/模型的分析结果可信度就越好。可见虽然第二维的信度较差，但总模型的信度是非常好的。

随后会依次输出在结果空间中的案例散点图，以及各变量的载荷系数(散点坐标)，这里一并省略，直接来看较为重要的偏好空间定位图(见图 15.3)。

偏好空间定位图，即平常所指的多维偏好分析所得到的感知图。可见各变量均以散点的形式呈现在坐标空间中，而对于被指定为多项分布的城市，则会按照不同的类别分别以散点加以呈现。该图形的阅读规则如下所述。

- ✧ 原点代表整个样本的平均水平，从原点出发，散点离原点越远，倾向性越强。
- ✧ 落在从原点出发相同方位上大致相同区域内的散点彼此有联系，对于变量散点而言，这可能代表了一个潜在的因子。
- ✧ 落在变量散点连线反方向的散点，表示具有该特征的个体对该变量的评分比平均水平更低。

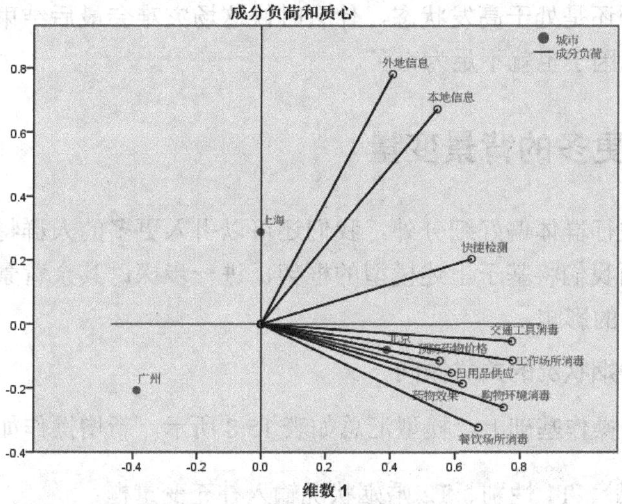

图 15.3　偏好空间定位图

根据以上原则，我们可以从图中做出如下的数据解读。

- ✧ 消费者在非典时期所关心的信息可以被分为两大类，第一类为各地的发病信息，这代表了“非典”流行的严重程度，或者说“非典”潜在的风险；第二类就是各种场所的消毒状况，各种药物的价格、效果等。这两类实际上就是可以被提取出的两个因子，只是由于在 MPA 分析中不会进行因子旋转，所以在空间中呈现出和各维度均有一定夹角的位置。非常有趣的是，和发病信息相比，各种场所的消毒情况以及药物相关信息并没有被严格分开。虽然可以通过提取更多维度将它们进行区分，但这一结果已经充分说明在“非典”已经开始蔓延，而又没有明确有效的防治药物的情况下，消费者更关心的是“非典”传播的严重程度究竟如何，而对于药物的作用则更多地将它看作一种自身消毒预防的手段，而不是治疗的工具(事实上药物的作用也的确如此)。
- ✧ 在图 15.3 中，三个城市的散点出现了非常明显的空间定位差异。相形之下，北京相对而言更重视消毒情况，上海更重视各地流行信息，而广州则出现了一种迟钝的特征，对各种信息都不敏感，这又如何解释呢？这里显然应当考虑到整个流行的时间历程，广州是三个城市中“非典”流行最早的城市，到 2003 年 4 月，实际上流行高峰已经过去，市民们已经按照各自的斗争经验开始采取行动，争取尽量让这场灾难早点过去；而相比之下，北京正好处于一个发病高峰正在来临的时刻，市民非常清楚目前革命尚未成功，同志仍需努力，缺乏防护经验的人们自然会竞相打听自己的生活、工作环境是否进行了严格消毒，有哪些药物或措施可以很好地预防“非典”。在图形中就表现为在这一因子上的得分更高；而对于上海而言，这里必须表扬一下当地政府严防死守的政策卓有成效，虽然已经出现了零星的传入病例，但始终没有在上海发生大规模的流行和恐慌，居民仍然认为当地是比较安全的，此时更为关心的是“非典”是否已经开始在上海真正大规模传播，其他地区是否还是处于高发状态，什么时候这场灾难会最后结束。因此上海居民更为关心信息因子也就不足为奇了。

15.3.4 引入更多的背景变量

除引入城市进行群体偏好细分外，我们还可以引入更多的人群特征变量，以发现更为深入的信息。下面我们将基于上述模型的框架，进一步探讨其余背景变量在受访者信息关注方向上可能产生的影响。

考察性别、婚姻状况的关联倾向

在上述模型的操作基础上，模型汇总如表 15.8 所示，新增操作如下。

1. 将 S3 年龄、T1 性别、T2 婚姻状况输入补充变量框；
2. 选中上述变量，单击“定义度量”按钮进入子对话框，将其最佳度量水平改为多标定，继续。

表 15.8 模型汇总

维数	Cronbach's Alpha	解 释	
		总计(特征值)	方差的 %
1	.843	4.141	41.405
2	.297	1.365	13.648
总计	.909[a]	5.505	55.053

a. 总 Cronbach's Alpha 基于总特征值。

可以发现上述模型汇总结果和原模型完全相同，这是因为当前模型完全是基于分析变量的主成分分析而建立的，补充变量只是在模型空间建立完毕后在其中进行相应变量/类别的散点定位而已，因此增加补充变量并不会导致模型本身发生变化。

图 15.4 就是在相应空间中对年龄、性别、婚姻状况进行定位后的结果，由此可见以下几点。

- ✧ 城市的空间定位并不会受到新进入的补充变量的影响。
- ✧ 性别间的差异的确较小，但可以看出女性总体而言对消毒措施、发病信息等各方面的信息更为关注，这可以解释为女性更为敏感、细致，对相关环境因素更加注意。

✧　相比之下，已婚人群更加关心发病信息，但对于环境消毒状况的关心程度则和未婚人群相差无几，这可能和已婚者更有责任心，在为整个家庭的安全操心有关。

✧　年龄的散点分布大致呈现出 60° 角，从空间左下角至右上角年龄呈逐渐增高的趋势，大致方向与发病信息因子相同，显然这代表着随着年龄的增大，受访者变得越来越关心各地的发病信息。年龄的变化大多数情况下对消毒状况信息的关心程度影响不大，但是比较特殊的是 40～45 岁组，明显要比其他年龄组更为关心该信息。由于各个补充变量实际上在空间图中是分别进行定位，因此对该年龄组的解释需要考虑其他变量的分布特征是否能够代表其影响，后面会详细讲解。

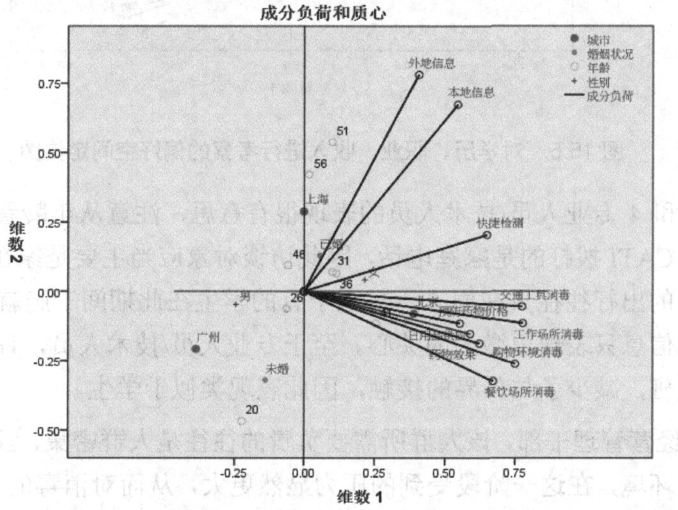

图 15.4　对更多特征变量进行定位后的偏好空间定位图

考察学历、职业、收入的关联倾向

在上面模型操作的基础上，新增的操作如下。

1. 清除补充变量框中的已有变量，将 T3 学历、T4 职业、T5 家庭收入输入补充变量框；
2. 选中上述变量，单击“定义度量”按钮进入子对话框，将其最佳度量水平改为多标定，继续。

如图 15.5 所示，首先来看学历和收入的散点定位特征，可以很清楚地看到不同学历以及不同收入的散点定位区分度很小，都集中在原点附近。再进一步考察其趋势，可以发现并不存在随着学历或者收入的上升有明显的散点分布方向存在，因此可以认为学历和收入在受访者信息关心方向上应当没有明显的作用。

下面继续重点考察职业的散点空间定位特征，除 11 代表其他职业，不需要特别考虑外，可以发现职业分成几个明显的组。

✧　2 干部(党/政/军)和 3 公务员，显然作为政府工作人员，他们更加信任有关部门在这一特殊时期所采取的消毒措施，也对自身所处环境的消毒状况更有信心。

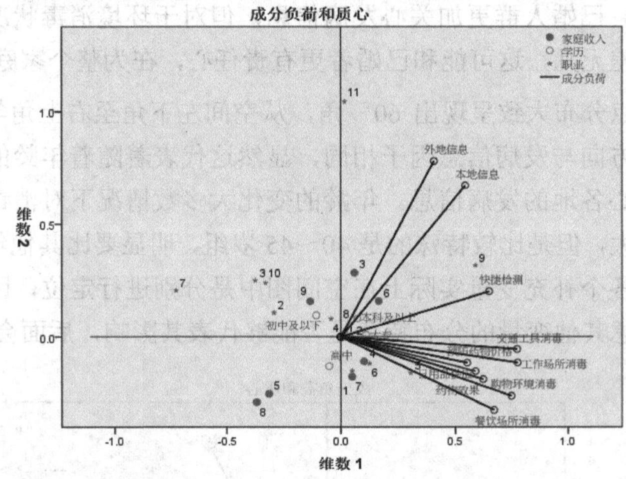

图 15.5　对学历、职业、收入进行考察的偏好空间定位图

✧ 1 学生和 4 专业人员/技术人员的表现很有意思，注意从年龄看该群体应当是大学生，而 CATI 拨打的是家庭电话，因此访谈对象应当主要是家在本市的大学生。由于学生的出行往往只在周末，甚至于有的学生在此期间干脆就在家不出门，因此对消毒信息只表现出微弱的关心。至于专业人员/技术人员，许多单位在此时也不要求坐班，减少了与外界的接触，因此表现类似于学生。

✧ 5 企业经营管理干部，该人群所需要负责的往往是人群密集，且难以全员停工在家的工作环境，在这一阶段受到的压力显然更大，从而对消毒的各类信息更为关注，该分析结果和上面群体的情况对比起来，显然更有意义。

✧ 7 个体经营者和 10 待业下岗人员，看来值此多事之春，这两类人群都有更重要的事情去烦心，至于消毒之类的事情无论是在大脑还是小脑里面都已经排不上号了。

✧ 9 专职家庭主妇看起来对什么信息都比较关注，这个实在不需要做过多解释，没有工作需要操心，又不敢出门逛街，只好多关心关心国家大事了。看来在这一特殊时期，做好此类闲散人员的沟通工作反而是维持社会和谐稳定的一个重要因素。

绘制最终空间定位图

基于上述的分析结果，可以总结如下。

✧ S1 城市、T1 性别、T2 婚姻状况对受访者的信息关注方向有比较明确的作用，应当纳入最终模型。

✧ S3 年龄，绝大部分年龄组的作用呈现出一致方向，虽然 40～45 岁组较为独特，但考虑其生活阶段，我们认为这可能代表了受访者家庭具有青春期以前的子女，因而更为担心幼儿园、小学的环境消毒状况所致，由于问卷中未纳入子女年龄的题目，因此目前只能做一推论。

最终可以考虑拟合如下模型用于结果呈现。

1. S1 城市、S3 年龄、T1 性别、T2 婚姻状况输入补充变量框；
2. 在上述变量中将 S3 年龄的度量水平修改为有序样条，将其余变量的度量水平修改为多标定，继续。

图 15.6 只保留了确有价值、需要呈现的散点，而年龄的作用方向则被浓缩为一个射线，现在就可以很清楚地看出，随着年龄的上升，受访者对各地发病情况的关注度也在上升。

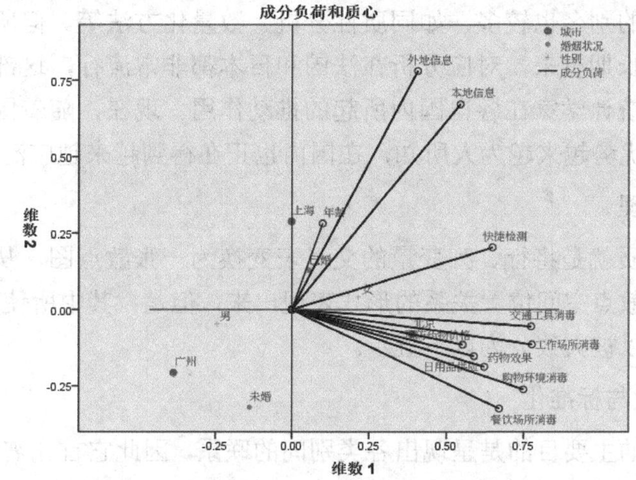

图 15.6　最终呈现的偏好空间定位图

除上述标准的偏好定位图外，在 SPSS 中还可以绘制出案例、变量、附加变量被叠加在一起的二重叠加图和三重叠加图，感兴趣的读者请自行操作，这里不再详述。

15.4　突发事件险种购买倾向的多重对应分析

15.4.1　模型简介

问题的提出

研究分类变量间的联系是统计分析中常见的工作，卡方检验、二分类Logistic模型等是常用的方法。但是，当所涉及的分类变量类别较多，或者分类变量个数较多时，这些方法就会显得力不从心。如果希望对分类变量各类别间的联系进行清楚的呈现，就需要在方法学上有相应的突破。人们也一直在寻找针对此类问题的适当统计分析方法，大致而言有两种解决思路。

1．采用对数线性模型、多分类Logistic模型等对类别间的联系进行精确建模，通过假设检验的方法确定分类变量各类别之间究竟有无联系。这样虽然精确，但相应模型的操作和解释都非常复杂，并非普通用户轻易能够掌握的，同时分析结果在呈现上也较为困难。

2．采用图形化呈现的方式，通过对应分析将交叉表转换为相应的对应分析图，这样虽然没有涉及假设检验，无法得到确切的统计结论，但是结果更为直观，而且操作简单、对结果的解释也更加容易。显然，这种方式更为广大读者所喜闻乐见。

对应分析的起源较多，现在一般认为它起源于20世纪30～40年代一批互相独立的文献，如Richardson和Kuder(1933)、Hirshfeld(1935)、Horst(1935)、Fisher(1940)、Guttman(1941)等，很难说哪位统计学家是该方法的真正作者，有的认为是Fisher，有的则认为是French。同时因其来源众多，它的别名也较多，如同质性分析、数量化方法等。但所有这些方法的基本原理都是相同的。长期以来，对应分析在法国和日本都非常流行，这部分是因国情所致，但更重要的是几位统计学家在各自国内所起的推动作用。现在，随着国内统计软件的逐渐普及，对应分析的优势越来越为人所知，在国内也正在得到越来越广泛的应用。

模型的基本原理

对应分析的实质就是将行、列变量的交叉表变换为一张散点图，从而将表格中包含的类别关联信息用各散点空间位置关系的形式表现出来，但是，其中所使用的算法较为复杂，其整个分析过程可以被大致分为以下五步。

1．数据的变换与标准化

由于对应分析的主要目的是呈现出各类别间的联系，因此它首先需要对数据进行变换，使这种联系能够被凸显出来。具体的方式是假设行、列变量间无关联，随后在绘制出两变量相应的交叉表后，基于该原假设计算各单元格内的标准化残差：

$$\text{标准化残差}=\frac{\text{观察频数}-\text{理论频数}}{\sqrt{\text{理论频数}}}$$

这样就将原始的频数阵转换成一个新的数据阵Z。在变换后，每个单元格内的数据反映当前单元格偏离该无关联假设的程度，相应的两变量类别之间联系越强，则单元格内数据的绝对值就越大，数据的正负则反映了是正向还是负向联系。对应分析随后的分析步骤就是将变换后的数据阵转换为相应的散点图而已。

随后的四步数学味较重，读者不需要完全理解，只须知道每一步的结果是什么即可。

2．奇异值分解

对矩阵Z进行奇异值分解(Singular Value Decomposition)，公式如下：

$$Z = KAL'$$

其中 $K'K = L'L = 1$，而 A 则为对角阵，其中包含一些奇异值，且沿主对角线从大到小排列，每个奇异值就对应了结果中的一个维度。该步骤实际上确定了分析结果的最大维度数以及每个维度所携带的信息量。

3．行、列尺度的调整

按照行、列变量相应的类别构成比，对*K*、*L*矩阵中包含的奇异向量进行标准化，使之具有单位长度。标化后*K*、*L*实际上就分别将行、列变量各散点的坐标确定了下来。

4. 估计方差与协方差

这一步的实际含义是通过对方差、协方差的估计，初步得到各类别所对应的散点坐标。

5. 行、列评分的标准化

按照所选定的标准化方法，对计算出的行、列变量坐标进行标化，该步骤进行完后，得到的就是最终在图形中呈现的散点坐标。

在这五步中，后四步基本上被固定，没有太多的选项可供调整，最为重要的是第一步，其变化将在第三节中详细讲解。

SPSS中的相应功能

对应分析可根据所分析变量的数目被分为简单对应分析和多重对应分析两种：简单对应分析用于分析两个分类变量之间的联系，在SPSS中可以使用分析→降维→对应分析过程完成。多重对应分析则用于分析多个分类变量之间的类别联系，SPSS中提供的是基于最优尺度变换的多重对应分析，该功能由分析→降维→最优尺度过程来实现。

15.4.2 简单对应分析

下面首先采用简单对应分析来考察 S1 城市和保险产品购买倾向之间的关联性究竟如何，操作如下。

1. 分析→降维→对应分析；
2. 将 S1 城市输入行变量，单击“定义范围”按钮，将最小、最大值分别设定为 1、3，更新，继续；
3. 将 Q8bc 输入行变量，单击“定义范围”按钮，将最小、最大值分别设定为 1、4，更新，继续；
4. 确定；
5. 在结果中找到对应分析图，双击进入编辑状态，对散点进行修改，增加过原点的横纵轴。

“对应分析”对话框如图 15.7 所示。

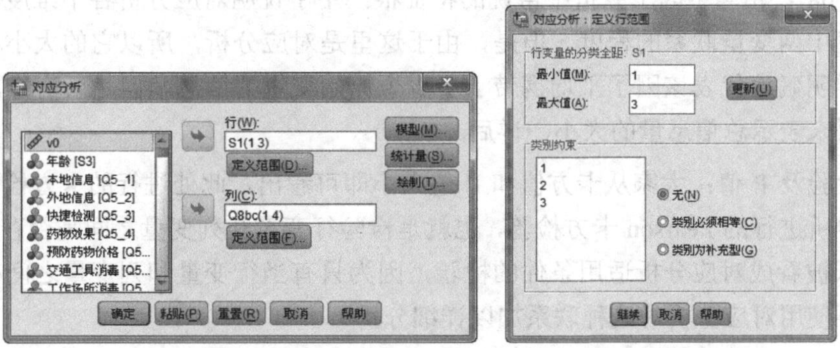

图 15.7 “对应分析”对话框

在对应分析的结果中首先会输出该模块的版权信息，说明该模块是由荷兰 Leiden 大学 DTSS 课题组编制的，此处略。随后才是正式的分析结果，如下。

此处输出的对应分析表如表 15.9 所示，但是大家可以看出，这实际上就是两个变量的行×列表。由于对应分析随后的计算是完全基于该表格而来，所以首先将其输出，便于对变量之间的关联进行大致的观察，也可用于检查有无数据录入错误。

表 15.9 对应表

城市	Q8bc				
	国内公司	外资公司	不买	说不清	有效边际
北京	36	4	23	37	100
上海	22	8	31	39	100
广州	17	13	36	34	100
有效边际	75	25	90	110	300

表 15.10 为整个对应分析的结果汇总表，主要用于给出所提取的每个维度(因子)所携带的信息量，从而可以帮助确定需要使用多少个维度(因子)对结果进行解释，对其中的主要指标依次说明如下。

表 15.10 摘要

维数	奇异值	惯量	卡方	显著性	惯量比例		置信奇异值	
					解释	累积	标准差	相关 2
1	.226	.051			.963	.963	.055	.158
2	.044	.002			.037	1.000	.058	
总计		.053	15.852	.015[a]	1.000	1.000		

a. 6 自由度。

奇异值和惯量：奇异值这个术语来自矩阵运算，就是前面讲对应分析计算步骤中进行奇异值分解所得到的东西。对矩阵运算原理不熟悉的朋友可以不去多考虑它。它的平方就是惯量(Inertia)，相当于因子分析中常说的特征根，用于说明对应分析各个维度的结果能够解释列联表中两变量联系的程度。但是，由于这里是对应分析，所以它的大小不再像因子分析中那样明确地代表该因子平均携带了多少个原始变量的信息。但是所有维度惯量的总和则可以用来表示总信息量的大小，详后。

卡方检验及 P 值：大家从卡方值和 P 值大小即可看出，此处进行的卡方检验就是前面初步分析中所进行的 Pearson 卡方检验，也就是检验行变量和列变量之间是否存在关联。因此，它可以被看成对应分析适用条件的检验，因为只有当行变量和列变量之间有关联时，我们才需要使用对应分析对这种联系加以详细分析。

方差解释比例：表明每个维度所携带的信息量，实际上就是按照每个维度的惯量占惯量总和的比例计算而来，在这一点上惯量倒是和因子分析中的特征根完全相同。在本例中，由于对应分析最多可以提取的维度数等于两变量最小类别数减 1，因此两个维度就已经携带了 100%的原始信息量。

表格最右侧还会给出各奇异值的标准差及相关系数，对结果解释影响不大，可忽略。

表 15.11 为行变量(城市)各类别的分析结果概况，由于各类别均以散点的形式在空间中呈现，因此表中主要给出各类别在各维度上的评分，其本质就是类别散点在空间中的坐标值。

表 15.11　概述行点 a

城市	质量	维中的得分		惯量	贡献				
					点对维惯量		维对点惯量		
		1	2		1	2	1	2	总计
北京	.333	−.620	.114	.029	.568	.098	.993	.007	1.000
上海	.333	.086	−.295	.002	.011	.656	.304	.696	1.000
广州	.333	.534	.181	.022	.421	.246	.978	.022	1.000
有效总计	1.000			.053	1.000	1.000			

a. 对称标准化。

表 15.12 为列变量(Q8bc)各类别的分析结果概况，同样主要是给出类别散点在空间中的坐标值。由于行、列变量的分解是在相同的解释空间中进行的，故此相应的类别散点才能被放在同一个空间中加以阅读。

表 15.12　概述列点 a

Q8bc	质量	维中的得分		惯量	贡献				
					点对维惯量		维对点惯量		
		1	2		1	2	1	2	总计
国内公司	.250	−.671	.210	.026	.499	.249	.981	.019	1.000
外资公司	.083	.913	.403	.016	.308	.305	.963	.037	1.000
不买	.300	.376	−.003	.010	.188	.000	1.000	.000	1.000
说不清	.367	−.058	−.232	.001	.005	.446	.238	.762	1.000
有效总计	1.000			.053	1.000	1.000			

a. 对称标准化。

分析结果中最后给出的是对应分析图(为便于阅读，此处已经过编辑)，实际上就对应分析而言，由于所有主要信息均反映在该图形中，各类别散点在空间中的距离和位置就反映了各自间的关系，因此多数分析报告均只使用这张图进行描述。阅读该图形主要可以了解同一变量各类别的区分程度，以及不同变量各类别间的关联程度如何，因此对应分析图的阅读可按如下顺序进行。

✧　考察同一变量的区分度：首先分别考察行变量、列变量各类别之间是否被清晰地分开了，可以分别检查在各个维度上的区分情况，如果同一变量不同类别在某个方向上靠得较近，则说明这些类别在该维度上区别不大。在本例中，可以看到无论是保险购买倾向还是城市变量在两个维度上各类别都分散得很开，当然如果要仔细比较的话，还是能看出来它们在第二维度上的区分度稍差一些。

✧ 考察不同变量的类别联系：这才是对应分析所真正关心的问题！一般而言，落在从图形原点(0,0)处出发到相同方位上大致相同区域内的不同变量的分类点彼此有联系。散点间距离越近，说明关联倾向越明显；散点离原点越远，也说明关联倾向越明显，如图 15.8 所示。

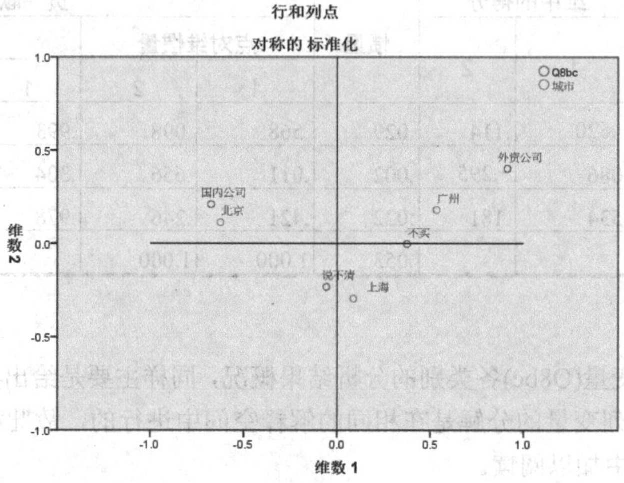

图 15.8　对应分析图

下面就根据以上原则对图形结果加以解释。

✧ 国内保险公司和北京的散点非常接近且偏离原点，因此反映的是北京受访者更倾向于购买国内保险公司的产品。

✧ 上海的散点介于说不清和不买附近，且相对距离原点较近，因此反映的是上海受访者的购买倾向相对较弱，也较含混。

✧ 广州的散点比较接近不买的散点，同时其大致方向则和外资公司散点比较接近，因此反映出广州受访者的不购买倾向应当是最强烈的，但在愿意购买的人群中，则接受外资公司产品的程度应当高于北京和上海，这应当和外资保险公司大多选择广州作为进入中国的第一站并已在当地试水多年有关。

这样，通过对应分析图，我们就可以非常直观而简明地得到城市和保险购买倾向之间的关联特征，为了进一步方便理解，这里可以利用交叉表过程作出相应的统计表格，具体如下。

1. 分析→描述统计→交叉表；
2. 将 S1 城市选入行变量，将 Q8bc 输入列变量；

3. 单击“单元格”按钮，在子对话框中选中“行百分比”；
4. 确定。

相应的交叉表如表 15.13 所示，读者只需要将行百分比与对应分析图的分析结果相对照，就可以很清楚地看到两者所反映的信息是高度一致的，但是显然对应分析图要更为直观一些。

表 15.13 城市* Q8bc 交叉制表

			Q8bc				合计
			国内公司	外资公司	不买	说不清	
城市	北京	计数	36	4	23	37	100
		城市中的%	36.0%	4.0%	23.0%	37.0%	100.0%
	上海	计数	22	8	31	39	100
		城市中的%	22.0%	8.0%	31.0%	39.0%	100.0%
	广州	计数	17	13	36	34	100
		城市中的%	17.0%	13.0%	36.0%	34.0%	100.0%
合计		计数	75	25	90	110	300
		城市中的%	25.0%	8.3%	30.0%	36.7%	100.0%

15.4.3 多重对应分析

基本模型的建构

按上述简单对应分析的思路，我们可以依次去考察所有影响因素的作用，但是结果无法综合在一个模型中，显然并不合适。而多重对应分析就可以同时分析多个分类变量各类别之间的关联，很好地解决上述问题，本案例的相应操作如下。

1. 分析→降维→最优尺度；
2. 最佳度量水平：选中所有变量均为多重标称；
3. 定义；
4. 将 S1 城市、S3 年龄、Q8a、Q8bc、T1 性别、T2 婚姻状况、T3 学历、T5 家庭输入分析变量框；
5. “变量”按钮，选中上述所有变量，将其分别输入类别图框和联合类别图框，继续；
6. 确定；
7. 在结果中找到类别图和联合类别图，双击进入编辑状态，对散点进行修改，增加过原点的横纵轴。

表 15.14 中的含义和多维偏好分析时相同，也用于反映整个模型以及各个维度的信息量情况，可见两个维度分别解释了 20%和 30%的信息量，但是由于采用了最优尺度变换，各

维度的特征根提取都是独立进行的，因此不能相加以代表模型总的解释程度，也就无法得知模型的总解释程度如何，不过至少从 Alpha 信度系数来看，两个维度都是比较有价值的。

表 15.14　模型汇总

维　数	Cronbach's Alpha	解　释		
		总计(特征值)	惯　量	方差的 %
1	.679	2.466	.308	30.829
2	.452	1.654	.207	20.671
总计		4.120	.515	
平均值	.588[a]	2.060	.258	25.750

a. 总 Cronbach's Alpha 基于平均特征值。

图 15.9 所示的判别度量图用散点坐标的形式显示出了各变量在两个维度上的区分程度。可见婚姻、学历这两个变量在第一维度上的区分程度很好，而 Q8a、Q8bc 在第二维度上的区分程度很好，家庭收入、年龄则在两个维度上区分程度都很好，效果不佳的是城市和性别，在两个维度上的区分程度均较差。

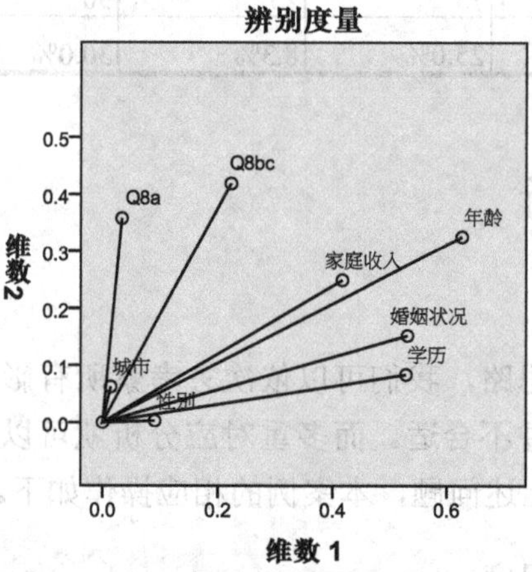

图 15.9　判别度量图

随后会依次给出每个变量的类别散点图，用于单独显示每个模型中的分类变量其类别散点在模型空间中的分布情况，这里我们只选取了年龄和收入两幅图加以解释(见图 15.10)。

✧ 家庭收入的散点分布特征和年龄有些类似，随着收入的增加，其散点大致是沿着呈-30° 角的方向从左上到右下呈线性分布。唯一特殊的散点是 9(1 万元以上)，明显比其他散点的趋势线更偏下方，因此收入的大部分作用方式都可以用这条直线代表，外加单独考察 1 万元以上这个散点的具体含义即可(当然也要考虑该类别是否有充足的样本量)。

✧ 可以发现随着年龄的增大，年龄散点大致是沿着呈 150° 角的方向从右下到左上呈线性分布。因此年龄的作用方式实际上用这条直线就可以代表，无须分为多个散点。

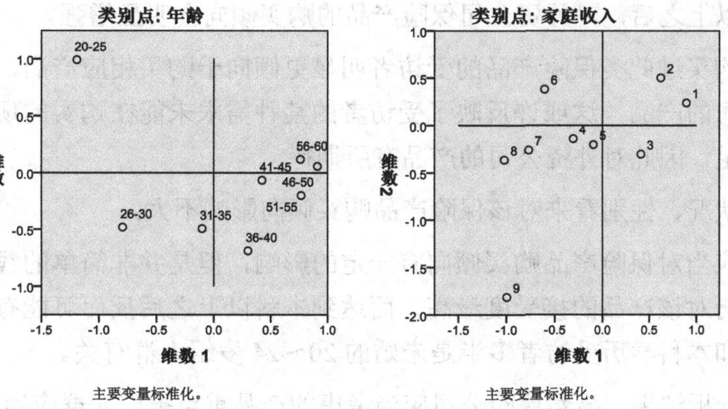

图 15.10　年龄和收入的类别散点图

最后输出的即为多重对应分析图(见图 15.11)。阅读该图形时所遵循的原则和简单对应分析图基本类似，具体如下。

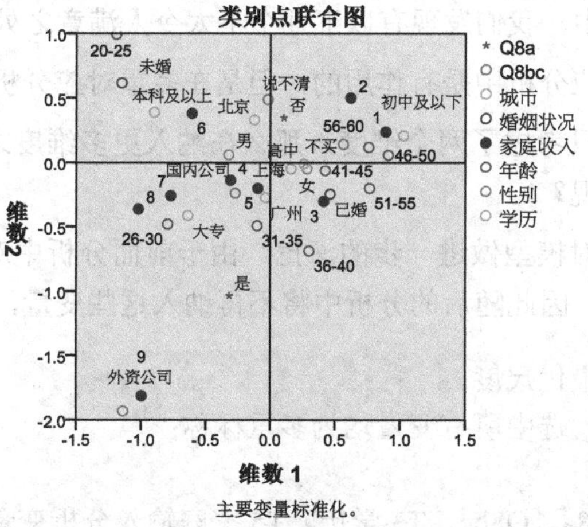

图 15.11　多重对应分析图

✧　落在由原点(0,0)出发接近相同方位及图形相同区域的同一变量的不同类别具有类似的性质。

✧　落在原点出发接近相同方位及图形相同区域的不同变量的类别之间可能有联系。

根据以上原则，我们可以在图中得出以下线索。

✧　保险产品购买倾向的散点，可见不买和说不清分布在第二象限，国内公司分布在第四象限的原点附近，而外资公司分布在第四象限远端，因此可以看出从左上到右下基本上反映的是对保险产品和保险公司的接受程度越来越深入的趋势。

✧　基于上述趋势，就可以明显看出，随着年龄的增大，突发事件保险产品的购买倾向是越来越弱的。

✧　随着家庭收入的增加，该保险产品的购买倾向也在增加，特别是当收入达到月均 1

万元以上之后，对外资公司保险产品的购买倾向会明显增强。

- 已经购买过此类保险产品的受访者明显更倾向于购买相应产品，且更容易接受外资公司的产品，这或许反映了受访者的某种需求未能在购买的现有内资产品中得到满足，因此对外资公司的产品有所期待。
- 婚姻状况、性别看来对该保险产品购买倾向影响不大。
- 学历应当对保险产品购买倾向有一定的影响，但是并非简单的线性，分析发现大专学历对该产品的接受度最高，而达到本科以上之后反而可能有所下降。估计这可能和本科学历受访者多半是未婚的 20～24 岁组人群有关。

根据上述分析结果，显然保险公司应当考虑的产品重点推广人群应当是以下两种。

- 已购买过此类产品的人群。
- 高收入低龄群体，特别是家庭月收入达到 1 万元以上，学历为大专的群体。

更高维度的观察

在上面的分析结果中，我们发现有以下几个不太令人满意之处。

- 城市在简单对应分析中是有作用的，但是在多重对应分析中却无作用。
- 分析模型目前只考虑了两个维度，那么在纳入更多维度之后，是否会有更多可供解释的信息出现？

下面就按此思路，对模型做进一步的深挖。由于前面分析中对年龄、性别、婚姻状况的作用已基本分析清楚，因此随后的分析中将不再纳入这些变量，操作如下。

1. 分析→降维→最优尺度；
2. 最佳度量水平：选中所有变量均为多重标称；
3. 定义；
4. 将 S1 城市、Q8a、Q8bc、T3 学历、T5 家庭输入分析变量框；
5. “变量”按钮，选中上述所有变量，将其分别输入类别图框和联合类别图框，继续；
6. 解的维数设定为 7；
7. “选项”按钮，图维数选择限制维数，将最低和最高维数限定为 3、7；
8. 确定；
9. 在结果中找到类别图和联合类别图，双击进入编辑状态，对散点进行修改，增加过原点的横纵轴。

在上述操作中，限定最低和最高维数主要是为了绘制出第 3 维度分别和第 4～7 维度构成的对应分析图，否则系统将按照矩阵方式给出 1～7 维度的散点图矩阵。

表 15.15 显示出了各个维度的 Alpha 信度系数和信息比例，可见从第五维度开始的各个维度信度系数都很低，因此无须考察，随后的对应分析图中只需考察第 3、4 维度是否会提供新的信息即可。另外请大家注意每个维度的方差%，如果将其相加，那么总和就会超过 100%，这也说明将这些百分比直接相加是没有实际意义的。

表 15.15 模型汇总

维 数	Cronbach's Alpha	解 释		
		总计(特征值)	惯 量	方差的 %
1	.580	1.865	.373	37.294
2	.401	1.472	.294	29.439
3	.386	1.448	.290	28.950
4	.320	1.344	.269	26.882
5	.162	1.149	.230	22.975
6	.095	1.083	.217	21.653
7	.071	1.060	.212	21.210
总计		9.420	1.884	
平均值	.321[a]	1.346	.269	26.915

a. 总 Cronbach's Alpha 基于平均特征值。

表 15.16 给出的是各个维度上个各变量的区分度情况，这里重点考察作为结局变量的 Q8bc，可见该变量在 1、3、5 维度上区分良好。由于维度 1 已经考察完毕，而维度 5 不再需要考察，因此随后的考察重点应当为维度 3。

表 15.16 辨别度量

	维 数							平均值
	1	2	3	4	5	6	7	
城市	.003	.161	.201	.465	.162	.043	.034	.153
Q8a	.234	.164	.000	.145	.000	.023	.046	.087
Q8bc	.485	.120	.580	.089	.457	.022	.098	.264
学历	.547	.495	.135	.258	.051	.270	.183	.277
家庭收入	.595	.532	.531	.387	.478	.725	.700	.564
有效总计	1.865	1.472	1.448	1.344	1.149	1.083	1.060	1.346
方差的 %	37.294	29.439	28.950	26.882	22.975	21.653	21.210	26.915

从 3、4 两个维度的辨别度量图可知，维度 4 较好地区分了城市、学历，而家庭收入则在 3、4 两个维度上区分度都很好，但遗憾的是，Q8bc 则只在维度 3 上区分度很好，因此可能这两个维度能够贡献的有效信息不会太多。

虽然模型中 1、2 维度的散点分布也会发生变化，但差异不大，因此这里不再输出，这里我们只考察 3、4 两个维度构成的对应分析图(见图 15.12)，对于更高维度的信息解读，需要注意的是必须服从于低维度的解释，只有不和已有的低维度解释冲突，且确实有助于对模型的解读时，相应的信息才需要考虑。按此原则，我们可以发现 3、4 维度可贡献的有效信息确实较少，具体如下所述。

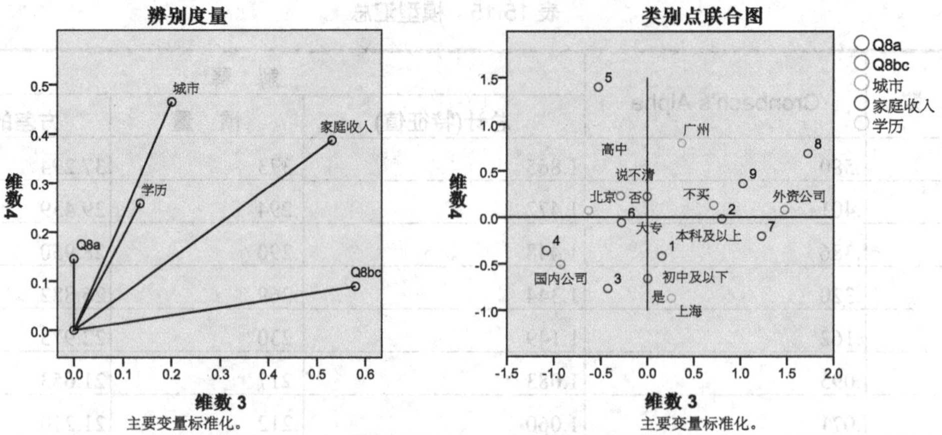

图 15.12　3、4 维度的辨别度量图和对应分析图

- ✧ 家庭收入在 2000～3000 元的受访者更倾向于购买国内公司的保险产品，而收入在 6000 元及以上的家庭则更倾向于购买外资公司的保险产品。
- ✧ 在模型中，城市的确没有发现和保险产品的购买倾向有明显的关联，因此前述简单对应分析中发现的趋势有可能是其他变量如收入等导致的假象。

读者还可按此思路对模型做更加深入的探讨，限于篇幅，这里不再展开。

15.5　“非典”对未来生活方式的影响

本部分所需要进行的分析其特殊之处在于未来生活方式是采用多选题方式记录，初学者可能会对需要采用的方法学有些困惑，实际上，只需要明白多选题的特点在于各题项之间可能存在关联，因此可能需要进行信息浓缩之后，就会立刻明白这应当是因子分析之类方法的用武之地。

15.5.1　采用多维偏好分析进行初步探索

这里我们可以考虑采用多维偏好分析进行数据关联趋势的探索，操作如下。

1. 分析→降维→最优尺度；
2. 最佳度量水平：选中某些变量并非多重标称；
3. 定义；
4. 将 Q12_1～Q12_8 输入分析变量框；
5. 选中上述 8 个变量，单击“定义度量和权重”按钮进入子对话框，将其最佳度量水平改为序数，继续；
6. 将 S1 输入补充变量框；
7. 选中 S1，单击“定义度量”按钮进入子对话框，将其最佳度量水平改为多标定，继续；
8. 离散化，选中全部变量，将“方法”下拉列表改为“秩”，单击“更改”按钮，继续；
9. 单击“载入”按钮，选择包含质心复选框，继续；
10. 确定；
11. 在结果中找到成分负荷和质心图，双击进入编辑状态，对城市散点进行修改，增加过原点的横纵轴。

表 15.17 所示的是模型情况汇总表格，可见两个维度共包含了 37%的原始信息量，其中 23.8%在第一个维度上，另外 13.3%在第二个维度上。显然，这两个维度所共同提供的信息量比例似乎有些太低了，对于一个有效的信息浓缩结果而言，至少应当有接近 50%的原始信息量被提取出来才显得比较合理。

表 15.17 模型汇总

维 数	Cronbach's Alpha	解 释	
		总计(特征值)	方差的 %
1	.543	1.904	23.799
2	.078	1.075	13.439
总计	.759a	2.979	37.237

a. 总 Cronbach's Alpha 基于总特征值。

图 15.13 给出了具体的原始信息关联特征和各城市之间的差异，可以看出在目前所提取的二维空间中，8 个选项大致反映了消费者两个方面的趋势，一个是增加保险、注意营养和休息，另外一个则是更注重家庭，关心社会信息。但是从各选项的含义来看，显然这两方面的区分不是非常清晰，并不能算作一个很好的结果。由于未来生活趋势的分组效果不佳，因此随后对城市间差异的解释也会变得比较困难，这里我们不再展开论述。

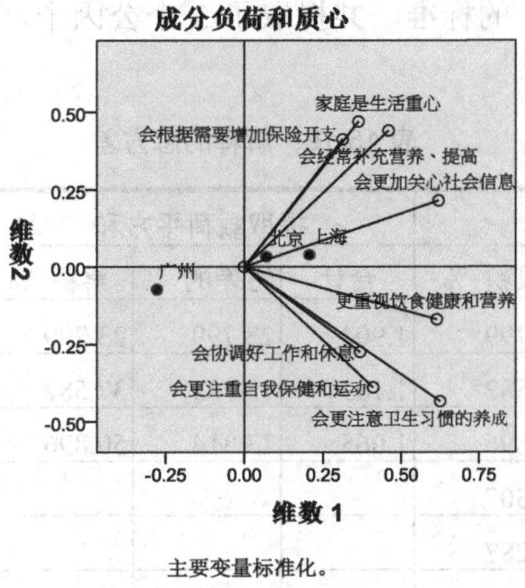

图 15.13 多维偏好分析图

15.5.2 换用因子分析进行信息汇总

在上面的分析中我们已经注意到提取前两个公因子的信息量偏低，因此需要考虑引入更多的维度。在这种背景下，虽然仍然可以考虑使用多维偏好分析向更高维度进行扩展，但这样做已经无法充分发挥该方法的优势，反而造成了数据观察的不便，因此随后将考虑回归分析的本质，改用因子分析方法来彻底探讨这些数据之间的内部关联。这样做虽然必须将所有的选项变量假定为连续性变量再纳入分析，但实际上这种假定对结果的影响微乎其微，基本上可以忽略不计。

1. 分析→降维→因子分析；
2. 将 Q12_1～Q12_8 输入变量框；
3. 描述：选择 KMO 和 Bartlett 的球形度检验；
4. 旋转：选择最大方差法，选中载荷图；
5. 选项：选择按大小排序、取消小系数；
6. 确定。

KMO 统计量和检验结果都说明各选项的选择情况之间确实是存在联系的，值得考虑进行信息浓缩，见表 15.18。

表 15.18 KMO 和巴特利特检验

eKMO 取样适切性量数		.635
巴特利特球形度检验	近似卡方	142.351
	自由度	28
	显著性	.000

按照默认特征根大于 1 的标准，共提取了 3 个公因子，合计占总信息量的 51%，见表 15.19。

表 15.19 解释的总方差

成分	初始特征值			提取载荷平方和			旋转载荷平方和		
	合计	方差的 %	累积 %	合计	方差的 %	累积 %	合计	方差的 %	累积 %
1	1.904	23.799	23.799	1.904	23.799	23.799	1.658	20.725	20.725
2	1.103	13.783	37.582	1.103	13.783	37.582	1.259	15.741	36.466
3	1.065	13.314	50.896	1.065	13.314	50.896	1.154	14.430	50.896
4	.993	12.412	63.307						
5	.878	10.980	74.287						
6	.759	9.485	83.772						

续表

成分	初始特征值			提取载荷平方和			旋转载荷平方和		
	合计	方差的 %	累积 %	合计	方差的 %	累积 %	合计	方差的 %	累积 %
7	.712	8.897	92.669						
8	.586	7.331	100.000						

提取方法：主成分分析。

碎石图给出的信息不太乐观，可以发现公因子 2～4 之间并未明显拉开差距，因此就有可能需要在分析中考虑是否继续纳入公因子 4，如图 15.14 所示。

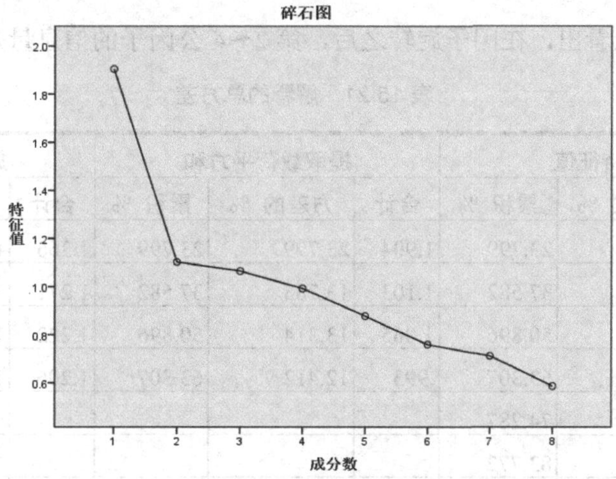

图 15.14　碎石图

从表 15.20 进行所提取的公因子解读，可以发现公因子 1 代表的是卫生习惯/重视营养/重视保健，公因子 2 代表的是增加保险/营养开支，而公因子 3 则代表的是以家庭为中心。但是显然这三个公因子的解释性都不是特别完美，这在多选题的信息浓缩中是非常常见的情形，毕竟各变量都是两分类，所携带的信息量是比较有限的。不过这并不妨碍我们继续探讨是否有必要继续提取第 4 公因子。

表 15.20　旋转成分矩阵 [a]

	成分		
	1	2	3
会更注意卫生习惯的养成	.767		
更重视饮食健康和营养	.677	.117	
会更注重自我保健和运动	.444		.131
会根据需要增加保险开支		.756	-.118
会经常补充营养、提高免疫力		.704	.197
家庭是生活重心	.161		.750

续表

	成分		
	1	2	3
会协调好工作和休息	.456	.264	-.544
会更加关心社会信息	.416	.314	.472

提取方法：主成分。

旋转法：具有 Kaiser 标准化的正交旋转法。

a. 旋转在 6 次迭代后收敛。

1. 抽取：将要提取的因子的固定数量设为 4；继续。

从表 15.21 可以看出，在因子旋转之后，第 2～4 公因子的信息量是非常接近的。

表 15.21 解释的总方差

成分	初始特征值			提取载荷平方和			旋转载荷平方和		
	合计	方差的 %	累积 %	合计	方差的 %	累积 %	合计	方差的 %	累积 %
1	1.904	23.799	23.799	1.904	23.799	23.799	1.366	17.073	17.073
2	1.103	13.783	37.582	1.103	13.783	37.582	1.271	15.889	32.962
3	1.065	13.314	50.896	1.065	13.314	50.896	1.222	15.273	48.235
4	.993	12.412	63.307	.993	12.412	63.307	1.206	15.072	63.307
5	.878	10.980	74.287						
6	.759	9.485	83.772						
7	.712	8.897	92.669						
8	.586	7.331	100.000						

提取方法：主成分分析。

从表 15.22 可见，在增加了一个公因子之后，原有的几个公因子的含义均有所改变。

- ✧ 公因子 1：与协调好工作和休息、重视饮食健康和营养、注意卫生习惯养成有关联，可以被命名为“更健康的生活习惯”因子。
- ✧ 公因子 2：与家庭是生活重心、更关心社会信息有关，看来可以被命名为“家庭与社会责任”因子。
- ✧ 公因子 3：与注重自我保健和运动、注意卫生习惯养成有关，为了和公因子 1 有所区别，可以被命名为“主动保健”因子。
- ✧ 公因子 4：与根据需要增加保险开支、经常补充营养有关，可以被命名为“增加相关开支”因子。

和原先 3 个公因子的结果相比，可见主要是将原先的公因子 1 继续拆分成了公因子 1 和 3。客观地讲，拆分出的两个公因子其差异性并不是很明显，因此四个公因子也不是令人满意的结果。这在多选题分析中是很常见的现象，但综合考虑到所提取的信息量，我们最终还是决定按照 4 公因子来进行信息的浓缩。

表 15.22 旋转成分矩阵 [a]

	成分			
	1	2	3	4
会协调好工作和休息	.733	-.250		.193
更重视饮食健康和营养	.729	.299		
家庭是生活重心		.862		
会更加关心社会信息	.145	.539	.325	.281
会更注重自我保健和运动			.881	
会更注意卫生习惯的养成	.511	.199	.545	-.104
会根据需要增加保险开支	.106			.753
会经常补充营养、提高免疫力		.200	.146	.709

提取方法：主成分。

旋转法：具有 Kaiser 标准化的正交旋转法。

a. 旋转在 6 次迭代后收敛。

如果希望进一步改进，以得到更为易于解释的结果，也可以考虑换用斜交旋转方法，但斜交方法有可能得到过于理想的“失真”结果，因此这里没有考虑按此方式进行分析，对此感兴趣的读者可以自行操作一下。

下面直接存储正交旋转后的四因子模型。

1. 得分：保存为变量；继续。

模型重新运行后会生成 FAC1_1～FAC4_1 四个新变量，为便于阅读，可以更改其相应的文件名标签，程序如下。

```
VARIABLE LABELS FAC1_1 '1更健康的生活习惯' / FAC2_1 '2家庭与社会责任'
  FAC3_1 '3主动保健' / FAC4_1 '4增加相关开支'.
```

在计算出公因子之后，就可以采用统计描述的方法来考察各人群之间的相应公因子取值是否存在明显差异，以城市和保险购买倾向为例，操作如下。

1. 分析→表→设定表；
2. 同时选中 FAC1_1～FAC4_1，将其拖入行框；
3. 摘要统计量框组，将均值格式改为 nnnn，小数位数设为 2，应用；
4. 将 S1 城市、Q8bc 同时选中，将其拖入列框；
5. 确定。

从表 15.23 可见，北京和上海的未来倾向差别主要是前三个公因子，北京人更倾向于公因子 1，即在协调好工作和休息、重视饮食健康和营养、注意卫生习惯养成等方面作出改变，而上海人则更关注与公因子 2 相关的家庭责任和社会责任(注意这一倾向实际上是和当时上海消费者所关注的信息方向上有共通性的)，以及更愿意进行主动的自我保健和运动。而广州消费者的反应和京沪明显不同，一副稳若泰山的样子，看来等 SARS 过去之后，老广们仍然会该吃野味吃野味，该过夜生活过夜生活，直到再弄出 SARS 2.0 版为止。

表 15.23　均值表

	城　市			Q8bc			
	北京	上海	广州	国内公司	外资公司	不买	说不清
	平均值	平均值	平均值	平均值	平均值	平均值	平均值
1 更健康的生活习惯	.13	.04	-.17	.28	-.03	-.25	.02
2 家庭与社会责任	-.03	.15	-.11	-.10	-.24	.13	.01
3 主动保健	-.07	.15	-.08	-.01	-.21	.13	-.06
4 增加相关开支	.11	.10	-.20	.40	.41	-.44	-.01

至于保险产品购买倾向和未来生活方式之间，其关联就更为明显，可以看出愿意购买相关保险产品的受访者其公因子 4 的得分都在 0.4 左右，明显高于样本总均值 0；明确回答不买的其均值则为-0.44，明显低于总均值 0；回答说不清的则均值正好非常接近总均值 0。

对其余各变量的描述分析请读者自行完成，这里不再赘述。

15.6　项目总结与讨论

15.6.1　研究结论

“非典”信息的关注倾向

对于这一时期各地消费者对“非典”相关信息的关注倾向，研究结论如下所述。

- ✧ 受访者的信息关注点可以被分为各地发病情况和环境消毒措施两方面。
- ✧ 信息关注的主要方向明显受到“非典”流行阶段的影响，“非典”已经处于后半程的广州相对表现出对各种信息都比较迟钝，而闹得正欢的北京受访者则高度关注环境消毒措施方面的信息。作为尚未明显殃及的上海受访者则更关注各地的发病情况。
- ✧ 性别之间的差异相对较小，但可以看出女性总体而言对消毒措施、发病信息等各方面的信息都更为关注，这可以解释为女性更为敏感、细致，对相关环境因素更加注意。
- ✧ 相比之下，已婚人群更加关心发病信息，但对于环境消毒状况的关心程度则和未婚人群相差无几，这可能和已婚者更有责任心，在为整个家庭的安全操心有关。

✧ 随着年龄的增大，受访者变得越来越关心各地的发病信息。但是比较特殊的是 40～45 岁组，明显要比其他年龄组更为关心环境消毒信息，我们推测这可能代表的是家庭拥有青春期以前年龄子女的影响。

✧ 各职业的信息关注倾向明显不同，机关干部和公务员具有很强的心理优势，不太关注各类信息；而企业经营管理干部的压力显然更大，对消毒的各类信息更为关注；介于两者之间的是学生和专业人员；而专职家庭主妇对信息的敏感程度很高，应当作为这一特殊时期的重点沟通对象。

突发事件险种购买倾向分析

根据前面的分析结果，如果保险公司准备趁机推出新的突发事件保险产品，则应当考虑优先推广以下几类人群。

✧ 已购买过此类产品的人群。

✧ 高收入中低龄群体，学历大专附近的群体。

✧ 对于国内保险公司，应当将推广人群的家庭收入下限设定为 2000 元以上，而重点推广人群则应当为收入 1 万元以上。

✧ 对于外资保险公司，应当将推广人群的家庭收入下限设定为 6000 元以上，而重点推广人群则应当为收入 1 万元以上。

“非典”对未来生活方式的影响

由于上文只是演示了基本的操作思路，并未完全揭示相应题目的分析结果，因此这里只给出上文所涉及的一些结论。

✧ 在数据分析中，我们发现该多选题所携带的信息实际上是比较集中的，虽然可以提取出若干公因子，但实际上各因子的含义区分并不十分明显，基本上还是反映出更重视工作和自我保健的协调，更重视家庭和社会责任这一大的倾向。

✧ 各地消费者相比较，北京消费者更倾向于在时间安排、营养补充等方面进行改变；上海消费者可能是因为这两方面本来就做得比较好，因此更倾向于在主动健身方面加码，同时京沪两地的消费者都愿意为相应的改变增加开支。而广州消费者在各方面的改变倾向都是最弱的，这既可能与当地人群的文化和生活形态特征有关，也可能与非典在当地的影响行将结束有关。

15.6.2 对多维偏好分析等信息浓缩方法本质的讨论

在本章一开始就已经提到，多维偏好分析是主成分分析/因子分析的扩展，而对 Q5“非典”信息关注倾向进行分析时，如果采用因子分析加以考察，则相应的结果如下。

从表 15.24 提供的各特征根可见，多维偏好分析中提取的维度实际上和主成分分析中提取的主成分分析/因子分析完全相同。

表 15.24　解释的总方差

成分	初始特征值			提取载荷平方和			旋转载荷平方和		
	合计	方差的 %	累积 %	合计	方差的 %	累积 %	合计	方差的 %	累积 %
1	4.141	41.405	41.405	4.141	41.405	41.405	3.618	36.181	36.181
2	1.365	13.648	55.053	1.365	13.648	55.053	1.887	18.872	55.053
3	.963	9.632	64.685						
…	…	…	…						
10	.288	2.885	100.000						

提取方法：主成分分析。

图 15.15 为进行因子分析得到的各变量的载荷图，从各散点的空间位置大家即可发现，实际上该结果和多维偏好分析的结果是完全相同的。事实上，由于在前面的分析中我们将所有变量的测量尺度确定为数值，此时两种方法本质上相同。对于本例而言，使用多维偏好分析的优势在于可以绘制出更加直观的偏好定位图，而且如果考虑到数据是采用 5 分量表的形式加以收集，希望结果能更为准确的话，也可以将数据的测量尺度更改为定序测量方式进行分析。这是直接使用主成分分析/因子分析所无法进行的，而借助最优尺度变换技术，多维偏好分析会有更强大的数据分析能力。

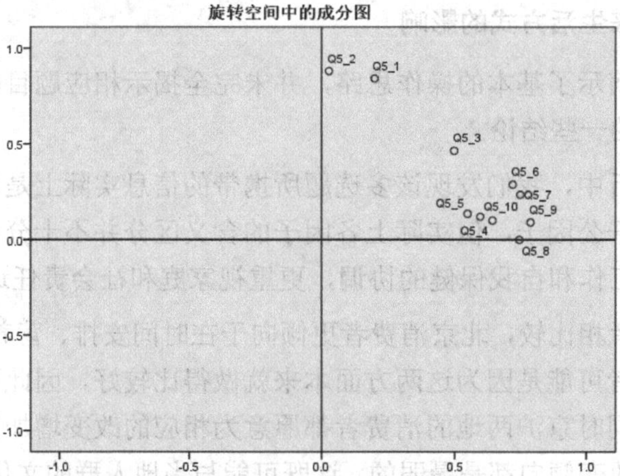

图 15.15　主成分分析后的变量载荷图

与上面的情形相类似，对应分析等针对分类变量进行分析的方法其实质也是在按照信息浓缩的基本思路进行数据特征的提取和展示，比较特殊的是由于针对的是分类变量，因此往往有效信息很难被压缩在很低维度的空间，导致提取效果不如连续性变量那样理想，经常需要进行 3、4 维度等高维的观察。本章我们在保险产品购买倾向、未来生活方式变化趋势两个问题的分析中都看到了这一倾向，对此分析者只需要掌握“抓大放小”这一要点即可。也就是说，不要一味地强求原始信息比例的高提取比例，而应当将重点放在前 2、3 个维度所构成的低维空间中究竟存在多少可解释的有效信息。如果低维度空间所携带的信息比例偏低，且没有太多可供解释的有效信息，则应直接放弃信息浓缩这一思路；只有在低维空间携带较多信息量，且存在有效解释时，才可以适当地继续考虑更高维度的信息解释，这是因为在分类变量的信息浓缩中，由于必须采用最优尺度变换，导致高维度信息的失真可能是非常严重的，此时一味去追求信息的浓缩和图形化的展示效果，有可能导致最终得到完全扭曲的分析结论。

第 16 章　住院费用影响因素挖掘

学习前建议阅读	第 10 章　中国消费者信心指数影响因素分析，了解线性模型框架下各种衍生模型的基本知识，了解 Logistic 回归模型和树模型的优缺点比较； 第 11 章　探讨消费者购买保健品的动机，了解因子分析的基本操作。
案例导读	研究者希望通过对医院监测网络所采集到的病案数据进行分析，了解住院病人的费用结构分类、住院费用的主要影响因素，以确定是否可能建立全国范围的住院费用标准，并就中医、西医、中西医疗法的疗效、费用进行比较，从中寻找各类疾病最佳的治疗方案。 根据分析目的和数据特征，本案例主要采用数据挖掘方法体系进行了分析，在利用聚类分析了解了费用结构分类之后，利用 BP 神经网络建立了住院费用、住院天数和疗效的预测模型，逐一回答了研究问题，最终结论为我国医疗体系的市场化运作不佳，同样类型的疾病在不同的医院间所需费用相差极大，因此制定全国统一的住院费用控制标准的时机尚不成熟。
分析方法	因子分析、层次聚类、BP 神经网络。
案例的分析过程	转换：计算变量、可视离散化； 数据：选择个案； 描述统计：频率、描述； 表：设定表； 降维：因子分析； 分类：系统聚类； 神经网络：多层感知器。
学习后建议阅读	无。

16.1　案 例 背 景

16.1.1　项目概况

近 20 年来，医疗费用的持续上涨已经成为日益突出的社会问题，虽然我国居民的名义收入的确在增加，但医疗费用上涨得更快。据卫生部的调查结果，近 10 年来，我国居民卫生服务需要量持续增加，但城乡患病两周因经济困难未治疗者的比例均接近四成。而一再推进的医改和新医改，其根本的驱动因素也在于希望控制医疗费用的上涨，帮助中央、地方、个人这三方都能解套，并使有限的费用尽量有效地满足居民的卫生服务需求。

控制医疗费用的总目标可以被分解为多个层面，其中一个重要的切入点就是控制病人的住院费用，这一目标又可进一步被分解为许多课题，例如以下几个。

- ✧ 对同一种疾病有多种疗法，例如按照最简单也最具有中国特色的划分，可以有中医、西医、中西医结合三种治疗方式，那么在针对同一种疾病的诸多疗法中，是否可以筛选出费用更低，效果更好的标准疗法(标准临床治疗路径)加以推广应用？
- ✧ 能否针对每种疾病的每种标准疗法，提供相应的标准参考费用区间，供各地医保部门审核费用时使用？

对于前一种需求，可以简单地被理解为疗效及费用的影响因素分析，但是对于后一种需求，由于涉及比较具体的医疗知识，这里需要介绍一下相应的 DRGs 概念。DRGs 即诊断相关分组(Diagnosis related group system)，是以病人诊断为基础的一种分类方案。它把医院对病人的治疗和所发生的费用联系起来，从而为付费标准的制定尤其是预付费的实施提供了基础。

DRGs 最早是由耶鲁大学的 Mill 等人经近 10 年的研究于 1976 年完成的，资料取自新泽西州、康涅狄格州及宾夕法尼亚州共 70 万份出院病例，研究者首先按照解剖学与病理生理特点和临床特点，将所有的病例划分为 83 个主要诊断类目，再按主要手术操作、年龄、费用主要影响因素等进行划分，通过统计分析，最后将疾病分成 492 个单病种，每个病种的病例都具有相同的临床特点和近似的住院天数。最终在 DRGs 分组的基础上，通过科学的测算制定出每一个组别的付费标准，并以此标准对医疗机构的费用支付进行监管。

显然，他山之石，可以攻玉，在中国推行类似 DRGs 形式的住院费用控制政策，看来是一个非常值得尝试的工作。但是在真正开展该工作之前，就必须完成一系列的前期研究，而其中最为关键的一个问题就是：不同地区、不同级别的医院，在治疗同一种疾病的时候，是否可以采用同一个费用标准？显然，要回答上述这些疑问，坐而论道起不了作用，必须回到真实的数据中去，从实际的住院费用数据中去发掘可用的信息。

虽然近 10 多年来，国内已有多位学者就上述问题进行了卓有成效的研究，但是基于诸多原因，国内各医疗单位的数据一直不能全面共享，能覆盖全国且病人特征有真正代表性的医疗费用数据库的出现也只是近几年的事。显然，如果遗漏了若干重要的影响因素，必然会给研究结论的准确性带来影响，进而导致相应卫生政策的偏差。

某国家级医院监测中心负责对全国的某类医院进行全面的数据监测，在工作过程中积累了上百万份医院病案数据，其监测网络在抽样时遵循分地区、分级别、全覆盖分群随机抽样的原则，对相应的医院状况具有非常好的代表性。为回答以上问题，研究者特意从医院病案监测数据库中进行了相应的分析挖掘操作，该数据库中包括了所有监测网点的住院病人病案首页资料，并且还补足了病案之外的医院状况、治疗方案等信息，完全可以满足相应数据分析的需要。

具体而言，研究者希望回答的问题如下。

✧ 住院病人的费用构成可以被分为几大类型，其各自的类别特征和比例是多少？

✧ 相同病种的住院费用受到哪些主要因素的影响，在中国建立 DRGs 费用控制体系是否可行？

✧ 中医疗法、西医疗法、中西医结合这三种基本的治疗方式，究竟在针对每种疾病时哪一种疗效更好，费用更省？

在正式的项目中，研究者使用了全部的病案数据进行分析。但是出于数据保密的需要，这里我们只按照 ICD-9 编码选取了其中的十种疾病类型，并且按照省级、地级、县级医院，以及东部、中部、西部地区交叉，各抽取 300 例样本，共 2700 例病案样本进行分析，因此相应的分析结果仅用于方法演示，不代表真实情况。具体的数据参见病案数据.sav。

出于避免无谓纠纷的考虑，本案例的原始数据已经过编辑，不再代表实际情况，其分析结果仅供方法演示和学习使用。

由于病案数据库中的信息非常丰富，每个病案共有两百余个变量，全部纳入既无必要，也会影响分析结果的准确性。因此，结合各变量的含义，最终决定使用下列变量进入后续的分析。

✧ 医院特征变量：医院代码、医院所在地区(东、中、西部)、医院级别(省、地、县三级)。

✧ 个体特征变量：年龄、性别、婚姻状况(未婚、已婚)、民族、职业等。

✧ 疾病种类：本案例中为 10 种。

✧ 病人入院状况：入院途径(门诊、急诊、转院)、入院病情(危、急、一般)。

✧ 医保类型：变量名称为费用来源，共分为社会基本医疗保险、商业保险、自费医疗、公费医疗、大病统筹、其他六类。

✧ 住院费用状况：包括住院总费用，以及药费、检查费、诊疗费、手术费等一系列费用分项指标。

✧ 具体治疗情况：入院前经外院诊治、药物过敏标志、院内感染、输血情况、输液情况、有无手术，住院时有无出现病情危重、急症、疑难等。

✧ 治疗效果：疾病转归(治愈、好转、未愈、死亡)、出院方式(常规、自动、转院、其他)。

✧ 诊断符合情况：门出、入出诊断符合率等。

✧ 中医特有变量：治疗类别(中医疗法、西医疗法、中西医两法)等。

✧ 时间变量：包括年份和月份，分别被作为可能的混杂因素加以控制。

✧ 其他变量：包括有无医保拒付等。

16.1.2 分析思路/商业理解

和上一章的“非典”案例一样，本案例也是基于一个总研究目标区分出多个相互独立的分项目标，因此这里也将其分开讨论。

费用构成的种类

这里希望寻找住院病人费用构成的分类方式，从方法学上应当属于一个比较典型的案例聚类分析问题，但是如果注意到具体的研究背景，则还需要进一步考虑到费用的分项构成之间显然会存在一定的关联性。简单地说，就是总费用高的病人，其各个分项也会偏高，这种关联性可能会对聚类结果造成影响，因此需要考虑进行预处理，具体的处理方法可能是前面使用过的因子分析，也可以是其他的标准化方法、变量组合方式等，需要在分析中根据结果加以确定。

另外，由于结果中需要反映相应的类别比例，而这一比例显然会受到样本来源的影响，因此在比例结果解释的时候需要注意原始样本的数据分布是否和希望代表的总体一致，相应的比例是否是因为某些样本分布不均导致的结果假象。

住院费用影响因素筛选

在本案例中，研究者希望回答的问题是非常明确的，初看起来似乎并无独特之处，所需要采用的方法也似乎就是标准的多变量预测模型即可。但是仔细考虑之下，我们会发现问题要远比表面更复杂。

✧ 这里希望预测的住院费用为连续性变量，对于此类分析，应用最广的方法是回归分析等传统的线性模型框架，但是这些方法都需要具备正态性、方差齐等适用条件，且要将各影响因素与因变量之间的关系规定为线性关联。显然，医疗费用的实际特点与之不符，由经验可知，住院费用不服从正态分布。

✧ 大量既往研究表明，医疗费用数据往往受各种因素的影响，关系错综复杂，甚至于可能是复杂的非线性联系。从最简单的角度讲，住院费用显然和住院天数有着明显的联系，即使其他方面完全相同，只要住院天数增加，那么因为床位费、护理费、检查费、药费等随之上升也会导致总费用增加。对于这种复杂的联系，传统的线性模型框架很难对其进行精确拟合，研究者有必要考虑更加适合费用数据特征的统计方法。

✧ 如果仍然按照线性模型的逻辑来思考，则本例很可能需要应用结构方程模型来加以分析，而如果再考虑到数据分地区、分医院的层次结构，则方法体系就会一步跨入多水平结构方程模型这种变态级别的架构上去。但是，在本研究中有必要把方法学搞得那么复杂吗？首先，此类博士后级别的模型建构非常复杂，需要仔细、深入的数据预分析，否则结果可能会出现误导；其次研究者注意到本次分析是基于已建构完成的数据库进行，在样本量上不存在任何问题，而对分析的及时性和结果的实际应用价值则有比较高的需求，也就是说希望能够比较高效地弄清主要影响因素是哪些，并且相应的分析结果可以被直接利用到后续的数据分析和数据管理中去。这样一来，上述过于学术化的分析逻辑就变得非常可笑。

在认真评估了上述几点之后，最终研究者选择的是应用数据挖掘方法体系对本案例进行分析，相比之下，这样的分析体系至少有以下几点优势。

- ✧ 作为封装好的灰箱甚至于黑箱方法，使用者只需要正确掌握数据的输入格式和结果的阅读方式，就可以得到正确的结果，无须操心数据之间的复杂联系是否在模型中得到正确的表达，因为这些方法有可能根本就没法写出模型表达式来！
- ✧ 数据挖掘方法往往需要较高的样本量，而这一点在本案例中完全可以得到满足。
- ✧ 数据挖掘方法本身就很强调实用性，相应的分析结果是可以直接应用在数据库中的，这完全满足了本项目中结果实用性的要求。

因此在本项目中使用数据挖掘方法体系是更好的选择，但是具体使用哪种方法还需要根据随后的数据预分析结果加以确定。

不同疗法疗效和费用的比较

实际上，在弄清了上面费用影响因素的研究问题之后，再来考虑这里的疗法比较时，其分析思路就会格外清晰，由于需要同时比较疗效和费用，属于双因变量的情形，而且其中的费用是偏态分布的连续性变量，疗效则为有序分类变量，显然常规建模会比较困难。从基本思路上讲，这里仍然可以利用数据挖掘方法体系来进行比较，但是由于相应的模型往往没有显示表达式可以提供，因此无法直观地比较各种疗法的费用和效果，本研究中另辟蹊径，提供了如下的解决方案。

利用现有数据建立双因变量的预测模型。

- ✧ 将数据中的治疗类别全部改为中医疗法，利用建立好的预测模型求得此时的费用和疗效模型预测值。
- ✧ 按照上述思路，分别取得疗法全部修改为西医和中西医时的模型预测值。
- ✧ 对上述几种模型预测值进行比较，取得分析结论。

虽然上述分析所得到的结果无法做到经典模型那样高度量化，但用于回答基本的研究问题应当完全可行。

16.2 数据理解与数据准备

由于本研究的几个分目标各自比较独立，因此数据理解与数据准备也需要按照每个具体的分目标展开。出于篇幅考虑，本节将主要阐述和费用数据相关的数据理解操作和结果，其余更常规的数据理解操作不再赘述。

16.2.1　费用数据分布

首先考察总费用和各分项费用的分布情况，操作如下。

1. 分析→描述统计→描述；
2. 将总费用和床位费、西药费等各分项费用指标输入变量框；
3. 确定。

从表 16.1 所示的结果中我们可以注意到以下信息。

✧ 所有的费用指标均数都远远小于最大值，且标准差远大于均数，这是典型的正偏态数据分布特征。

✧ 诸如血费、氧费、手术费、接生费的均数非常低，说明有此类支出的患者其比例可能很低。

表 16.1　描述统计量

	个 案 数	极 小 值	极 大 值	平 均 值	标 准 差
住院总费用	2700	0	96965	4082.72	6995.050
床位费	2700	0	4400	234.33	346.383
中成药费	2700	0	18614	335.04	1002.231
西药费	2700	0	66891	1771.42	3690.751
检查费	2700	0	2981	120.08	223.033
血费	2700	0	1320	5.79	69.834
氧费	2700	0	2608	28.40	142.334
诊疗费	2700	0	28977	992.36	2565.113
手术费	2700	0	2758	62.57	231.823
接生费	2700	0	114	.04	2.194
其他费	2700	0	28978	160.13	723.545
放射费	2700	0	1810	35.84	93.823
化验费	2700	0	1958	119.88	147.038
中草药费	2700	0	7103	91.25	311.918
护理费	2700	0	5895	106.07	272.233
治疗费	2700	0	6223	19.73	135.242
有效个案数(成列)	2700				

为确认上述信息，可以进一步计算出各指标的主要百分位数以做进一步的考察。

1. 分析→描述统计→频率；
2. 将总费用和床位费、西药费等各分项费用指标输入变量框；

3. “统计量”按钮，选中百分位值组中的割点复选框，继续；
4. 确定。

为便于显示，这里将结果表格分为两半列出，从中可见 90%左右病人的手术费、血费、氧费、接生费都为 0，且这几项费用的金额都不算高，因此为了便于随后的聚类分析，必须考虑对其进行数据整理，如表 16.2 所示。

表 16.2 统计量

		住院总费用	床位费	中成药费	西药费	检查费	血 费	氧 费	诊疗费
个案数	有效	2700	2700	2700	2700	2700	2700	2700	2700
	缺失	0	0	0	0	0	0	0	0
百分位数	10	326.40	16.00	.00	70.00	.00	.00	.00	15.00
	20	689.20	34.20	.00	168.00	.00	.00	.00	49.00
	30	1018.00	54.00	.00	261.30	9.00	.00	.00	91.30
	40	1354.00	80.00	.00	405.80	20.00	.00	.00	154.00
	50	1821.50	117.00	7.50	619.00	35.00	.00	.00	238.00
	60	2507.20	153.00	38.00	929.00	60.00	.00	.00	376.00
	70	3627.10	227.10	122.40	1416.60	106.00	.00	.00	625.40
	80	5427.80	340.00	275.80	2360.00	180.00	.00	.00	984.80
	90	9640.50	620.00	870.90	4634.10	340.00	.00	6.00	2122.00
		手术费	接生费	其他费	放射费	化验费	中草药费	护理费	治疗费
个案数	有效	2700	2700	2700	2700	2700	2700	2700	2700
	缺失	0	0	0	0	0	0	0	0
百分位数	10	.00	.00	.00	.00	.00	.00	.00	.00
	20	.00	.00	.00	.00	7.20	.00	.00	.00
	30	.00	.00	.00	.00	30.00	.00	.00	.00
	40	.00	.00	2.00	.00	54.40	.00	.00	.00
	50	.00	.00	17.00	.00	80.00	.00	6.00	.00
	60	.00	.00	37.00	7.00	113.60	.00	15.00	.00
	70	.00	.00	75.00	28.00	148.00	24.00	51.70	2.00
	80	.00	.00	143.00	45.00	196.00	96.00	124.00	14.00
	90	139.80	.00	334.00	98.00	277.00	250.00	333.70	40.00

16.2.2 变量合并

前面曾经提及，对于存在关联性的费用分项指标可以有好几种预处理方式，由于这里我们已经发现了个别小项，在请教了临床专家后，研究者根据专业知识考虑对原始费用分项做如下的合并。

- ✧ 将中成药和中草药费合并，统一称为中成药/草药费，代表中医药所对应的药费。
- ✧ 将手术费、血费、氧费合并，统一称为手术/血/氧费。
- ✧ 将检查费和治疗费合并，统一称为检查治疗费。
- ✧ 将接生费剔除，不纳入聚类分析。

注意：这里的数据处理主要是基于专业知识进行的，并未过多参考统计上的变量相关性，因为统计分析一定要在专业知识的指导下进行，在专业上已经有明确结论的时候，统计指标的参考价值实际上是有限的。

上述操作在 SPSS 中的实现程序如下。

```
COMPUTE V85_96=V85+V96.
COMPUTE V87_98=V87+V98.
COMPUTE V88_89_91=V88+V89+V91.
EXEC.
VARIABLE LABELS  V85_96 '中成药/草药费' / V87_98 '检查治疗费'
  / V88_89_91 '手术/血/氧费'.
```

16.2.3　极端值清理

在数据考察中我们还发现住院总费用和住院天数的极小值和极大值方向均存在若干比较特殊的数据。

- ✧ 有 27 条记录的住院费用为 0 元，13 条记录的住院费用超过 5 万元。
- ✧ 有 157 条记录的住院天数为 1 天，有 12 条记录的住院天数超过 200 天。

注意：在真实的医院住院病人管理中，上述住院费用 0 元，或者住院天数 1 天的情况是完全有可能出现的，并非数据录入错误，但显然此类数据所对应的病人不应当是本次分析的目标群体，相应的记录不应当被纳入分析范畴，最终研究者针对这些记录进行了以下筛选操作。

```
USE ALL.
COMPUTE FILTER_$=(RANGE(V83,0.1,50000)=1 & RANGE(V29,2,200)).
FILTER BY FILTER_$.
EXECUTE.
```

为了保留原始数据集的记录，这里的程序运行之后只是将上述记录屏蔽在分析集之外，如果分析者希望做得更干净，也可以使用 SELECT IF 语句将不符合条件的记录直接删除。

16.2.4　病种分布考察

本研究中需要对费用种类的类别比例进行描述，但一个显而易见的问题是不同疾病种类中的病人其费用种类分布特征显然不会相同，例如急性阑尾炎的费用构成中手术费应当比例较高，而感冒的费用构成则应当以药费和床位费为主。这样的话，相应的费用分项比例分布就会受到数据集中各疾病种类构成比高低的影响。对此有两种处理措施，一种是事先了解疾病种类在样本中的构成，然后在结果解释时对比例数据进行加权调整；另外一种方式则是考虑直接分病种进行类别分布的描述。这里由于只是案例演示，因此只考察一下具体病种分布，以便在结果解释的时候同时考虑该因素的潜在影响。

1. 分析→描述统计→频率；
2. 将出院西医主诊断输入变量框；
3. 确定。

从表 16.3 中可见代码为 1629 和 8738 的疾病案例数较少，其余 8 种疾病样本量则较充足。本案例处于保密需要，删除了各疾病代码所对应的实际疾病名称，因此无法结合专业知识对此问题做进一步的展开，这里只是提醒各位读者在实际分析工作中，这一点是必须应加以认真考虑和处理的。

表 16.3 出院西医主诊断

		频　率	百 分 比	有效百分比	累积百分比
有效	1629	35	1.4	1.4	1.4
	4018	269	10.8	10.8	12.2
	4140	564	22.6	22.6	34.8
	4349	307	12.3	12.3	47.1
	4556	125	5.0	5.0	52.1
	4659	291	11.7	11.7	63.8
	4919	334	13.4	13.4	77.2
	5409	312	12.5	12.5	89.7
	7221	171	6.9	6.9	96.6
	8738	86	3.4	3.4	100.0
	合计	2494	100.0	100.0	

16.2.5 变量变换

在分析中住院总费用，住院总天数等都是比较重要的指标，但显然这些变量明显呈正偏态分布，为了减小极端值的影响，这里考虑对其进行对数变换，操作如下。

```
COMPUTE LGV83=LG10(V83).
COMPUTE LGV29=LG10(V29).
EXECUTE.
VARIABLE LABELS LGV83 'LG(住院总费用)' / LGV29 'LG(住院天数)'.
```

对于上述变量变换的用途，我们还将在随后建模时做进一步的阐述。

16.3　采用聚类分析寻找费用类型

在写作本书时，笔者曾经犹豫了很久，究竟要不要在其中从科研分析的角度提供一个聚类分析的案例。因为根据经验，笔者知道聚类分析是原理最简单、但应用最灵活，得到公认“正确”的结论可能最困难的一种统计方法。但是最终，笔者还是决定提供本案例，以客观地呈现在真实数据分析中进行聚类分析时所需要考虑和解决的各类问题。下面就让我们一起来看一下具体的分析过程。

16.3.1　考虑用因子分析汇总信息

在数据理解步骤中，我们已经进行了费用分项各小项的合并，但是显然合并处理后的分项之间仍然存在着相关性，因此随后会很自然地考虑到是否需要采用因子分析进行信息的浓缩和提取，操作如下。

1. 分析→降维→因子分析；
2. 主对话框：将床位费、西药费、诊疗费、其他费、放射费、护理费、中成药/草药费、检查治疗费、手术/血/氧费输入变量框；
3. 描述：选择 KMO 和 Bartlett 的球形度检验；
4. 抽取：选中碎石图复选框，继续；
5. 旋转：最大化方差法，继续；
6. 选项：选择按大小排序、取消小系数；
7. 确定。

KMO 统计量为 0.78，说明各费用分项之间的确存在较大的信息重叠，可以考虑提取公因子(见表 16.4)。

表 16.4　KMO 和巴特利特检验

KMO 取样适切性量数		.780
巴特利特特球形度检验	近似卡方	5661.729
	自由度	45
	显著性	.000

表 16.5 可见按照默认的特征根大于 1 的标准，可以提取三个公因子，合计占总原始信息量的 56%。

从图 16.1 中可以看出，实际上第一个公因子的信息量明显较高，但 2～10 公因子并未出现明显的断层，信息量呈持续下降趋势。

表 16.5　解释的总方差

成分	初始特征值			提取载荷平方和			旋转载荷平方和		
	合计	方差的 %	累积 %	合计	方差的 %	累积 %	合计	方差的 %	累积 %
1	3.289	32.890	32.890	3.289	32.890	32.890	2.288	22.881	22.881
2	1.221	12.206	45.096	1.221	12.206	45.096	2.201	22.006	44.888
3	1.150	11.498	56.594	1.150	11.498	56.594	1.171	11.706	56.594
4	.967	9.667	66.261						
5	.842	8.419	74.680						
6	.700	7.000	81.680						
7	.603	6.034	87.714						
8	.495	4.952	92.666						
9	.427	4.269	96.935						
10	.306	3.065	100.000						

提取方法：主成分分析。

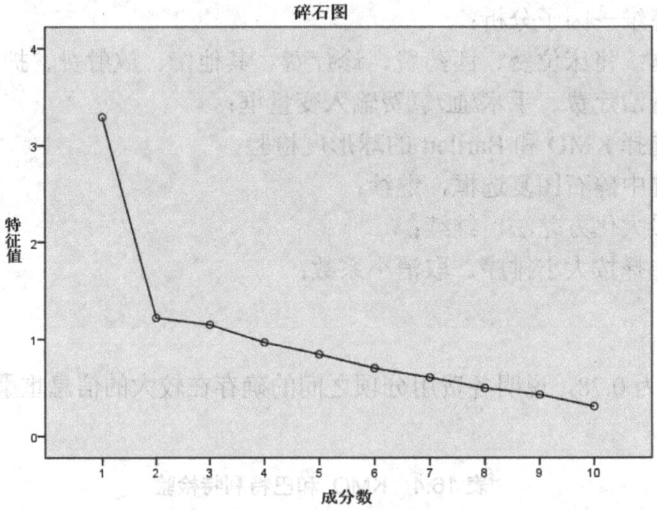

图 16.1　碎石图

表 16.6 给出了原始变量的信息在各因子之间的分布状况。

- ✧ 公因子 1 主要和药费、床位费、诊疗费等相关，可以被命名为“药物治疗”。
- ✧ 公因子 2 主要和检查治疗费、化验费、放射费、诊疗费、西药费有关，显然可以被命名为“检查治疗”。
- ✧ 公因子 3 主要和护理费、手术/血/氧费有关，显然可以被命名为“手术治疗”。

表 16.6　旋转成分矩阵 a

	成分		
	1	2	3
其他费	.784	−.142	
中成药/草药费	.739	.217	−.109
床位费	.725	.366	.215
检查治疗费		.699	.317
化验费	.315	.649	
放射费		.619	−.147
诊疗费	.425	.598	
西药费	.553	.572	
护理费		.102	.810
手术/血/氧费	.106	−.102	.567

提取方法：主成分。

旋转法：具有 Kaiser 标准化的正交旋转法。

a. 旋转在 5 次迭代后收敛。

显然上述公因子都可以得到非常合理的专业解释，照此看来，似乎直接利用公因子代替原始变量进行后续分析是顺理成章的事情，但是在仔细考虑之后，我们会发现这种分析思路存在以下问题。

- ✧ 提取的公因子数量偏少：实际上，可以预期随后的聚类分析多半会聚成三类，分别是药物、检查、手术为主的住院费用结构。研究者如果希望得到进一步细分的结果，则显然因子分析的信息提取结果过于集中了一些。
- ✧ 公因子提取效果还不够理想：三个公因子只包括了不到 60%的原始信息，且在特征根大小上，2、3 公因子并未和后续的公因子拉开差距，这意味着可能每个原始变量还是具有自身比较独特的信息，无法被公因子所代表。

鉴于上述几点，特别是在利用因子分析尝试着进行了聚类分析，却未能得到符合分析需求的结果之后，研究者最终决定放弃因子分析的结果，转而考虑直接使用费用分项变量进行聚类分析。

16.3.2　聚类分析方法简介

人以类聚，物以群分，人们总是试图把万千世界中的事物按照它们的各种属性和特征分成有限的类别，从而方便进行进一步的认识和研究。

把事物分成若干类别的方法有很多种，人们能够想到最简单的方法就是根据经验来划分，但是这种分类方法会有一些问题，一是分类结果会过于主观；二是当区分变量多时(比如10个)，就很难再用经验对其进行简单明了分类。考虑到以上问题，人类发明了根据数据本身结构特征对数据进行分类的方法——聚类分析，通过聚类分析，我们可以把数据分成若干个类别，使类别内部的差异尽可能得小，类别间的差异尽可能得大。

距离的定义

在聚类分析中最重要的问题就是如何描述“差异”，通常的做法是通过距离或者相似性的方式来描述。统计学家发明了各种各样描述距离和相似性的方法，在SPSS提供的距离和相似性度量就多达30余种。而在统计学中最常用的距离表达是欧几里得距离，对于两个数据点(x_1,y_1,z_1)和(x_2,y_2,z_2)，欧几里得距离的计算公式是

$$Euclid(1,2)=\sqrt{(x_1-x_2)^2+(y_1-y_2)^2+(z_1-z_2)^2}$$

但是在聚类分析中人们往往会使用欧几里得距离的平方来度量距离，大多数聚类过程默认都采用这样的距离度量。

数据的标准化问题

通过上面介绍的距离度量我们可以发现一个问题，就是如果不同的变量其数量相差太大，会使两个变量的影响明显不平衡。比如如果x_1和x_2的数量级是万，而y_1和y_2的数量级是十，那么在计算距离的时候我们就会发现y变量对距离计算的结果影响相对于x就显得微不足道了，这显然不是我们希望看到的。为了解决这个问题，如果各变量的数量级相差太大，在进行聚类分析之前，要对数据进行标准化，使不同数量级的数据之间可以比较。常用的标准化方式有两种：一种是把数据全部标准化为服从平均数为0，标准差为1的标准正态分布，另一种是把数据变换为范围在0到1之间的数据。

层次聚类法

聚类分析方法根据其原理可以被分为多种类型，经典的聚类方法大致可被分为两类：层次聚类法(Hierarchical Clustering)和非层次聚类法(Non-hierarchical Clustering)。除此以外，近年来发展出的一系列智能聚类方法则可以被归为一个新的类别。

层次聚类方法首先会确定距离的基本定义，以及类间距离的计算方式，随后按照距离的远近，通过把距离接近的数据依次合并为一类，直到数据完全被合并为一个类别为止，或者是首先认为所有的数据都是一个类别，然后通过把距离远的数据一步一步分离开来，直到所有的数据各自成为一类为止，这样就得到了一系列(从被合并为一大类到这n个元素各自被分为一类)可能的聚类结果，最后再利用一些相应的指标来确定聚为几类的结果是最为合适的。显然，这一系列的聚类结果之间存在着嵌套，或者说层次的关系，因此这一类方法的名称被称为层次聚类法。

由于这种结果上的层次关系，整个分析过程，特别是每一步中完成的合并或分割都可以用一张二维空间的图形来表示，这种图被称为“树状图”，是层次聚类法结果解释的重要工具。

非层次聚类法

设计非层次聚类方法或者说重新定位法的目的是为了将案例快速分成K个类别，一般而言，具体的类别个数需要在分析前就加以确定，整个分析过程使用迭代的方式进行，首先起步于一个初始的分类，然后通过不断的迭代把数据在不同类别之间移动，直到最后达到一定的标准为止，整个计算过程中不需要存储基本数据或者距离矩阵，因此不会出现多个互相嵌套的聚类结果，而计算速度也要快得多。

目前，非层次聚类法中以K-均值聚类法(K-means Clustering)最为常用，该方法也被称为快速聚类法或逐步聚类法，SPSS中提供的也正是这种方法。

智能聚类方法

随着近年来数据仓库和数据挖掘技术的逐渐成熟，海量数据的聚类分析已经成为一个现实的问题，但是以上传统方法均远远不能满足需求。首先，数据挖掘面对的是海量数据，过高的计算量会致使方法不具实用价值；其次，传统方法中使用的距离指标往往不能满足复杂的数据联系需要，特别是连续性、离散性数据混合出现的情形；最后，这些方法在类别数确定时或者要求用户自行指定，或者需要计算出所有可能的解决方案后从中加以判断，这些往往都不符合数据挖掘的实际情况。

为此，人们希望能找到这样一些聚类方法，它们计算量较小，能自动判断最适宜的类别数，同时又能够发掘类别之间的复杂联系。借助于人工智能技术的发展，一系列新的智能聚类方法被发展出来，其中较常见的是两步聚类法和神经网络中的自组织图技术。SPSS从11.5版起提供了两步聚类法，而对自组织图的支持则放在了数据挖掘工具SPSS Modeler中，在SPSS Statistics中并未提供。

和在前面章节学习到的统计方法不同，聚类分析是一种探索性的统计分析方法，它没有过多的统计理论支持，也没有很多的统计检验对聚类结果的正确性“负责”，仅仅是按照所定义的距离将数据进行归类而已，有的统计学家就因此而拒绝承认它是一种统计方法。从应用的角度讲，针对某一个特定问题，我们很难得出一个完全确定、也能够得到理论完全支持的结论，更多的时候是依据聚类结果在问题中的“有用性”来判断模型效果的好坏，这正好应了小平同志的那句名言：只要抓得住老鼠，就是好猫。

16.3.3 对费用数据进行聚类分析

在正式进行分析之前，我们还需要考虑如何在聚类分析中使用这些原始变量。

- 在数据理解步骤中我们已经发现，不同的费用分项值可能会相差一个数量级，因此如果直接将原始变量用于聚类分析，所得到的类别结果就会更加偏向于药费、诊疗费这些指标的变异，这无疑不是分析者所希望的结果。

- ✧ 如果考虑对所有原始分项指标进行标准正态变换，自然可以将所有指标的作用强度“拉平”到相同水平。但深入考虑之后，就会发现由于这些分项费用指标存在较强的正向相关，因此这样标准化变换之后进行聚类分析，最终无非会得到某个类别其各分项费用都偏高，因此总费用也最高，而另一个类别其各分项费用都偏低，因此总费用也偏低之类的结果，这显然和分析的初衷有明显差异。
- ✧ 本研究的分析目的，如果用通俗一点的方式来阐述，无非就是希望了解在整个总费用构成中，是否存在某些病人的某些分项费用比例更高，而其他一些病人的这些分项费用比例较低，另一些则较高的情形。如果能明白这一点，就会立刻发现实际上应当是使用分项费用的构成比来进行聚类分析更为合适。但是由于各分项的构成比相差较多，这样分析仍然可能放大高费用/高比例分项的作用，因此我们可以采用另一种操作方式：横向标准化来达到相同的变量转换目的。

所谓横向标准化，实际上就是以行为单位进行标准正态变换。这样操作之后，就会直接消除掉总费用高低的影响，从而使聚类结果能够更清晰地反映各分项费用的构成变化(见图 16.2)。

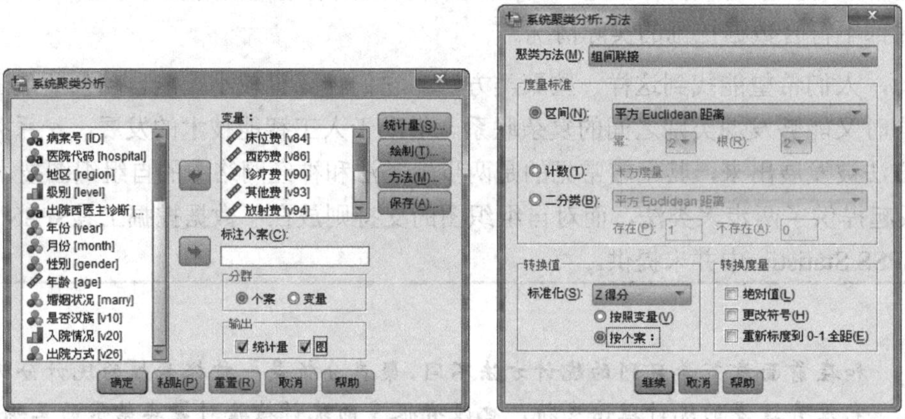

图 16.2 “系统聚类分析”对话框

SPSS 在系统聚类过程中可以直接实现横向标准化，相应的分析操作如下。

1. 分析→分类→系统聚类；
2. 将床位费、西药费、诊疗费、其他费、放射费、护理费、中成药/草药费、检查治疗费、手术/血/氧费输入变量框；
3. 方法：转换值标准化选择 Z 得分，选中下方的“按个案”单选按钮，继续；
4. 保存：将希望保存的方案范围设定为 2～10 类；
5. 确定。

上面的操作会生成大量的图表输出，而这些输出实际上对分析没有太大帮助，操作时可以在主对话去除统计量和图的复选框，以省去等待生成这些输出的时间。

在上面的操作中，由于我们不知道究竟聚为几类最合适，因此要求直接存储 2～10 类的所有结果，然后再对相应的聚类结果进行观察。相应的聚类分析结果输出没有阅读价值，我们直接对存储出的聚类结果变量进行考察如下。

1. 分析→表→设定表；
2. 将生成的 Clu2_1～Clu10_1 拖入列框；
3. 在列框的变量名处单击右键，在弹出菜单中取消显示“变量标签”复选框；
4. 类别位置：修改为列中的行标签；
5. 确定。

在表 16.7 我们清楚地看到，案例被分为 6 个类别之后继续细分出的都是小类别，因此可以初步考虑按照 6 个类别的结果作初步的类别特征描述，以寻找更为明确的结果解释，相应的操作如下。

表 16.7　各类别的频数表

	计数	计数	计数	计数	计数	计数	计数	计数	计数
1	1971	1971	1971	1971	2159	2159	2253	2425	2485
2	172	172	172	172	172	172	172	60	9
3	26	26	26	26	26	60	60	9	0
4	34	34	34	34	34	94	9	0	0
5	184	188	188	188	94	9	0	0	0
6	91	91	94	94	9	0	0	0	0
7	3	3	4	9	0	0	0	0	0
8	4	4	5	0	0	0	0	0	0
9	4	5	0	0	0	0	0	0	0
10	5	0	0	0	0	0	0	0	0

1. 分析→表→设定表；
2. 重置；
3. 将 Clu7_1 拖入行框；
4. 在行框的变量名处单击右键，在弹出菜单中取消显示“变量标签”复选框；
5. 将住院总费用、床位费、西药费、诊疗费、其他费、放射费、护理费、中成药/草药费、检查治疗费、手术/血/氧费拖入列框；
6. 摘要统计量：将中位数输入显示框，均数移出显示框，应用到全部；
7. 确定。

注意：在上面的操作中，考虑到费用的分布为明显偏态，因此我们使用了中位数而不是均数进行类别集中趋势的描述。

在表 16.8 中，由于第七类只有 9 例样本，因此可以直接忽视，只考察前 6 类的特征即可。

表 16.8 各类别的均值描述

	住院总费用	床位费	西药费	诊疗费	其他费	放射费	化验费	护理费	中成药/草药费	检查治疗费	手术/血/氧费
	中值	中值	中值	中值	中值	中值	中值	中值	中值	中值	中值
1	2108	130	862	299	15	0	91	6	69.00	45.00	.00
2	3981	270	588	227	183	0	187	9	1779.50	87.00	.00
3	314	18	31	50	3	20	73	7	32.00	49.00	.00
4	1099	57	219	52	9	6	36	15	35.00	373.00	.00
5	1831	80	415	228	5	0	45	74	.00	50.00	636.50
6	1049	56	149	238	310	0	38	0	.00	10.00	166.00
7	1205	319	91	83	87	0	105	12	198.00	54.00	.00

- 第一类：总费用较高，西药费、诊疗费较高，注意其样本比例占了大部分总样本量，显然属于西医药物疗法为主的住院费用结构。
- 第二类：总费用最高，中成药/草药费远高于其余各类，因此属于中医药物疗法为主的住院费用结构。
- 第三类：总费用最低，各分项也很低，只有放射费相对较高，注意到其样本量只有 26 例，因此是特殊的低花费人群。
- 第四类：总费用偏低，检查治疗费很高，有放射费支出，因此属于以检查为主的费用结构。
- 第五类：从其手术费最高，可以很明确地得知属于手术治疗为主的费用结构。
- 第六类：和第五类比较类似，但显然手术费、西药费、检查治疗费等都低于第五类，只有其他费高于第五类，这有可能属于轻症手术，但营养费等其余费用较高的结构。

显然在上述六类的结果中，3、4 两类，以及 5、6 两类之间的差异较小，可以考虑是否进行合并解释。此外，除上述费用变量外，我们还可以对病种、住院天数、疗效等附属指标进行类间分布规律的描述，以便清晰地获得各个类别的特征。聚类分析的结果完全是一个解释性的结果，很难有确定的结论出现。这里只是展示了整个分析的基本思路，具体的研究结论还需要在上述工作的基础上继续进行深化和改进，限于篇幅，本书对此不再展开论述。

16.4 住院费用影响因素的神经网络分析

根据前面的商业理解和数据预分析结果，这里将采用 BP(Backpropagation)神经网络对数据进行分析，并进一步评价该模型各变量的重要性。

16.4.1　模型简介

人工神经网络(Artificial Neural Network，ANN)是在对人脑组织结构和运行机制的认识理解基础之上，模拟其结构和智能行为的一种工程系统。早在20世纪40年代初期，心理学家McCulloch、数学家Pitts就提出了人工神经网络的第一个数学模型，开创了神经科学理论的研究时代。

20世纪80年代中期人工神经网络得到了飞速的发展。1982年美国加州州立理工学院物理学家Hopfield教授提出了Hopfield人工神经网络模型，他将能量函数的概念引入人工神经网络，并给出了稳定性的判据，开拓了人工神经网络用于联想记忆和优化计算的新途径。

生物学神经网络的信息传递过程

神经网络的基本组成单元是神经元，数学上的神经元模型是与生物学上的神经细胞对应的。或者可以说，人工神经网络理论是用神经元这种抽象的数学模型来描述客观世界的生物细胞的。具体而言，可以将生物学上的神经网络看成一层层的神经元细胞相互连接而成，输入层神经元接收来自机体内外的信息后，将信息通过突触与下一层神经元发生联系；这一层神经元中的每个神经元将来自输入层的信息汇总并通过处理(即激励或活化)再向下一层神经元传递；下一层神经元也通过相似的过程将处理过的信息再向下传递，经过若干层后到达输出层，输出层也将其收集到的信息经过活化处理，大脑即可知晓输入层所获得的信息的结局。从上可以总结出人类神经活动的基本特点。

1. 神经元：神经元是网络的基本单元，多个输入，一个输出，汇总传来的信号，以某种方式决定相应的输出大小。同时神经元的信息传递是单向性传递，即只能从前一级神经元的轴突末梢传向后一级神经元的树突或细胞体，反之不能传递。

2. 神经活动：其本质就是大脑(通过眼、耳等各种感知器官传来的信号)不断监控当前状况和目标状况间的差异，发出指令调整操作(如调整手臂肌肉的伸缩程度以获得手臂弯曲的效果)，直到目的达成(如拿起一个苹果)。显然，对神经活动的调控是通过监控系统对动作误差的反馈实现的，而儿童的成长就是非常标准的神经系统对一切操作的“学习”过程。

人工神经网络的工作原理

学习和执行是神经网络不可缺少的两个处理过程和功能。通过学习阶段，可以把神经网络训练成对某种信息模式特别敏感，或具有某种特征的动力学系统。通过执行阶段，可以用神经网络识别有关信息模式或特征。神经网络的各种有效的行为和作用，都是通过这两个关键的过程来实现的(见图16.3)。如果用统计学的术语来描述生物神经网络的传递过程，则：

1. 输入层神经元相当于自变量向量，中间各层神经元相当于所采用的统计分析模型，而输出层神经元的信号强弱则相当于因变量取值。

2. 信息由输入层到输出层不断传递，中间神经元根据某种准则不断调整对接收到的相应信号的处理方式，最终使输出层得到恰如其分的信息。

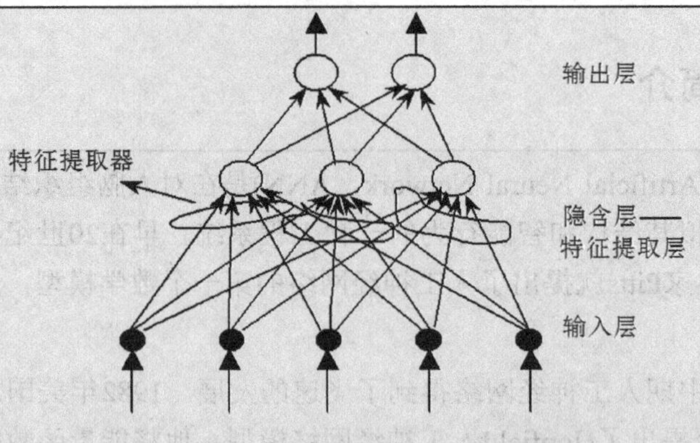

图16.3 含有一个隐含层的神经网络示意图

BP神经网络就完全模拟了上述结构：整个信息传递过程为由输入层到输出层单向传递，在对网络的训练中不断调节神经元之间的联系强度准则，使网络的计算输出因变量向量与已知训练样本的因变量向量之差为最小(即预测效果最佳)，而相应的调整就是依靠训练过程中不断将此预测值和实测值之差(误差)反馈给网络来做出的。

在网络开始进行学习之前，需要按照给定的网络拓扑结构进行初始化，给网络的各连接权重赋予(0，1)区间内的随机值，然后将已知的信息从输入层输入，网络将输入信息通过加权求和、比较等过程，再进行非线性运算，得到最终输出。在此情况下，网络第一次的输出结果实际上是完全随机的。而该结果就可以和已知的结果加以比较，并将比较结果(误差)依次反馈给各节点。如果相应连接权重得到的是正确结果，则按约定的规则(步长)增大该权重值，以便促使网络更倾向于作出正确的判断；如果相应连接权重得到错误的输出，则按约定的规则降低权重值，以降低输出错误结论的可能性。

网络进行若干次学习，对权值进行多次修改后，判断的正确率就大大提高了。网络把相应的学习信息已经记录在各个节点的连接权重上，当网络再次遇到任何一个已经被其学习过的类似信息时，就能够做出更加迅速、准确的判断和识别。一般说来，网络中所含的神经元个数越多，则它能记忆、识别的模式也越多。

由于人工神经网络中神经元个数众多，并且整个网络存储信息容量巨大，使得它具有很强的不确定性信息处理能力。即使输入信息不完全、模糊不清，神经网络仍然能够联想思维存在于记忆中的事物的完整图像。只要输入的模式接近于训练样本，系统就能给出正确的推理结论。

此外，人工神经网络的结构特点和信息存储的分布式特点，使得它有非常好的健壮性。生物神经网络不会因为个别神经元的损失而失去对原有模式的记忆。最有力的证明是，当一个人的大脑因意外事故受轻微损伤之后，并不会失去原有事物的全部记忆。人工神经网络也有类似的特性，如果网络的硬件实现或者软件实现中的某个或某些神经元失效，整个网络仍然能继续工作。

使用神经网络时需要注意的问题

1. 可解释性：神经网络很难解释，目前还没有能对神经网络做出显而易见解释的方法学，这导致该方法只能作为一种“黑箱”方法加以应用，很难深入地和专业背景知识加以结合。

2. 训练过度问题：由于神经网络在节点充足的情况下可以充分提取样本信息，而它又无法区分有效信息和噪声，因此如果对训练样本学习过于充分(Over Training)，则会纳入越来越多的噪声信息，导致网络的推广能力下降。具体表现为对训练样本的预测效果相当惊人，但对外部样本的预测效果则远低于训练样本，而训练次数越多，训练过度的风险就越大。

3. 分析效率：除非问题非常简单，训练一个神经网络可能需要相当可观的时间才能完成。当然，一旦神经网络建立好了，用它做预测时运行还是很快的。并且后续的分析可以基于现有的网络做进一步的学习，从而减少所需时间。

4. 数据准备：进行神经网络分析前要做的数据准备工作量很大。一个很有误导性的神话就是不管用什么数据，神经网络都能很好地工作并做出准确的预测，这是不确切的。要想得到准确度高的模型必须认真进行数据清洗、整理、转换、选择等工作，对任何数据挖掘技术都是这样，使用神经网络时尤其需要注重这一点。

5. 样本量：注意，认为nnet没有样本量要求的想法并不正确！过小的样本量会导致预测效果不稳定，外推准确率非常差。由于nnet可以被看成对一个复杂非线性方程的近似拟合，因此，相当于只要能使方程中的参数估计值能被精确估计，样本量才是充足的，因此可以考虑借鉴普通回归分析中的样本量要求。当然，由于nnet不存在假设检验，样本要求在此基础上可能会略小一些，有学者提出为1∶10以上。

16.4.2　初步尝试用神经网络建模

在神经网络分析中我们首先考虑了以下问题。

- 为防止过度拟合，神经网络分析中需要对样本进行拆分，按照一定的比例形成分析集、训练集和验证集，常见的比例为 7∶3 或者 5∶5，这里研究者采用了默认的 7∶3 比例。
- 分析中可以建立单隐含层或双隐含层的网络，而且每层内的隐单元数量也可以自行设定。目前，对于神经网络中隐单元和隐含层的最佳数量尚无定论，作为初步分析，我们可以考虑首先建立默认的单层模型，然后将网络复杂化，以观察其后续分析效果以及分析结果有无改善。
- 除应当纳入的各种影响因素之外，这里研究者还可以加入一些控制因素，首先是出院时的转归(疗效)，因为脱离疗效来谈住院费用显然是很无聊的一件事情，对患者及其家庭而言，花更多的钱得到治愈的结果，显然要优于花很少的钱得到疾病恶化的结果。

- ✧ 另一个需要考虑的因素是住院天数，但是如果将住院天数直接纳入控制因素似乎不太妥当，因为和疗效相比，住院天数的多少似乎并不是特别关键的问题，因此基于专业知识，最终模型将不对天数进行控制。

神经网络的对话框如图 16.4 所示，相应的分析操作如下(注意每个变量的测量尺度必须正确设定，这将直接影响到软件是否会进行正确的网络建模)。

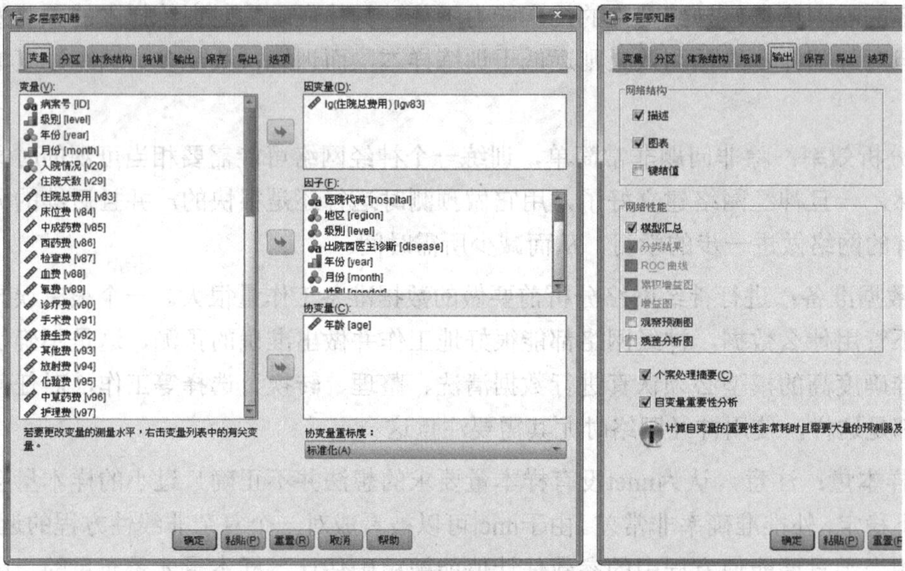

图 16.4　神经网络的对话框

1. 分析→神经网络→多层感知器；
2. 将 lg 住院总费用输入因变量框；
3. 将医院代码、地区、级别、出院西医主诊断、年份、月份、性别、婚姻状况、是否汉族、出院方式、转归(西医主诊断)、门出诊断符合标志、入出诊断符合标志、有无抢救、治疗类别、药物过敏标志、手术标志、院内感染、输血情况、输液情况、入院途径、中医特色治疗、入院前经外院诊治、住院期间病情：危重、住院期间病情：急症、住院期间病情：疑难、费用来源等输入因子框；
4. 将年龄输入协变量框；
5. 输出选项卡：选中“自变量重要性分析”复选框；
6. 确定。

很多神经网络的使用者认为该方法完全没有适用条件的限定，也不存在变量分布、残差分布之类的问题，这种看法并不正确。在本研究中，由于我们的分析目的是寻找主要影响因素，如果直接使用原始的费用指标进行预测，则模型精度会明显倾向于高费用群体的影响，实际上反而导致结论偏离总体，因此本研究中为减小极端值对网络的影响，特先对其进行对数变换后再进行建模。

由于神经网络模型的训练是从连接权重随机的初始网络开始，且样本的拆分也是随机的，因此读者所得到的网络拟合结果应当不完全等同于随后给出的结果，但基本的分析结论应当是完全一致的。

注意上面的操作中，所有的变量都是直接纳入模型，也并未对模型选项做任何修改，这是因为现在只是做初步分析，无须过多考虑细节上的设定，后续的改进需要基于现有模型提供的信息再做进一步展开。

表 16.9 首先给出已有案例的使用情况，可见有 21 例因为缺失值的原因未能纳入模型，最终由 1686 例样本用于建模，另外 787 例用于测试模型。

表 16.9　案例处理汇总

		个 案 数	百 分 比
样本	训练	1686	68.2%
	测试	787	31.8%
有效		2473	100.0%
已排除		21	
总计		2494	

表 16.10 给出了基本的网络架构，为便于显示，这里我们删除了第 2～28 因子的输出行。可见最终建立的是一个隐含层的模型，该隐含层中包括了 13 个隐单元。

表 16.10　网络信息

输入层	因子	1	医院代码
		..	..
		28	有无医保拒付
	协变量	1	年龄
	单位数 [a]		102
	协变量的重标度方法		标准化
隐藏层	隐藏层数		1
	隐藏层 1 中的单位数 a		13
	激活函数		双曲正切
输出层	因变量	1	lg(住院总费用)
	单位数		1
	尺度因变量的重标度方法		标准化
	激活函数		恒等
	错误函数		平方和

a. 排除偏差单位。

随后还会给出相应的神经网络示意图，因本网络过于复杂，图形并无参考价值，这里省略相应的输出。

表 16.11 显示无论是训练集还是测试集，其相对错误都在 40%左右，相当于预测准确率在 60%左右，这不算一个特别出色的结果，实际上在本项目的全数据库分析中，神经网络的建模准确率高达 90%以上，这里是因为仅抽取了一小部分数据，导致效果变差。

表 16.11 模型汇总

训练	平方和错误	330.663
	相对错误	.388
	中止使用的规则	错误未减少的 1 连续步骤
	培训时间	00:00:02.996
测试	平方和错误	152.988
	相对错误	.386

因变量：lg(住院总费用)。

a. 基于检验样本的错误计算。

当需要预测的因变量为分类变量时，上述模型汇总表中输出的指标很容易被理解，无非就是错分比例的高低而已。但由于本例中需要预测的是连续尺度的因变量，所以显示的是平方和错误(即残差的离均差平方和)，这是网络试图在训练中最小化的误差函数。而下方的相对错误就是剩余的残差离均差平方和占因变量离均差平方和的比例，其本质类似于回归分析中的 1-决定系数。

表 16.12 给出的就是研究者最为关心的自变量重要性列表，在所有自变量中，最重要的变量其重要性会被换算成 100%的相对重要性，而将其余各变量的重要性与之相比，换算成 0～100%的比例。从表格中可见下述各点。

- ✧ 医院级别是最重要的影响因素，而医院代码的相对重要性也高达 36%，这意味着相同的疾病在不同级别、不同医院中诊治，其费用可能差异很大，这对 DRGs 的实施而言显然不是一个好消息。
- ✧ 疾病种类(出院西医主诊断)的相对重要性为 66%，说明不同疾病种类之间还是存在比较明显的费用差异的，该结果非常合理。
- ✧ 费用来源的重要性为 44%，该结果很明确地告诉我们，对于公费、劳保、自费等不同的付费来源，即使疾病种类、疾病严重程度、疗效等都完全一致，所花费的住院费用也会有较大的差异，这显然是非常符合社会现实的分析结论。
- ✧ 治疗效果(转归)的相对重要性只有 21%，也就是说治疗花费的多少实际上和住院治疗的效果没有太大关系，有许多因素对费用的影响要比疗效更大，这显然也是很符合社会现实的结论。
- ✧ 年龄的相对重要性为 93%，虽然年龄应当对费用高低有影响，但显然这里的数值过高了一些，似乎不太合适。

因此，上述分析结果提示我们可能需要对年龄的建模方式做进一步的改进。

表 16.12　自变量的重要性

	重要性	标准化的重要性		重要性	标准化的重要性
医院代码	.048	35.9%	治疗类别	.013	9.5%
地区	.019	13.9%	药物过敏标志	.013	9.7%
级别	.134	100.0%	手术标志	.022	16.3%
出院西医主诊断	.088	65.5%	院内感染	.015	11.0%
年份	.029	21.8%	输血情况	.023	17.3%
月份	.048	35.4%	输液情况	.023	17.3%
性别	.015	11.4%	入院途经	.025	18.5%
婚姻状况	.023	17.0%	入院前经外院诊治	.012	8.6%
是否汉族	.024	17.6%	住院期间病情：危重	.027	19.9%
入院情况	.020	14.8%	住院期间病情：急症	.023	17.3%
出院方式	.040	30.0%	住院期间病情：疑难	.023	17.4%
转归(西医主诊断)	.028	21.0%	费用来源	.059	44.1%
门出诊断符合标志	.012	8.7%	有无医保拒付	.020	15.2%
入出诊断符合标志	.032	23.9%	年龄	.125	93.1%
有无抢救	.016	11.7%			

图 16.5 给出的是各自变量相对重要性的图形化结果，为便于阅读，我们删除了最下方比较次要的若干变量，可见实际上反映的信息和表格完全相同，而且更为清晰地显示出疾病种类、医院级别、医院 ID 等才是费用的主要影响因素，而具体的治疗措施等反而是次要的。

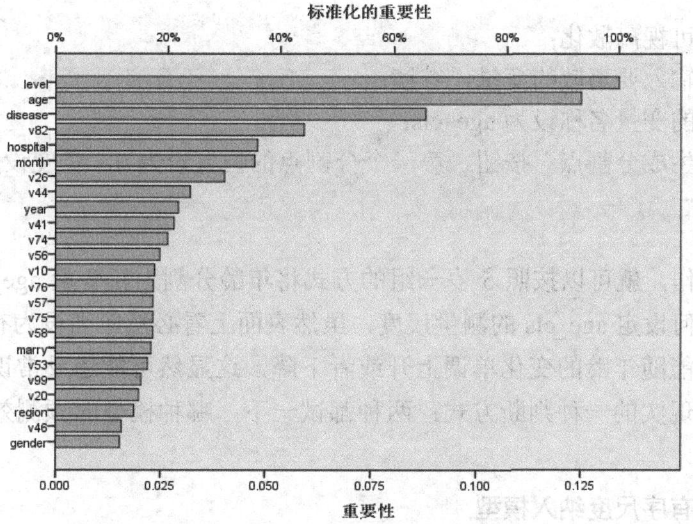

图 16.5　各自变量的相对重要性图

16.4.3 对年龄离散化后重新建模

对年龄进行离散化

在上面的模型中，年龄是直接被指定为连续性变量纳入模型，这种方式意味着强行规定了不同年龄层次间的影响效果差距和方向都是固定的。而显然真实情况不应当如此，影响的强弱，甚至于说作用方向都应当有在不同年龄段出现变化的可能，同时在不同的疾病中年龄的作用显然也应当存在差异。因此这里考虑将年龄转化为分类变量重新纳入模型(见图 16.6)，相应的离散化操作如下。

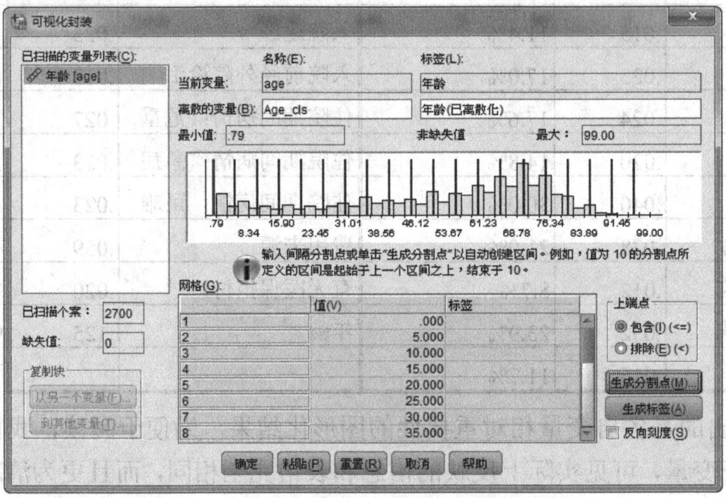

图 16.6 “可视化封装”对话框

1. 转换→可视离散化；
2. 将年龄输入要离散的变量，继续；
3. 将离散的变量名称设为 age_cls；
4. 单击“生成分割点”按钮，第一个分割点的位置设为 0，宽度设为 5，应用；
5. 确定。

通过上述操作，就可以按照 5 岁一组的方式将年龄分割为新变量 age_cls。但是随后的问题就是应当如何设定 age_cls 的测量尺度，虽然表面上看必然应当设为有序，但这就意味着费用的作用只能随年龄的变化单调上升或者下降，这显然可能违反常识。这里我们采用数据挖掘中非常现实的一种判断方式：两种都试一下，哪种模型的预测效果好，就采用哪一种。

将年龄按照有序尺度纳入模型

首先是按照默认的有序尺度进行分析，新增操作如下。

1. 将年龄移出协变量框；

2. 将 age_cls 输入因子框；
3. 确定。

由表 16.13 结果可见，当前模型和原先直接引入 AGE 的模型相比，训练集的相对错误有所下降(也就是说效果有改善)，但是测试集的相对错误却出现上升，且和训练集存在较大差异，这提示当前模型可能不够稳定，或者有可能存在轻微的过度拟合问题(见表 16.14)。

表 16.13　模型汇总

训练	平方和错误	324.916
	相对错误	.373
	中止使用的规则	错误未减少的 1 连续步骤
	培训时间	00:00:03.151
测试	平方和错误	145.824
	相对错误	.412

因变量：lg(住院总费用)。

a. 基于检验样本的错误计算。

将年龄按照名义尺度纳入模型

下面考虑将年龄类别设定为名义尺度，新增操作如下。

1. 将 age_cls 移出因子框；
2. 将 age_cls 的测量尺度改为名义；
3. 将 age_cls 重新输入因子框。

和纳入 AGE 的模型相比，表 16.14 所示模型无论是训练集，还是测试集，其相对错误都出现了下降，显然将年龄类别设定为名义测量尺度可以更好地对住院费用进行预测，这意味着费用的确不是随年龄的变化而单调上升或者下降的。

表 16.14　模型汇总

训练	平方和错误	314.406
	相对错误	.365
	中止使用的规则	错误未减少的 1 连续步骤
	培训时间	00:00:03.946
测试	平方和错误	145.265
	相对错误	.386

因变量：lg(住院总费用)。

a. 基于检验样本的错误计算。

表 16.15 给出的是各自变量的重要性，现在年龄分类的相对重要性已经下降至 45%，显

然更为合理一些，其他的变量重要性则变化不大。

表 16.15 自变量的重要性

	重要性	标准化的重要性		重要性	标准化的重要性
医院代码	.072	46.7%	治疗类别	.023	14.6%
地区	.033	21.4%	药物过敏标志	.016	10.5%
级别	.154	100.0%	手术标志	.019	12.3%
出院西医主诊断	.093	60.6%	院内感染	.010	6.3%
年份	.036	23.5%	输血情况	.024	15.7%
月份	.058	37.5%	输液情况	.022	14.1%
性别	.015	9.9%	入院途经	.026	16.7%
婚姻状况	.028	18.1%	入院前经外院诊治	.012	8.1%
是否汉族	.028	18.3%	住院期间病情：危重	.014	9.0%
入院情况	.014	8.8%	住院期间病情：急症	.013	8.1%
出院方式	.051	32.9%	住院期间病情：疑难	.017	10.9%
转归(西医主诊断)	.026	16.6%	费用来源	.072	46.5%
门出诊断符合标志	.010	6.2%	有无医保拒付	.010	6.2%
入出诊断符合标志	.019	12.1%	年龄(已离散化)	.070	45.3%
有无抢救	.017	10.8%			

16.4.4 构建双因变量神经网络

在上述模型的构建过程中，我们始终没有考虑住院天数的问题。显然住院天数的上升会导致住院费用上升，如果能有一种建模方式直接将上述数据关联考虑在内，显然会更为理想。而一个简单的解决办法就是将住院费用和住院天数同时作为希望预测的因变量纳入模型，相应的新增操作如下。

1. 将 lg 住院天数增加输入因变量框；
2. 确定。

表 16.16 显示建立的是具有一个隐含层，包括 11 个隐单元的神经网络。

表 16.16 网络信息

输入层	因子	1	医院代码
		29	年龄(已离散化)
	单位数 [a]		120
隐藏层	隐藏层数		1
	隐藏层 1 中的单位数 a		11
	激活函数		双曲正切

续表

输出层	因变量	1	lg(住院总费用)
		2	lg(住院天数)
	单位数		2
	尺度因变量的重标度方法		标准化
	激活函数		恒等
	错误函数		平方和

a. 排除偏差单位。

表 16.17 显示，该模型对 lg 住院总费用的相对错误率仍然在 40%左右，但是对 lg 住院天数的错误率则在 50%左右，显然对天数的预测效果要差一些。另外，两个因变量在测试集中的相对错误都要明显高于训练集，这说明当前样本量用于建立这样一个复杂的模型已经略显吃力，模型可能存在轻微的过度拟合问题。

表 16.17　模型汇总

训练	平方和错误		698.113
	平均整体相对错误		.404
	尺度因变量的相对错误	lg(住院总费用)	.359
		lg(住院天数)	.449
	中止使用的规则		错误未减少的 1 连续步骤
	培训时间		00:00:03.682
测试	平方和错误		329.147
	平均整体相对错误		.479
	尺度因变量的相对错误	lg(住院总费用)	.442
		lg(住院天数)	.516

a. 基于检验样本的错误计算。

表 16.18 中，可以看到对费用和天数影响最大的仍然是医院代码、医院级别等表示医院特征的变量，前面得出的基本研究结论并未发生变化。

表 16.18　自变量的重要性

	重要性	标准化的重要性		重要性	标准化的重要性
医院代码	.079	75.8%	治疗类别	.033	31.7%
地区	.032	31.0%	药物过敏标志	.022	21.1%
级别	.105	100.0%	手术标志	.024	23.2%
出院西医主诊断	.091	86.8%	院内感染	.017	16.2%
年份	.021	19.8%	输血情况	.014	13.4%
月份	.055	52.5%	输液情况	.023	21.8%
性别	.015	14.7%	入院途径	.023	22.3%

续表

	重要性	标准化的重要性		重要性	标准化的重要性
婚姻状况	.028	26.6%	入院前经外院诊治	.017	16.3%
是否汉族	.012	11.4%	住院期间病情：危重	.042	39.6%
入院情况	.016	15.4%	住院期间病情：急症	.014	13.0%
出院方式	.032	30.3%	住院期间病情：疑难	.029	27.4%
转归(西医主诊断)	.040	38.3%	费用来源	.061	58.6%
门出诊断符合标志	.015	14.6%	有无医保拒付	.017	15.8%
入出诊断符合标志	.021	20.4%	年龄(已离散化)	.076	72.4%
有无抢救	.025	24.0%			

这里可能需要对双因变量模型做一点解释，该模型的本质可以被简单地理解为分别针对两个因变量建模，然后将两个模型合并起来，因此事实上这样建模并不会改善对住院费用的预测精度，只是考察了一下同时对费用和天数都有较强影响的自变量是哪些，以便能够对所研究的问题有一个更深入的了解。

16.4.5 进一步寻找更清晰的结果解释

验证医院差异的真实性

由于上面的分析结果中，医院代码、所在地区和所在级别这 3 个医院特征变量均显示出很高的重要性，这一结果对建立 DRGs 系统的设想无疑是当头一棒。为验证这一分析结果，我们将所在地区和所在级别从网络中剔除，只保留医院代码进行分析。

1. 将地区、级别剔除出因子框；
2. 确定。

表 16.19 所示结果显示，此时医院代码的重要性有明显增加，其相对重要性已经远高于疾病种类。显然，这是因为原先被地区和级别这两个变量所影响的隐含层神经元，现在均受到医院代码的影响，该结果充分说明上述分析结论是可信的。

表 16.19 自变量的重要性

	重要性	标准化的重要性		重要性	标准化的重要性
医院代码	.180	100.0%	治疗类别	.019	10.6%
出院西医主诊断	.094	52.2%	药物过敏标志	.009	4.9%
年份	.026	14.2%	手术标志	.034	19.0%
月份	.052	29.0%	院内感染	.012	6.6%
性别	.018	9.8%	输血情况	.041	22.9%
婚姻状况	.037	20.5%	输液情况	.017	9.4%
是否汉族	.012	6.6%	入院途径	.029	15.8%

续表

	重要性	标准化的重要性		重要性	标准化的重要性
入院情况	.030	16.7%	入院前经外院诊治	.013	7.3%
出院方式	.033	18.1%	住院期间病情：危重	.030	16.8%
转归(西医主诊断)	.045	24.9%	住院期间病情：急症	.010	5.7%
门出诊断符合标志	.034	18.9%	住院期间病情：疑难	.017	9.4%
入出诊断符合标志	.028	15.4%	费用来源	.048	26.4%
有无抢救	.014	8.0%	有无医保拒付	.030	16.9%
入出诊断符合标志	.021	20.4%	年龄(已离散化)	.088	49.1%
有无抢救	.025	24.0%			

尝试分病种分析、尝试更多隐含层和隐单元的网络

为进一步探讨在不同病种中影响住院总费用的主要因素是否不同，研究者又进一步拆分出主要的病种分别进行分析，为节省篇幅，详细的操作和结果这里不再列出。但结果清楚地表明，虽然这些疾病分别是典型的内科、外科疾病，其治疗手段、用药方式大不相同，但是网络的预测准确度以及各变量的重要程度却相差不大，如对费用预测最重要的变量在不同疾病中几乎都是医院代码和医院级别，仅仅是其重要性的差距有所变化。

除拆分分析之外，研究者还可以进一步调整默认设定的隐含层、隐单元数量，考察是否可以进一步改进分析结果。相应的操作请读者自行尝试，这里不再赘述。

!@#$ %&*?

实际上，在本项目的操作中，研究者先后建立过住院天数为因变量、住院费用为因变量，以及天数、费用共同作为因变量的神经网络模型，而且分别对单层、双层、三层网络进行比较和优化，所有这些模型的分析结论都和上面完全一致，但本书中为了叙述方便，只给出了最基本的一些分析思路和操作。

16.5　不同疗法疗效与费用比较的神经网络分析

在上面进行过神经网络建模操作之后，这里将要进行的工作就非常明确了，只需要首先生成工作用数据集，然后进行建模预测即可。

16.5.1　生成工作用数据集

这里要进行的操作是生成治疗类别分别被替换成各种数值的数据集，并将这些数据集合并起来用于计算预测值，如果打开的病案数据其工作名称为[数据集 1]，则使用对话框时的操作步骤如下。

1. 数据→复制数据集；
2. 文件→重新命名数据集，将数据集名称更改为“全中医”；
3. 在变量视图中删除 lgv83、lgv29 和 v41；
4. 转换→计算变量，设定相应的表达式为 v55=1，确定；
5. 数据→复制数据集；
6. 文件→重新命名数据集，将数据集名称更改为“全西医”；
7. 转换→计算变量，设定相应的表达式为 v55=2，确定；
8. 数据→复制数据集；
9. 文件→重新命名数据集，将数据集名称更改为“全中西医”；
10. 转换→计算变量，设定相应的表达式为 v55=3，确定；
11. 窗口→切换回病案数据[数据集 1]。

事实上，出于代码重用性的考虑，笔者建议相应的操作最好采用程序方式来完成，和上述操作相同的程序代码如下所述。

```
DATASET COPY 全中医.
DATASET ACTIVATE 全中医.
DELETE VARIABLES LGV83 LGV29 V41.
COMPUTE V55=1.
EXEC.
DATASET COPY 全西医.
DATASET ACTIVATE 全西医.
COMPUTE V55=2.
EXEC.
DATASET COPY 全中西医.
DATASET ACTIVATE 全中西医.
COMPUTE V55=3.
EXEC.
DATASET ACTIVATE 数据集 1.
```

下面的操作是将四个数据集合并起来，由于对话框只能进行两两合并，因此这里我们直接给出程序代码如下。

```
ADD FILES /FILE=*
  /FILE='全中医'
  /FILE='全西医'
  /FILE='全中西医'.
EXECUTE.
```

随后的操作为依次关闭临时生成的数据文件。

```
DATASET CLOSE 全中医.
DATASET CLOSE 全西医.
DATASET CLOSE 全中西医.
```

最后，需要检查一下原先的极端值筛选是否仍然在生效，如果没有，则需要重新运行下面的代码。

```
USE ALL.
COMPUTE FILTER_$=(RANGE(V83,0.1,50000)=1 & RANGE(V29,2,200)).
FILTER BY FILTER_$.
EXECUTE.
```

16.5.2　进行神经网络的建模预测

下面考虑进行相应的疗效、费用等的建模预测，由于住院天数也是医院管理和病案管理中一个很重要的指标，因此这里我们最终建立的是同时包括疗效、费用、天数三个因变量的神经网络模型。

1. 分析→神经网络→多层感知器；
2. 将 lgv83、lgv29、v41 三个变量输入因变量框；
3. 将医院代码、地区、级别、出院西医主诊断、年份、月份、性别、婚姻状况、是否汉族、出院方式、门出诊断符合标志、入出诊断符合标志、有无抢救、治疗类别、药物过敏标志、手术标志、院内感染、输血情况、输液情况、入院途径、中医特色治疗、入院前经外院诊治、住院期间病情：危重、住院期间病情：急症、住院期间病情：疑难、费用来源、age_cls(按名义尺度)等输入因子框；
4. 输出选项卡：选中“自变量重要性分析”复选框；
5. 保存选项卡：选中“保存各因变量的预测值或类别”复选框；
6. 确定。

从表 16.20 可以看出，由于新生成的案例均无因变量取值，因此最终用于建模分析的有效案例仍然是原数据集中的 2468 条。

表 16.20　案例处理汇总

		个 案 数	百 分 比
样本	训练	1715	69.5%
	测试	753	30.5%
有效		2468	100.0%
已排除		7508	
总计		9976	

在表 16.21 中可以看出，所建立的模型对疗效的预测是比较准确的，对住院总费用的预测效果接近上一节中的模型，而预测效果最差的则是住院天数，测试集的相对错误达到了 50%。

表 16.21　模型汇总

训练	平方和错误		990.012
	平均整体相对错误		.458
	分类因变量的百分比错误预测	转归(西医主诊断)	24.7%
	尺度因变量的相对错误	lg(住院总费用)	.360
		lg(住院天数)	.457
	中止使用的规则		错误未减少的 1 连续步骤
	培训时间		00:00:04.696
测试	平方和错误		498.518
	平均整体相对错误		.508
	分类因变量的百分比错误预测	转归(西医主诊断)	22.6%
	尺度因变量的相对错误	lg(住院总费用)	.433
		lg(住院天数)	.518

a. 基于检验样本的错误计算。

表 16.22 进一步给出了对疗效的预测效果，无论是训练集还是测试集，似乎预测结果更倾向于是好转而不是治愈，因此对好转的预测准确率要稍高一点。

表 16.22　分类

样本	已观测	已预测				
		治愈	好转	未愈	死亡	正确百分比
训练	治愈	702	226	0	0	75.6%
	好转	146	590	0	0	80.2%
	未愈	6	24	0	0	.0
	死亡	1	20	0	0	.0
	总计百分比	49.9%	50.1%	.0	.0	75.3%
测试	治愈	299	97	0	0	75.5%
	好转	61	284	0	0	82.3%
	未愈	2	5	0	0	.0
	死亡	1	4	0	0	.0
	总计百分比	48.2%	51.8%	.0	.0	77.4%

因变量：转归(西医主诊断)。

表 16.23 给出了模型中各自变量的重要性，可见重要性权重值基本上和上一节中的模型相似，没有发现不符合专业知识的结果。

表 16.23　自变量的重要性

	重要性	标准化的重要性		重要性	标准化的重要性
医院代码	.077	78.1%	治疗类别	.017	17.2%
地区	.028	28.1%	药物过敏标志	.028	28.0%
级别	.099	100.0%	手术标志	.053	53.4%
出院西医主诊断	.092	93.4%	院内感染	.021	21.6%
年份	.020	20.1%	输血情况	.038	38.7%
月份	.046	47.0%	输液情况	.039	39.3%
性别	.016	16.4%	入院途径	.022	22.4%
婚姻状况	.048	49.0%	入院前经外院诊治	.013	13.0%
是否汉族	.015	15.6%	住院期间病情：危重	.024	24.5%
入院情况	.018	17.8%	住院期间病情：急症	.009	9.5%
出院方式	.037	37.0%	住院期间病情：疑难	.039	39.2%
门出诊断符合标志	.016	16.4%	费用来源	.058	58.2%
入出诊断符合标志	.035	35.9%	有无医保拒付	.015	14.9%
有无抢救	.015	14.9%	年龄(已离散化)	.061	62.1%

16.5.3　模型预测值的比较

下面需要考虑三种疗法预测结果的比较，为此应首先删除建模用的原始数据，操作如下。

```
SELECT IF (MISSING(lgv29)=1).
EXECUTE.
```

这里按照 lgv29 是否缺失进行筛选的原因是住院费用最小为 0，因此原始数据集中其对数值可能为缺失值，但住院天数最小为 1，其对数值不会出现缺失值。

在原始数据删除之后，就可以进行不同疗法的费用、天数、疗效的比较了，但为了便于观察，这里首先需要将费用、天数的对数预测值进行反向转换。

```
COMPUTE Pred_V83=10**(MLP_PredictedValue_2).
COMPUTE Pred_V29=10**(MLP_PredictedValue_3).
EXECUTE.
VARIABLE LABELS Pred_V83 '费用预测值' Pred_V29 '天数预测值'.
```

下面考虑利用制表过程对结果进行描述，操作如下。

1. 分析→表→设定表；
2. 将治疗类别拖入行框；

3. 将费用预测值、天数预测值拖入列框；
4. 摘要统计量：将默认的显示均数改为显示中位数，应用到全部；
5. 将 v41 的预测值拖入列框，附加在天数预测值的右侧；
6. 确定。

这里考虑到费用、天数的偏态分布特征，我们采用的是中位数而不是均数进行集中趋势的描述，在表 16.24 中可以看出下述各点。

✧ 在费用方面，西医疗法住院总费用最高，其次为中医疗法，最低为中西医两法，但三者差距并不大。

✧ 三种疗法的天数预测值中位数非常接近，但最高的是中医。

✧ 在疗效方面，西医的治愈比例最低，为 47%，其次为中医的 48%，中西医两法的该比例为 53%，是三种疗法中最高的。

表 16.24 不同治疗类别的描述

		费用预测值	天数预测值	v41 的预测值							
				治愈		好转		未愈		死亡	
		中值	中值	计数	行 N%	计数	行 N%	计数	行 N%	计数	行 N%
治疗类别	中医	1856.21	10.51	1191	48.2%	1280	51.8%	0	.0	0	.0
	西医	1910.34	10.43	1156	46.8%	1315	53.2%	0	.0	0	.0
	中西医	1824.63	10.24	1313	53.1%	1158	46.9%	0	.0	0	.0

根据上述结果，可以认为相对而言在控制了性别、年龄、病种、疾病严重程度等所有这些因素之后，中西医两法在疗效和费用方面有一定的优势。但需要注意的是，这里我们只是抽取了一小部分住院数据用于演示方法，因此结果仅供参考。

上述分析操作是将样本中的所有病种混合在一起得到的分析结果，如果希望更为精确，还可以分病种进行结果的阅读。但必须指出的是，由于模型中已经显示出医院 ID 对费用、疗效的作用要远高于病种 ID，因此这种细分分析结果的应用价值实际上是非常有限的。

16.6 项目总结与讨论

16.6.1 研究结论

住院病人的费用构成类型

按照所抽取出的 2700 例数据样本，经过聚类分析，研究者发现这些病例的费用构成可以被分为如下几种类型。

✧ 第一类：以西医药物疗法为主的住院费用结构，占分析样本中病例数的 80%左右，其费用特征为总住院费用较高，西药费、诊疗费较高。

- ✧ 第二类：以中医药物疗法为主的住院费用结构；占病例数的 5%～10%，其费用特征为总费用最高，中成药/草药费远高于其余各类，同时其住院天数也最长。
- ✧ 第三类：以住院检查为主的住院费用结构，占病例数的 2%～3%，其费用特征是总费用偏低，但检查治疗费很高，同时相当比例的病例有放射费支出。
- ✧ 第四类：以手术治疗为主的费用结构，占总病例数的 5%～10%，其费用特征是以手术费用为主。
- ✧ 第五类：以手术费用和其他费用为主的费用结构，占总病例数的 3%～5%，和上一类相比，其手术费用也是偏高的，但其余费用也较高。

住院费用的主要影响因素

根据所建立的住院费用神经网络预测模型，我们对所有的候选变量进行了筛选，分析结果如下。

- ✧ 医院级别、医院代码等是最重要的影响因素，而如果在模型中去除掉医院地区和医院级别，则医院代码的相对重要性就会更高，显示这并非随机误差所造成的假象。这意味着相同的疾病在不同级别、不同医院中诊治，其费用可能差异很大，这对 DRGs 而言显然不是一个好消息。
- ✧ 疾病种类(出院西医主诊断)的相对重要性仅次于医院代码和医院级别，说明不同疾病种类之间还是存在比较明显的费用差异的，但该因素和医院代码的重要性差距非常明显，只能算作第二梯队。
- ✧ 医疗费用来源的重要性位居第三位，该结果很明确地告诉我们，对于公费、劳保、自费等不同的付费来源，即使疾病种类、疾病严重程度、疗效等都完全一致，所花费的住院费用也会有较大的差异。
- ✧ 治疗效果(转归)的相对重要性只有 20%～30%，也就是说治疗花费的多少实际上和住院治疗的效果没有太大关系，有许多因素对费用的影响要比疗效更大。

综上，本研究的结果显示，对住院费用和住院天数影响最大的是医院代码和疾病种类，而病情轻重、临床治疗路径、用药策略等相对而言仅是次要的因素。医院代码的影响甚至要高于疾病种类，这是以前的研究所没有发现的。由于这一结果在不同的病种分析中完全一致，且如果去除掉医院地区和级别，则医院代码的影响强度更大，显示这并非随机误差所造成的假象。对此可能的一个解释是我国医疗体系的市场化运作不佳，条块分割各自为政的情况仍然比较严重，从而使同样类型的疾病在不同的医院间所需费用相差极大。因此该结果提示在医疗费用控制研究中，有必要细分到不同地区、医院等级来分别进行，制定全国性统一控费体系的时机可能尚不成熟。

不同疗法的疗效与费用比较

在不考虑病种差异，或者说将所有病种按照样本中出现比例进行平均的情况之下，三种疗法的疗效、费用、天数比较结果如下所述。

- ✧ 在费用方面，西医疗法住院总费用最高，其次为中医疗法，最低为中西医两法，但三者差距并不大。
- ✧ 三种疗法的天数预测值中位数非常接近，但最高的是中医。
- ✧ 在疗效方面，西医的治愈比例最低，为 47%，其次为中医的 48%，中西医两法的该比例为 53%，是三种疗法中最高的。

根据上述结果，可以认为相对而言在控制了性别、年龄、病种、疾病严重程度等所有因素之后，中西医两法在疗效和费用方面有一定的优势。

16.6.2 如何在数据挖掘方法体系和经典方法体系之间进行取舍

坦白地讲，笔者在此处提出来的这个问题在某种程度上其实是一个伪命题，因为这两种方法体系之间并没有明显的分界线，例如回归方法也可以在数据挖掘体系中应用，而单层神经网络也可以一板一眼地去和 Logitsic 回归模型之间进行对应(虽然这样做的确非常无聊，仅有学术意义)。因此笔者在这里所提出的问题其实质是：究竟该如何灵活地在各种方法和工具体系中选择最合适的一种在研究中加以应用呢？

实际上，在前面的很多章节中，这一问题都在反复地被询问，也在反复地被回答。只是在本章的案例中，方法体系的选择突然变得十分刺眼，因为从标准的科研角度来看，本案例无论如何都应当去走经典的方法学流程，即按照抽丝剥茧式的思路，在充分了解各变量间内在关联的基础上，建立可以明确刻画各变量间内在作用规律的模型框架，然后对模型中的各参数进行估计和检验，以回答相应的研究问题。这种研究方式当然是正确的，特别是在希望充分利用样本数据，深入发掘数据信息，并借助所形成的科研结论来滚动申请更多的研究经费时就更为正确。但本项目恰恰不是一个科研项目，而是一个彻头彻尾的实用型分析项目，其特点简单地说就是数据量大(大到不需要过分节约)、分析周期短(没有时间去慢慢抽丝剥茧)、分析结论要求实用(要得到可用于预测的模型，而不是一个复杂的作用关系网)。这样一来，经典统计方法论体系的缺点就被明显放大，其优势也成了在达成项目目标时无足轻重的东西，而更加注重分析效率和实用性的数据挖掘方法体系就成了更加合适的选择。

那么，初学者究竟应当如何正确地在分析项目中对各种方法体系做出正确的选择呢？其实最关键的一点就在于深刻的业务理解/商业理解，从项目所希望解决的终极业务需求出发，反向审视可供本项目选择的各类方法体系的优点和缺陷，只要将分析需求和方法特点放在一起相互比较，问题就会迎刃而解。当然，这种操作思路说起来容易，但真正运用起来对分析人员有很高的要求，具体而言就是必须既了解业务，又精通各类分析方法，只有这样才能进行正确而客观的判断和比较。而分析人员在达到这样的高度之前，必须经过长期的业务实践和分析实践的积累，这个过程所需的时间或许非常漫长，但只有成功地跨越这一阶段，才能够真正超脱出各种流派、体系、算法的窠臼，达到岳飞所说的“运用之妙，存乎一心”的更高层次。

“运用之妙，存乎一心”一语出自《宋史·岳飞传》，宋军因为以步兵为主，惯于先结阵而后作战。1126 年，岳飞第三次投军抗金，随刘浩解东京之围，在滑南亲自阵斩金将，因作战勇敢升秉义郎。宗泽爱其才，但觉得他“好野战，非万全计”，因此欲把阵图传授给他。岳飞婉拒道：“阵而后战，兵法之常，运用之妙，存乎一心。”

附录 Python 插件和 R 插件的安装方法

SPSS 目前有许多新增功能均通过 Python 插件提供，且通过 R 插件对许多 R 中的复杂统计模型进行调用，这里就简述一下如何在 SPSS 中安装这些插件。

Python 环境的安装

在安装 SPSS 时，安装程序会直接询问是否同时安装 Python 环境，直接确认即可。如果本机已经安装了 Python2.7 和 Python3.4，则可以拒绝安装软件附带的 Python 环境，在 SPSS 安装完毕后进入 SPSS 的系统选项(位于菜单“编辑”→“选项”)，在“文件位置”选项卡中将 Python2.7 和 Python3.4 主目录更改为已安装好的 Python 路径即可。

但是，对于需要使用 PLS 插件的用户，还需要在 Python 中安装 numpy 和 scipy 包，这对 Python 的初学者而言确实非常困难，特别是其 64 位版本会遇到很多兼容问题。因此笔者建议对 Python 配置不熟悉的用户可以考虑直接安装 Python 的集成科学计算环境 Anaconda，其中已经内置了所需的 numpy 和 scipy 包，然后在 SPSS 系统选项的“文件位置”选项卡中将 Python 主目录指定为 Anaconda 所在路径即可。

R 环境的安装

SPSS Statistics 24 能够直接调用的 R 版本为 3.2 系列，因此首先需要在系统中安装好 R 3.2 版，软件可以在 http://www.r-project.org/ 获取。注意 SPSS 对 R 的版本号是严格要求的，不要安装 R 的最新版，系统将无法识别，IBM 官方建议安装的准确版本号为 3.2.2。

随后运行 SPSS 附带的 Essentials for R 安装包，该安装包随安装光盘提供，也可以在软件支持官网或笔者的 http://www.StatStar.com 上免费下载。安装时软件会自行搜索 SPSS 24 和 R 3.2 的安装路径，如果未能正确识别，请修改为正确的路径继续安装。在路径确认正确后就会进入软件安装过程，注意中间会启动 R cmd 窗口进行相应 R 插件的安装，请在此过程中耐心等待，不要随意关闭相应的窗口。

新插件的安装

在上述Python环境和R环境安装完毕后，系统中已经有大批插件可供用户使用，但SPSS 社区中提供的更多插件需要用户根据分析需求自行在扩展中心安装。单击菜单“扩展”→“扩展中心”，系统就会自动连接到 SPSS 社区，并在检索之后提供详细的 Python 扩展或者 R 扩展列表，供用户选择下载并使用，如图 1 所示。这里以数据处理中的数据匿名化模块为例演示该中心的用法。在左上角的“搜索”框中输入“匿名化”，然后单击左下角的“应用”按钮，系统就会按照该关键词进行检索，并找到 SPSSINC_ANON 扩展，在右侧可以看到该扩展为 IBM 官方提供，且当前系统满足安装的先决条件，因此可以选中右侧的“获取扩展”框，然后单击“确定”按钮，此时系统就会自动下载并安装该扩展，成功后用户就可以在转换菜单中看到新增的“变量匿名化”菜单项了。

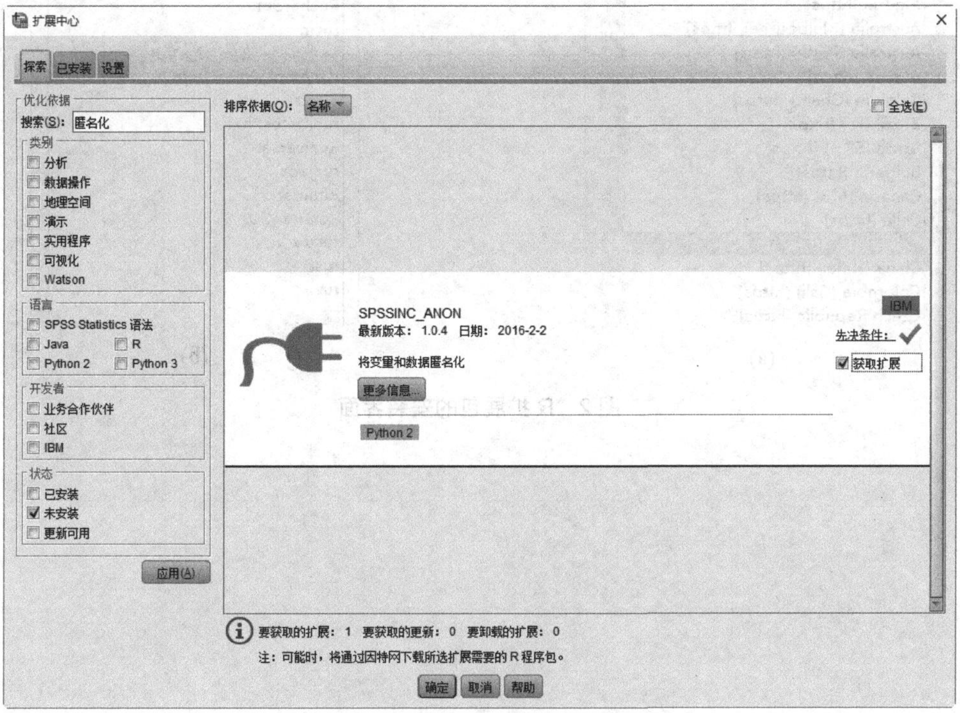

图 1 扩展中心

由于扩展中心需要链接 Github 进行插件下载，这在国内常常因连接速度太慢而导致安装失败。因此另一种安装扩展的方式为在官方网站直接下载。单击菜单“帮助”→IBM SPSS Predictive Analytics Community，单击相应网页右下方的 DOWNLOAD STUFF，然后在新页面下方单击 SEE MORE EXTENSIONS 链接，在弹出的 IBM SPSS Predictive Analytics Gallery 页面顶部的搜索框中输入相应扩展的关键字(注意这里必须使用英文)，即可在下方找到相应扩展的卡片，单击该卡片下方的 GO TO REPOSITORY 链接，即可进入相应的 Github 页面，在 release 卡片中将该扩展包下载至本机，然后在 SPSS 中选择菜单“扩展”→“安装本地扩展束”，加载相应的扩展包即可完成安装。

R 中所需扩展包的安装

很多时候，虽然 R 环境已经配置完毕，但相应的 R 环境中并未安装分析所需的扩展包，此时如果在 SPSS 中调用相应的方法，会给出警告，报告说未能加载相应的 R 包，例如“需要 R rugarch 程序包，但未能将其装入”，此时就需要用户在 R 中手动安装相应的包。在 Windows 中启动 R 3.2 环境，进入该环境后选择菜单“程序包”→“安装程序包”，在弹出的 CRAN 镜像列表中选择 Cloud 或者 China 站点，如图 2(a)所示，然后在程序包列表中选中所需程序包的名称，确认下载即可，如图 2(b)所示。在 R 中成功安装相应的包之后，就可以在 SPSS 中正常调用相应方法加以使用了。

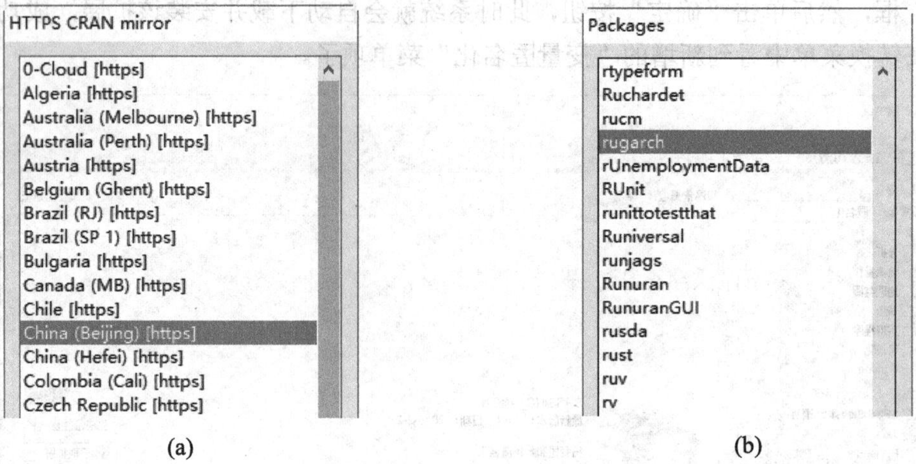
HTTPS CRAN mirror
0-Cloud [https]
Algeria [https]
Australia (Melbourne) [https]
Australia (Perth) [https]
Austria [https]
Belgium (Ghent) [https]
Brazil (RJ) [https]
Brazil (SP 1) [https]
Bulgaria [https]
Canada (MB) [https]
Chile [https]
China (Beijing) [https]
China (Hefei) [https]
Colombia (Cali) [https]
Czech Republic [https]
(a)
Packages
rtypeform
Ruchardet
rucm
rugarch
rUnemploymentData
RUnit
runittotestthat
Runiversal
runjags
Runuran
RunuranGUI
rusda
rust
ruv
rv
(b)

图 2　R 扩展包的安装界面

参 考 文 献

[1] IBM SPSS Statistics 24 简明指南. IBM Corp. Armonk, NY. 2416

[2] IBM SPSS Statistics 24 Core System 用户指南. IBM Corp. Armonk, NY. 2416

[3] IBM SPSS Statistics Base 24. IBM Corp. Armonk, NY. 2416

[4] IBM SPSS Statistics 24 Command Syntax Reference. IBM Corp. Armonk, NY. 2416

[5] IBM SPSS Advanced Statistics 24. IBM Corp. Armonk, NY. 2416

[6] IBM SPSS Categories 24. IBM Corp. Armonk, NY. 2416

[7] IBM SPSS Decision Trees 24. IBM Corp. Armonk, NY. 2416

[8] IBM SPSS Direct Marketing 24. IBM Corp. Armonk, NY. 2416

[9] IBM SPSS Neural Network 24. IBM Corp. Armonk, NY. 2416

[10] IBM SPSS Custom Tables 24. IBM Corp. Armonk, NY. 2416

[11] IBM SPSS Bootstrapping 24. IBM Corp. Armonk, NY. 2416

[12] IBM SPSS Regression 24. IBM Corp. Armonk, NY. 2416

[13] IBM SPSS Data Preparation 24. IBM Corp. Armonk, NY. 2416

[14] Efron, B. and Tibshirani, R. J. An introduction to the bootstrap. New York: Chapman & Hall, 1994

[15] David F.G. Business Statistics: A Decision-making Approach. 北京：中国统计出版社，2003

[16] David G. Kleinbaum, Lawrence L. Kupper, Keith E. Muller. Applied Regression Analysis and Other Multivariable Methods. Brooks/Cole, 1998

[17] Vera Sit. Analyzing ANOVA Designs, Biometrics Information Handbook, 1995

[18] Hardeo Sahai, Mohammed I. Ageel, The Analysis of Variance: Fixed, Random and Mixed Models，Birkhasuser，2000

[19] Robert G.D.Steel, James H.Torrie. Principles and Procedures of Statistics: A Biometrical Approach(2nd Edition). McGraw-Hill, 1980

[20] Agresti, A. Categorical Data Analysis. John Wiley & Sons, 1990

[21] Fox, J. Linear Statistical Models and Related Methods. New York: Wiley, 1984

[22] John Neter, Michael H. Kutner, Christopher J. Nachtsheim, etc. Applied Linear Statistical Models. McGraw-Hill, 1996.

[23] Liang K Y, Zeger S L. Longitudinal data analysis using generalized linear models. Biometrika, 1986, 13:13-22

[24] Market Segmentation Using SPSS (v10.0 Revised). SPSS Inc. Chicago, Illinois, 2000

[25] Perceptual Mapping Using SPSS Categories (v8.0 Revised). SPSS Inc. Chicago, Illinois, 1998

[26] StataCorp. Stata Reference Manual, Release 12. College Station, TX: Stata Press, 2011

[27] Naeem Siddiqi, Credit Risk Scorecards-Developing and Implementing Intelligent Credit Scoring, John Wiley & Sons, Inc, 2006

[28] Luis Torgo, Data Mining with R-Learning with Case Studies, CRC Press, 2010

[29] Christopher R. Westphal, Data Mining for Intelligence, Fraud & Criminal Detection: Advanced Analytics & Information Sharing Technologies, CRC Press, 2008

[30] M.尼尔·布朗，斯图尔特·M.基利. 走出思维的误区. 张晓辉，王全杰译. 北京：中央编译出版社，1994
[31] 张文彤. SPSS 统计分析基础教程(第 3 版). 北京：高等教育出版社，2017
[32] 张文彤，董伟. SPSS 统计分析高级教程(第 3 版). 北京：高等教育出版社，2017
[33] 张文彤. SPSS 11 统计分析教程(基础篇). 北京：北京希望电子出版社，2002
[34] 张文彤. SPSS 11 统计分析教程(高级篇). 北京：北京希望电子出版社，2002
[35] 《现代应用数学手册》编委会. 现代应用数学手册：概率统计与随机过程卷. 北京：清华大学出版社，2000
[36] H.Goldstein. 多水平统计模型. 第二版. 李晓松等译. 成都：四川科学技术出版社，1999
[37] Lee ET. 生存数据分析的统计方法. 陈家鼎等译. 北京：中国卫生统计出版社，1998
[38] Richard Johnson. 实用多元统计分析. 第四版. 陆璇译. 北京：清华大学出版社，2001
[39] 陈峰. 医用多元统计分析方法. 北京：中国统计出版社，2000
[40] 陈峰. 现代医学统计方法与 Stata 应用(第二版). 北京：中国统计出版社，2003
[41] 方积乾. 医学统计学与电脑试验. 第二版. 上海：上海科学技术出版社，2001
[42] 方开泰. 实用多元统计分析. 上海：华东师范大学出版社，1989
[43] 高惠旋. SAS 系统•SAS/STAT 软件使用手册. 北京：中国统计出版社，1998
[44] 郭志刚. 21 世纪社会学系列教材——社会统计分析方法：SPSS 软件应用. 北京：中国人民大学出版社，1999
[45] 胡良平. 现代统计学与 SAS 应用. 北京：军事医学科学出版社，1996
[46] 金丕焕. 医学统计方法. 第二版. 上海：复旦大学出版社，2003
[47] 柯惠新，祝建华，孙江华. 传播统计学. 北京：北京广播学院出版社，2003
[48] 吴明隆. SPSS 统计应用实务. 北京：中国铁道出版社，2000
[49] 易单辉. 统计预测：方法与应用. 北京：中国统计出版社，2001
[50] Ronald M.W. 商务统计导论. 北京：北京大学出版社，2003
[51] Robert D.M, Douglas A.L. 商务经济统计方法(英文版). 第九版. 北京：机械工业出版社，1998
[52] 吴喜之. 统计学基本概念和方法. 北京：高等教育出版社，2003
[53] 陆守曾. 医学统计学. 北京：中国统计出版社，2002
[54] 茆诗松. 统计手册. 北京：科学出版社，2003
[55] 商务与经济统计(原书第 7 版). 张建华等译. 北京：机械工业出版社，2000
[56] 吴喜之. 非参数统计. 北京：中国统计出版社，1999
[57] 方开泰，金辉，陈庆云. 实用回归分析. 北京：科学出版社，1988
[58] 陈希孺. 数理统计学简史. 长沙：湖南教育出版社，2002
[59] 罗布·马帝森(Rob Mattison). 电信业客户流失管理. 肖橹译，李张挺审校. 人民邮电出版社，2005
[60] Pang-Ning Tan，Michael Steinbach，VipinKumar. 数据挖掘导论(英文版). 人民邮电出版社，2006
[61] 韩家炜. 数据挖掘：概念与技术(英文版·第 2 版). 机械工业出版社，2006
[62] 密歇根大学消费者信心指数主页. http://www.sca.isr.umich.edu/